# 장애인예술론

방귀희 지음

**장애인예술론**
Introduction to Art of the Disabled

**초판 인쇄** 2019년 2월 20일
**초판 발행** 2019년 2월 25일

**지은이** 방귀희
**발행인** 방귀희
**펴낸곳** 도서출판 솟대
**등 록** 1991년 4월 29일
**주 소** 서울시 금천구 서부샛길606 대성지식산업센터 B동 2506-2호
**전 화** (02)861-8848
**팩 스** (02)861-8849
**홈주소** www.emiji.net
**이메일** klah1990@daum.net
**제작·판매** 연인M&B (02-455-3987)

정가 25,000원



ISBN 978-89-85863-73-5 (93300)

# 장애인예술론

방귀희 지음

도서출판
솟대

모든 것이 협력하여 선을 이루느니라. 우리 모두의 화합과 나눔, 하나되는 마음으로

| 머리말 |

# 뉴노멀 시대, 장애인예술이 답이다

인간 사회는 빠르게 진화하고 있다. 4차산업 혁명이 우리 인간 사회에 가져올 변화는 상상을 초월할 것이다. 우리가 맞이할 사회의 패러다임은 뉴노멀, 즉 새로운 정상인데 이 뉴노멀에는 장애인이 없다. 그동안의 정상은 비정상과 대치되는 개념이었다면 지금의 뉴노멀은 상상력이 발동되는 무한, 무경계, 무제한을 의미한다. 따라서 어떤 한계가 있는 것이 뉴노멀의 반대어인 셈이다.

이런 맥락에서 장애 때문에 차별하고 배제하는 것은 뉴노멀 시대에는 수치스러운 행위가 되어야 한다. 우리 사회에서 장애인이 소외계층으로 살고 있는 것은 능력이 없어서가 아니라 장애 때문에 능력을 인정해 주지 않기 때문이다. 이것이 우리 사회를 비정상으로 만든 것은 아닐까?

호킹은 인류의 미래는 상상력에 달려 있다고 했다. 지구는 자원이 고갈되어 땅을 파도 해저를 아무리 뒤져도 얻을 것이 없다. 이제 노동력으로 자본을 만들던 시대는 가고, 90% 이상의 잠재력으로 무장된 머리를 써야 자본이 확보된다는 뜻이다.

이 말은 우리 사회에 던져 주는 의미가 매우 크다. 앞으로 장애는 사회적 장벽이 되는 불편 요인이 아니라는 것을 시사해 주고 있다. 과학이 모든 편의를 제공하는 시대가 곧 올 것이기 때문이다.

인간은 행복을 추구하는 존재이다. 그래서 인류는 언제나 행복추구권을 확보하기 위하여 투쟁하고 있다. 그런데 인류의 불행은 소수집단에 대한 차별로 생산, 확대되고 있다. 소수집단이 차별의 대상이 되는 것은 미국의 법철학자 누스바움이 갈파하였듯이 투사적 혐오 때문인데, 투사적 혐오란 아무런 실제적 근거도 없지만 원초적 대상에서 역겹다고 느껴지는 속성을 특정한 사람이나 집단에 전가하는 것이다.

누스바움은 「혐오에서 인류애로」(2016)에서 그 해결 방법을 예술에서 찾았다. 인류애의 정치는 상상력을 동원해 타인의 삶에서 인간성을 찾아내 감성적으로 참여하는 행위이기 때문에 혐오의 정치가 인류애의 정치로 거듭나게 하는 원동력은 바로 상상을 하게 하는 예술이라는 것이다. 즉 혐오로 인한 편견과 싸워 행복을 찾는데 예술이 가장 강력한 도구가 된다고 주장하고 있다.

소수집단 가운데 가장 차별이 심한 장애인의 행복도 예술을 통해 이루어 낼 수 있다는 논리가 가능하다면 왜 장애인예술이 필요한지에 대한 설명이 될 것이다.

뉴노멀 시대는 편견이 없어져서 장애인이 존재하지 않는데 편견을 없애는 가장 강력한 도구가 예술이기에 뉴노멀 시대를 준비하기 위해서는 장애인예술에서 답을 찾아야 한다.

우리나라의 장애인예술은 그 용어도 정리되지 않았고, 장애인예술을 뒷받침해 주는 이론도 아직 정립되지 않은 터라 장애인예술 정책은 미미한 상태이지만 장애인예술에 대한 관심이 점점 높아지고 있다.

2014년 국내 최초로 발간된 장애인문화예술 관련 전문서인 「장애인문화예술의 이해」를 보고 대학원 석사과정에서 장애인문화예술 관련 논문을 준비하는 학생들이 찾아와 지도교수 아닌 지도교수 역할을 하면서 장애인예술의 이론을 연구하는 분위기가 시작되고 있다는 사실에 매우 고무되었었다. 그런데 2018년 2학기에 삼육대학교에서 교양과목으로 개설된 과목 '장애인예술의 이해'를 가르치며 새 교과서의 필요성을 절감하여 「장애인예술론」을 발간하게 되었다. 장애인예술에 대한 이론을 바탕으로 장애인예술의 정책을 마련하고, 점점 늘어나고 있는 장애인문화예술 분야 현장에 공급할 전문가 양성에 기초 자료가 되기를 바란다.

2019년을 시작하며

방귀희

# 차례

모든 것이 협력하여 선을 이루느니라. 우리 모두의 화합과 나눔. 하나되는 마음으로

## 제1장

# 장애인예술의 이론

# 1. 장애의 문화적 관점

## 1) 장애인예술의 필요성

"지방행사 섭외를 받고 갔는데 장애인이라고 그냥 돌아가라는 거예요. 출연료는 주겠다고 하며 (나를) 소개해 준 사람이 (가수가) 장애인이라고 말해 주지 않았다고 욕을 하더라구요. 나한테 욕한 거죠. 돌아오는 기차 안에서 내내 울었어요. 펑펑…."

이것은 저신장장애를 갖고 가수 활동을 하고 있는 한 장애예술인의 진술이다. 장애예술인은 이렇게 사회적 배제를 받고 있다. Room(1995)은 사회적 배제란 사회적 권리의 부정이며 비현실이라고 하였듯이 장애예술인의 권리는 부정되고 있는데 이것은 현실에서 일어날 수 없는 일이다(유동철, 2011).

장애예술인의 사회적 배제가 일반적으로 장애인이 받는 차별보다 더 노골적이고 즉각적인 것은 예술이 관객과 함께해야 하는 대중성 때문이다(박준원, 2003). 장애인을 차별하는 사회 인식과 예술을 삶의 부수적인 활동으로 인식하는 사회 분위기 속에서 장애예술인은 무능력한 장애인 이미지와 비경제적 활동을 하는 사람이라는 예술인 이미지가 겹쳐져서 이중의 고통을 겪고 있지만 우리 사회는 장애예술인의 이와 같은 이중적인 고통을 외면하고 있다.

1980년 제21차 유엔총회에서 예술인의 지위에 관한 권고를 하였고, 우리나라 헌법 제22조에는 예술의 자유와 저작권의 보호를 규정하였으며 제2항에서 예술가의 권리는 법률로서 보호를 해야 함을 분명히 하였기 때문에 예술인은 정치적, 경제적 제약을 받지 않고 예술 활동에 전념할 수 있어야 하지만 예술인의 대부분이 불안정한 노동과 수입 그리고 불확실한 미래 등의 악순환 구조 속에서 사회적 약자로 살고 있다. 이처럼 예술인의 생존권 문제가 절박한 상태라는 것은 2012문화예술인실태조사에 나타난 문화예술인의 66.5%가 창작 활동 관련 월평균 수입이 100만 원 이하이고, 월 수입이 50만 원 이하도 25% 이상이라는 사실에서 알 수 있다.

이와 같은 사회적 환경 속에서 지난 2011년 한 젊은 예술인이 병들어 굶어죽은 사건을 계기로 예술인의 지위 향상과 복지증진을 위한 예술인복지법이 제정되어 2012년 11월 18일부터 시행되고 있지만, 장애예술인은 예술인복지법에 따라 실시되는 지원 서비스를 받을 수가 없다. 서비스 대상자를 예술인복지법시행령에서 예술 활동 실적과 예술 활동 소득 등으로 정하고 있는데 장애예술인은 이들 요건에 부합되기 어렵기 때문이다. 2012장애문화예술인실태조사(문화체육관광부)에 의하면 장애예술인의 82.18%가 발표의 기회를 갖지 못하고 있고, 2007장애문화예술인실태조사(한국장애인개발원)에서 장애예술인의 96.5%가 예술 활동에 대한 수입이 없다고 응답한 것에서 알 수 있듯이 장애예술인은 예술 활동 실적과 소득을 잣대로 예술인 지원 서비스 대상자를 선정하는 기존의 제도에서 배제될 수밖에 없다.

이렇듯 장애예술인은 예술인의 복지를 위해 만들어진 예술인복지법으로 지원을 받지 못하고 있고 장애인의 기본법인 장애인복지법에서도 보호를 받지 못하고 있다. 장애인복지법에는 장애인의 문화 활동 참여 권리(제4조)만 규정하고 있을 뿐, 예술 활동 지원이나 장애예술인의 복지 증진에 대한 언급은 없다. 장애예술인이 법률로 보호를 받지 못한다는 것은 우리나라에 장애인예술 정책이 없다는 의미로 해석할 수 있다. 실제로 장애인예술 업무를 관장하고 있는 정부 부처인 문화체육관광부에 장애인문화예술을 전담하는 부서가 없고, 예산 규모가 장애인체육 예산의 13%밖에 되지 않는데다 그 예산마저 단체 중심으로 지원되고 있어서 장애예술인 당사자들은 정부의 지원 서비스를 체감하지 못하고 있다.

장애예술인은 정책 부재로 경제적으로 어려움을 겪고 있는데다 장애예술인을 전문 예술인[1]으로 보지 않는 사회적 분위기 속에서 장애인예술에 대한 사회적 평가가 낮다는 것도 큰 어려움이다(박영정, 2006). 영국의 대표적인 장애예술인 Sutherland(2005)가 '장애인예술은 장애인의 소일거리를 위한 취미가 아니다. 그리고 치료도 아니다. 장애인예술은 그냥 예술이다.' 라고 하였듯이 장애인예술이 예술이란 인식이 필요하다(주윤정, 2012).

1) Frey와 Pommerehne(1989)의 전문 예술인 정의는 첫째, 예술 활동에 투입한 시간, 둘째, 예술 활동으로부터 얻은 소득, 셋째, 예술계나 대중에 의해 인정받은 예술인으로서의 평판에 의해 정해짐.

이러한 인식을 갖기 위해서는 장애인예술이 수월성을 갖고 발전해야 하는데 우리나라는 아직 장애인예술을 어떻게 발전시켜 나갈 것인지에 대한 기본 방향도 세워 놓지 않고 있다. Ryerson University(2004)에서 제시한 장애인예술 발전의 3단계를 보면 첫 번째 단계는 장애예술인 자신이 예술인이라는 정체성을 갖는 것이고, 두 번째 단계는 장애인 커뮤니티에서 장애예술인의 작품을 소개하는 것이고, 세 번째 단계는 장애예술인의 활동이 주류 예술에 포함되는 것이다. 이 3단계를 밟아 가기 위해서는 첫 번째 단계인 장애예술인의 정체성을 먼저 구축하여야 하는데 장애예술인에 대한 정의도 불분명하고 장애예술인이 갖고 있는 정체성에 대한 논의조차 이루어지지 않고 있다.

따라서 본 연구에서는 예술은 선택이 아니라 타고난 기질이라는 예술인의 정체성을 인식하여(Katz, 1990: 주윤정, 2012), 장애예술인의 정체성은 어떠한지를 장애예술인의 창작 활동 경험의 본질을 통해 살펴본다.

변경희(2011)는 장애예술인 스스로 예술인로서의 정체성 자각과 차별과 편견에 대한 저항이 요구된다고 하였듯이 장애예술인들이 사회를 향해 자신의 욕구를 주장할 수 있는 환경을 조성하여 장애인예술 운동을 장애인 커뮤니티에서 전개해 나가야 장애인예술 발전 3단계인 주류 사회 편입을 시도할 수 있을 것이다. 이런 과정을 수행하여 장애인예술을 발전시키기 위해서는 이론적 근거를 마련하는 일이 최우선이다.

기존의 연구는 장애인예술 영역만 다루지 않고 장애인문화예술이라는 좀 더 넓은 영역에서 진행되어 왔고, 연구 목적도 문화를 통한 차별받지 않는 세상 만들기 즉 완전한 사회 통합을 이루어 나가는 생산적 문화예술 운동을 지향하였다(김정애, 2010). 그런데 본 연구에서는 최초로 장애예술인의 삶의 경험을 통해 나타난 창작 활동의 본질을 탐색하여 장애예술인의 정체성을 살펴보고 장애예술인의 발전 과정에 영향을 주는 환경적 요소들을 도출하고자 한다.

장애예술인은 장애란 독특한 특성을 갖고 있으며 피할 수 없는 예술에 대한 본능으로 창작 활동을 할 수밖에 없는 상황이지만 그 본질에 대하여서는 지금까지 논의된 적이 없기 때문에 장애예술인이 자신의 정체성을 확고하게 갖지 못하였고 그에 따라 장애인예술이 표류하고 있어 장애예술인의 소중한 창작 활동이 사회적으로 소외되고 있는 것이 현실이다.

그래서 본 연구는 장애예술인의 창작 활동 경험의 본질을 탐색하기 위하여 질적 연구 방법을 택하였고(Morse, 1995: 조홍식 외, 2010), 연구 참여자들의 경험을 그들의 언어로 생생하게 기술하여 일반적인 구조를 도출해 내는 Giorgi 현상학의 연구 방법에 따라 연구를 진행하였다.

### 2) 장애인예술의 등장

#### (1) **장애운동과 함께**

소수자 운동의 역사를 보면, 문화예술과 공존한다. 장애인문화예술 역시 장애운동과 함께 나타났다. 장애운동은 1970년대 초 영국과 미국에서 시작되었다. 영국 장애운동은 분리 반대, 빈곤, 주거, 사회 통합, 소득 보장 같은 정치적 주장에 초점을 맞추었다. 미국의 경우는 자립 생활, 인권, 교통수단 접근성 같은 개인적 사회참여와 관련된 쟁점들이 운동을 주도했다. 이론과 실천의 측면에서 보면, 영국 장애운동은 구조주의적 접근법에 근거한 신사회운동을 추구하였고 미국 장애운동은 인류학적 또는 상호작용론적 접근법에 기초한 시민권 운동으로 발전하였다. 이 과정에서 장애운동에 참여하던 일부 장애인들이 장애인예술 운동을 개척하였다. 따라서 당시 장애인예술은 주로 대중 동원을 지원하거나 장애운동을 미학적으로 표현하는 정도였다. 장애운동과 장애인예술 운동의 구분이 모호하던 시기였다.

1990년대 초 미국과 영국에서 장애인차별금지법이 제정되면서 장애인의 시민권과 평등권이 법률적으로 보장되었지만 장애인의 사회적, 문화적 위치는 변하지 않는다는 사실을 자각하고 장애인예술이 그 영역을 구축하기 시작했다.

정치와 권리 중심의 쟁점들이 빠르게 문화예술의 쟁점들로 이동하고 있다. 장애운동의 관심사가 구조(structure)에서 행위 주체(agent)로 바뀌고 있다. 사회적, 정치적 의미의 장애뿐만 아니라 생물학적, 주관적인 의미의 장애도 주목을 받기 시작했다. 몸의 사회학, 정체성 정치, 소수성의 가치 같은 새로운 개념들과 접목한 장애인예술은 1990년대 후반부터 본격화되었다.

### (2) 장애인문화권

장애인문화권은 기본적으로 장애인들이 문화예술 활동에 있어서 어떠한 제약이나 차별이 없어야 하며, 이를 향유할 수 있도록 일반인과 동일하게 그 기회를 누리는 권리를 말한다. 장애인 문화권은 장애인들의 삶에 중요한 의미를 지닌다. 장애인들이 문화 활동을 통해 주체성을 갖고 문화적 욕구를 표현하고, 내재하고 있는 잠재력을 개발함으로써 자기 삶에 대한 인식을 새롭게 하고, 나아가 변화와 성장을 이루기 위한 힘을 제공할 수 있기 때문이다.

문화 활동에의 참여 기회 확대는 심리적·정신적으로 풍요로운 삶을 살 수 있게 하고, 사회참여 및 사회적 기능 향상을 통하여 사회적 재활을 촉진시킨다. 문화예술 영역은 장애인들이 사회적 재활을 통해 전문적 직업군으로 양성될 수 있는 좋은 영역이다. 따라서, 장애인문화권 실현은 장애인의 삶의 질 향상, 문화예술 창착 활동을 통한 자립 생활, 역량 강화 성취를 가능하게 하여 사회 통합에 긍정적 기능을 하게 될 것이다.

특히 문화예술 활동의 참여는 장애라는 장벽을 넘어 개개인의 잠재된 능력과 힘을 일깨워 그들의 삶을 더욱 풍요롭게 영위할 수 있도록 돕는다는 점에서 의미가 있다.

#### 선언적 의미

1948년 제정된 세계인권선언 제27조는 '모든 사람은 공동체의 문화생활에 자유롭게 참여하고, 예술을 감상하며, 과학의 진보와 그 혜택을 향유할 권리를 가진다. 모든 사람은 자신이 창조한 모든 과학적, 문학적, 예술적 창작물에서 생기는 정신적, 물질적 이익을 보호받을 권리를 가진다.' 고 문화적 권리에 대해 명시해 놓고 있다.

우리나라 헌법 제11조 1항에는 '누구든지 성별·종교 또는 사회적 신분에 의하여 정치적·경제적·사회적·문화적 생활의 모든 영역에 있어서 차별을 받지 아니한다.' 고 못 박고 있다. 헌법에서 내포하는 의미는 모든 국민이 문화 향유를 위한 문화 활동에 침해받거나 제약을 받지 않을 기본적인 권리가 있음을 뜻한다. 또한 누구든지 문화적 생활을 함에 있어 차별을 받지 않을 평등권과 인간다운 생활을 위한 필수요소로서 국가나 정부에 법적, 제도적 급부를 요구할 수 있는 생존권적 기본권으로서의 사회권 등의 의미를 지닌다.

1998년 10월 정부에 의해 제정 선포된 한국장애인인권헌장 제1조에서 '장애인은 장애를 이유로 정치 · 경제 · 사회 · 교육 및 문화생활의 모든 영역에서 차별을 받지 아니할 권리를 가진다.' , 제7조에서 '장애인은 문화, 예술, 체육 및 여가 활동에 참여할 권리를 가진다.' 고 명시하여 문화생활에서의 차별 금지와 문화 향유권을 밝히고 있다.

### 법률적 근거

장애인복지법은 장애인의 완전한 사회참여와 평등을 통한 사회 통합을 이루는 데 있음을 기본 원칙으로 선언하고(제3조), 장애인의 권리로 ① 장애인은 인간으로서의 존엄과 가치를 존중받으며 이에 상응하는 처우를 받는다. ② 장애인은 국가 · 사회의 구성원으로서 정치 · 경제 · 사회 · 문화 기타 모든 분야의 활동에 참여할 권리가 있다고 규정하고 있다(제4조).

장애인차별금지법 제24조에서 문화예술 활동의 차별 금지를 규정하고 있다.

① 국가와 지방자치단체 및 문화예술 사업자는 장애인이 문화예술 활동에 참여함에 있어서 장애인의 의사에 반하여 특정한 행동을 강요하여서는 아니된다.

② 국가와 지방자치단체 및 문화예술 사업자는 장애인이 문화예술 활동에 참여할 수 있도록 정당한 편의를 제공하여야 한다.

③ 국가 및 지방자치단체는 장애인이 문화예술시설을 이용하고 문화예술 활

동에 적극적으로 참여할 수 있도록 필요한 시책을 강구하여야 한다.

④ 제3항의 규정을 적용함에 있어서 그 적용 대상이 되는 문화예술 사업자의 단계적 범위 및 정당한 편의의 구체적인 내용 등 필요한 사항은 대통령령으로 정한다.

문화예술 관련 법률에서 장애인문화예술의 법적 근거를 찾아보면 문화예술진흥법은 장애인문화예술교육 기회 확대 및 활동 장려·지원을 위한 관련 시설 설치 등 시책 강구, 장애인문화예술 사업 및 단체에 대한 경비 보조(제15조의 2), 장애인 등 소외계층의 문화예술 창작과 보급에 대한 문화예술진흥기금 지원(제18조) 등을 규정하고 있다.

문화산업진흥기본법에는 문화산업의 진흥을 위한 각종 시책 수립·시행에 있어 장애인이 관련 활동에 참여할 수 있도록 정당한 편의 제공을 위해 노력할 것(제3조)을 규정하고 있고, 문화예술교육지원법은 장애 등에 관계없이 자신의 관심과 적성에 따른 문화예술 학습 및 교육 기회 균등보장(제3조), 장애인 보호·지원 시설·단체에 대한 사회문화예술교육 관련 활동 지원(제24조) 등을 규정하고 있다.

### 3) 문화적 모델

장애를 어떻게 정의하느냐에 따라 장애인을 바라보는 관점이 달라지기 때문에 장애에 대한 정의는 매우 중요한데 장애의 개념은 계속 확장되고 있다. WHO(2001)가 제시한 장애에 대한 국제표준으로 ICF(Internatoinal Classification of Funtioning, Disability and Health)에 따르면 장애는 신체의 기능과 구조, 활동, 참여와 함께 상황적으로 환경적 요인과 개인적 요인의 영향을 받는다(유동철, 2013). 상황에 따라 장애가 심각하게 느껴질 수도 있고 전혀 문제가 되지 않는 경우도 있어서 장애인복지는 장애인의 실제 경험을 반영하여 상황에 따른 장벽을 제거해 주기 위한 장애인 당사자의 자기 결정이 중요하다는 것이 최근 장애인계의 주장이다.

장애 개념의 변화에 따라 장애인에 대한 인식은 물론이고 장애인복지의 관점이 달라지며, 장애인복지는 그 나라의 사회문화적, 경제적 수준을 반영하는 지표가 될 수 있어서 장애에 대한 개념을 발전시키려는 노력을 계속해 오고 있다.

장애를 바라보는 관점은 시대에 따라 변화하며 장애를 인식하는 기본적인 틀로 장애 모델을 형성하고 있는데 개인의 능력을 강조하는 17, 18세기의 자유주의 사상과 사회 적응의 실패를 개인의 능력으로 본 진화론적 사상에서는 장애는 개인의 문제이었기에 이 시기에는 장애인 개인의 신체적 기능을 회복시키는 치료의 의미로 장애를 바라보는 장애 모델로 개인적 모델(의료적 모델)이 중심이 되었다. 신체적, 정신적 손상에 대한 재활을 목표로 하는 이 개인적 모델 시기에는 장애인 개인의 의지와 선택을 인정하지 않았다(정일교 · 김만호, 2007).

이와 같은 문제 때문에 장애인복지를 위한 실천 모델이 개인적 모델에서 사회적 모델로 변화했는데 사회적 모델은 장애인의 문제를 사회적 환경의 문제로 보고, 장애인 문제의 해결은 장애인 자신이 권리의 주체로서 차별 철폐를 위해 자조적으로 권익 옹호 활동을 하며 장애인의 사회참여를 확대하고 완전한 사회통합을 이룩하는 것이 목표이었다(정무성 외, 2006). 사회제도의 불합리성을 개선하고 평등한 제도와 정책의 실현을 위해 장애인 당사자의 목소리가 커지면서 장애인복지의 패러다임도 재활에서 자립 생활로 바뀌었다. 그래서 최근 들어 장애인복지 정책의 대부분이 자립 생활을 위한 서비스로 실시되고 있다(나운환, 2003).

장애에 대한 대표적인 이론인 개인적 모델과 사회적 모델은 이분법적 분류이어서 단순하다는 비판을 받아 그 대안으로 장애에 대한 사분 모델이 제시되고 있다(Priestley, 1998, 2003: 김경미 외, 2006). 사분 모델은 개인적 모델과 사회적 모델을 각각 유물론적, 관념적으로 나누어 설명하는데 문화는 사회적 모델의 관념론적 해석에 포함이 되는 것으로 문화적 가치와 표상에 초점을 맞추어 문화적 모델로 접근할 수 있다.

사회적 모델이 발전하는 과정에서 개인이 할 수 있는 것을 최대한 풍부하게 발전시킬 권리를 가지고 있다는 철학이 생겼고, 개인의 행복과 성장을 위하여 창의성의 중요성을 강조했는데 창의성이란 인간이 구현할 수 있는 최고의 단계로 창의성이 존중되고 활성화할 수 있는 환경을 형성하는 것이 중요한 일이 되었다(하리마, 2009).

이런 관점에서 논의되고 있는 장애 모델이 바로 문화적 모델(Devlieger, 2005)로 문화적 모델의 등장은 장애에 대한 관념 즉 정상성에 대한 관념의 변화와 같이하고 있다. 이렇게 장애를 문화론적 관점에서 바라보는 것은 장애가 일종의 미학적, 정치적, 문화적 관념임을 전제로 하며 복잡한 사회적 관계를 둘러싼 환경의 문제이기 때문이다(Sharon and David, 2005). Devlieger(2005)는 기존의 지배적인 장애 모델보다는 다양한 모델이 있을 수 있다는 것을 인정하여야 한다며 문화적 모델을 제시한 것인데 장애인에게 잠재하는 창조적 요소들을 언급하며 문화적 모델은 장애인을 하나의 존재 양상으로 보고 있다(김도현, 2012).

Linton(1998)도 장애를 중요한 정체성으로 보고 장애인은 고유한 문화를 가진 존재로 장애인 문화를 만들어 내었는데 문화적 현상은 구조화된 맥락 속의 상징적 형태로 이해될 수 있으며, 하나의 문화로 형성된 신념과 발상은 문화 속에서 자연스럽게 시행되기 때문에 문화와 장애가 만나면 강력한 힘을 발휘할 수 있을 것으로 생각된다(Thomson, 1990: 조원일, 2009).

장애의 의미란 본래 문화의 일부로서 이해되어야만 하기에(Devlieger, 2005) 새로운 장애 모델로 제시된 문화적 모델은 정체성, 내러티브, 개인의 목소리라는 개념이 중심이 되고, 이런 문화적 모델은 포스트모더니즘이란 이념과 결합되어 열려진 다원화의 체계를 만들어 내며(양해림, 2003), 열려진 체계는 새로운 이념들을 발전시키고 다른 규칙들을 생산한다.

이것은 후기구조주의에서 비롯한 인식론으로서 그 이전의 사유 체계와 지식을 비판하고 편견들을 파괴하고 해체하여서(Luc and Renaut, 1968: 곽영순, 2009), 현재의 생활을 현상적으로 보여 주는데 그것은 이성에 대한 절대적 신뢰에 대한 반성으로 합리주의에 기초하여 천부적인 인간의 권리와 자율성을 보장하게 된다(양해림, 2003).

문화 현상으로서의 포스트포더니즘은 문화적 현상이 그 이전의 모더니즘에 비하여 어떻게 다른가를 파악하는 것으로 포스트모더니즘의 특징은 일원론보다는 다원론을, 이성보다는 감성을, 전통의 유지보다는 해체를, 그리고 독단주의보다는 관용주의를 더 설득력 있는 이론으로 삼아 문화적 모델이 지향하고 있는 다양성의 인정을 잘 표현하고 있다고 생각된다(양해림, 2003).

문화적 모델은 장애인이 갖고 있는 문제를 사회 관계에서 생긴다고 보고 사람과 사람 사이의 관계뿐만이 아니라 사람과 제도, 사람과 조직 사이의 복잡한 관계에서 장애 때문에 발생하는 문제들을 해결한다. 따라서 문화적 모델은 장애인의 잠재된 다양한 능력을 개발하여 문화라는 포괄적인 공간에서 자신을 당당하게 표현하며 자존감을 찾을 수 있도록 하는 것이 목표이어서 개인적 모델과 사회적 모델이 서로 상반되는 관계인 것에 반해 문화적 모델은 변증법적 통합으로 기존 모델의 발전된 모델임에 분명하다고 평가하였다(Devlieger, 2005).

이 문화적 모델이 갖고 있는 속성인 잠재하는 창조적 요소와 다양한 능력 개발에 장애예술인의 창작 활동이 포함되어 장애인의 삶의 목표를 설명하는데 설득력을 갖는 통합적이고 포괄적인 성격을 지닌 유용성 있는 장애 모델이라는 것에 대한 연구가 진행되고 있다. 아직은 장애인예술을 문화적 모델로 설명하는데 이론적인 기반이 부족하지만 본 연구에서 장애인예술을 설명하기 위해 문화적 모델을 차용하는 것은 장애인예술의 주체가 장애인이고 기존의 장애 모델에 문화적 표상이란 속성을 가진 관념론적 사회적 모델을 문화적 모델로 발전시켜 나가는데 무리가 없을 것으로 보여지기 때문이다. 또한 문화 현상으로서의 포스트포더니즘이 장애인예술의 문화적 모델 접근을 가능하게 해 주고 있다는 것도 문화적 모델의 가능성을 보여 준다.

또한 French와 Swain(2000)은 장애를 고통스러운 낙인으로 보는 기존의 비극적 모델(개인적 모델)과 반대되는 긍정적 모델을 제시했는데 이것은 환경을 중요하게 생각하는 사회적 모델에서 나왔다. 긍정적 모델은 장애라는 환경 속에서 사는 것에 불만을 갖지 않고 장애인이 그들의 몸과 휠체어를 사용해서 창작 활동을 하며 보살핌이란 장애인복지를 제공한다. 이런 창의적 환경 속에서 장애인은 다양한 활동을 하는데 그 가운데 장애인예술이 포함되어 있는 것이다. 장애인예술의 주요 기능은 관습과 경험과의 소통으로 생활방식과 문화와 관련이 있다.

그래서 장애인예술은 장애인운동에서 장애인의 손상과 장벽을 표현하는데 사용하지만 그것은 분명한 예술이며 정책적 노력이다. 이렇듯 예술 활동을 이용하는 긍정적 모델도 문화적 모델과 맥락을 함께하는 등 문화적 모델에 대한 관심이 높아지고 있어서 문화적 모델이 새로운 장애 개념으로 발전할 수 있을 것으로 보여진다. 이와 같이 장애를 문화적 관점에서 바라보는 문화적 모델이 생성과정을 도식화하면 〈그림1〉과 같다.

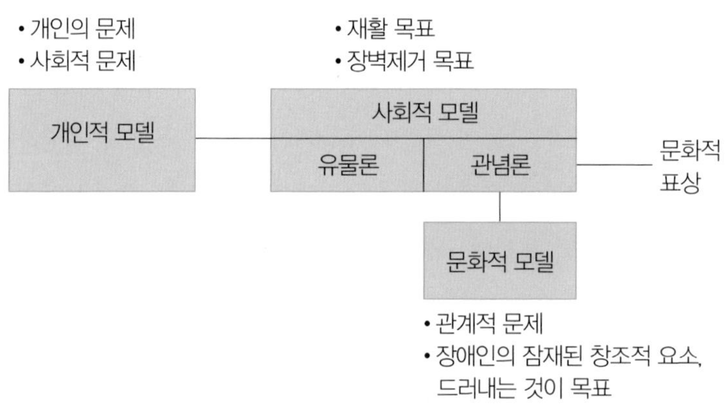


그림1 **장애의 문화적 관점 생성 과정**

## 2. 장애인예술 정의

### 1) 장애인예술이란

장애인은 장애인복지법 제2조에 정의된 '신체적 정신적 장애로 인하여 장기간에 걸쳐 일상생활 또는 사회생활에 제약을 받고 있는 자로 한다.' 를 사용하고,

예술은 사전적 정의인 미적(美的) 작품을 형성시키는 인간의 창조 활동(www.doopedia.co.kr) 외에 예술은 창작을 통한 성과를 말한다(김주호 · 용호성, 2005)라는 정의를 바탕으로 장애인과 예술이 결합된 장애예술인은 예술 활동을 하는 장애인을 뜻한다.

영국예술위원회에서 정의한 장애인예술(Disability Arts)은 장애인의 문화와 개성, 장애의 정치적 체험, 장애와 구체적으로 연관된 예술 내부에서 생산된 작업 등을 반영하는 장애인에 의해서 생산된 예술 작품이고, 예술에 장애인의 참여를 지원해 주는 과정이라고 정의하고 있다.

우리나라에서는 그동안 장애인문화예술이란 용어를 사용하다가 「한국장애예술인백서」(한국장애인문화진흥회, 2011)에서 장애인의 예술 활동을 장애인예술로, 예술 활동을 하는 장애인을 장애예술인으로 지칭하기로 정하여 공론화되고 있다.

저작권법 제2조에 예술인의 정의를 저작자와 실연자로 나누는데 저작자는 작가, 화가, 작곡가처럼 새로운 것을 만들어 내는 예술인이고, 실연자는 배우, 무용가, 가수, 연주가 등을 가르키는데 저작자는 창작 활동을, 실연자는 표현 활동을 하기 때문에 예술 활동을 창작과 표현 활동으로 구분하여야 하지만 본 연구에서는 창작 활동으로 사용하기로 한다.

### 2) 장애예술인의 창작 활동 의미

사람이 어떤 주제 의식을 갖고 탐구를 한 경험은 창조적인 결과를 얻기에 탐구의 완성은 예술이라고 한다(김연희, 2012). 예술의 본성은 실존의 문제와 연결시켜 삶의 의미를 밝히고 강조하는 것이기에 예술의 본성은 인간의 본성이기도 하다(박준원, 2003).

예술은 예술인이 작품을 만들어 내는 창조와 그렇게 만들어진 예술작품 그리고 그것을 바라보며 느끼는 관객의 향유로 존재하기에 예술은 사회 전체를 풍요롭게 하고 사회 구성원의 삶의 질을 향상시키는 긍정적 외부 효과를 갖고 있어 예술 활동은 경제를 살리는 견인차가 되고 예술의 확산은 사람들에게 정신적인 만족감과 심리적인 안정감을 주는 치료적 역할을 함과 동시에 미래 세대에 문화적 유산이 된다(Baumo and Bowen, 1966: 소병희, 1999).

예술인 자신은 어떤 목적을 갖고 창작 활동을 하기보다는 창의적 자아 표현을 하고 있을 뿐이어서 한 개인이 내적으로 느끼는 것을 외화(外化)하는 것이 예술이며, 예술이 창의적 자아 표현이라는 것은 장애인예술이라고 예외는 아니기에 장애예술인은 사회적 접근성이 부족하고 교육, 훈련 등의 영역에서 차별이 존재하는 어려움 속에서도 창작 활동을 하고 있다(Basas, 2009: 주윤정, 2012).

Epstein(2000)은 장애인예술은 장애인의 삶뿐만이 아니라 보편적 인간됨에 대해 깊이 있는 연구를 할 수 있는 자극을 주기 때문에 장애인이 작품의 대상이 되는 것에 그치지 않고 스스로를 위해 작품을 써야 한다고 하며, 장애인이 예술을 통해 자신들의 생각과 강점을 표현하고 활동하며 사회를 교육시킬 수 있다고 하였다. 또한 영국의 장애운동가 Finkelstein과 Morrison(1993)도 비극적인 장애인 이미지나 인간 승리의 신화를 벗어내고 장애인을 인간 자체로 바라볼 수 있게 하는데 예술이 도움이 된다고 하였다(주윤정, 2011).

장애인예술에 대한 논의가 부재하였기 때문에 장애인예술이 어떤 역할을 하고 장애예술인의 창작 활동이 어떤 의미가 있는지에 대해 알려진 바가 없어 최근 언론에 소개된 장애예술인의 인터뷰를 통해 유추해 보고자 한다.

지체장애 1급으로 휠체어를 사용하는 아동문학가 고정욱(동아일보, 2012. 11. 7)은 "장애는 나의 힘이다."라며 장애가 창작 활동의 원천이 되고 있다고 하였다. 고정욱은 작품이 모두 305만 부 이상 팔린 베스트셀러 작가로 인세가 충분한 경제활동이 되어 장애예술인의 창작 활동이 직업적인 의미를 갖는 사례이다. Frey와 Pommerehne(1989)는 전문 예술인의 정의를 예술 활동에 투입한 시간과 예술 활동으로 얻은 소득 그리고 예술 활동 실적의 양으로 측정했는데(박영정, 2009) 고정욱은 이 모든 요건을 갖춘 전문 예술인이다.

많은 사랑을 받은 네 손가락 피아니스트 이희아는 "내 모습은 남들과 다르다고 해도 내가 꿈을 가진 마음은 남들과 다르지 않아요." (중부일보, 2012. 11. 7) 라며 자신이 손가락 4개로 피아니스트의 꿈을 이룬 것은 꿈이 비장애인과 다르지 않았기 때문이라고 설명하였다. 만약 이희아가 손가락이 4개밖에 없어서 피아노를 연주할 수 없다고 생각하였다면 그녀는 피아니스트가 될 수 없었다. 이희아는 4개의 손가락으로도 피아노를 칠 수 있다고 믿었기 때문에 도전을 해서 꿈을 이룬 것으로 이희아에게 예술은 하나의 권리이다. 피아노는 반드시 열 개의 손가락으로만 연주할 수 있는 것이 아니라 네 개 손가락을 가진 장애인도 연주를 할 수 있는 권리가 있다는 사실을 유감없이 보여 주었다.

그리고 성악가 최승원은 지팡이에 의지하지 않고는 15초밖에 서 있을 수 없는 장애를 갖고 1993년 동양인으로서는 최초로 뉴욕 메트로폴리탄 오페라 콩쿠르에서 우승을 하여 세상을 깜짝 놀라게 하였었는데 최승원은 우승 소감을 말할 때 심사위원석을 향해 "어떻게 장애인인 저를 뽑아 주실 생각을 하셨습니까?" 라고 물었고 심사위원장은 "당신의 장애는 오페라와는 아무런 상관이 없다." 는 대답을 하였다는 일화가 있다(KBS-1TV, 2012. 11. 9). 최승원은 편견을 갖고 있지 않은 콩쿠르란 등용 제도를 통해 세계적인 테너가 될 수 있었는데 최승원에게 노래는 사회에 진출하여 주류 사회에 편입하기 위한 도구이자 매개였다. 최승원은 성악을 통해 자신의 존재감을 유감없이 드러낸 성공적인 장애예술인이다.

장애인예술의 의미를 가장 잘 보여 주고 있는 장애예술인은 노차돌 시인이다 (SBS TV, 2009. 5. 21). 그는 뇌성마비로 손과 발을 모두 사용할 수 없는 중증의 장애 때문에 엎드려 누워서 또는 간신히 앉아서 컴퓨터 키보드를 혓바닥으로 눌러 시를 쓰고 있다. 그는 사랑을 영원히 간직하고 싶어 글을 썼고 긴 글을 쓸 수 없어 함축해서 표현하다 보니 시가 되었다고 하였다. 노차돌은 시를 쓰며 하루를 보낼 만큼 시작(詩作)에 몰두한 결과 2007년에는 장애인 문예지 『솟대문학』에 정식으로 등단하였다. 노차돌은 작품에 장애를 있는 그대로 드러낸다. 그것이 노차돌 시인 작품의 가장 큰 특징으로 노차돌의 시는 다른 비장애인 시인은 절대로 쓸 수 없는 작품이다.

**노차돌 시**

혀로 사는 세상
노차돌

난 오늘도 혀로 세상을 산다

혀로 컴퓨터를 하고, 혀로 쇼핑도 하고
혀로 흘러가는 세월 구경도 하고
혀로 떠나려 하는 그 사람도 잡는다

어쩌면 이런 내가 보기가 싫어서
이렇게 아프게 하고 떠나려고 하는지 모르겠다

난 오늘도 혀로 컴퓨터를 켜서
그 사람의 사진을 한참 바라본다.

노차돌이 시를 쓰는 이유는 심리적인 위안을 받기 위해서이다. 자신이 아무것도 할 수 없는 무의미한 존재가 아니라는 사실을 확인시키려는 듯, 자유롭게 움직일 수 있는 것이 혀밖에 없지만 혀로 쇼핑도 하고 세상 구경도 하고 사랑도 하고 있다는 사실을 시의 형식을 빌어 세상에 외치고 있다. 노차돌처럼 예술을 통해 심리적인 지지를 받고 있는 장애예술인이 많을 것이다.

이렇듯 장애예술인에게 창작 활동은 심리적인 지지가 되고 사회적으로 인정받는 발판이 되며, 할 수 없다는 편견에 대항에 할 수 있는 권리행사이고 좋은 직업으로서의 의미를 갖는다. 예술은 창의적 표현으로 예술인 개인의 행복과 성장에 도움이 되고 장애예술인에게 창작 활동은 자기 표현의 권리로서 잠재된 능력을 개발하여 자신의 역량력을 발휘하면서 자신의 정체성을 확립하는 예술인으로서 의미를 갖는다.

## 3. 장애인예술 영역

### 1) 문학

1980년대 신문 등 언론 매체를 통해 장애인이 책을 출간했다는 소식이 간간히 소개됐다. 장애가 심해서 정규교육을 한번도 받아 본 적이 없는 강동석 씨가 장편소설을 썼다든지 고등학교 2학년 때 추락 사고로 전신마비 장애를 갖게 된 김옥진 씨가 「산골 소녀 옥진이 시집」을 출간한 것은 큰 화제가 됐었다. 그밖에도 뇌성마비 소설가 김재찬 씨가 문학정신 장편소설 공모에 당선됐고, 1990년 동아일보 신춘문예 희곡 부문에 지체장애인 강종필 씨가 당선되었으며 김래성 추리문학상 수상자 이승영 씨가 근육병 장애인이라는 것이 알려지면서 장애인의 문학 활동의 가능성을 열어 주었다.

장애인문학이란 것이 본격적으로 수면 위로 드러난 것은 1990년 12월 7일 한국장애인문인협회가 창립되면서부터이고 1991년 봄 장애인문학을 표방한 『솟대문학』이 창간되면서 장애인문학이 탄생했고 단 한 번의 결간도 없이 25년 동간 발간하면서 장애인문학이 문학의 한 장르로 자리매김하게 됐다. 『솟대문학』은 원로 구상 시인이 2004년 세상을 떠나기 전에 기탁한 2억 원으로 상금 기금을 마련해서 2005년부터 구상솟대문학상으로 이름을 바꾸어 매년 구상솟대문학상을 시상하고 있는데 이 상은 장애문인들의 로망이 된 권위 있는 문학상이 되었다.

장애인문학 발전은 장애인문학 도서의 양적 확대에서도 잘 나타난다. 1993년 『솟대문학』 통권 9호에 장애문인이 출간한 작품 분석을 보면 『솟대문학』에서 수집한 장애인 도서가 130권이었는데 2015년 12월 필자가 국립중앙도서관에 기증한 장애인문학도서가 2천여 권에 이르고 보면 장애문인의 작품 활동이 매우 활발해졌다는 것을 알 수 있다. 우리나라에 장애인문학이란 새로운 장르를 구축하게 한 『솟대문학』은 문화계 블랙리스트 사건으로 2015년 겨울 100호를 끝으로 폐간되었는데 미국 스탠포드대학 도서관에서 『솟대문학』의 가치를 인정하여 연구 비치용으로 한 질을 구입하여 장애인문학이 국제화되는 계기가 마련되었다. 이런 분위기 속에서 2017년도 가을 『솟대문학』에 평론 역할을 강화시킨 『솟대평론』을 1년에 2회 발간하는 형태로 창간하여 장애인문학 작품과 장애인 문화 주제 논문 그리고 『솟대문학』 수록 작품 평론 등의 콘텐츠로 장애인문학을 확장하였다.

### 2) 미술

장애인미술을 정의하는 것은 장애인문학보다는 수월하다. 미술작품의 주제를 장애인으로 하는 예는 거의 없기 때문이다. 따라서 장애인미술을 장애를 가진 미술인들의 작품 활동이라고 정의할 수 있다. 그런데 한 가지 독특한 것은 그림을 손이 아닌 다른 신체를 사용해서 그리는 것에 따라 구필화가나 족필화가로 구분이 된다. 입에 붓을 물고 그림을 그리면 구필, 발가락에 붓을 끼우고 그림을 그리면 족필이 되는 것이다. 구필이나 족필을 통틀어 구족화가라고 한다. 우리나라에는 현재 23명(정회원 7명)의 구족화가들이 활동을 하고 있다.

또 하나의 특징은 한국화의 거장 운보 김기창 화백이 청각장애인이었기 때문에 그의 영향을 받은 청각장애인화가들이 1988년에 농미회를 결성하고 한국농미회전시회를 정기적으로 개최하며 활발한 활동을 하였다. 장애인미술은 초창기에는 화가 개인이 개최하는 개인전시회가 많았는데 장애 유형별로 또는 작품장르별로 소규모 활동(소울음, 그림사랑, 농미회 등)을 해 오다가 1995년 한국장애인미술협회를 구성해서 본격적인 활동을 시작하였고 2008년 문화체육관광부 사단법인 인가를 받은 후 활성화되어 회원이 1,000여 명에 이르고, 한중일장애인미술교류전을 개최하는 등 장애인미술을 국제화시키는 역할을 하였다.

### 3) 음악

장애인음악은 장애인들의 음악 활동이다. 청력이 발달한 시각장애인들이 음악 분야에서 두각을 나타내고 있다. 피아노, 바이올린, 클라리넷 등 연주를 하는 시각장애 음악인들이 개인적으로 활동을 하는 한편 시각장애 음악인들로 구성된 한빛예술단, 하트시각장애인체임버오케스트라, 관현맹인전통예술단이 국내는 물론 해외 공연을 활발히 펼치고 있다.

정신지체인으로 구성된 영혼의 소리로 합창단(일산홀트복지타운), 온누리사랑챔버(온누리교회), 비바챔버앙상블(장애인먼저실천운동본부), 아트위캔(한국발달장애인문화예술협회) 등이 많은 활동을 하고 있으며 자폐성 발달장애를 갖고 있는 국악인으로 최준, 장성빈, 이지원 그리고 클라리넷 연주자 은성호, 첼리스트 배범준과 이재원 등 발달장애음악인들이 속속 탄생하고 있다.

대중적인 음악 활동을 하는 장애 음악인이 많다. 1970년대에 인기를 누리던 가수 이용복은 시각장애인이고, 1980년대 많은 사랑을 받은 조덕배는 지체장애인이다. 그리고 인기 듀오 클론의 강원래는 2000년도 교통사고로 인한 척수 손상으로 하반신이 마비된 후 휠체어를 타고 무대에 올랐다. 이밖에 지체장애가 있는 테너 최승원은 세계적인 성악가로 명성을 날리고 있고 네 손가락의 피아니스트 이희아도 큰 사랑을 받았다. 그 후 휠체어를 사용하는 성악가 황영택과 대중가수 배은주 그리고 시각장애인 가수 김지호 등이 음악 활동을 활발히 하고 있다.

중도에 장애를 갖게 된 세한대학교 실용음악과 정상일 교수가 2016년 휠체어를 사용하는 장애인 100명으로 대한민국휠체어합창단을 창단하여 국내는 물론 해외 공연을 활발히 펼치고 있다. 특히 2017년도에는 미국 카네기홀에서 열린 세계합창대회에 참석하여 한국장애인의 일치된 화음으로 기립 박수를 받으며 국위를 선양하였다.

### 4) 대중예술

2008년 4월 클론의 강원래가 재능 있는 장애예능인들을 모아 '꿍따리유랑단'을 창단해서 전국을 돌며 순회공연을 하면서 장애인예술을 알리는 역할을 하였고, 같은 해 KBS 장애인가요제 수상자들이 모여 한국장애인국제예술단을 창단해서 국내외에서 공연을 하며 다양한 프로그램으로 장애인예술을 대중화 시켰다.

장애인 사물놀이 '땀띠' 등 소규모 전문 그룹이 활동하고 있고 장애인문화예술극회 '휠' 과 장애인극단 '애인' 에서 정기 공연을 하며 장애인연극을 발전시키고 있다. 그런데 장애인연극도 장애인문학과 마찬가지로 장애인을 소재로 일반 극단에서 무대에 올린 연극 공연들이 또 하나의 장애인연극을 형성하고 있다.

장애인무용은 청각장애인 발레리나 강진희와 현대무용가 고아라 그리고 휠체어 댄서 김용우의 활동으로 대표될 수 있고 다운증후군 강민휘가 영화 〈사랑해 말숙씨〉에서, 뇌성마비 배우 길별은은 드라마 〈갑동이〉에 등장해서 열연을 하기도 하였다.

장애인예술 분야는 신인 등용문 제도가 매우 부족한 것이 현실이다. 2013년 한국장애인문화예술단체총연합회에서 시작한 대한민국장애인예술경연대회 '스페셜K' 는 국내에 거주하는 모든 장애인을 대상으로 경연 분야 클래식, 실용음악, 국악, 무용, 연극&뮤지컬의 6개 분야에서 신인을 발굴하고 있으며, 빛된소리글로벌예술협회에서 2016년부터 실시하고 있는 '이음가요제' 를 통해 가수의 꿈을 이루는 신인들이 속속 등장하고 있다.

제2장

# 한국 장애인예술

## 1. 장애인예술 실태

장애인예술 정책을 마련하기 위해서는 장애예술인 인구를 파악하는 것이 우선되어야 하지만 장애예술인 수에 대해서는 지금까지 알려진 바가 없다. 장애예술인뿐 아니라 비장애예술인 인구도 아직 전수조사가 이루어지지 않았다.

사람의 2%가 예술적 재능을 가지고 있다고 한다(박영정, 2006). 보건복지부가 발표한 2017년 장애인실태조사에 의하면 장애인 수는 267만여 명인데 장애인의 2%가 예술적 재능을 가지고 있다면 53,400여 명이 예술적 재능을 가지고 있다고 볼 수 있다. 예술 활동을 하고 있거나 원하는 장애예술인은 약 5만 명이 넘는 것으로 추산할 수 있으며, 좀 더 좁혀서 예술 활동을 하고 있는 장애예술인 인구를 추정하면 한국고용정보원(2009)이 발표한 산업·직업별 고용구조 조사에 나타난 예술인수 18만 여 명과 장애인 출연율(2017년 장애인실태조사) 5.36%로 계산하여 장애예술인 인구를 약 1만 명인 것으로 추정할 수 있는데 이는 예술적 재능을 가진 장애인 수 5만여 명보다는 예술 활동을 하고 있는 장애인 수 1만여 명을 장애예술인 인구로 보는 것이 더 합리적인 추산이다.

한국장애인예술정책연구(2012)에 의하면 장애예술인에 대한 실태조사는 2005년부터 총 5회(2005, 2007, 2010, 2011, 2012)에 걸쳐 실시되었으나 조사 규모가 100명 이내의 소규모이고 조사대상자에 대한 명확한 개념 정의가 되지 않은 채 이루어진 조사여서 장애예술인의 실태를 대변한다고 보기는 어렵다. 가장 최근 실시한 장애문화예술인실태조사(문화체육관광부, 2012)[2]는 구체적인 내용이 부족하여 2007년도 한국장애인개발원에서 실시한 장애문화예술인실태조사[3]를 기반으로 장애예술인의 실태를 살펴보면 장애예술인은 창작 활동에 주 평균 17.3

2) 전국 16개 광역 시도를 조사 지역으로 모집단을 장애인문화예술 관련 단체 회원 2,320명을 대상으로 하여, 장르 등을 고려한 유의 할당(purposive quota sampling) 방식의 설문조사를 2012년 7월부터 9월까지 면접과 우편(메일) 방식으로 실시하였다.

3) 문학인과 미술인을 중심으로 하였고, 조사 규모는 361명이고 비장애예술인과 비교해서 기술함.

시간을 투자하고 있고 창작 활동과 관련해서 얻는 월평균 수입은 없다는 것이 69.3%로 대부분을 차지하였고, 그다음이 10만 원 이하로 12.8%였다. 비장애예술인의 경우는 수입이 없다는 응답이 27.2%인 것과 비교하면 장애예술인이 경제적으로 더 빈곤하다는 것을 알 수 있다. 장애예술인의 수입이 적은 것은 창작 활동을 하지 않아서가 아니라 발표의 기회가 없기 때문인 것으로 드러났다. 창작 발표의 기회에 대해서 매우 부족하다가 38.8%, 다소 부족하다가 36.0%로 74.8%가 창작 발표의 기회 부족을 느끼고 있었다.

비장애예술인의 무직율이 13.9%인 것에 비하여 장애예술인은 64.0%가 직업이 없다고 하여 장애예술인의 무직율이 매우 높은데, 직업이 없는 상태에서 창작 활동으로도 수입을 만들지 못하는 장애예술인은 경제적으로 많은 어려움을 겪고 있다는 것을 쉽게 짐작할 수 있다. 이런 실태 속에서 장애예술인은 장애인예술 발전을 위해 정부가 가장 역점을 두어야 할 사업으로 장애예술인들은 경제적 지원(35.1%), 장애예술인 지원을 위한 법제도 마련(33.4%), 장애인의 예술교육 확대(9.6%)를 꼽았는데 이것으로 장애예술인의 주된 욕구가 창작 활동에 대한 지원이라는 것을 알 수 있다. 장애예술인은 이렇게 어려운 상황 속에서 창작 활동을 하고 있지만 만족한다가 45.5%로 불만족하다는 30.4%보다 높았는데 이것이 장애예술인의 창작에 대한 열정과 욕구를 잘 말해 준다.

임상오(2006)는 예술에 대한 사회적 평가는 예술과 문화에 대한 시민의 조예가 깊을수록 예술인에 대한 평가가 높아진다고 했는데 우리나라의 문화예술 활동 참가율은 1.1%에 불과하다. 이것은 이탈리아의 24%, 미국 14.7%, 독일 11%에 비해 매우 미미하여 문화예술에 대한 사회적 평가가 낮을 수밖에 없는 상황이다(국회입법조사처, 2012).

우리나라는 예술에 대한 사회적 평가가 낮은데다 장애인에 대한 인식이 부정적이다. 2011장애인실태조사에 의하면 장애인에 대한 차별이 어느 정도인가를 묻는 질문에 매우 많다가 32.4%, 약간 많다가 48.3%로 80.7%가 장애인에 대한 차별이 있다고 응답하여 장애인 인식에 편견이 많은 것으로 나타났다. 이렇듯 장애인과 문화예술에 대한 인식이 낮은 상태에서 장애예술인에 대한 사회적 평가가 어떠할지는 미루어 짐작할 수 있다.

장애문화예술인실태조사(2007)에 따르면 우리나라 장애예술인에 대한 사회적 평가를 묻는 질문에 매우 낮다 35.3%, 다소 낮다 24.9%, 그저 그렇다 27.5%로 87.7%가 사회적 평가를 제대로 받지 못하고 있는 것으로 인식하고 있었다. 그런데 장애예술인의 창작 활동을 바라보는 인식이 매우 이중적이란 것을 알 수 있는 연구가 있다. 박혜신(2010)에 따르면 같은 공연을 감상하였어도 예술인이 장애인임을 알 때 더 감동을 받고 흥미롭게 본 것으로 나타났지만(73.3%) 예술인이 장애인임을 알 때 예술인의 전문성 평가 항목의 평균은 아주 낮았는데 이것은 장애예술인을 전문 예술인으로 인식하지 않기 때문이다. 바로 이런 인식 때문에 장애예술인의 창작 활동이 예술 시장에서 경쟁력을 잃었고 그로 인해 장애예술인은 우리 사회에서 소외를 받고 있다.

장애인예술은 과거 또는 현재의 주류 예술 자본이나 Habitus(고급 예술)[4]의 코드에 맞지 않는다거나(Riddell and Watson, 2007: 윤삼호 외, 2012), 장애인예술은 하위 문화적인 성격이 있다고 생각하는 인식으로 장애인예술이 주류 예술에 진입하는 것을 방해하고 있다(Gosling, 2006: 주윤정, 2012). Sutherland(2005)는 주류 문화가 장애를 정의하는 것과는 다른 정의를 제공하며 지배적인 문화와의 차이를 결핍이 아닌 새로운 가치로 즐기는 경향이 있다고 하였듯이 장애인예술은 장애라는 낙인 때문에 낮은 사회적 평가를 받고 있는 것이 현실이다(주윤정, 2012).

## 2. 장애인예술 정책

우리나라는 이미 조선 시대에 국가 차원에서 장애예술인을 육성하며 장애인예술을 발전시킨 성공적인 장애인예술 정책으로 관현맹인이란 제도가 있었다(정창권, 2011). 관현맹인은 관습도감에 소속되어 세종이 음악에 재능이 있는 시각장

4) 아비투스는 사회화 과정을 거치는 동안에 개인이 획득하는 영구적인 성향 체계로 예술계가 만든 하나의 가치 구조(문학비평용어사전, 2006).

애인에게 일을 할 수 있는 기회를 주기 위해 설치하였다. 세종실록 제25권에 '맹인들이 거문고와 비파를 타는 것으로 직업을 삼아 생계를 이어 왔는데 근래 국상으로 인하여 음악을 정지하여 살아가기 어렵다고 고하자 왕은 각기 쌀 한 섬씩을 주도록 하였다.'는 기록이 있다. 시각장애인 가운데 음악적 재능이 뛰어난 사람을 뽑아 관악기와 현악기 등 악기를 연주하도록 하고 정기적으로 관직과 녹봉을 올려 주어 자립하도록 하였다. 관현맹인은 양인뿐 아니라 천인 중에서도 선발했는데, 장악원에서 1년에 4차례 이조에 추천서를 올려 사령서(辭令書)를 받아 임용하였다(임안수, 2010).

성종실록 제8권에 보면 '내연 때에는 악공을 쓰지 말고 맹인으로 주악을 연주하게 하라.'는 기록이 있고 연산군일기 제41권에도 '맹인 음악인을 제외하고는 모두 기녀들로 하여금 연주하게 하라.'는 기록도 나오는데 이것으로 시각장애인 음악인을 임금이 보호해 주었다는 것을 알 수 있다. 관현맹인은 국란이나 나라 살림이 어려울 때 중단되기도 하였지만 고종 때에도 장악원에 5명의 관현맹인이 있었다는 것으로(대전회통 장악원조, 고종 2년) 조선 500년 동안 시각장애인 음악인은 왕실의 사랑을 받으며 조선 시대 장애인음악의 주체가 되어 왔다.

우리는 이러한 역사적 배경을 갖고 있지만 경제성장에 매몰된 현대사회에서 생산성이 없는 장애인예술은 뒷전으로 밀려났다(주윤정, 2006). 참여정부 이후 소외계층에 대한 문화복지에 눈길을 돌리면서 장애인문화예술 관련 정책의 필요성이 논의되기 시작하였으며 문화바우처사업 등이 장애인문화 향수권 신장 차원에서 도입되었다(문화체육관광부, 2007). 장애인의 문화권은 장애인에 대한 외형적 편의 제공에 국한되는 것이 아니라 보다 근원적으로 장애인에 대한 사회적 인식 및 태도를 개선하는 것과 관련되어 있다는 점에서 중요하다고 여겨 장애인문화권에 대한 욕구가 표출되었다(김세훈, 2008). 따라서 장애인예술도 다양한 문화 가운데 하나이고 국가 전체의 총체적인 창조성에 영향을 주는 생명력 있는 문화라고 하는 정책적인 시각을 보다 큰 틀로 옮겨가는 것이 바람직할 것이라는 주장이 나오기도 하였다(유재봉, 2011).

하지만 장애인예술을 지원할 수 있는 독립된 법률은 없고 장애인문화예술 정책은 문화예술진흥법(제15조), 장애인차별금지법(제24조), 그리고 국제장애인권리협약(제30조)에 부분적으로 명시되어 있을 뿐이다. 장애인복지의 주무 부처인 보건복지부에서는 장애예술인 복지를 외면하고 있고 장애인예술의 주무 부처인 문화체육관광부에서도 (재)한국장애인문화예술원을 지원하고, 함께누리사업과 장애인문화예술교육 사업을 실시하고 있을 정도일 뿐 뚜렷한 장애인예술 정책을 갖고 있지 못하다.

또한 정책 운영에서도 장애예술인이 배제되고 있는 실정이다. 문화체육관광부 산하 기관에서 운영하고 있는 수많은 위원회에 장애인이 참여하지 못하고 있는데 특히나 장애인예술 발전을 위해 꼭 필요한 한국문화예술위원회 위원이나 한국예술인복지재단 임원에 장애예술인이 단 한 명도 포함되지 않았다. 〈tip1〉

국내 장애인예술은 정책을 마련하기 위한 법제도도 없고 정책을 시행할 공공기관도 없으며 장애인예술 예산도 미미해서 우리나라 장애예술인은 정부 차원의 체계적인 지원을 받지 못해 복지 사각지대에 밀려 있다. 이렇게 열악한 장애인예술 환경 속에서 문화체육관광부에 법인 승인을 받은 21개 장애인문화예술단체가 우리나라 장애인예술을 이끌어 가고 있다. 이들 단체 가운데 장애예술인이 회원인 단체는 한국장애인미술협회와 한국장애예술인협회 2개밖에 되지 않는다(문화체육관광부, 2018). 문화체육관광부의 법인 승인을 가장 먼저 받은 장애인문화예술단체는 국제장애인문화교류협회(1993)로 찾아가는 장애인문화예술학교와 장애인합창대회가 대표 사업이며, 한국장애인문화협회(2003)는 대한민국장애인문화예술대상과 전국장애청소년예술제 등의 장애인문화예술 사업을 정례화시켰다.

그밖의 주요 사업으로 빛소리친구들의 장애인국제무용제, 빛된소리글로벌예술협회의 문화가 있는 날, 수레바퀴재활문화진흥회의 패럴스마트폰영화제가 있다. 〈한국장애예술인총람〉(2011)에 의하면 법인 허가를 받지 못하였지만 예술 활동을 하고 있는 장애인예술 전문 그룹이 40개로 알찬 예술 활동을 펼치며 장애

## 장애 감수성 낮은 정부

사람이 먼저라고 주장하는 정부에서 행정부 장차관에 장애인을 임명할 만한데 단 한 명의 장차관도 없는 것은 말할 나위도 없고 대통령 직속 각종 위원회는 물론 장관이 임명하는 위원회에도 장애인 당사자는 배제되고 있다.

20대 국회에 장애인비례대표가 없었던 것은 공천이 엉망일 때여서 그렇다 치더라도 6.13지방선거에서 가장 모범을 보여야 할 서울시 의회에 거대 여야 양당 모두 장애인 비례대표를 내지 않았다.

예전 정부에서는 그래도 구색은 맞추려는 노력을 했었지만 이번 정부는 장애인의 참여에 가치를 두고 있지 않다는 생각이 든다.

장애인 의무고용율이 점점 높아지고 있지만 장애인공무원의 근무 형태는 향상되지 않고 있는 것이 문제이다. 장애인 업무가 있는 부서에도 장애인공무원이 없는 경우가 다반사이다. 인사혁신처에서 발표한 '중앙정부 장애인공무원 현황'(2017년 말)에 의하면 여성은 16.9%로 성비가 맞지 않았고, 하위직이 66%인 반면 고위직은 0.2%로 장애를 갖고 고위직에 오르는 것이 거의 불가능하다는 것을 알 수 있다. 인사담당자들은 중증장애인을 채용할 때 애로점으로 '관리자·동료 등이 장애인 채용을 꺼려서'라고 했는데 실제로 설문에 응한 장애인공무원들은 희망 보직에 대한 반영이 안 되는 등 직무배치에 대한 불만이 컸다. 승진 심사에서 불이익 경험률이 높았으며, 승진 기회가 적다고 인식하고 있었다. 장애인공무원은 선호 부서 또는 주요 보직에서 배제되고, 업무 성과에 대한 평가절하, 승진 심사 대상 배제 등을 겪은 것으로 나타났다.

| 장애예술인의 참여가 필요한 위원회 |
|---|
| • 대통령 직속 정책기획위원회 5개 분과 가운데 포용사회분과 |
| • 문화체육관광부 장관 직속 |
| –새예술 정책 TF팀 장애인예술분과 |
| –문화비전 2030–사람이 있는 문화, 새문화 정책준비단 위원 |
| • 문화체육관광부 소속기관 |
| –한국문화예술위원회 비상임위원, 소위원회 |
| –예술인복지재단 이사 |

* 단 한 명도 장애인이 포함되지 않았음

예술인의 다양한 재능을 보여 주었었는데, 〈장애예술인수첩〉(2018)에서는 전문 그룹이 30개로 줄어서 풀뿌리 단체는 예산 확보의 어려움으로 단체 운영을 포기하는 경우도 있다는 것을 알 수 있다.

장애인예술 업무를 관장하는 정부 조직은 예술국 예술정책과이다. 2013년 장애인문화예술 업무가 체육국에서 예술국으로 이관이 되어 장애인예술이 예술 정책 차원에서 실시가 될 수 있도록 조직 개편이 되면서 장애인예술 정책이 자리를 잡기 시작하였지만 사무관 1명, 주무관 1명, 단 2명이 업무를 보고 있다.

## 3. 장애인예술 사업

보건복지부 산하 장애인단체에서 장애인예술 사업을 펴고 있다. 가장 먼저 장애인예술 사업을 시작한 곳은 한국지체장애인협회이다. 1988년 제1회 장애인종합예술제를 개최하기 시작하여 장애인에게 예술의 기회를 주었고, 1991년부터 제1회 곰두리문학상·미술대전(현재 대한민국장애인문학상 · 미술대전)을 한국장애인개발원에서 개최하며 장애인예술 발전에 이바지해 왔다. 〈tip2〉

한국장애인고용안정협회에서는 2000년부터 지금까지 전국장애인근로자문화제를 이어 오고 있다. 한국척수장애인협회는 2010년 척수장애인문화예술위원회를 발족시켰고 실로암시각장애인복지관에서는 2011년 관현맹인전통예술단을 창단하여 공연 활동을 하고 있다. 이밖에 서울뇌성마비복지관은 뇌성마비인들의 시낭송회, 서대문농아인복지관은 청각장애인뮤지컬, 울산시각장애인복지관은 시각장애인뮤지컬, 경기도장애인종합복지관은 경기도장애인문예미술사진공모전을 정기적으로 실시하고 있으며 장애인예술 전문 복지관을 표방하고 있는 강남장애인복지관에서 다양한 장애인예술 사업을 펴고 있고, 서초한우리정보문화센터에서는 전시와 공연 등의 문화사업과 발달장애인으로 구성된 서초한우리오케스트라를 운영하고 있다.

2012년 장애인문화예술단체들이 힘을 모으기 위해 사단법인 한국장애인문화예술단체총연합회를 창립하여 2013년부터 대한민국장애인예술경연대회와 장애인문화예술축제를 주최하고 있다. 2014년에는 한국장애예술인협회(2013년 한국장애인문화진흥회에서 명칭 변경)에서 장애인예술 네트워크 구축사업으로 온라인

### 장애인예술 손뗀 보건복지부

1980년대 중반부터 우리나라에 장애인복지 운동이 활발히 전개되고 있다. 장애인복지를 규정하는 우리나라 최초의 법률인 심신장애자복지법이 1981년부터 시행이 되었지만 그 법률은 선언적 의미밖에 없었기에 장애인 당사자들은 장애인 인권을 보장할 수 있는 실질적인 정책을 요구하며 목소리를 높였다. 그 당시 장애우권익문제연구소 이성재 소장은 1988년에 개최되는 서울장애인올림픽 보이콧 운동을 펼쳤다. 장애인올림픽을 개최할 돈을 차라리 장애인에게 나누어 주라는 것이었다. 그 주장이 장애인들 사이에서는 큰 호응을 불러일으켰다.

서울장애인올림픽을 치루고 잉여금 50억 원에 서울올림픽 잉여금 50억을 기부받아 100억 원으로 1989년 2월 재단법인을 설립하기로 하고 그해 5월 한국장애인복지체육회가 출범했는데 이사로 참여했던 운보 김기창 화백이 법인 목적 사업에 문화예술사업을 포함시키도록 하여 총칙에 장애인문화예술 진흥사업이 포함되었다. 그 주요 내용은 장애인문화예술 행사 개최, 장애인문화예술 활동 지원, 장애인문화예술인 육성사업이었고, 그 첫 사업이 1991년에 시작한 곰두리문학상·미술대전이었다.

2005년 장애인체육이 문화부로 이관될 때 재산 싸움이 벌어졌다. 문화부는 전액을 이관하라고 하였고, 보건복지부는 장애인체육은 의무 분류를 해야 해서 예산을 복지부가 관장해야 한다는 것이었다. 그리고 한국장애인복지진흥회(2000년 개칭)에서는 설립 취지에 따라 장애인문화예술 진흥사업과 장애인복지 진흥사업을 실시해야 하기에 전액 이관은 맞지 않는다고 팽팽이 맞서다가 70억 원을 남기게 되었다. 이런 과정 속에서 대한민국장애인문학상·미술대전(1998년 개칭)도 문화부에 넘겨야 한다는 의견이 꾸준히 제기되었고, 2013년부터 보건복지부와 문화부가 공동으로 후원을 하는 형식으로 제25회까지 한국장애인개발원(2008년 개칭)에서 주최하다가 마침내 2015년 폐지를 공지하였다.

우여곡절 끝에 2016년 제26회 대한민국장애인문학상·미술대전이 오롯이 문화부 예산으로 개최되었지만 예산이 10년 동안 동결되어 상의 위상이 많이 떨어졌다. 상금을 인상하고 평론 부문도 신설해서 명실공히 대한민국을 대표하는 권위 있는 상으로 격상시켜야 한다.

『e美지』를 개통했는데 이것은 장애인예술 전문 데이터베이스를 구축한 것으로 장애인예술의 홍보와 마케팅 채널 역할을 하고 있다.

이를 바탕으로 2016년 우리나라 최초의 장애인예술 전문 종합잡지 『e美지』를 창간하여 장애인예술의 대중화, 장애예술인 수월성 확보, 장애인 인식개선을 목적으로 발간하여 오다가 창간 2주년을 맞아 제호를 『E美지』로 바꾸고 발간 목적도 장애인예술 마케팅과 시장 형성, 장애인예술 정책 제안, 장애인예술 저널리즘 실천으로 설정하고 새롭게 시작하였다. 〈tip3〉

우리나라 장애인문화예술 사업은 문화체육관광부에서 실시하는 크게 지정사업과 〈tip4〉 공모사업으로 나눌 수 있는데 공모사업은 한국문화예술위원회(현재는 한국장애인문화예술원)에 위탁하여 실시하고 있는 장애인문화예술향수지원 사업으로 매년 공모를 해서 심사를 거쳐 선정을 하는데 장애인예술계에서는 이

### 최초 장애인예술 전문 종합잡지 『E美지』

우리나라 최초의 장애인예술 전문 종합잡지 『E美지』는 2016년 하반기에 사회복지공동모금회 지원을 받아 시작되었다. 창간을 준비하며 실시한 설문조사에서 『E美지』 잡지 필요성에 대한 질문에 92.5%가 필요성에 공감하였으며, 『E美지』의 역할을 묻는 질문에 장애인예술의 대중화가 53.4%, 장애인 인식개선이 30.9%, 장애예술인 수월성 확보가 15.7%로 나타나 장애인예술 홍보에 대한 기대가 컸다.

『E美지』 창간 2주년 평가에서 2년 동안 장애예술인 50여 명, 장애인문화예술단체 10여 곳의 기사가 실렸고, 중계석을 통해 소개된 장애인문화예술계의 소식 기사가 100건이 넘어 명실상부한 장애인문화예술 전문 매거진으로서의 역할을 충실히 해 왔음을 알 수 있다. 홍보를 위해 기사 외에 광고를 호당 8회씩 48회 실시하였고, 교보문고 온북TV 메인화면을 통해 동영상 홍보를 함으로써 도서계에서도 『E美지』를 주목하게 하였으며, 창간과 동시에 장애인계에서 가장 강력한 전파력을 갖고 있는 장애인 인터넷 신문 〈에이블뉴스〉와 협약을 맺고 '에이블뉴스로 읽는 매거진 『E美지』'라는 코너를 통해 잡지 콘텐츠를 매주 1꼭지씩 소개하고 있는데, 가장 많이 본 기사 순위에 모든 기사가 TOP10 안에 들었고, 1위를 차지한 기사도 5건에 1건 꼴이었다.

『E美지』 창간 2주년 평가를 위한 만족도 조사를 Liker척도(5점 만점)로 실시한 결과 장애예술인의 창작 활동에 대한 예술성 평가는 평균 3점, 장애예술인 인지도를 높이는 대중화 평가는 평균 4점, 장애인에 대한 인식개선 효과는 평균 5점으로 높은 평가를 받았다.

앞으로 『E美지』는 장애인예술 마케팅과 시장 형성, 장애인문화예술 정책 마련을 위한 이론 및 여론 형성을 위한 저널리즘을 실천해 나가는 장애인문화예술의 대변자 역할을 할 것이라고 밝혔다.

사업에 대한 문제점을 지속적으로 제시하고 있지만 해결이 되고 있지 않다. 사업 예산 규모가 점점 커지고 있어서 장애인문화예술향수지원사업 지원 방식에 대한 개선이 반드시 필요하기 때문에 2014년부터 2018년까지 5년 동안의 장애인문화예술향수지원사업 내용을 분석하여 그 문제점을 제시해 보고자 한다.

### 장애인예술 예산이 시끄러운 이유

장애인예술이 본격적으로 발전하기 시작한 2013년도 장애인예술 예산은 42억이었고, 2019년도 예산이 138억 원이고 보면 6년 사이에 장애인예술 예산은 33%가 증가한 것이다.

장애인체육 2019년도 예산 1,040억 원에 비하면 13% 수준이지만 예산 증가폭으로 보면 괄목할 만한 성과이다.

그런데 예산이 확대되면서 외부 관심이 많아지고 그에 따라 불만의 소리도 높아지고 있다. 한국장애인단체총연합회와 한국장애인인권포럼이 2018년 12월 5일 '장애인문화예술 예산분석 정책토론회'를 개최했었는데 그 주요 내용은 2016~2018년 장애인예술 예산을 분석한 결과 공모사업은 사단/재단법인 22%, 비영리/풀뿌리 52%, 개인 예술가 26%지만, 지정사업은 사단/재단법인 99%. 비영리/풀뿌리는 1%, 개인 예술인은 한 푼도 지원받지 못했냐는 것이다.

거액의 지정사업이 불공정한 형태로 특정 단체들에만 지원되고 있음을 지적하면서 모든 국고보조금 사업을 동등하게 공모화하고, 동일 단체의 다중지원은 3억 원 이내로 제한하는 '다중지원 총량제한 제도'를 도입할 것을 제안하였다.

한편 2019년도 지정예산을 분석해 보면 문학이 3%, 미술이 8%, 무용 9%, 영상 10%, 음악 31%, 종합 24%, 교육이 15%로 장르별 안배에서 불균형이 일어나고 있다는 것을 알 수 있다. 「장애예술인수첩」(2018)에 의하면 문학 27%, 미술 33%, 음악 26%, 대중예술 14%로 문학과 미술 분야에서 활동하는 예술인이 60%인데 예산은 11%에 머물고 있다는 것이 장르별 불균형의 심각성을 잘 말해 주고 있다.

또한 장애 유형별로 보면 시각장애가 15%, 발달장애가 11%인 것에 비해 음악 예산에서 시각장애인 비율이 55%나 되었고, 교육은 대부분 발달장애인을 대상으로 하고 있다는 특징도 되새겨 볼 현상이다.

## 장애인문화예술향수지원사업 5년 평가

### 2014~2016년 분석

한국문화예술위원회가 수행한 (국고) 장애인문화예술향수지원사업의 배분 내용을 2014년부터 2016년까지 분석하면 다음과 같다.

지원사업 분야는 장애인문화예술동호회지원사업, 장애인문화예술향유지원사업, 장애인예술가창작활동지원사업, 장애인문화예술분야별집중육성지원사업, 장애인문화예술인력역량강화지원사업, 장애인문화예술협업지원사업, 장애인문화예술국제교류지원사업, 장애인문화예술조사연구활동및발간지원사업이고, 각 분야별 지원총액과 사업선정 단체(개인) 수에서 문화부 법인 장애인문화예술단체가 차지하는 비율을 조사하였다.

〈표1〉 2014~2016년도 장애인문화예술향수지원사업 분포

| 지원 분야 | 2014 | | | 2015 | | | 2016 | | | 비고 |
|---|---|---|---|---|---|---|---|---|---|---|
| | 지원액 | 선정 단체 수 | 장애인 문화예술 단체 수 | 지원액 | 선정 단체 수 | 장애인 문화예술 단체 수 | 지원액 | 선정 단체 수 | 장애인 문화예술 단체 수 | |
| 동호회 | 1억 5천 | 37 | 0 | 1억 8천 5백 | 48 | 0 | 1억 8천 8백 6십 | 40 | 0 | |
| 발표& 향유 | 8억 2천 2백 | 49 | 0 | 7억 6천 3백 | 47 | 0 | 10억 3천 2백 | 56 | 10 | |
| 창작 | 1억 1천 | 18 | – | 1억 8천 8백 | 37 | – | 2억 | 31 | – | 개인 |
| 집중 육성 | 4억 5천 | 12 | 10 | 4억 4천 3백 | 12 | 11 | – | – | – | 폐지 |
| 인력 역량 강화 | 5억 7천 1백 | 29 | 1 | 4억 7천 4백 | 25 | 0 | 3억 8천 7백 | 20 | 3 | |
| 협업 | 1억 5천 5백 | 5 | 3 | 1억 8천 8백 | 7 | 1 | 1억 9천 5백 | 8 | 4 | |
| 국제 교류 | 2억 2천 2백 | 14 | 1 | 1억 9천 7백 | 13 | 2 | 1억 2백 | 7 | 1 | |
| 조사 연구 및 발간 | 7천 | 3 | 0 | 1억 1천 2백 | 5 | 1 | 4천 5백 | 2 | 1 | |
| 총계 | 25억 5천 | 167 | 15 (10.1%) | 25억 천 | 194 | 15 (9.5%) | 21억 4천 9백 6십 | 164 | 19 (14.3%) | |

한국문화예술위원회 선정발표 결과(단위: 만 원)

이를 바탕으로 문화체육관광부에서 실시하고 있는 장애인문화예술향수지원 사업의 문제점을 정리하면 다음과 같다.

장애인문화예술단체가 소외되고 있다.

이 사업의 목적은 열악한 장애인문화예술을 육성시키기 위한 것인데 지원 대상에서 문화부에서 법인을 받은 장애인문화예술단체가 차지하는 비율이 2016년도 14.3%에 머물고 있는데, 이것으로 문화부 장애인문화예술 예산이 문화부가 아닌 다른 부처 소속 법인과 비법인으로 지원되고 있다는 것을 알 수 있다.

2016년도에 장애인문화예술분야별집중육성지원사업을 폐지한 이유가 국고 예산을 받는 단체에 예산이 쏠리는 현상을 막기 위해서라고 하였지만 역시 2016년에도 국고 지원 3개 단체가 각 2개 사업, 2개 단체가 각 1개 사업에 선정되어 5개 단체에서 8개 사업을 수행하게 되었는데 장애인문화예술분야별집중육성지원사업을 폐지한 의미가 무엇인지 답변이 필요한 대목이다.

장애예술인 개인에 대한 지원이 매우 부족하다.

장애예술인 개인이 지원받을 수 있는 장애인예술가창작활동지원사업은 2014년도 18명에서 2015년도 37명으로 증가했다가 2016년에 31명으로 다시 축소되었고, 장애예술인은 전체 지원금의 9% 정도의 지원을 받고 있는데 장애인문화예술의 주체인 장애예술인의 지원이 미미하여 정부 지원에 대한 장애예술인 당사자들의 체감도를 낮추고 있다.

지원 내용의 균형이 맞지 않는다.

예술 사업이니만큼 적어도 장르별 안배가 필요한데 문학은 2014년도에는 10개 사업(예술가 6명), 2015년도에는 18개 사업(예술가 9명, 동호회 5개), 2016년도에는 8개 사업(개인 7명)으로 선정사업 수에서 4.8%밖에 되지 않는다. 사업비로 계산하면 문학으로 선정된 사업비는 3천 3백만 원으로 전체 예산의 1.5%에 지나지 않는 심각한 문학차별 현상을 보이고 있다.

### 2017~2018년 분석

한국문화예술위원회가 장애인문화예술에 대한 이해 부족으로 사업 선정에 대한 문제점이 지적되어 2017년도부터 (재)한국장애인문화예술원으로 사업이 이관되어 실시되었다. (재)한국장애인문화예술원이 수행한 (국고)장애인문화예술향수지원사업의 배분 내용을 2017년과 2018년을 분석하면 다음과 같다.

〈표2〉 2017~2018년도 장애인문화예술향수지원사업 분포

| 지원 분야 | 2016 | | | 2017 | | | 2018 | | | 비고 |
|---|---|---|---|---|---|---|---|---|---|---|
| | 지원액 | 선정 단체 수 | 장애인 문화예술 단체 수 | 지원액 | 선정 단체 수 | 장애인 문화예술 단체 수 | 지원액 | 선정 단체 수 | 장애인 문화예술 단체 수 | |
| 동호회 | 1억 8천 8백 6십 | 40 | 0 | 1억 8천 | 39 | 10 | 3억 | 11 | 4 | 교육 신설 |
| 발표& 향유 | 10억 3천 2백 | 56 | 10 | 9억 5천 | 47(1차 선정 53) | 0 | 10억 3천 2백 | 56 | 10 | |
| | 21 | 8억 | 45 | 23 | 향수 | – | 2억 | 31 | – | 개인 |
| 창작 | 2억 | 31 | (개인) | 1억 8천 7백 | 34 | –(개인) | 15억 5천 | 56 | 53 (39개인) | 개인+단체 |
| 집중 육성 | 폐지 | | | | | | | | | |
| 인력 역량강화 | 3억 8천 7백 | 20 | 3 | 4억 5천 | 18 | 9 | 1천 | 1 | 0 | 배리어 프리 |
| 협업 | 1억 9천 5백 | 8 | 4 | 1억 5천 | 5 | 3 | 2억 | 3 | 1 | 지역 |
| 국제 교류 | 1억 2백 | 7 | 1 | 1억 5천 3백 | 10 | 5 | 5억 7백 | 20 | 16 (개인7) | |
| 조사연구 및 발간 | 4천 5백 | 2 | 1 | 폐지 | | | | | | |
| 총계 | 21억 4천 9백 6십 | 164 | 19 (14.3%) | 20억 7천 | 153 | 48 (40.3%) | 36억 3천 | 136 (71.3%) | 97 (71.3%) | 개인 포함시켰음 |

한국장애인문화예술원 선정발표 결과(단위: 만 원)

(재)한국장애인문화예술원이 수행한 (국고)장애인문화예술향수지원사업의 문

제점을 분석하면 다음과 같다.

첫째, 2017년도 심의위원회 14명 가운데 장애예술인 당사자 1명, 장애인예술 관련 경험자 1명에 불과했는데 2018년도는 장애예술인 1명, 장애인예술 경험자는 2명에 불과하여 심의위원회 위원 수가 26명으로 확대된 것을 감안하면 장애인 관련자는 더 축소되어 장애인문화예술의 실태도 모르고 장애인예술의 독특한 감수성도 이해하지 못하고 있는 심의위원회 구성이 가장 큰 문제이다.

둘째, 국고 지원을 받는 단체는 6개 단체밖에 되지 않는 상황이라서 법인 또는 비법인으로 활동하고 있는 장애인문화예술 그룹들은 장애인문화예술향수지원사업이 유일한 사업비를 마련하는 기회인데, 2017년 지원은 비장애인단체가 장애인문화예술을 콘텐츠로 응모하여 선정된 곳이 60%나 되어서 열악한 장애인문화예술단체가 기회를 박탈당하는 결과가 되었다.

2018년도에는 창작활성화지원에 개인과 단체가 통합되었기에 개인을 포함시켜 산출한 결과 장애인문화예술단체 및 장애예술인이 전체 선정자의 71.3%를 차지하여 크게 확대된 가시적인 효과를 보였다.

셋째, 지원사업 분야 폐지와 신설로 사업 지속성을 보장받기 어렵다. 2017년도에 장애인문화예술분야별집중육성지원사업과 장애인문화예술조사연구활동 및 발간지원사업이 폐지되었는데, 장애인문화예술의 발전을 위해 이론적 기반이 절실히 필요하고 더군다나 장애인문화예술의 전문가 그룹이 미약한 현실에서 조사연구 분야를 폐지한 것은 매우 유감스러운 일이다.

2018년 장애인문화예술동호회지원, 역량강화, 협업사업이 폐지되었다. 문화예술향수지원사업이 독립되었고, 문화예술교육프로그램, 배리어프리제작지원사업이 신설되었는데 이들 사업은 장애인복지관에서 이미 실시하고 있는 사업이라서 굳이 장애인문화예술계에서 신설할 필요는 없다고 판단된다.

성격이 비슷한 사업은 통합되는 것이 바람직하지만 창작활성화지원사업에 단체와 개인을 통합시킨 것은 적절치 않다. 개인이 39명으로 숫적으로는 많으나 개인 1천만 원 이하, 단체 4천만 원 이하라는 공고 지침에 의해 배분됨에 따라 선정 결과를 보는 개인은 상대적 박탈감을 갖게 하였다.

넷째, 2017년도 선정된 사업의 59%가 공연이라서 다른 장르에 대한 안배가 되지 않아 장애인예술의 불균형이 심각하다. 특히 2017년도는 클래식 분야의 선정이 눈에 띄게 늘었다. 2018년 역시 공연이 55.6%로 장르별 안배가 고려되지 않았다(문학 13.9%. 미술 30.1%)

다섯째, 2017년도에는 2개 이상 3개까지 중복 선정된 단체가 10개였다. 2018년에도 중복 지원이 8개(비법인 단체가 5개, 문화부 법인 1개, 지역법인 1개, 개인 1명)로 줄어들기는 하였으나 비법인들의 약진으로 법인 단체 가운데 탈락한 단체가 4개나 되는 희귀한 사태가 발생하였다.

법인 단체 선정이 21.1%로 2018년도의 특징은 비법인 단체 선정 비율이 매우 높았으며 법인 단체의 경우 문화부 법인은 6개 단체로 6.6%에 지나지 않아서 문화부 예산이 비문화부 법인 단체 육성에 사용되는 결과가 되었다.

여섯째, 국제교류사업은 최대 5천만 원까지 지원되었고, 지역문화예술특성화지원사업은 최대 9천만 원까지 지원되었는데 이 두 사업의 지원 규모가 공고문에 제시되지 않아서 배분의 불균형을 더욱 심화시켰다.

특히 2018년도 신설된 지역문화예술특성화지원사업으로 선정된 부산문화재단의 '유니버셜 아트' 나 충북문화재단의 '2018이음+세움 프로젝트' 는 지역 특성화로 보기 어렵고 지원 명분도 약하다.

사업 검토 사항

선정 결과가 사업 목적, 사업 내용, 지원 대상과 맞지 않는다.

사업 목적/장애인예술가(단체)의 창작 활동 지원을 통한 예술적 표현 권리 확대
사업 내용/장애인예술가(단체)의 공연 · 시각 · 문학 등 예술창작 및 발표 지원
지원 대상/장애인예술가 및 장애인예술단체(비장애인 예술가(단체) 신청 불가)

2018년도에 장애인문화예술교육프로그램, 배리어프리제작지원사업이 신설되고 장애인문화예술 사업이 독립되었는데 이들 사업은 장애인복지관에서 이미 실시하고 있는 사업이고, 역시 새로 신설된 지역문화예술특성화지원사업으로 선정된 부산문화재단의 '유니버셜 아트' 나 충북문화재단의 '2018이음+세움 프로젝트' 는 지역 특성화로 보기 어려워 사업 목적에 부합되지 않는다.

선정 단체 · 개인 136개 가운데 공연이 55.6%로 장르별 안배가 고려되지 않아 사업 내용에 맞지 않는다.

선정 기준이 모호하다.

법인 단체 선정이 21.1%로 비법인 단체 선정 비율이 매우 높았으며 법인 단체의 경우 문화부 법인은 6개 단체로 6.6%에 지나지 않아서 문화부 예산이 비문화부 법인 단체 육성에 사용되는 결과가 되었다.

7개 단체가 중복 지원을 받다 보니 탈락한 단체가 4개나 되는 희귀한 사태가 발생하였다.

심사위원의 장애인문화예술 감수성과 전문 지식이 부족하다.

(문화예술계, 장애인복지계 전문가를 심사위원으로 구성하여 장애인문화예술에 대한 이해도가 낮다)

사업 수행 기간이 절대적으로 짧다.

(전년도에 공고를 내고 1월에 사업이 선정되어 2월부터 사업 시행이 가능하도록 지원금 지급이 완료되어야 한다.)

지원 시스템이 복잡하여 개인이나 열악한 비법인 단체의 경우는 행정 업무에 지치는 실정이다.

발전 방안

매년 발생하는 장애인문화예술향수지원사업 선정에 대한 불만을 없애기 위해서는 선정 기준을 분명히 정하고, 선정 도구를 개발해서 계량화해야 하고, 아울러 평가 도구도 개발해서 평가에 따른 인센티브와 패널티를 적용할 것을 제안한다.

향후 사업명을 장애인예술지원사업으로 개명하여 사업 목적인 장애인예술가(단체)의 창작 활동 지원에 충실해야 열악한 장애인예술이 발전할 수 있다.

# 제3장

# 해외 장애인예술

예술을 삶의 부수적인 것으로 인식하는 경향이 일반화되어 있어서 우리나라는 예술 정책이 매우 부족하다(박광무, 2011). 우리나라 전체 예산에서 문화체육관광부 예산이 차지하는 비율이 2012년 현재 1.14%에 불과하다는 것이 예술 정책의 부재를 잘 말해 준다(문화체육관광부, 2012). 삼성경제연구소(2012)의 국가 브랜드 지수조사 결과에 따르면 경제개발협력기구(OECD) 국가 가운데 우리나라의 경제, 과학 등 하드 파워는 평균 100을 넘어섰지만, 문화예술 등 소프트 파워는 평균 97로 나타났는데 이것은 일본 143, 독일 136, 미국 135, 프랑스 127 등에 비해 매우 뒤떨어진 수치이다.

더욱이 선진 외국에서는 이미 사회 통합 차원에서 장애인예술 정책도 효과적으로 실시되고 있어서 장애인예술이 우리나라보다 크게 앞서 있다. 성공적인 해외 장애인예술의 성공 사례를 소개하면 다음과 같다.

## 1. 일본의 에이블아트(Able Art)

일본에서는 예술의 힘으로 사회를 변화시키려는 시도로 에이블아트 운동이 일어났는데 에이블아트란 새로운 문화를 만드는 시민의 자율적인 힘이라는 의미를 갖고 있으며 그 첫 단계로 새로운 시각에서 장애인예술을 재인식하자는 운동이 전개되었다(주윤정, 2006). 에이블아트는 기존의 복지 중심적인 제도에서 벗어나 장애인예술이 예술적 가치로 인정받고 사회적으로 소통될 수 있는 공간과 제도를 만들고자 하는 노력이었다(川上, 2010: 김언지, 2012).

에이블아트는 장애가 무능력이라는 인식에 반해 가능성의 예술을 의미하고 있으며 그 개념은 협의의 의미로는 장애를 가진 사람의 예술 활동과 작품을 의미하지만 광의의 의미로 보면 장애인의 예술 활동과 작품이 주는 사회적 영향으로 에이블아트는 장애인을 포함하여 사회적으로 가치를 낮게 평가받은 사람들이 예술을 통해 능력을 높이고 사회적으로 인정을 받는 것을 목적으로 하고 있다(김언지, 2012).

에이블아트 운동은 1993년 장애인예술문화네트워크준비위원회가 장애인의 예술문화 활동에 관한 실태조사를 실시하면서 본격적으로 시작되었다. 그 결과 각각의 예술 활동을 연결할 수 있는 횡단적인 네트워크의 필요성이 대두되었고, 1994년 장애인의 예술문화 활동에 종사해 온 사람들이 협력하여 일본장애인예술문화협회를 설립하였다. 1995년 ableart movement(가능성의 예술 운동)를 장애인시설인 민들레 집과 공동으로 시작하였으며, 도쿄미술관에서 두 차례에 걸친 에이블아트전을 연 것을 필두로 각지에서 전람회와 심포지엄, 워크숍 등을 개최하였다(김언지, 2012). 2000년 6월에 ableart japan으로 명칭을 변경하여 에이블아트의 정신을 전국으로 확산시켰다. 2007년 ableart company를 세워 본격적으로 장애인예술 사업을 실시하고, 2010년 ableart 스튜디오를 건립하는 등 장애인 예술의 기반을 마련하였다.

에이블아트 운동은 새로운 시민예술 활동으로 인간과 예술의 가능성을 최대한 드러내어 장애인을 포함한 모든 시민들이 행복하게 사는 사회를 구축하는 것을 목표로 〈그림2〉에서 보듯이 세 단계로 전개되었다.

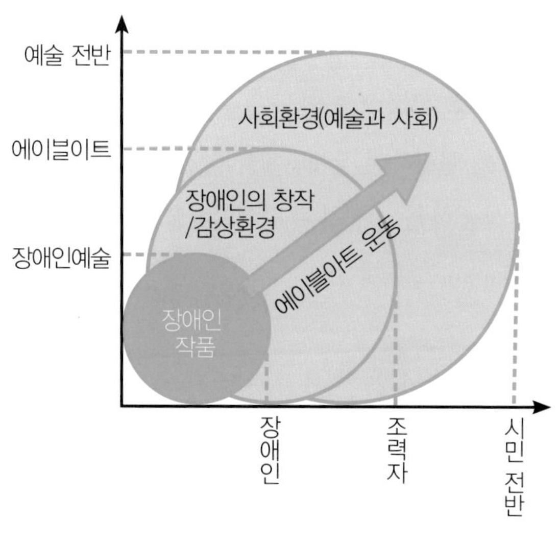


그림2 **에이블아트 운동의 개념(西尾, 2010: 김언지, 2012)**

1단계는 장애인의 작품에 초점을 맞추는 활동으로 장애인의 예술작품을 재인식하고 그 가치를 정당하게 평가하는 것이고, 2단계는 주체를 장애인에서 지원자까지 확대시켜 장애인의 창작과 감상 환경을 확립해 나가기 위해 지역사회 안에서의 지원 체제를 구축하였다. 그리고 3단계는 주체가 시민 전반으로 예술문화 활동에서의 정상성 실현을 목표로 하고 있다(김언지, 2012). 에이블아트 운동은 장애인이 표현 활동을 통해 살아가는 존엄성을 획득하는 동시에 장애인의 감성 넘치는 예술 활동을 통해 사회에 새로운 예술관과 가치관을 만들어 가는 역할을 하였다(주윤정, 2006).

일본의 장애인예술 전문 시설을 소개하면 장애인의 완전한 참가와 평등을 위해 설립된 Big I Art(빅아이국제장애인교류센터)에서 베리어프리아트아카데미, 국제문화예술교류사업, 전국장애인문화예술활동지원, 장애인문화예술축제, 장애인문화예술오픈컬리지 등을 지원하고 있으며, HANA Center는 장애예술인들이 창작 활동에 전념할 수 있는 예술센터로 이곳 장애예술인들은 매달 월급을 받고 있으며 작품 판매량에 따라 추가금을 받으며 안정적으로 예술 활동을 하고 있다. 또한 Able Art Japan은 장애인예술 활동 지원단체로 1994년 일본장애인예술문화협회를 창립해서 '에이블아트 무브먼트' 를 제창하며 장애인의 전람회, 공모전, 포럼 개최 등 문화예술 활동을 지원하여 큰 호응을 얻어 2007년에 '에이블아트 컴퍼니' 를 설립하여 장애인예술 작품의 등록, 프로모션, 광고 및 판매, 저작권 지급 등 상품화를 지원하여 장애인예술 발전에 기여하였다(단체명을 2000년에 Able Art Japan으로 개칭).

## 2. 영국의 장애평등계획(Disability Equality Scheme)

영국에서는 장애인예술[5]이 공론화되어 역동적인 장애인예술 운동이 일어났는데 장애인예술 운동에서는 장애의 경험이 단순히 손상이나 방해물이 아니라 예

5) Disability Art는 장애인에 의해 만들어지고 장애라는 경험을 반영.

술을 위한 충분히 의미 있는 주제가 된다고 생각하였으며(영국장애예술포럼, 1986), 장애인예술 전문연구자 Gosling(1986)은 장애인예술 운동은 장애인이 비장애인과 본질적으로 차이가 있다는 사고와 신체적 장애를 비극이라 바라보는 관점에 도전한다고 하였다(www.ju90.co.uk). 영국은 문화예술 정책을 통해 장애평등의 가치와 중요성을 강조하고 장애인이 예술 영역에 통합되어 예술 전체에 기여할 수 있도록 하고 있다. 궁극적으로 예술 영역이 장애인의 사회 통합과 장애인에 대한 서비스 수준을 향상시킬 수 있도록 유도하고 있는 것이다(국회입법조사처, 2012).

영국의 장애인예술은 정부에서 거시적 정책 틀을 제시하고 세부적인 정책 수립은 지역예술위원회[6]의 주관으로 다수의 비정부 공공기관을 통하여 수행되고 있고, 예술위원회에서는 체계적인 장애인예술 정책을 지원하기 위해 전문적인 장애인예술전문자문위원회(Diability Reference Group)[7]를 구성하여 체계적인 장애평등계획(Disability Equality Scheme)을 수립해서 시행하고 있다. 이에 따라 장애평등계획 1차는 2007년부터 2010년까지 실시되었는데 문화예술 창조에 장애예술인의 역할을 중요하게 인식할 수 있도록 촉진하는 것이 목적이었다.

장애예술인은 자신의 재능이 높이 평가되고 올바르게 인식되어 피고용인으로, 참여자로, 청중의 일원으로 견해가 존중되고, 문화예술 분야에 동등한 존재로 참여하고 예술적 성장에 대한 투자가 이루어지는 것을 원한다. 또한 고정적으로 기금을 받는 모든 조직들이 제공하는 기회에 대한 접근권이 보장되기를 원한다(장애평등계획, 2007~2010). 장애평등의 기본은 모든 문화예술 활동에 장애인이 진정으로 통합되는 것으로 주류 문화예술에 좀 더 잘 알려질 수 있도록 네트워크를 구축하는 것이다(장애평등계획, 2007~2010). 영국에서는 장애평등계

6) 예술위원회는 1946년에 설립되어 영국의 예술진흥을 수행하는 중추기관으로 정부로부터 예술지원금(국고보조금)과 복권기금의 재정 지원을 받아 예술진흥을 위한 분배를 담당하지만, 분배의 영역을 결정하는데 정부의 간섭을 받지 않고 독립적으로 활동해 옴.

7) 자문위원회는 문화 · 체육 · 관광 등 관련 분야에 경험이 있는 전문가, 장애인, 관련 부서의 장애인직원이 참여함. 위원회에서는 문화부 직원에 대한 교육과 문화 부문 기관의 의사결정 단계부터 실제 장애인 정책의 수립에 이르기까지 장애인 문제에 대한 인식을 제고하고, 공공문화기관 이사회에 장애인 이사를 늘리며, 장애인 관련 조사, 연구 및 분석 등을 건의함.

획이 1차에 이어 2차 장애평등계획(2010~2013년)[8]이 실시 중인데 2차에서 주안점을 두고 있는 것은 장애인이 예술 분야에서 활발한 활동을 하며, 이를 위해 장애인이 예술 분야에서 리더십을 발휘할 수 있게 하고, 예술위원회가 장애평등 구현에 좋은 사례와 모범을 보이고, 장애인이 예술 분야의 변방에 위치한 것이 아니라 예술의 주요 부문에서 핵심적 역할을 하게 하는 것이다.

2차 장애평등계획은 문화예술 분야에서 장애예술인의 대중적 관심을 높이기 위한 전략으로 그 주제를 장애예술인의 '명성 높이기'로 잡았으며, 이를 위해 문화예술 전반에 걸쳐 장애인의 인지도를 높이고, 장애인의 공무(公務) 참여를 촉진하고, 문화예술 분야가 장애평등에 창조적으로 관여하게 하며 장애인에게 제공하는 서비스의 질과 통합성을 향상시키는 것을 추진하고 있다.

영국은 모두를 위한 위대한 예술을 만드는 것이 장애인예술의 목표로 장애인예술의 활성화가 사회의 다양성 증진과 창의적 산업 발달에 도움이 된다는 입장을 견지하고 있다.

영국의 장애인예술 전문 조직은 1983년 창립된 중증장애인예술 포럼인 The London Disability Arts Forum과 장애인예술 활동 지원을 위한 비주얼아트센터로 장애인을 위한 예술 워크숍과 미술관을 운영하는 Project Ability(Glasgow-city, Scotland) 그리고 1980년에 창립하여 장애인에게 연극 훈련 및 극작법 훈련을 제공하며 프로페셔널 퍼포먼스 분야에 대한 장애인의 참여를 지원하는 Britain's Graeae theatre company와 1977년 창립한 예술 분야에서의 장애인들의 완전 참여를 지원하는 최대의 장애인 문화조직 Shape Arts가 있다.

## 3. 독일의 유크레아(EUCREA)

독일의 장애인예술은 유크레아(EUCREA)가 대표적으로 유크레아와 장애인

8) 2차 장애평등계획(2010~2013년)의 주요 정책 과제는 장애예술인의 고급 예술 경험과 고급 예술 창조, 예술활동에 장애예술인이 적극적으로 참여할 수 있도록 기회의 확대, 장애예술인이 예술적 혁신을 할 수 있도록 보조, 영국예술위원회 내의 장애평등 확보.

단체협회는 독일 장애예술인의 지원을 위한 하나의 네트워크이다. 유크레아(www.eucrea.de)는 첫째, 장애예술인의 교육과 전시회, 공연, 출판 등의 기회를 마련하고 보장하는 활동을 한다. 둘째, 국제적인 연극 · 무용 · 음악축제나 전시회, 콩쿠르 등 국제대회 개최를 위한 노력을 기울일 뿐 아니라 예술과 장애라는 주제에 관하여 정보, 대회, 세미나, 교육 등을 확대 재생산한다.

유크레아는 1980년대 후반 독일에서 '예술과 장애' 라는 주제가 사회 전반에 걸쳐 논의되기 시작하면서 곧바로 장애예술인을 지원하는 단체로 출발하였다. 장애인이 어떤 예술적 잠재력을 가지고 있는지를 사람들이 발견하기 시작하자 장애예술인에 대한 관심이 전국적으로 높아졌다. 이때부터 장애예술인을 위한 많은 사업계획이 추진되었으며 이 계획들은 주로 장애예술인의 지원과 건축이나 조형, 전시나 연출 등 모든 예술 분야에서 새로운 예술 형식으로 활용되었다. 장애인의 예술 작품은 이미 1930년대 프린츠혼(Prinzhorn)이 시작하여 그 뒤 뒤뷔페(Dubuffet)에 의해 지원되었다.[9]

1980년대 말부터 독일 전국에서 새로운 장애인예술 사업들이 우후죽순처럼 실시되었는데 이러한 사회 상황에서 유크레아는 그 입지를 다지게 되었다. 오늘날까지도 변함없이 유지되고 있는 목표는 예술과 장애 영역을 위한 하나의 네트워크가 되는 것이다. 유크레아는 2010년 이후 유럽 전역에 걸쳐 활동하고 있고 연극제, 전시회, 학술대회 등을 통하여 장애인의 예술 활동 지원에 대한 사회적 논의를 주도하였다. 예컨대 '장애인에게는 어떤 예술 활동의 기회가 주어지는가', '장애인의 예술 활동에 대한 기회는 어떻게 개발될 수 있는가', '오늘날 문화계 상황에서 장애예술인들은 어떤 지위와 가치를 가지는가' 등 핵심적인 이슈들을 제공하는 등 유크레아는 여러 가지 다양한 방식으로 노력을 지속해 오고 있다(정문식, 2012).

9) 1922년 독일의 프린츠혼은 「정신병 환자들의 예술성」을 출간하였다. 이 책은 당대 아방가르드 예술가들에게 영향을 끼쳤다. 대표적으로 프랑스 화가 장 뒤뷔페가 2차 세계대전 이후 정신과 환자들과 미술교육을 받지 않은 사람들의 미술작품을 모으기 시작했는데, 이러한 사람들의 작품을 일컬어 아르부르(Art Brut)라고 한다. 아르부르는 길들여지지 않은 순수한 상태를 지칭하는 말로서 아웃사이더 아트라고 일컫기도 한다.

그러나 초기에는 장애예술인의 작품에 대한 수요가 거의 없었고, 이미 안정된 예술 시장에 연결하는 것도 실패하였으며 기존 예술인들과 연계 조직도 성사되지 않았다. 장애인과 비장애인의 예술 활동에 있어서의 협력은 이미 전통으로 자리잡은 유명한 연극제에서 몇몇 배우들의 개인적인 노력에 의해 시작되었지만, 장애인배우들은 기획사의 지원도 없이 개인적인 접촉을 통하여 연극에 참여하였을 뿐 전문적인 수준에 이르는 장애예술인의 숫자는 매우 적었다(정문식, 2012). 유크레아는 20여 년 동안 장애예술인의 지원을 위해 장애예술인을 회합하고, 장애인이 예술 작업을 할 수 있도록 지원하는 제도나 조직, 계획 등을 주도했는데 이러한 활동의 목적은 장애예술인의 예술 활동이 국제적인 발전을 이룰 수 있도록 하는 것이다.

## 4. 미국의 VSA

미국의 장애인예술 정책은 평등과 자율을 바탕으로 하고 있으며, 예술을 생업으로 하는 장애예술인의 경력 지원체계를 구축하고, 국제적인 교류 및 세미나와 연례행사 등을 통해 지역사회의 관심과 의식의 개선을 유도하여 장애인이 자연스러운 분위기에서 예술 활동에 참여할 수 있도록 장려하는 정책을 시행하고 있다.

미국의 장애인예술 정책은 NEA(National Endowment for the Arts), NADC(National Arts and Disability Center, UCLA), VSA(Very Special Arts, Washington)의 세 단체를 중심으로 추진되고 있다. NEA는 기금 관련 조항과 미장애인 관련 법령에 따라서 사회 취약 계층이 예술 관련 프로그램을 누릴 수 있도록 기금을 지원하며, 이를 위한 프로그램 개발 및 시행, 관련기관 워크숍 등의 업무를 수행하고 있다.

NADC는 장애인의 예술 활동 상담을 수행하고 있으며, 구체적으로는 예술관련 기관, 방송국, 대학, 출판기관, 장애작가 및 예술교육 담당자, 장애학생 및 예술행정 담당자, 정책연구자 등에게 기술적인 조언을 담당하고 있다. 주요 업무는 장애작가들에게 도움이 되는 정보(아트센터, 공연장, 극단, 페스티벌) 및 관련 기관 디렉토리 보유, 온라인 갤러리 운영, 장애예술인 작업실 위탁, 예술관련 취업 자료, 교육 및 펀딩, 마케팅 등의 자료 확보, 작가 경력지원 및 자문, 장애예술인 인적 네트워크 지원 및 활동 컨설팅, 장애예술인과 지역사회를 연계한 활동 지원 등이다. 장애예술인을 지원하여 장애예술인의 예술사회 진입을 지원하는 것으로 운영기금은 NEA와 정부 지원금으로 마련한다.

VSA(Very Special Arts)는 미국 의회에서 장애인에게 동등한 예술 활동의 기회를 부여하기 위해 고안한 비영리조직으로 주요 프로그램은 예술교육, 예술 활동을 위한 접근성 강화, 장애예술인의 창작 활동 장소 및 전시, 공연을 지원, 전문 예술가 양성 및 대중의 장애예술인에 대한 인식 고취 등이다. VSA는 예술을 통한 장애인의 변화와 사회적 통합을 추구하기 위한 예술의 역할을 강조하고 있다.

미국은 장애인예술교육을 지방자치단체가 주도하고 있고 주 정부는 장애인 참여를 위한 지원을 하고 있다. 미국내 40개 주별 VSA센터를 비롯하여 전 세계 60여 개 지역센터를 운영하고 있다. 운영기금은 NEA에서 지원을 받고 각 주별 VSA센터는 해당 주정부에서 지원한다.

미국의 장애인예술 정책은 모든 사람을 위한 사회(Society for All)를 만들어야 한다는 원칙을 기본 이념으로 하고 있으며 미국장애인법(ADA: Americans with Disability Act)에 의해 공공·민간시설에 장애인을 위한 편의시설을 발전시키고 있다. 케네디센터나 스미스소니언 박물관 등과 같이 국립문화예술시설에서도 미국장애인법의 영향을 받아 장애인을 위한 도구, 시설 및 프로그램을 마련하였다.

또한 NIAD(National Institute of Disability and Arts)에서 발달장애를 갖고 있는 성인 장애인을 위한 예술기법 교육, 예술작업 공간 제공, 작품 판매 및 전시, 아트 상품화를 하고 있으며, Interact Center에서는 장애인의 급진적 사회 통합을 위해 문화예술 활동을 하는 곳으로 수많은 연극, 공연, 전시회를 통해 장애인 문화예술 활동을 지원하고 있다.

## 5. 중국장애인예술단

중국은 국가 직속으로 운영하고 있는 중국장애인예술단이 있다. 중국 전역에서 선발된 장애예술인들은 공동생활을 통해서 예술적 재능을 단련하고 있으며 국내는 물론 해외 공연을 통해서 중국의 전통 예술과 중국 장애인예술의 독창성과 예술적 위엄을 전달하고 있다.

### 개요

1987년 예술을 좋아하는 중국의 장애인 30여 명이 제1차 중국예술축제에 참석한 것을 계기로 중국장애인예술단을 창설하였다. 1988~2000년 예술단은 대중예술조직으로서 아시아, 유럽 등 해외 나라를 방문하여 '평등, 참여, 공진(共振)' 의 이념을 많이 홍보하였다. 2000년 이후 대형 음악 무용 프로그램인 〈내 꿈〉을 제작하며 전문적 수준에 올랐고 2002년 대외적으로 큰 호평을 받았다. 그 후 연속적으로 〈내 꿈 2〉, 〈내 꿈 3〉, 〈내 꿈 4〉를 제작하였으며 DVD와 CD, 서적으로 제작, 판매되었다.

2004년 전문예술단체의 성격을 갖추고 진선미 사상과 화목우애(和睦友愛)의 인류정신을 추구하며 현재는 국제적인 공연예술단체가 되었다. 〈내 꿈〉, 〈천수관음〉 등은 세계적인 문화브랜드가 되었다. 예술단은 정부의 지원뿐만 아니라 독립적으로 경비를 마련하여 운영하고 있으며 자선기금까지 만들었다.

### 구성

예술단은 100여 명의 장애인예술인과 32명의 직원으로 구성되어 활동하고 있으며 평균 나이는 배우들이 20세, 직원이 29세이다. 단장, 총감독, 무용감독, 음악감독 모두 장애인이다. 스태프는 28명으로 평균연령은 28세이다. 그들은 무용팀, 음악팀, 조명팀, 음향팀, 미디어팀, 협력팀 등으로 나누어 자신의 역할을 충실하게 하며 구성원들은 서로 존중하고 도와주면서 프로그램을 만들고 교육, 훈련한다. 이들의 활동과 관련한 상품도 개발, 홍보하면서 시장에 진출하고 있다.

현재 장애예술인은 88명으로 청각장애인 67명, 시각장애인 16명, 지체장애인 5명이며 중국 26개 민족으로 구성되어 있다.

### 교육 및 양성

예술단은 A, B, C 세 개 팀으로 나뉜다. A, B 두 개 팀은 언제든지 문제 없이 공연이 가능하며 C팀은 학원 학생과 계약직원으로 구성된 팀으로 상황에 따라 연출에 도움을 받는다. 팀으로 나누어 다른 나라와 여러 지역에서 동시 공연이 가능하며 젊은 예술 인재를 기르려는 목적으로 학원을 설립, 교육하고 있다.

예술단은 유명한 예술가를 채용하여 장애예술인을 1:1로 교육시키고 있으며 문화 관련 공부도 철저히 하고 있다. 베이징과학기술학원과 협력하여 교육하고 있으며 1차 입학시험을 보고 나서 40여 명의 배우가 입학할 수 있다. 학교에서의 공부와 원격 교육 등으로 4년 후 학사학위를 받도록 하고 있다.

### 생활

예술단 단원들은 모두 24시간 담당 교사의 보살핌 속에서 단체생활을 한다. 담당 교사는 단원의 건강과 생활 전반을 관리하고 단원은 공연 등의 외부 활동 시에는 같은 옷과 가방, 트렁크를 사용하며 서로를 챙긴다. 그래서 "나는 당신의 눈이며, 당신은 내 귀이며, 나는 당신의 입이며, 당신은 내 다리이다." 라고 말한다. 단체생활 속에서 스스로 규칙을 만들고 팀장 등 대표 위원을 선발하여 생활을 관리한다. 예술단원은 국가에서 예술단 양로보험, 의료실비보험, 실업보험, 퇴직보장금 등 모두를 지원받고 퇴직한 이후에도 퇴직금뿐만 아니라 퇴직 이후 필요하다면 직장도 해결해 주고 있다.

### 공연 및 수상

매년 10여 개국의 초청을 받아 춤, 경극, 재즈, 전통악기 연주, 뮤지컬 등의 공연을 하였으며 지금까지 아시아, 유럽, 아메리카, 아프리카 및 오세아니아 대륙 등 약 91개국에서 공연하였다. 특히 미국 노동의 날 특별공연은 시청자가 4,300만 여 명이었으며 독일어권 국가 TV 생방송 문예축전 공연은 대략 1억 명의 시청자가 공연을 감상하였다. 일본 TV 방송국 문예축전 공연의 경우 최고 시청률을 기록하였다.

중국장애인예술단은 국제라이온스클럽으로부터 최고예술상, 파리 세계장애인 공연전시회에서 특별상을 수상하였고, 중국장애인예술단이 제작한 예술영화 〈나의 꿈〉은 희랍 국제영화제에서 창신상을 받았으며, 할리우드 국제TV페스티벌에서는 TV예술영화대상을 수상하였다.

## 6. 스웨덴의 보편적 문화예술 정책

세계 최고의 복지모델을 자랑하는 스웨덴의 가장 큰 특징은 특정 소수의 사회적 약자에게 복지적 혜택을 주는 것이 아니라 국민 모두를 위한 보편적인 복지가 기본 원칙이라는 것이다. 1970년대 이후 스웨덴의 문화 정책은 정부가 발의한 법안들을 토대로 문화예술을 사회에 통합시키고 공공의 이익을 추구하며 개인의 행복과 사회 전체 구성원들에게 균등하게 만족감을 분배할 수 있는 집단적 복지의 기본적인 형태로 인식되어져 왔다(최현정, 2010).

따라서, 스웨덴 정부는 복지국가를 목표로 사회보장제도 마련과 함께 높은 수준의 문화예술 환경을 조성하고자 노력해 왔는데 특히 각 개인의 표현의 자유를 보장하고 문화시설의 특정 지역 또는 계층 편중을 방지하기 위한 지방 분산을 문화 정책 목표의 우선과제로 설정하였다. 또한, 개인의 표현의 자유를 보장하고 이러한 자유를 모든 사람이 향유하는 여건과 환경을 조성하는데 초점을 맞추어 국민 개개인이 각종 문화예술 행사를 경험하도록 함과 동시에 창의력을 개발하도록 도울 뿐만 아니라 모든 사람이 문화예술 생활에 참여할 수 있는 기회를 제공하고자 노력하고 있다. 또한 문화유산의 보존과 적절한 이용, 문화예술교육 증진, 국제 문화교류 및 다양한 문화 간 접촉을 증진하는 내용들을 문화 정책의 목표로 삼고 있다.

이러한 전 국민의 참여와 접근성을 강조하는 정책에 힘입어 스웨덴 국민의 90% 이상이 문화예술 단체에 소속되어 활발한 문화예술 활동을 하고 있는데 대다수 문화예술 관련 활동이 민간 차원에서 이루어지고 있으며, 정부는 문화생활의 다양성과 질적 수준을 유지하기 위한 역할 정도만 수행하고 있다. 예술인에 대한 정부의 지원 또한 광범위한데 스웨덴 정부는 문화예술 기관을 확대하고 문화예술 단체를 지원하는 한편, 공공건물에 게시할 예술작품을 구입하는 방식으로 예술가들을 지원한다.

한편, 스웨덴 장애인복지 정책의 주요 목표는 장애인의 능력과 일상생활 기능을 향상시키는 데 있다. 스웨덴 장애인복지 정책과 전달체계는 정책 시행에서부터 장애인 생활에 실제로 미치는 결과까지 정부, 시민사회(비장애인)와 장애인 간의 상관관계 속에서 이해될 수 있다. 장애인복지 정책에 대한 책임은 중앙정부와 지방당국(지방자치단체와 광역시)이 동시에 갖는데, 중앙정부는 장애인을 위한 사회보험, 사회서비스 계획과 프로그램의 보편성 그리고 혜택 분배에 관한 기본 원칙과 법을 제정하고 재조정하는 역할을 한다. 광역시 정부는 전반적인 장애인의 보건과 의료혜택, 지방자치단체는 학교교육과 직접적인 사회서비스를 제공하고 있다. 장애학생들은 유치원에서 초등, 중고등, 대학교육까지 전 교육과정을 통해 통합교육을 실시하고 있다.

가정에서 일상생활에 개별적 지원이 필요할 경우 활동 도우미를 무료로 지원하고 의사결정이 어려운 장애인을 위한 개인 대변인 등의 지원을 통해 사회생활과 일상생활을 돕고 있다. 이러한 제도의 틀을 규정하는 정부 당국의 의지와 사회연대성을 부여해 주는 시민사회의 환경은 장애인 스스로가 민주적인 조직체계를 구성하기까지 큰 역할을 해 왔고 최근에 와서는 장애인 조직체가 정부나 시민사회에 영향을 미치도록 중요한 기능을 발휘하고 있다.

스웨덴에서는 장애인을 위한 문화예술 지원 정책의 필요성에 관한 관심을 지속적으로 증대시켜 왔다. 국민 모두에게 표현의 자유와 창의적인 기회를 보장하는 것, 국민 모두가 문화예술 생활에 참여하고 스스로가 창의적인 활동에 관심을 가지고 경험하는 것, 문화예술교육을 향상시키는 것을 목표로 장애인에게도 다양한 프로그램 제공을 통해 문화예술적 혜택을 누릴 수 있도록 수립해 왔다. 예를 들어 시각장애인을 위한 오디오북 발간과 레코드도서관 설립, 청각장애인을 위한 수화연극 활동, 수화통역인(사) 훈련 등을 실시하고 있다. 또한, 스웨덴에서 가장 대표적인 예술단인 국립예술단 안에 소속되어 있는 수화극단은 청각장애인들을 위해 수화를 사용하여 공연을 하고 있으며 수화교실 및 수화연극교실도 운영하고 있다.

## 7. 호주의 예술 파트너십

호주의 장애인예술 정책은 호주 정부의 법체계에 따라 실행되며 이는 장애차별금지법 및 장애인권리협약의 원칙에 근거하고 있다. 이를 통하여 문화예술 분야의 보편적 접근성을 활성화하고, 장애인의 예술적 열망에 지원한다. 장애인예술 정책의 주요 원칙은 모든 호주인들은 능력, 연령, 성별, 문화·언어적 차이, 지리적 위치에 구애받지 않고 높은 수준의 전문적 예술, 문화 활동에 참여하고 접근할 권리가 있고 전문가와 젊은 장애예술인은 비장애인들과 마찬가지로 이 활동에 참여하고 직업의 선택권과 기회를 가져야 한다. 장애인의 예술 활동에의 참여는 창의성, 혁신, 공동체 발전을 증진하고자 하는 사회를 지원하고 유지하는데 핵심을 두고 있다. 장애인의 문화예술에 대한 접근성과 참여를 향상시킬 수 있도록 노력하며 이미 이루어지고 있는 여러 프로그램 등을 보완하고 파트너십을 맺어야 한다.

access arts Inc에서 장애로 인해 소외된 이들의 예술에 대한 동등한 접근을 장려하고 문화, 예술 내에서 장애인 인식의 높은 수준을 지원하는 문화예술 단체와의 공동 작업 및 장애 엑세스 프로그램 제공하고, 장애인예술 및 문화 프로그램, 문화예술 단체 및 예술 관련 종사자를 위한 장애 인식 교육을 실시하면서 브리즈번 아웃사이더 아티스트 스튜디오를 운영하고, 국제기관과의 상호 협력 관계를 통한 네트워크, 전시, 공연, 프로젝트, 워크숍 및 전문 예술가, 육성 멘토링 프로그램을 실시하고 있다.

## 8. 홍콩의 ADA

ADA(The Arts with the Disabled Association)는 1986년 창립하여 장애인들이 예술 활동에 동등하게 참여할 수 있는 권리를 주장하는데 앞장섰다. 장애를 가진 사람들의 예술계에서의 입지는 미약한 상황이다. 장애인예술 활동 참여 및 예술 접근성을 막는 장애물(사회, 태도, 환경, 물리적, 재정적 요인), 전문성 개발 및 직업 기회를 마련해 주었다.

초기 ADA의 예술 프로그램은 주로 지역사회 예술 활동에 초점을 두었다. 장애인예술의 개념 홍보에 주력하고 다양한 능력과 배경을 가진 사람들이 여러 형태의 예술 활동에 참여하여 자신을 표현할 수 있도록 독려하였다. 그래서 2006년 제1회 국제통합예술축제를 개최하고 2008년 자키클럽통합예술스튜디오(홍콩의 주류 예술계 내 최초의 통합예술 스튜디오) 설립하였다. 2009년 홍콩장애예술인축제는 최초이자 유일한 예술경연으로 시각예술과 행위예술을 번갈아 다루는 연례 행사로 모든 장애인과 장애인 단체가 참여할 수 있도록 개방하고, 재능 있는 예술인들의 직업 개발로 이어질 수 있는 가능성을 열어 주었다.

2011년 예술접근성센터를 설립하여 장벽 없는 예술 환경 조성과 예술 접근성 지원 활동을 통해 홍콩 시민들의 삶의 질을 높여 주고 있고, 2012년 사회적기업 애덤 아츠 크리에이션을 설립하였고, 2016년 실시한 능력발굴 활동은 4개의 지역별 특수학교와 협력하여 어린 장애학생들이 정규교육 중 자신들의 예술적 잠재력을 발굴할 수 있도록 도와주고 있다. 홍콩의 장애인예술계는 지속적인 활동을 통해 장애예술인들에 대한 관심이 눈에 띄게 늘고 있다. 이전에는 집에만 갇혀 일상적인 삶만을 유지해 오던 장애예술인들이 이제는 지역사회에 진출하여 활발한 예술 활동을 영위해 가고 있다. 장애예술인들은 자신만의 예술 프로젝트를 진행하면서 그들이 가진 가능성과 예술에 대한 열망을 키워 가고 있다.

장애학생들과 성인 장애인들을 위한 예술 훈련을 제공하는 등 적극적인 역할을 수행하는 특수학교와 비정부단체들이 늘어나고 있으며 작품 활동을 하는 장애예술인들이 늘면서 주류 예술계 행사 및 상업적 행사에 참여함으로서 장애인예술에 대한 대중 인식과 지원이 늘어나는 긍정적 효과도 나타나고 있다.

홍콩영화제 및 다양한 교육 캠페인 등을 통한 장애예술의 대중화와 장애인의 예술적 재능을 개발하고 전문 교육 기회를 제공함으로써 장애예술인을 육성하는 목적이며 ADA 아트학교 운영, 장애 아티스트 및 트레이너(Trainer) 양성 프로그램, 연중 공연, 전시회, 영화제, 오픈 워크숍을 개최하고 있다. ADA의 운영기금은 홍콩 정부 및 예술협회이다.

## 9. 이집트의 ACCAC

이집트의 장애인 비율은 약 12%로 전체 인구 1억 4,000만 명 중 1,300만 명에 이른다. 장애인이 공공장소에서 직면하는 어려움, 장애인 문제에 대한 언론의 관심 부족으로 장애인이 사회에 참여하는 데 어려움이 많다. 장애인을 웃음과 조롱거리로 만드는 행위는 말할 것도 없고, 실업 또한 널리 퍼져 있다. 그러나 장애인은 과소평가될 수 없는 엄청난 인적자원이며, 그들의 잠재력을 잘 활용하면 장애인은 성장, 발전할 수 있다.

최근 몇 년 동안, 대통령과 정부는 그 어느 때보다 장애인이 일상생활에서 직면하는 문제들을 해결하는 데 큰 관심을 보였다. Abdelfattah Al-Sisi 대통령은 2018년은 이집트에서 특별한 '필요의 해' 라는 공화당의 결정을 발표함으로써 이러한 관심을 강조하였다. 국가가 이집트 장애인들의 문제를 진지하게 해결하고, 삶의 모든 측면에서 그들을 존엄한 방식으로 통합하려고 노력하고 있지만 이집트 장애인들의 예술, 특히 이집트만의 독특함을 가지고 있으면서 또 다른 문화와 특징들을 공유하고 있는 것이 특징이다.

장애인을 위한 예술과 문화를 제공하고, 다양한 종류의 예술을 장애 유형에 맞게 교육하는 협회와 비정부기관들이 수백 개 된다. 사례를 한 가지 들자면, Al Noor and Amal Group(빛과 희망 그룹)은 모든 멤버가 시각장애 소녀들로 그들은 전문적으로 노래하고 악기를 연주하며 모든 공연에서 큰 성과를 거두고 있다. 그들은 바이올린, 피아노, 오르간 같은 서양악기뿐만 아니라 Oud, Nai 그리고 Qanoon과 같은 오리엔탈 악기를 연주하는데 그 악기들은 이집트 음악의 특징을 보여 준다.

이집트 대학 25개교의 대부분은 교육학부와 특수교육학부가 있다. 이 학부들은 장애인들의 예술과 문화 연구로 특화되어 있다. 카이로의 Ain Shams 대학 특수교육학부 내의 예술센터에서는 장애학생들에게 미술과 도예뿐만 아니라 악기 연주, 자수공예, 목공예, 금속공예를 가르친다. 장애인을 위한 예술 연구와 교육은 이집트의 특징과 국내 시장의 요구를 잘 반영하고 있으며 예술품들을 해외로 수출할 계획이다. 장애인이 만든 예술품과 창작물이 국가 경제 건설에 있어 강력한 기반이 될 가능성이 충분히 있다고 생각하고 있다.

이집트에서 장애인에 의해 창조된 예술품들은 그들이 속한 사회나 도시의 성격에 적합하여 그 지역의 특징을 잘 보여 준다. 알렉산드리아시 전체에 커다란 벽화 구조물과 집과 건물의 벽이 그림으로 뒤덮여 있다. 거의 눈이 보이지 않는 소녀들이 큰 사이즈의 벽화를 그렸다. 이 독특한 벽화는 먼 거리에 있는 사람들에게까지도 눈에 띄는 알렉산드리아의 명소가 되었다.

이집트 문화부는 모든 멤버가 장애인인 극단을 설립하여 운영하고 있다. 장애인들이 만드는 이집트의 예술은 이집트의 음악과 춤의 유산을 되살리고 멸종되는 것을 막는다. ACCAC의 이집트센터는 장애인에게 춤과 음악을 훈련시키고 비장애인들과 통합시키는 일을 하고 있다.

## 10. 기타

### 뉴질랜드

The Giant Leap International Disability Art: 2004년에 시작해서 장애인예술 컨퍼런스와 페스티벌 개최

### 인도네시아

The Indonesian Disabled Art Troupe: 인도네시아 전통 무용 및 전통 악기를 이용한 연극 등의 공연 예술 위주로 예술 활동 지원

### 타이완

TDFA(Taiwan Disability-Free Association): 대만배리어프리협회(Taiwan Barrier Free Association)는 배리어프리 사회 조성을 목적으로 1995년 건립되어 신체적, 심리적, 교육적 측면에서 다양한 예술 활동 및 공간 제공하고 장애인방송수업, 수제미술교실, 컴퓨터, 취업박람회, 전시회, 국제음악제(Wataboshi Music Festival) 등의 교육 및 지역사회 서비스를 하고 있다.

### 태국

NMAD(Network of Music and Arts of Persons with Disabilities): 문화예술을 기반으로 한 특히 예술과 음악을 통한 장애인에 대한 인식개선 및 전문 예술가 양성을 통한 장애예술의 대중화를 목표로 하며 아시아태평양장애인음악제(Asia Pacific Wataboshi Music Festival) 개최 등 장애인 문화 축제 진행, 장애인 전문 예술가 양성 프로젝트(음악/밴드), NMAD 예술가 커뮤니티 및 네트워크 체계를 구축하였다.

### 프랑스

문화 · 장애 국가위원회 설치(2001)와 문화부 산하에 문화와 장애위원회 설립(2003)

### 필리핀

AOL(The Ambassadors Of Light Foundation, INC): 시각장애 청소년 및 성인을 대상으로 정규 음악교육을 지원하고 장학금 제도를 도입하여 자질 있는 이들 한에서 대학 학위 이수 및 AOL재단의 특수교사로서 활동할 수 있는 기회제공을 목표로 Adopt-a-Scholar Program, 음악교육 수업 진행(성악, 팝, 클래식 부분), 공연 등을 실시하고 있다.

제4장

# 장애예술인의 창작 본질

본 장은 필자의 2013년도 숭실대학교 박사 학위논문 "장애예술인의 창작 활동 경험에 관한 연구"의 내용을 옮긴 것임을 밝혀 둔다.

우리나라 장애예술인들에게 큰 울림을 주었던 Sutherland(2005)의 주장인 장애인예술이 취미나 치료가 목적이 아닌 예술 그 자체라는 것에 대한 설득력을 확보하고 공감대를 형성하기 위하여 장애예술인의 창작 본질을 탐구하여 보았다.

연구 목적을 도출하기 위해 사용한 이론은 Giorgi의 현상학(Phenomenology)으로 이는 사람들이 경험한 일상의 생생한 모습을 이해하는 주요한 방법으로 예술이라는 현상을 연구 참여자 경험에서 찾아내었다(이남인, 2004).

본 연구에서는 연구 참여자들을 선정하기 위하여 연구자가 기준을 설정하고 그 기준에 맞는 참여자를 선택한 의도적 표집(purposive sampling) 방법을 사용하였다(Schwandt, 1997). 일반 언론과 장애인 언론에 소개된 장애예술인의 명단을 작성했는데 그 규모가 199명(문학 52명, 미술 60명, 음악 54명, 공연예술 33명)이었다. 이 가운데 선정 기준에 따라 서울과 경기 지역에 거주하며 문학, 미술, 음악, 공연예술의 4개 부문에서 3년 이상 활동한 경력이 있는 사람으로 정하였다. 3년 정도 활동을 해야 예술 분야에서 아마추어 수준을 벗어난 기성 예술인으로 인정을 받을 수 있기 때문이고, 예술 장르를 4개 부문으로 정한 것은 장애예술인들이 많이 참여하고 있는 장르이기 때문이다.

일반적인 예술의 분류 체계로는 문학(시 · 희곡 · 소설 등), 시각예술(회화 · 데생 · 조각 등), 그래픽아트(회화 · 데생 · 디자인 등 평면적 표현 형태들), 장식미술(에나멜공예 · 가구디자인 · 모자이크 등), 조형미술(조각 · 모델링 등), 공연예술(노래 · 연극 · 무용 등), 음악(연주, 작곡 등), 건축(실내장식 포함) 등이 있다(문화체육관광부, 2010).

이밖에 지체, 시각, 청각장애의 장애 유형과 성별, 나이 등에 대한 안배를 하여 각 부문에서 3명씩 12명(N=12)의 장애예술인을 연구 참여자로 선정하였다.

본 연구자는 2012년 12월부터 2013년 2월까지 비구조화된 질문지를 활용하여 장애예술인과의 직접 면접(face-to-face interviews)에 기초한 심층 면담을 통해

1회 120분에 거쳐 수행되었다.

본 연구에 참여한 장애예술인들을 분석해 보면 성별은 남성 8명, 여성 4명이고, 연령은 21세부터 59세까지로 20대 1명, 30대 3명, 40대 3명, 50대 5명이다. 장애 유형은 지체장애가 6명으로 가장 많고 시각장애 3명, 저신장장애 2명, 청각장애 1명이며, 저신장장애를 제외한 나머지 장애는 후천적 장애인데 20대에 사고나 질병으로 중도에 장애를 갖게 된 경우가 5명이다. 학력은 박사 학위 취득이 2명, 대학 졸업과 재학이 5명, 고등학교 졸업 3명, 고등학교 중퇴 1명, 중학교 졸업 1명으로 분포되어 있다.

본 연구의 참여자들이 갖고 있는 사회인구학적 특성을 보기 쉽게 정리하면 〈표3〉과 같다.

**〈표3〉 연구 참여자(장애예술인)의 인구사회학적 특징**

| 특징<br>참여자 | 예술 분야 | 성별 | 출생 년도 | 장애 유형 | 장애발생 시기 | 장애 원인 | 학력 |
|---|---|---|---|---|---|---|---|
| 연구 참여자 1 | 문학 | 남 | 1960 | 지체장애 | 1960 | 소아마비 | 문학박사 학위 취득 |
| 연구 참여자 2 | 문학 | 여 | 1961 | 지체장애 | 1980 | 경추마비<br>(추락사고) | 고2 중퇴 |
| 연구 참여자 3 | 문학 | 남 | 1967 | 시각장애 | 1997 | 베체트씨병* | 대학원 미디어문예<br>창작 전공(재학 중) |
| 연구 참여자 4 | 미술 | 남 | 1955 | 지체장애<br>(두 팔 절단) | 1984 | 감전사고 | 대학 졸업<br>(전기공학 전공) |
| 연구 참여자 5 | 미술 | 여 | 1958 | 지체장애 | 1958 | 소아마비 | 고등학교 졸업<br>(중,고 검정고시) |
| 연구 참여자 6 | 미술 | 남 | 1953 | 청각장애 | 1954 | 열병 | 고등학교 졸업 |
| 연구 참여자 7 | 음악 | 여 | 1991 | 시각장애 | 1991 | 인큐베이터<br>사고 | 대학 교회음악과<br>(재학 중) |
| 연구 참여자 8 | 음악 | 남 | 1967 | 시각장애 | 1974 | 교통사고<br>(녹내장) | 음악박사 학위 취득 |
| 연구 참여자 9 | 음악 | 여 | 1975 | 저신장장애 | 1975 | 선천성 | 중학교 졸업<br>(검정고시) |
| 연구 참여자 10 | 대중 예술 | 남 | 1980 | 지체장애 | 2007 | 척수마비<br>(교통사고) | 고등학교 졸업 |
| 연구 참여자 11 | 대중 예술 | 남 | 1972 | 지체장애 | 2007 | 척수마비<br>(교통사고) | 대학 졸업<br>(댄스스포츠전공 |
| 연구 참여자 12 | 대중 예술 | 남 | 1981 | 저신장장애 | 1981 | 선천성 | 예술대학교 졸업 |

* 베체트씨병: 피부, 점막, 안구증후군의 하나로 교원병과 유사한 질병이다. 터키의 피부과의사 베체트(1889~1948)에 의해 처음 보고 되었다 하여 베체트 증후군이라고 한다. 이 증후군은 실명의 원인이 되기도 한다.

## 1. 장애예술인의 창작 활동 경험

### 1) 창작 활동 경험의 구성요소

장애예술인들이 창작 활동을 하면서 느꼈던 경험의 구조[10]를 제시하고자 연구 참여자들이 공통적으로 경험한 것으로 파악되는 경험의 본질을 연구자의 기술로 구조화하면 장애인이 예술인이 되기까지 경험한 창작 활동의 본질들은 총 4개의 구성요소와 11개의 하위 구성요소로 전개되었다.

연구 결과에 나타난 장애예술인의 창작 활동 경험의 구성요소는 다음과 같다.

첫째, '예술과 만남' 이다. 연구 참여자들은 중도에 사고로 장애를 갖게 되었거나 선천적으로 또는 어렸을 때부터 장애를 갖게 된 경우인데 장애 때문에 아무것도 할 수 없는 상황에서 자신은 쓸모 없는 존재라는 자아 상실감에 빠져 있을 때 예술을 접하게 된다. 본인은 그것을 운명이라고 말하며 예술적 재능보다는 장애로 인해 예술을 선택할 수밖에 없었던 것으로 인식하고 있다. 특히나 중도에 장애를 갖게 된 경우는 모든 것을 다 잃은 후 살아야 할 존재의 이유로 붙잡은 것이 바로 예술이었다.

그러니까 예술은 절대절명의 위기에서 살기 위해 잡은 생명줄이었지만 예술의 길에 들어서기 위한 배움의 과정에서 많은 난관에 부딪히게 된다. 교육기관을 찾기도 어렵고, 찾았다 해도 접근이 차단되기 일쑤여서 주로 개인적인 지도를 받게 되는데 장애를 이해하며 지지해 주는 스승이 연구 참여자들을 예술의 길로 안내해 주어 그들의 무의미한 삶에 존재감을 부여해 주었기 때문에 '예술과의 만남' 은 새로운 삶의 시작이다.

둘째, '창작 활동 몰두' 이다. 연구 참여자들은 깊은 좌절감에 빠져 있을 때 살고 싶어서 택한 예술이라서 죽기 살기로 창작에 매달려, 남다른 신체적 조건을 이겨 내기 위해 비장애인 몇 배의 노력을 쏟으며 힘든 예술 수련기를 보낸다. 이

10) 구조는 연구 참여자들의 진술을 바탕으로 획득된 다양한 현상들 가운데 가장 공통된 성질을 구성하는 요소들 간의 관계를 나타내는 것이다(Giorgi, 2003).

때 연구 참여자들은 비장애예술인들은 결코 경험하지 못하는 한 가지 갈등에 직면한다. 장애를 숨기고 작품으로 승부를 걸 것인가 아니면 장애를 활용하여 활동을 할 것인가 하는 문제인데 대체적으로 문학과 미술은 장애를 숨기고, 음악과 대중예술은 예술인이 드러나야 활동을 할 수 있기에 장애를 숨길 수 없는 상황에서 오히려 장애를 장점으로 살리려는 노력을 한다.

연구 참여자들이 창작 활동을 위해 반드시 해야 할 일은 장애를 보완할 수 있는 방법을 찾는 것인데 장애 유형에 따라 창작 활동을 하기 위하여 준비해야 할 일이 다양하고 복잡하지만 철저한 준비로 예술 활동에 따른 문제를 해결하며 창작 활동에 몰두할 수 있게 된다.

셋째, '고통스러운 작업' 이다. 창작 활동을 하기 위해서는 수많은 어려움이 따르는데 그것은 크게 개인적 어려움과 사회적 어려움으로 나뉘어진다. 연구 참여자들이 거부할 수 없는 상황에서 운명적으로 만난 예술인만큼 행복감을 줘야 하지만 낮은 사회적 평가가 주는 상처 때문에 고통스러워한다. 예술의 주체가 장애인이라는 이유로 평가 절하하는 경향이 있고 또 긍정적으로 평가한다 해도 장애인이 그 정도 하였으면 잘 했다는 식으로 무조건 칭찬하는 평가가 오히려 상처를 준다.

넷째, '나는 예술인이다' 이다. 창작은 혼자서 하는 고독한 작업이지만 예술의 속성[11]상 대중에 보여져서 공감을 불러일으켜야 하기에 예술인은 자신의 존재를 알리고 작품을 소개하기 위해 사회 속으로 들어가야 한다. 그것을 예술계에서는 데뷔라고 하는데 데뷔를 하는 방법이 공식화되어 있지 않아서 예술인으로 인정을 받기까지 험난한 사회적 장벽을 뛰어넘어야 한다.

이런 과정을 거치면서 연구 참여자들은 자신만의 예술 세계를 구축하게 되는데 장애 속에서 구축한 독특한 예술이기 때문에 비장애예술과는 다른 차별성이 있다. 그것이 장애예술인 당사자인 연구 참여자들에게 예술인으로서의 자부심을 주고 예술을 진정으로 즐기며 사랑하게 만들기에 예술을 통해 희망을 키우

11) 예술은 창작한다고 해서 예술이 되는 것은 아니다. 예술은 보는 정도와 보여 주는 정도가 교차하는 곳에 성립한다(하리마, 2009).

면서 행복을 만끽한다.

이상 언급한 내용을 표로 제시하면 〈표4〉와 같다.

〈표4〉 장애예술인으로서 삶의 경험 메트릭스

| 구성요소 | 하위 구성요소 | 의미 단위 | 의미 설명 |
|---|---|---|---|
| 예술과 만남 | 선택 | -취업이 안 됨<br>-흥미를 느낌<br>-재능 발견 | -다른 직업을 가질 수 없었음<br>-예술이 좋아서 자연스럽게 선택<br>-예술에 재능이 있어서 정말 잘 할 수 있다는 자신감이 생김 |
| | 배움 | -정규교육<br>-개인지도<br>-독학<br>-긍정적 노력(지지)<br>-자신감 부족(저해) | -정규교육 과정에서 예술을 전공<br>-중도에 장애를 갖게 되어서 예술을 선택한 경우는 전문가에게 개인지도를 받음<br>-경제적 문제나 이동의 어려움으로 독학으로 예술 공부를 함<br>-긍정적 생각으로 꾸준히 노력<br>-자신감 부족으로 도전의 기회를 놓침 |
| | 운명 | -존재 이유<br>-즐거움<br>-목표 | -자신이 존재하는 이유를 찾기 위함<br>-예술이 즐거움을 줌<br>-예술이 삶의 목표가 됨 |
| 창작 활동 몰두 | 매달림 | -시간으로 표현<br>-횟수나 갑절로 표현<br>-상처로 표현<br>-수준의 정도로 표현 | -노력의 정도를 하루 몇 시간<br>-몇 번, 몇 배<br>-손가락에 못이 박혀서 등 상처<br>-완전히 외울 때까지 등 노력의 정도로 표현 |
| | 장애의 영향 | -장애 숨기기<br>-장애 활용 / 장점(지지)<br>-장애 단점으로 작용(저해) | -장애의 영향을 받기 때문에 장애를 숨기려고 함<br>-드러난 장애인의 정체성을 최대한 예술에 반영하여 장점으로 만듬<br>-장애가 단점이 됨 |
| | 문제 해결 | -도구 사용<br>-새로운 방법 개발<br>-철저한 준비<br>-구원투수(지지)<br>-지지자(지지) | -창작 활동을 하며 발생하는 문제를 해결하는 방법으로 장애를 보완해 줄 수 있는 도구를 사용<br>-자신에게 맞는 새로운 방법 개발<br>-장애 때문에 생기는 어려움을 줄이기 위해 준비를 철저히 함<br>-문제 해결에 도움이 되는 구원투수가 나타나 도와줌<br>-지지자가 응원해 주는 것이 지지적 환경이 됨 |

| | | | |
|---|---|---|---|
| 고통스러운 작업 | 어려움 | *개인적 어려움:<br>-제한 조건<br>-생활 불안정 / 경제적 문제(저해)<br>*사회적 어려움:<br>-발표의 제약 / 기회 부족(저해)<br>-인정받지 못함 / 사회적 벽(저해), 부정적 시각(저해)<br>-창작 활동 서비스 부재 / 제도 미비(저해)<br>-공간적 문제(저해) | -창작 활동을 하며 경험하게 되는 개인적 어려움은 장애 때문에 제한을 받음<br>-경제 활동이 되지 않아 생활이 불안정함<br>-사회적 어려움은 발표의 제약으로 기회가 부족함<br>-예술인으로 인정을 받지 못하는 것은 사회적 벽과 부정적 시각 때문<br>-창작 활동에 대한 지원 서비스 부재와 제도 미비<br>-창작을 하거나 연습을 할 수 있는 공간이 없는 공간적 문제 |
| | 사회적 평가 | *부정적 평가:<br>-차별<br>-무관심<br>-별도 취급<br>*긍정적 평가:<br>-감동<br>-뛰어남<br>-칭찬 | -부정적 평가로 장애예술인이라고 차별을 받음<br>-아예 무관심 함<br>-별도 취급을 당함<br>-긍정적 평가로 감동을 받았다고 함<br>-장애를 딛고 창작을 했다고 뛰어나다고 함<br>-장애인이 했는데 그 정도 했으면 잘 했다고 칭찬함 |
| 나는 예술인이다 | 사회 속으로 | -공공대회를 통해<br>-사람을 통해<br>-자비 투자<br>-기회 마련(지지)<br>-보호 제도(지지)<br>-통합 제약(저해) | -예술인으로 사회적인 인정을 받기 위해 공모대회 참여<br>-주위 사람의 도움을 받아 예술계에 첫선을 보임<br>-자신이 돈을 들여 출판을 하거나 전시회 또는 연주회를 염<br>-활동을 지속하기 위해서는 발표의 기회가 마련되야 함<br>-정부 지원 등으로 예술 시장 형성<br>-비장애인 예술계와 통합하는데 제약이 있음 |
| | 나만의 예술 세계 | -장애가 준 선물<br>-깊은 정신 세계<br>-독특한 예술성<br>-자기 개발 활동(지지) | -자신의 예술 세계를 구축하는데 장애가 소재가 됨<br>-장애 때문에 생긴 감각이나 깊은 정신 세계<br>-장애로 개성 있는 예술성 생김<br>-꾸준히 자기개발 활동을 통해 발전함 |
| | 행복한 삶 | -자부심<br>-자기 만족<br>-사명감 | -자신들이 선택한 예술에 자부심을 가짐<br>-자기 스스로 만족감을 갖고 있음<br>-예술로 장애인에 대한 인식을 변화시킬 수 있다는 사명감을 갖고 있음 |

### 2) 창작 활동 경험의 구체적 진술

#### ① 예술과 만남

사람은 다양한 직업을 갖고 살아가고 있는데 직업 선택은 개인적인 관심과 능력 그리고 근무 조건으로 결정하는 것이 보통이지만 예술은 직업으로 접근하는 것이 아니라 예술적 재능을 갖고 태어나 예술에 관심을 갖고 예술 공부를 하고 창작 활동을 하면서 그것이 경제성을 갖게 되어 예술인의 삶이 영위되는 것이다.

그래서 예술은 직업적인 개념과는 거리가 있어 예술은 직업적 선택이라기보다 자연스런 만남으로 보는데 예술인이 장애를 갖고 있는 경우는 이런 성격이 더욱 강해져서 장애예술인은 선택의 여지가 없는 막다른 골목에서 예술의 길로 들어선 운명적인 만남을 하는 것으로 보여진다. 만남의 이유가 어찌 되었건 장애예술인은 열심히 예술 공부를 하면서 예술에 자신의 운명을 거는 양상을 보인다.

##### ㉮ 선택

무슨 일을 시작할 때는 본인이 느꼈던 느끼지 못했던 반드시 크고 작은 이유와 계기가 있기 마련인데 연구 참여자들이 예술을 선택한 데에는 장애 때문에 다른 일을 할 수 없어서, 그저 좋아서, 본인이 가장 잘 할 수 있는 일이어서 예술을 선택하게 만든다.

• 취업이 안 됨

예술을 선택하게 된 이유로 직업을 갖지 못해서가 있는데 장애 때문에 겪게 되는 취업난[12]이 심각하여 할 일을 찾기 위한 방편으로 예술을 택하기도 한다.

> 장애를 갖고 있기 때문에 교직으로 나갈 수도 없고 일반 회사 취직도 할 수 없다는 사실을 알게 되서 유일하게 대안으로 생각한 것이 문예창작의 길을 생각하게 됐어요. 그래서 오늘날 작가가 됐지요.(연구 참여자 1)

12) 장애인의 경제활동참가율은 38.5%로 비장애인의 경제활동참가율 81.6%에 비하면 절반 수준에도 못미친다(고용노동부, 2011).

이제 장애를 갖고 중증 장애인이다 보니까 활동에 한계가 있잖아요? 집에 가만히 있다 보니 책을 접하게 됐고 생각을 많이 하고 그러다 보니까 쓰는 거밖에 없었어요. 낙서처럼 쓰다가 여기까지 온 거 같아요.(연구 참여자 2)

스스로 바뀐 환경을 감당할 수가 없으니까. 그걸 정면으로 부딪쳐서 뚫고나가기 위한 방편으로 문학을 선택한 거죠.(연구 참여자 3)

처음에 노래를 부르게 된 동기는 어, 취업이 안 돼서였어요.(연구 참여자 9)

• 흥미를 느낌

하고 싶어서 예술을 선택한 경우인데 가장 자연스러운 선택이다. 자기가 예술에 재능이 있는지에 대한 판단보다는 관심이 있어서 자주 접하다 보니 하고 싶다는 생각을 하게 된다.

하고 싶었던 거… 관심.(연구 참여자 6)

음악을 많이 들었기 때문에 음악이 좋아서 하는 게 첫 번째 이유고, 두 번째는 (시각장애인) 누구나 하는 직업이 싫었어요.(연구 참여자 8)

제가 아는 지인으로부터 휠체어댄스스포츠라는 것이 있는데 한번 해 보지 않겠느냐 이런 얘기를 듣게 되었죠. 근데 보니까 하고 싶더라구요.(연구 참여자 11)

• 재능 발견

잘 한다는 칭찬을 듣거나 어렸을 때 우연히 참가한 대회에서 수상을 한 것이 예술을 선택하는 계기가 된다.

아들이 그림을 그려 달라고 해서 새 그림을 그려 줬었는데, 그걸 보고 주위에서 잘 그린다고 하니까 그때부터 관심을 갖기 시작했죠.(연구 참여자 4)

저는 자연스럽게… 보통 어릴 때부터 늘 그림을 그려왔고 내가 제일 잘 할 수 있는 건 그림이었고.(연구 참여자 5)

초등학교 1학년 때(**일보) 그림대회에 나가서 1등을 했어요. 신문에 났어요. 크게.(연구 참여자 6)

학교 운동장이나 그런데 돌아다니면서 노래 불렀는데… 선생님한테 불려가서 노래를 불렀어요. 선생님이 소질이 있다고 하셨어요.(연구 참여자 7)

초, 중, 고 다닐 때부터 장기자랑 같은 걸 항상 나갔거든요? 친구들이 잘 한다고 개그맨 되라고 했어요.(연구 참여자 12)

### ㈏ 배움

2012문화예술인실태조사(문화체육관광부, 2012)에 의하면 예술인의 학력은 대학 졸업 이상이 83.7%로 학력이 매우 높은 것으로 나타났다. 학원 경험은 61.2%, 개인 레슨은 58.1%, 유학은 43.1%로 예술인이 되기 위해 배움에 많은 투자를 하고 있다는 것을 알 수 있는데, 같은 해에 실시된 2012장애문화예술인실태조사(문화체육관광부, 2012)에서 장애예술인의 예술전공 학력은 21.9%에 머물러 예술교육이 많이 부족한 실정이다.

연구 참여자들의 진술을 통해서도 장애예술인의 예술교육이 얼마나 열악한지 여실히 드러난다. 연구 참여자들은 정규교육을 받은 경우도 있지만 대부분 혼자서 독학을 하거나 좋은 스승을 만나 약간의 지도를 받은 정도이다. 그리고 언제나 긍정적인 자세로 노력하며 예술적 재능을 갈고 닦은 것이 많은 공부가 되는데 이 시기에 자신감 부족으로 주춤하다가 발전의 기회를 놓치기도 한다.

• 정규교육

대학교에서 예술 관련 전공으로 정규교육을 받은 경우.

밖에 나가지 못하니까 책을 많이 읽었던 것이 큰 공부가 된 것 같아요. 물론 학교에서 전공도 했지만.(연구 참여자 1)

장애가 있다 보니까 방송에는 적합하지 않을 수 있다. 차라리 개그를 하지 말고 넌 작가를 해라. 그래 가지고 작가랑 개그랑 또 연출 이렇게(전공을) 왔다 갔다 하다가.(연구 참여자 12)

• 개인지도

장애 때문에 학교에 갈 형편이 되지 않았거나 정규교육을 받을 시기가 지나 예술을 시작한 경우는 사설 교육기관이나 전문가에게 개인적으로 지도를 받는다.

그분도 "양팔이 없으면 좀 힘들건데… 서예가 다른 것 하고 좀 달라 가지고…." 그래서 내가 포기할 때까지만 가르쳐 달라고 했더니 그럼 해 보자 하셔서 한 건데 한 달 정도 지나니까 본격적으로 한번 해 보자고 그러시더라구요. 그때부터 정상적으로 시작했던 거죠.(연구 참여자 4)

4학년 때부터 5학년까지 미술학원을 다녔었거든요. 근데 선생님이 너~무 좋대… 내가 이제 중간에 못 다니게 되니깐 선생님이… 그 선생님이 오셨지 집으로.(연구 참여자 5)

처음에는 서양화. 선생님 때문에 바꿨어요. 한국화로. 사사 많이 받았어요. 이대 학장님, 미술학장님, 운보 선생님을 찾아갔어요.(연구 참여자 6)

노래 공부는 중학교 때부터 시작을 했거든요. 음악 선생님이 후배를 소개시켜 주셔서 그 선생님한테 레슨을 받게 됐어요. 막 전문적으로 배우지는 않았구요. (악보) 다 외웠어요.(연구 참여자 7)

점자 악보가 없었기 때문에 악보를 불러주면 내가 받아 적고 그것을 외워서… 그러니까 레슨을 받고 레슨 끝나고 다시 악보 받아 적고.(연구 참여자 8)

노래를 배우려고 갔는데 굉장히 무시를 하더라구요. 네가 어떻게 노래를 부르고 어떻게 취업을 할꺼냐고… 저 잘 할 수 있다고 노래도 안 들어보시고 그러시냐고 눈 똑바로 뜨고 말했더니 노래 한번 들어보자고 그러는 거예요. 그래서 노래를 불렀더니 태도가 바뀌시더라구요. 어우 잘하네.(연구 참여자 9)

• 독학

정규교육도 개인지도도 받지 못할 형편인 경우는 혼자서 독학으로 관련 공부를 한다.

별도로 한 건 없고. 특별히 했다기보다 시집을 몇 권 읽었죠.(연구 참여자 2)

실명 이전에는 놀이 정도로 생각했다가 실명한 이후 본격적으로 시에만 매달렸죠. 미친듯이 썼어요. 쓰고 또 쓰고.(연구 참여자 3)

일본에서 강사하시는 분이 와서 일 년에 한 번, 두 번 레슨을 해 줬어요. 강습회처럼. 배우고 다시 또 연구하고 그러면서 뭐, 특별히 교재나 이런 것들이 없었구요. 비디오라고 해도 교재형식의 비디오는 없고 대회 영상이라든지 시범 영상이었어요.(연구 참여자 11)

•긍정적 노력

예술인은 자만해서는 안 되고 겸손한 자세로 꾸준히 노력을 해야 한다. 작가가 최선을 다 하였을 때 최고의 작품이 나오기 때문에 연구 참여자들은 긍정적 자세로 늘 공부하며 자신을 성장시켜 나간다.

너무 멋져 독수리가 참 잘 됐어. 너무 멋져서 그냥 보냈으면 좋겠어. 그분도 독수리가 너무 잘 됐다고 했어요. 근데 우리 신랑은 아니래요. 일주일을 다시 수정을 해서 보내는 거예요.(연구 참여자 6)

그걸 또 바꾸는 게 제 능력이더라구요. 그 분위기를… 그 사람들이 전혀 저를 신경쓰지 않고 오히려 무대에 올라와 있는 댄서들을 신경 쓰게끔 하는 게 가장 최우선인 것 같아서 실력까지는 아니고 그냥 준비는 되어 있었던 거 같아요.(연구 참여자 10)

어떻게 하면 장애인들이 더 잘 할 수 있을까에 대해서 공부를 하고 있는데… 가장 도움이 되었던 거는 자신감?(연구 참여자 12)

•자신감 부족

배움의 과정에서 자신감이 부족하여 예술인으로 성장하는데 어려움을 겪기도 한다. 자신감이 부족한 이유는 대부분 장애 때문으로 도전을 망설인다.

너무 자신한테 자신감이 없다는 얘길 들어요.(연구 참여자 5)

(TV 오디션 프로그램에 나가는 것이) 용기가 안 나서 어떻게 해야 될지도 모르겠고… 혼자 있을 때 움직이면 잘 움직일 수 있을 것 같아요. 근데 그걸 사람들 앞에서 하려니까 '이상하게 보이면 어떡하지?' 그런 생각 때문에….(연구 참여자 7)

(미래에 대한 두려움은 없으세요?) 많죠.(연구 참여자 9)

대인기피증 같은 것도 생기고… 장애인이 갑자기 딱 되니까 그런 것들 하나하나가 일에 방해가 되니까 일 하기가 싫어진 거죠. 그런 사람들한테 치이는 것이 너무 힘들어서 아예 이쪽 일을 그만 두려고 마음을 먹었었어요.(연구 참여자 10)

### ㉰ 운명

연구 참여자들이 장애라는 신체적 제약과 편견이라는 사회적 제약을 무릅쓰고 예술을 택해 고독하고 고통스러운 예술인의 길을 걷는 것은 예술이 존재의 이유이고, 즐거움이며, 삶의 목표로 연구 참여자들은 예술을 운명으로 보고 있다.

• 존재 이유

사람은 존재감이 있어야 삶의 의욕을 갖게 되는데 예술이 연구 참여자들에게 존재감을 주었다. 살아갈 이유가 된 것이다.

오늘도 뭔가를 했구나. 내가 시간을 낭비하지 않았구나. 그때그때 충실히 살았구나. 문학은 내 본능이고 공기와 같은 거지. 시 한 편 쓰고 완성했을 때 그런 성취감은 말로 할 수가 없어요. 나는 글이 없으면 여기까지 오지 못했어요.(연구 참여자 2)

배운 게 도둑질이라고 그것만 생각이 나고 막, 가슴이 막 뛰는 거예요. 다치고 나서 처음 무대에 올라갔을 때 했던 말이 '제 다리는 지금 멈춰 있는데 심장은 계속 뛰고 있다고'.(연구 참여자 10)

• 즐거움

예술을 하는 이유는 창작 활동을 통해 즐거움을 느낄 수 있기 때문이다. 예술을 통해 통증이 치유되고 신바람이 나며 행복하다.

내 마음에 있는 상처나 고통이나 통증을 견뎌 내게 하는 그런 역할을 문학이 한 거죠. 시가.(연구 참여자 3)

하루하루 일어나면 뭘 할까 생각하면서 사니까 나날이 즐겁고 괜찮죠.(연구 참여자 4)

저는 행복하죠. 노래를 부를 수 있으니까.(연구 참여자 7)

난 지금도 늘 음악하고 살고… 음악만 생각하면 행복하니까.(연구 참여자 8)

이유 없이 아파요. 근데 노래를 하면 안 아파요. 정말 신기해요. 저는 (무대에) 올라가면 굉장히 신나요.(연구 참여자 9)

뭐 그냥 춤만 추는 그 자체가 즐거웠었고.(연구 참여자 11)

그냥 무조건 난 하고 싶다… 하고 싶다가 가장 중요하죠. 그냥 무조건 좋아서 하는 거예요. 재능은 모르겠어요. 근데 어렸을 때부터 애들이 너는 웃기는 재주는 있다고 했어요. (연구 참여자 12)

•목표

연구 참여자들은 인생의 목표가 예술인만큼 예술에 자신의 모든 것을 걸고 있다. 예술이 자기 인생을 이끌어 가는 힘이 된다.

문학은 장애인으로서 이 세상의 삶을 좀 더 낫게 하는 역할을 하는데 도구이자 무기이자 나의 삶의 길이자 나의 모토가 된거죠.(연구 참여자 1)

애들한테 양팔이 없어 아무것도 안 하고 있는 아빠로 보여지기 싫었어요. 양팔이 없어도 뭔가 하는 아빠로 보여 주기 위해서 했죠.(연구 참여자 4)

이런 맥락에서 만약 예술과 만나지 않았더라면 어떠하였을 것 같느냐는 연구자의 질문에 연구 참여자들이 다음과 같이 대답하였다.

(작가가 아니였으면) 살 이유가 없죠.(연구 참여자 1)

생각할 수도 없지.(연구 참여자 2)

그건 장애인이 되지 않았으면 이란 질문과 같아요.(연구 참여자 3)

(만약 그림을 그리지 않았다면) 술이나 먹고 그러다가 병 걸려 죽었겠죠.(연구 참여자 4)

근데 운명적인 것 같아요… 예술은 좀 운명적으로. 안 할 수가 없어요.(연구 참여자 5)

뭐 구두 만드는 기술자가 됐겠지. 학교에서 그걸 배웠으니까.(연구 참여자 6)

(직업을 바꿔 볼 마음은 있어요?) 아니요. 못 바꿀 것 같아요.(연구 참여자 7)

(음악을 한 것에 대한 후회는 없으시죠?) 전혀 없어요.(연구 참여자 8)

죽었을 꺼예요. 아퍼서.(연구 참여자 9)

다시 태어나도 댄서가 될 꺼다 라는 마인드가 항상 있어요.(연구 참여자 10)

단 한 번도 그런 생각 안 해 봤는데요. 그건 나한테 해당이 안 되는 일이니까.(연구 참여자 11)

정말 작아 보였겠죠. 무대에 서면 커 보인다고 하거든요.(연구 참여자 12)

연구 참여자들에게 예술과의 만남은 장애를 당당히 받아들이는 계기가 되고, 존재감과 성취감으로 정체성을 갖고 사회를 향해 힘차게 도전하는 힘을 주었다.

### ② 창작 활동 몰두

예술과 운명적인 만남을 한 후 예술이 자신의 모든 것이 된 연구 참여자들은 창작 활동에 자신의 모든 것을 걸고 몰두하는데 얼마나 노력했는지를 표현하는 방법으로 하루가 단위라면 하루 종일이고 몇 배로 표현을 한다면 비장애인의 열 배이고, 어느 정도 절박했는지는 몰두하지 않으면 죽을 것 같아서라고 표현하였다.

이렇게 많은 노력이 필요하였던 이유는 연구 참여자들이 갖고 있는 장애 때문인데 그들이 장애를 수용하는 태도는 크게 두 가지이다. 자신의 장애를 밝히는 경우와 장애를 밝히지 않는 경우로 특히 공모전에 응모를 할 때는 장애를 밝히지 않아야 정당하게 평가를 받을 수 있다고 생각하였다.

그런데 장애라는 남다른 경험 때문에 창작에 있어 새로운 분야를 개척할 수 있다는 장점이 있다. 그래서 장애를 적극적으로 활용해 성공한 경우도 있다. 장애를 드러내지 않건 장애를 적극적으로 활용하건 연구 참여자들은 장애를 보완할 수 있는 대체 기능을 개발함으로서 창작 활동을 발전시켜 나갔다.

#### ㉮ 매달림

세계 5대 발레단인 독일 슈투트가르트 발레단의 수석 발레리나인 강수진의 울퉁불퉁 튀어나온 상처투성이의 발이 예술인들이 아름다운 표현을 위해 얼마나 많은 노력을 기울이고 있는가를 잘 보여 주듯이 예술은 벼락치기로 한꺼번에 연마할 수 있는 기술이 아니다(헤럴드경제, 2013년 2월 21일). 예술은 쉼 없이 꾸준히 최선을 다 하였을 때 얻어지는 산물이기에 죽기 살기로 매달려야 한다. 그 매달림의 정도를 시간으로, 횟수나 갑절로, 상처로, 그리고 수준의 정도로 표현할 수 있다.

• 시간으로 표현

창작 활동에 얼마만큼 노력했는가를 하루 몇 시간 또는 하루 종일 하는 식으로 시간으로 측정.

> 전시할 때는 그냥 하루 종일… 힘들면 쓰러져서 눕기도 하고 누가 커피 타다 주면 커피 마시고 쉬었다가 하고.(연구 참여자 5)

> 제가 좀 악바리같이 노래 연습을 해요. 연습실에 들어가서 여섯 시간, 일곱 시간을 안 나와요. 물만 마시고.(연구 참여자 9)

• 횟수나 갑절로 표현

창작 활동에 얼마만큼 노력했는가를 몇 번 이상, 몇 배 이렇게 숫자로 측정.

> 취재 다 다니고 사람 다 만나고 … 한 백 번 이상 고친 작품도 있어요.(연구 참여자 1)

> 한 8년 동안 300페이지 되는 걸 한 5권 썼어요. 근데 이제 일기 쓰듯이 쓴 게 아니고 수필처럼 썼어요.(연구 참여자 2)

> 내가 다섯 배 정도 노력해서 오 년 정도 하게 되면 비슷하게 따라가지 않을까 생각했죠.(연구 참여자 4)

> 최소한 내가 볼 때는 다섯 배, 열 배의 시간과 노력이 필요하다고.(연구 참여자 8)

• 상처로 표현

창작 활동에 얼마만큼 노력했는가를 죽을만큼 또는 손가락에 못이 박힐 정도로 하는 식으로 상처나 고통으로 측정.

시의 꼴을 갖춰서 옛날에 있었던 이야기들을 정리하는 차원으로 썼어요. 자칫 잘못하면 죽을 것 같아서… 그래서 죽을 만큼 열심히 썼어요.(연구 참여자 3)

오히려 더 열심히 하고. 우리 신랑 손을 보면 손가락에 못도 배겼지만 돌아갔어요. 붓을 손에서 놓지 않으니까. 50년 만져서….(연구 참여자 6)

(신경 계통의 약이라 혀가 굳어서) MC 볼 때는 안 먹어요. 아퍼도 참죠.(연구 참여자 10)

• 수준의 정도로 표현

창작 활동에 얼마만큼 노력을 했는가를 완전히 이해하고 연주할 수 있을 때까지, 확실히 뭔가 다른 차원이 있다는 것을 느끼게 해 줄 수 있는 수준이 되기까지 매달림.

음악을 완전히 이해하고 연주하는 그런 수준까지 가는 거죠.(연구 참여자 8)

심지어는 성당 식당에서 그 식탁 치워 놓고 공연을 했어요. 무대가 어디건 정말 최선을 다 했어요. 기술적으로 예술적으로 확실히 뭔가 있구나 하는 걸 보여 주고 싶었거든요.(연구 참여자 11)

**㉯ 장애의 영향**

장애에 대응하는 연구 참여자의 태도는 크게 두 가지로 분류되는데 장애를 굳이 밝히지 않고 작품으로 승부를 거는 경우와 장애를 충분히 활용하는 경우가 있는데 어떤 경우이든 연구 참여자들의 창작 활동에 장애가 영향을 준다. 그 영향은 긍정적으로 작용하면 장애가 장점이 되고 부정적으로 작용하면 장애가 단점이 된다.

• 장애 숨기기

연구 참여자들이 창작 활동을 하는데 자신의 장애를 밝히지 않는 것을 원칙으로 하는 태도를 보이기도 하는데 그 이유는 자신의 작품에 장애라는 낙인이 찍히는 것을 원하지 않기 때문이다.

초창기에는 안 했지요. '장애가 있음에도 불구하고 작품이 뛰어나고 열심히 쓰는 젊은 청년 작가다'라는 추천서를 받았는데 내가 장애가 있다는 건 내 작품하고 아무 상관이 없으니까 빼달라고 했었어요. 왜냐면 장애인작가로 인정받는 게 싫었고 작품으로 승부를 걸고 싶었던 것이었죠.(연구 참여자 1)

모르지. 글로만 보니까.(연구 참여자 2)

밝히고 내죠.(연구 참여자 3)

그건 안 밝히죠.(연구 참여자 4)

예전에는 내가 그림을 그리는데 내가 장애인이라는 걸 내세우는 게 너무 싫었거든요. 그래서 (전시회 때) 난 갤러리도 안 나갈려고 그랬고. 내 작품을 보고 나를 보지. 내 장애를 보고 나를 보며(장애를) 극복했구나. 이런 게 너무 싫었거든요.(연구 참여자 5)

안 밝혔지요. 그럼요. 그냥 안 밝히고.(연구 참여자 6)

• 장애 활용

연구 참여자들이 창작 활동을 하는데 장애를 숨길 수 없어서 장애가 드러나기도 하지만 적극적으로 장애를 활용하여 자신의 장점으로 만든다.

(장애) 천의 여건이라고 할 수 있을 것 같구요. 그래도 문학은 항상 경험만 가지고 되는 것은 아니기 때문에… 상상력을 가지고 하는 것이어서… 크게 어렵지 않게 지금까지 잘 헤쳐 나가고 있습니다. 장애에 대한 것은 소재적으로 독특함을 선점하고 있는 거죠.(연구 참여자 1)

(선생님이 안 들리시기 때문에 색감에서 더 뛰어나신 건가요?) 네. 아마 그럴 꺼에요. 집중도 많이 하고.(연구 참여자 6)

그렇죠. 아무래도 안 보이니까 소리에 의존하게 되니까.(연구 참여자 7)

음악적인 감수성에 있어서는 시각장애가 아주 좋은 영향을 미치는 거 같고. 장애가 영향을 많이 줬죠.(연구 참여자 8)

다행히 폐활량이 좋대요. 폐가 작긴 해요. 비장애인에 비해서(작아서 아이 같다고 하면) 기분은 나쁘지만 그것도 제 장점이라고 생각해요.(연구 참여자 9)

장애를 갖게 된 후 춤을 추게 됐으니까 장애가 영향을 준 거죠.(연구 참여자 11)

키 작은 장애인 역할은 내가 제일 잘 하죠. 난 연기를 하는 게 아니니까.(연구 참여자 12)

• 장애가 단점으로 작용

연구 참여자들이 아무리 열심히 노력을 해도 각 장애 유형별로 장애 때문에 생기는 한계로 극복할 수 없는 부분이 있는데 그런 경우 장애는 분명히 단점으로 작용한다.

다만 어떤 제재의 한계가 좀 있겠죠. 뭐 등산을 하는 소설을 쓰라거나 뭐 배 탄 소설을 쓰라거나 이런 건 그들만큼 생생하게는 못 쓰겠지만.(연구 참여자 1)

그림을 해도 말을 못하니까 인정을 못 받아서. 너무 답답하데요.(연구 참여자 6)

일단 시각적으로 장애가 있으면 아무래도 비주얼 부분에서는 좀 그런 (부족하다) 생각이 들어요.(연구 참여자 7)

활동 면에서는 시각장애가 굉장히 장애가 되는 거 같고, (악보를 외울 시간이 없어서 연주회를 놓치고 또 도착했을 때 안내자를 보내 달라고 했다가 일 자체를 거절당하고) 시각장애 때문에 항상 발목을 잡히는 거죠.(연구 침여자 8)

가수들처럼 이쁜 태는 안 나지만….(연구 참여자 9)

### ㈐ 문제 해결

연구 참여자들이 창작 활동에 몰두하기 위하여 반드시 해결해야 할 문제는 다름 아닌 창작 활동을 하는데 장애 때문에 생기는 어려움을 보완할 수 있는 방법을 찾는 것이다. 그 방법은 도구를 사용하기도 하고 새로운 방법을 개발하며 사전 준비를 철저히 하는 것이다. 이런 문제 해결 방법은 연구 참여자들이 스스로 찾아내어 최선의 노력으로 연마하여 자기화(自己化)시켰다. 또한 도움을 주는 사람이 구원투수로 나타나서 문제를 해결해 주기도 하고 지지적인 분위기가 조성되어 문제를 해결하는데 힘을 얻기도 한다.

• 도구 사용

장애 때문에 창작 활동을 하는데 어려움을 주는 불편을 해결하기 위하여 개인적으로 만든 보조 도구나 정보통신기기 사용.

만든 거지. 딱딱한 종이로… 아버지가 해 준 거야. 손가락에 끼우는 거….(연구 참여자 2)

점자책 한 페이지 읽는데 20분씩 걸리니까… 화면낭독 프로그램을 써요.(연구 참여자 3)

그래서 붓에다 구멍을 뚫어 갖고 갈고리를 끼워서 사용했죠.(연구 참여자 4)

• 새로운 방법 개발

장애 때문에 창작 활동을 하는데 생기는 문제를 해결하기 위하여 자기 스스로 자기한테 필요한 새로운 방법을 개발.

먹을 옆에서 갈아 주면 내 작품이 아니라는 생각이 들어서 내가 발로 갈았죠. (시연을 하다가 붓을) 떨어뜨리게 되면 주위에 있는 사람들이 당황을 하게 되는데 그냥 발로 잡아 갖고 마무리 하죠.(연구 참여자 4)

왼손 하나로 하니까 다른 사람 5시간 할 꺼 난 10시간 해도 반도 못 쫓아가는 경우가 많거든요. 나는 모든 걸 전폐해야 겨우 전시를 해낸단 말이에요. 작품을 이젤에 놓지 않고 바닥에 놓고 해요. 50호 짜리 하면 빵빵~ 돌려가면서 나혼자 쇼를 하죠.(연구 참여자 5)

그림은 실기기 때문에 이렇게 글로 써서 이렇게 이렇게 해라 하면.(연구 참여자 6)

무대에 오를 때는 주로 선생님들이 가이드를 해 주시고 외부 행사를 나갈 때는 거기 행사 관계자 분들한테 부탁해서 (무대에) 올라가요.(연구 참여자 7)

자세 같은 거는 인제 이렇게 선생님이 어깨를 잡아 주거나 팔을 잡아 주고 입 모양을 만지면서 설명을 해 주세요. 고개를 너무 숙인다든지 너무 든다든지….(연구 참여자 8)

그냥 MC로만. 그리고 그냥 이론적으로만 학생들을 가르쳐요. 약간의 상체 춤과 제가 이제 전용

스태프을 부탁해요. 그래서 제가 어떤 사인을 주면 뒤로 빼 줘라 아니면 다시 넣어 줘라. 이거를 항상 행사하기 전에 사인을 맞춰서 그렇게 하고 있기 때문에 전혀 어려운 건 없어요.(연구 참여자 10)

저만의 방식으로 개발하게 된 거죠.(연구 참여자 11)

• 철저한 준비

장애 때문에 생긴 창작 활동의 불편을 줄이기 위하여 악보를 스스로 만들기도 하고 공연을 위해 무대에 등장할 때 동선을 미리 점검하는 등 준비를 철저히 함.

소재가 딸려서 고민하거나 아이디어 부재로 고민하는데 저는 미리 준비를 다 해 놔요. 항상 메모하고 자료를 쌓아 놓고 있죠. 뭐든지 쓸 수 있게….(연구 참여자 1)

나 같은 경우에는 경험이 한계가 있으니까. 심하게 관찰하고 깊이 생각을 해야지.(연구 참여자 2)

악보를 내가 만든 거에요.(연구 참여자 8)

저는 머리부터 발끝까지 코디를 제가 다 해요.(연구 참여자 9)

• 구원투수

난관에 부딪혔을 때 나락으로 떨어지지 않도록 손을 잡아 주는 구원투수가 나타나는데 구원투수는 낯선 사람인 경우도 있지만 가족이 지지자가 되기도 하며 같은 분야에서 활동하고 있는 장애인 선배의 도움을 받기도 함.

(재미동포) 재료를 좀 갖다 쓰라고 하더라구요.(연구 참여자 4)

화가로 활동하시는 분인데 그분을 만난 게 내가 공식 활동을 하게 될 수 있는 계기가 됐죠.(전시회 판매) 엄마도 조금 도와주고 형제들도 조금씩 돕고.(연구 참여자 5)

*** 아저씨가 많이 도와주셨어요.(연구 참여자 7)

(가족들은 가수로 인정해 줘요?) 지금은.(연구 참여자 9)

도움은 첫 번째는 사실 *** 형님이 가장… 도우미는 확실히 필요해요. 지금은 아내가 다 하는데.(연구 참여자 10)

• 지지자

장애를 갖고 창작 활동을 하기 위하여서는 지지자가 필요하다. 활동을 보조해 주는 사람, 예술에 대한 가르침을 주는 사람, 예술 활동을 관리해 주는 사람, 용기를 줄 수 있는 사람, 박수를 쳐 주는 사람 등이 장애로 생긴 문제를 해결해 주는 지지요소가 됨.

작업을 할 때, 미술에 대한 이해가 있는 사람이 활동보조로서 옆에 있었으면 하죠. 선생님의 창작 활동에 도움이 되었던 것들은 무엇이라고 생각하세요?) 사람들이죠.(연구 참여자 4)

박수도 받으면서 호응이 있어야 예술인들이 힘을 내고… 저의 네임 밸류를 올려 줄 수 있는 그런 사람이 있었으면 좋겠어요.(연구 참여자 7)

'네가 소화만 잘 해 놓으면 뜰 수가 있다' 라고 굉장히 용기를 참 많이 주셨고.(연구 참여자 9)

MC*의 목소리로 다시 자기가 불려지니까 너무 좋다고 그러더라구요. 내가 누군가에게 힘을 줄 수 있는 사람이었구나.(연구 참여자 10)

### ③ 고통스러운 작업

연구 참여자들은 예술과 만난 후 창작 활동에 몰두하며 예술인로서의 길에 들어섰지만 예술은 고통스러운 작업이다. 창작 활동에 많은 어려움이 따른다. 그 어려움은 개인적인 문제로 생기기도 하지만 사회적 제도와 인식 때문에 발생한다. 그런데 연구 참여자들을 더욱 고통스럽게 만드는 것은 사회적 평가가 정당하지 못한 인식의 문제이다. 연구 참여자들은 자신의 창작 활동을 장애인이라는 편견을 갖고 바라보고 있다고 생각하고 있다.

#### ㉮ 어려움

연구 참여자들이 창작 활동을 하며 경험한 어려움은 개인적인 문제로 장애로 인한 신체적 제한 조건과 창작 활동이 직업이 되지 못해 발생한 생활 불안정이 가장 크고, 사회적 문제로는 발표 기회 제약, 예술인으로 인정받지 받지 못하는 장애예술인에 대한 인식, 그리고 창작 활동에 대한 지원 부재와 창작 공간이 없는 공간적 문제로 분류할 수 있다.

• 개인적 어려움: 신체적 제한 조건

장애 때문에 창작 활동을 하는데 신체적으로 제약이 되는 어려움이 있다. 손의 사용이 불편하여 붓을 잡지 못하거나 휠체어에 앉아서 그림을 그리기 때문에 큰 작품을 못한다거나 하는 등 장애 때문에 생기는 어려움이 있다.

> 그림을 그리듯이. 싸인펜으로… 그래서 긴 글을 못 썼죠. 짧은 글만 쓰고.(연구 참여자 2)
>
> (시각장애인 도서는) 전문 서적이 거의 전무하죠.(연구 참여자 3)
>
> (붓) 그걸 갈고리에 넣다 보니까 미끄러워서 막 도망가더라고요.(연구 참여자 4)
>
> (입시) 실기를 하기에는 내가 굉장히 역부족이었어요. 석고 데생하려면 팔을 뻗어야 되고… 공모전 열리면 큰 작품 50호 이상의 큰 작품을 해내야 하는데 휠체어에 앉아서 그리기가 쉽지 않아요.(연구 참여자 5)
>
> (장애 때문에) 정말 마이너스 가는 게 많아요.(연구 참여자 6)
>
> 독일 가곡집이나 이태리 가곡집이 점자로 나와 있는 걸 구하기도 힘들고 없더라구요. 아무리 귀가 발달돼서 가사를 다 외워 가지고 불러도 발음이 부정확할 수도 있고 음은 정확하다고 하더라도 가사 전달이 잘 안 될 수도 있고 하기 때문에… (퇴장할 때) 넘어질 뻔한 적은 있어요. 선곡하는 것도 좀 많이 어렵긴 해요.(연구 참여자 7)
>
> 제스쳐가 너무 없다. 너무 딱딱하게 연주한다.(연구 참여자 8)

이런 신체적 제한 조건으로 생기는 어려움은 비장애예술인들은 경험하지 않는 일들이기 때문에 장애예술인은 장애라는 조건 때문에 창작 활동을 하는데 어려움이 더 많다는 것을 알 수 있다.

• 개인적 어려움: 생활 불안정(경제적 문제)

물감을 산다거나 공연을 위해 의상을 준비하는 등 창작 활동에 비용도 많이 들지만 원고 청탁도 적고, 공연 요청도 적고, 작품 판매도 어려워서 경제적인 보장을 해 주지 못하여 생활이 불안정하다.

원고료가 어딨어? 한 푼도 없어.(연구 참여자 2)

(지금 원고료로 생활이 되나요?) 아닙니다. 원고료는 어림도 없고… 용돈도 안 되죠. 청탁이라는 것이 정기적으로 들어오는 것도 아니고 뜬금 없이 들어왔다가 뚝 끊겼다가… 연봉 60만 원(연구 참여자 3)

첫 번째는 돈이고, 그 들어간 돈이 판매가 되어 갖고 순환이 되어야 하는데 이게 잘 안 될 경우에 빚이 되잖아요. 생활은 전혀 안 되고, 내 작업만 자급자족하는 정도… 크로키를 하고 싶어도 모델 때문에 못하는 경우가 많거든요. 두 시간 정도하면 모델료가 칠만 원, 작업량이 많다 보니 3개월 정도 되면 붓이 다 망가져 버려요.(연구 참여자 4)

(전시회, 공모전) 경제적인게 늘.부담이 돼죠. (작품료로 생활이 돼요?) 하하하~ 안 돼죠. 모두의 로망… 만약에 그림으로 생활하라고 그러면 굶어 죽어야죠.(연구 참여자 5)

(경제적으로) 많이 들죠. 물감은 제일 좋은 거 사야되고… 일 년에 안 팔릴 때도 있고, 팔리면 인제 뭐 누구 말 맞다가 저렴하게 아름아름으로 가져가려고 그러고, 그런 게 너무 싫어서 저는 안 판다고 했어요.(연구 참여자 6)

연주만 바라볼 수는 없죠. 왜냐하면 연주라는 게 몰릴 때 한 달에 스무 번도 있고 어떤 땐 세 달 동안 한 번도 없고… 이런 식이기 때문에 어쨌든 연주를 통해서 경제생활을 하는 연주자는 많지 않죠.(연구 참여자 8)

가장 큰 어려움은 경제적인 면이죠.(연구 참여자 9)

가장 크게 두드러지게 어려운 거는 금전적인 어려움이고.(연구 참여자 12)

경제적인 어려움은 모든 연구 참여자들의 한결같은 진술이다. 가장 소득이 많은 것으로 알려진 연구 참여자 1도 돈을 벌지 않아도 생활이 된다면 작품에만 몰두하고 싶다며 나름대로의 어려움을 토로하였다.

• 사회적 어려움: 발표의 제약(기회 부족)

예술 시장 진입이 힘들어서 창작품이 소비될 수 있는 기회를 갖지 못해 생긴 어려움으로, 예술계의 구조가 장애예술인의 발표를 제한하고 있다.

지금은 출판도 못해. (원고청탁) 연락이 와야지. 연락 없이 보낼 수 있어요?(연구 참여자 2)

(국전) 우리나라의 어떤 구조적인 모순이었구나.(연구 참여자 5)

어디에다 발표를 못하고….(연구 참여자 6)

(오디션에서) 떨어졌어요.(연구 참여자 7)

개런티가 작아서 제가 생활이 어렵다는 게 아니라 횟수가 작다는 거죠.(연구 참여자 9)

(행사 요청이 건강했을 때에 비해) 1/5 정도.(연구 참여자 10)

장애계의 예술 시장이 굉장히 좁아요.(연구 참여자 11)

(키 작은 것) 그걸 써 먹어야 하는 무대가 있어야 하는데 그런 게 없더라구요. 눈에 불을 켜고 찾는데도….(연구 참여자 12)

• 사회적 어려움: 인정받지 못함

연구 참여자들이 창작 활동에 대한 사회적 평가가 낮아서 전문 예술인으로 인정을 받지 못하여, 사회구조적인 벽에 부딪히게 되고 장애인에 대한 사회적 편견 때문에 장애인예술을 부정적으로 인식하여 생기는 어려움.

(문학계가) 구조적으로 굉장히 권력적인 문화가 있어요.(연구 참여자 3)

(작품을 보면서 저한테 묻는 것이) 어느 미대 나오셨어요?(연구 참여자 5)

(TV 오디션 프로그램에 신청했더니) 어떻게 오셨어요? 그러는 거예요.(연구 참여자 7)

메인 스트림에 못 들어가는 설움 이….(연구 참여자 8)

(장애인이 됐다고) 저한테 막 대했던 사람이 있는데… 이제 쓸모없는 사람이 되니까 약간 등 돌리는 식으로 그렇게 떠났었죠.(연구 참여자 10)

예술계가 부동의 권력적 잣대로 예술을 평가하여 장애예술인을 받아들이지 못해 연구 참여자들은 주류 사회에 편입되지 못하고 배제되고 있다.

(소속사에서) 안 데려가겠죠.(연구 참여자 7)

장애인을 중앙 무대에 세우지 않는 건 아무래도 편견이겠죠. 그리고 음… 아무도 시도하지 않는 거잖아요.(연구 참여자 9)

무대까지 경사로를 만들어 줬으면 좋겠다 그랬더니… 갑자기 전화를 끊자고 해서.(연구 참여자 10)

관객이 그냥 아무 반응이 없으면 그게 기가 좀 죽더라구요.(연구 참여자 12)

연구 참여자들은 장애 때문에 생긴 사회적 벽 때문에 예술인으로서의 활동의 기회를 얻지 못하고 있다. 공연기획자들은 장애예술인을 중앙 무대에 세우려는 시도조차 하지 않고, 관객들은 장애예술인에게 아무런 반응을 보이지 않아 사회적 벽이 더 높아진다.

장애인이 쓴 글이 무슨 글인가 그런 생각을 한다니까. 시에도 장애가 있는 줄 알아… 너무 슬프고 고통스럽지….(연구 참여자 2)

난 오케스트라를 할 수가 없었으니까… 모든 사람이 (관현악을) 반대했어요.(연구 참여자 8)

네가 음반을 내면 분명히 망한다. 이까짓 음반 가지고 나가 봐야 네가 방송에 나갈 수 있을꺼며… 이렇게 막 안 좋은 소리를 되게 많이 하니까… 돈이 많거나 몸이 예쁘거나… 여자 가수는 두 가지 중에 한 가지는 돼야 하는데 난 안 된다는 거예요.(연구 참여자 9)

쟤는 이제 MC를 못할꺼다 이렇게 얘기하는 사람도 있었고.(연구 참여자 10)

기계체조 넘고 몸 쓰는 거 할 때 넌 됐어. 넌 하지 마.(연구 참여자 12)

연구 참여자들은 예술계에서 장애예술인은 장애 때문에 못할 것이라고 판단하고 아예 하지 못하게 하는 부정적 시각이 장애예술인의 성장을 가로막고 있다.

• 사회적 어려움: 창작 활동 지원 서비스 부재(제도 미비)

장애예술인의 창작 활동에 필요한 예술전문 활동보조인이나 장애인예술 지원 사업 등 사회복지제도가 없어서 생기는 어려움.

어느 시점이 딱 커트라인이 되면 거기 통과한 사람은 차등을 둬서 연금을 좀 줬으면 좋겠어. 액수가 적든, 많든.(연구 참여자 2)

(정부 지원이) 문학에 대한 본질적인 부분을 이해 못하는 행정편의더라구요. 이거는 출판사에 다 돈 갖다 주는 거야.(연구 참여자 3)

또 옆에서 도와주는 사람이 있으면….(연구 참여자 5)

그렇게 바쁘신 분들이래도 일 년에 한 번은 의무적으로 와서 미술 지도를 하면….(연구 참여자 6)

음악 분야는 자격증을 주는 것도 아니고 하기 때문에 딱히 취직한다는 보장도 없고. 제일 큰 고민이 의상이거든요. 의상이나 메이크업… 어떤 게 유행인지 알고 옷을 입어야 하는데 시각장애가 있으면 그런 것들이… (홍보를 위해) 직접 발로 뛰기는 어렵죠. 정말 예술적으로 잘 하는 사람들을 지원해 줄 수 있는 제도가 필요한데 우리나라는 그게 좀 많이 부족한 것 같아요.(연구 참여자 7)

티켓이 판매가 안 되니까… 홍보에 대한 문제도 많이 큰 거 같아요. (보조 인력) 그런 게 가장 부족하죠.(연구 참여자 12)

• 사회적 어려움: 공간적 문제

창작 활동을 하기 위하여서는 작업 공간이 있어야 한다. 문학은 집필실, 미술은 작업실, 음악과 공연예술은 연습실이 필요하다. 연구 참여자들은 주로 집에서 작업을 하지만 공연은 함께 연습을 해야 하는데 편의시설을 갖춘 연습실이 없어서 공간 확보에 많은 어려움을 겪고 있다.

장애문인들이 도서관 뭐… 이런 걸 하나 좀 남겨놓고.(연구 참여자 2)

(문학) 공부할 수 있는 공간….(연구 참여자 3)

근데 작업에 집중하기가 참 어려워요. 작업 공간… 자기만의 작업실이 있어야 돼요. 집에서 살림하면서 그림 그린다는 것은… 굉장히 분산이 되고 집중도도 떨어지고 큰 작품 하기에는 너무 역부족이죠. 온전히 몰입할 수 있는 공간이 확보돼고. 스튜디오가 많잖아요. 큐레이터를 한 명씩 해서… 미술은행 같은 것도… 작업 공간이 필요한게요. 만약에 어떤 평론가가 당신이 어떤 작업을 하는지 보고 싶습니다. 그러면… 내가 오라는 말도 못하겠고… 이것도… 결국은 교류에요. (연구 참여자 5)

그림은 더군다나. 공간이 있어야 되고.(연구 참여자 6)

사회에 일을 하러 나왔는데 구조가 너무 안 맞는 거예요. 장애인 화장실 같은 것을 만들어 달라고 할 수도 없고. 돈을 떠나서 제가 할 수 있는 일을 제 의지와 상관없이 못하게 된 게 너무 화가 나는 거에요. (지방공연) 숙소 같은 게 좀 많이 필요해요. 차에서 자 버리게 되거든요.(연구 참여자 10)

장애인 배우들이 쉽게 휠체어를 타고 왔다 갔다 할 수 있는 그런 공간이 부족하거든요. 대기실만 해도 비좁고 그래서….(연구 참여자 12)

이밖에도 연구 참여자 7은 우리나라에서는 스티비원더 같은 세계적인 시각장애인 가수가 탄생하지 못할 것이라며 그 이유를 한국 사람들이 장애예술인을 직업 예술인으로 보지 않기 때문이라고 설명하였고, 연구 참여자 8은 해외에서 유학 중인 장애인 음악가들이 한국에 돌아오지 않으려고 하는 것은 한국 사람들은 음악을 귀로 듣지 않고 눈으로 보기 때문이라고 하였다.

또한 연구 참여자들이 창작 활동을 하는데 어려움이 되는 것은 자신과 가장 가까운 가족의 몰이해를 들었다. 연구 참여자 9는 초창기에는 '작은오빠랑 큰오빠가 저보고 미쳤다고. 사서 놀림거리가 돼냐.' 고 하였다며 서운함을 드러냈고, 연구 참여자 12는 '부모님이 가장 이해를 안 해 준다.' 며 부모님의 지지가 없는 것이 활동하는데 어려움을 준다고 하였다.

연구 참여자들이 경험하고 있는 사회적인 어려움을 크게 네 가지로 나누었지만 그 하나 하나의 어려움을 분석해 보면 장애 유형에 따라, 장르에 따라 어려움의 내용에 각각의 특징이 있다는 것을 알 수 있다. 장애 유형별로 보면 시각장애

연구 참여자는 창작 활동 자체에 어려움이 컸다. 예를 들면 보이지 않기 때문에 악보를 외워야 하고, 무대 등퇴장에 안내자가 필요하고, 공연을 하면서 보여 줘야 하는 몸짓이나 자세 교정 등에 대한 어려움이 있다. 휠체어를 사용하는 연구 참여자는 공연장의 편의시설이나 작업 환경으로 인한 어려움이 대부분이었다.

장르별로 나타난 어려움의 특징은 문학은 개인적 문제보다는 사회적 문제 그 가운데에서도 발표의 기회가 없는 것에 어려움의 비중이 컸고, 미술은 다른 장르에 비해 어려움의 요인이 고르게 분포되어 있고 빈도도 높았다. 음악은 연구 참여자 3명 모두 인정받지 못하는 것에 대해 크게 신경을 쓰지 않는 것으로 나타났으며, 창작 활동에 대한 서비스 부재에 대한 지적도 낮았는데도 모두 생활 불안정을 어려움으로 꼽았다.

공연예술 부문에서는 장애 때문에 생기는 제한을 크게 느끼지 않고 있고, 창작 활동에 대한 서비스 부재를 어려움으로 지적해 장애인예술 정책에 가장 적극성을 띄었다. 연구 참여자들은 활동을 활발히 할수록 어려움에 대한 지적이 적게 나타났고 장애인예술 단체 활동을 하는 연구 참여자들은 어려움을 구체적이면서도 정책적으로 제시한 것도 하위 구성요소 어려움에 나타난 특징이다.

### ㉯ 사회적 평가

예술은 사회적 평가에 민감한 분야로 사회적 평가는 전문가 평가와는 달라 관객들의 호감도를 뜻한다. 인기 있는 예술인이 사회적으로 높은 평가를 받고 있는 현실에서 장애예술인은 자신의 작품을 사회에 소개할 수 있는 기회가 적었기 때문에 대중적인 인기를 이끌어 내지 못해 사회적인 평가를 제대로 받지 못하고 있는 상황이다. 본 연구에서는 연구 참여자들이 경험한 사회적 평가를 분석할 수밖에 없는 한계가 있음을 전제하면서 사회적 평가를 부정적 평가와 긍정적 평가로 나누어서 살펴보면 다음과 같다. 부정적인 평가의 의미단위는 차별, 무관심, 주류 사회 배제이고, 긍정적 평가는 감동, 뛰어남, 과도한 칭찬으로 구분할 수 있다.

• 부정적 평가: 차별

예술을 하는 주체가 장애인이라는 이유로 창작 활동에서 받는 편견적 시각에서 생긴 차별.

차별을 했겠죠… 했겠지만 저는 개의치 않았죠. 왜냐하면 저는 걔네들보다 더 뛰어난 실력과 능력과 이론과… 이런 게 있다고 생각하니까.(연구 참여자 1)

이게 무슨 시냐 넋두리다. 장애라는 무서운 편견 속에 작품에 대한 가치를 낮게 보는 그런 것들이 은연 중에 깔려 있어요. 한계가 있다는 거예요. 이게 본질적으로 장애를 갖고 있는 문인들이 겪고 있는 고통이죠.(연구 참여자 3)

좀 특이해서 뽑았는데, 손이 없는 줄은 몰랐다고… 의아해하지만 개의치 않아요. 그걸 차별이라고 생각하지 않으려고 해요.(연구 참여자 4)

일반 학계에 있는 사람들의 평가를… 비평가들의 평가를 받기는 어려운 상황이예요.(연구 참여자 5)

'장애인인데 저 정도면 잘하는 거지.'라는 소리가 듣기 싫죠. 장애가 있으니까 못 뜰 것이다, 아무리 실력이 뛰어나도 춤을 못 추니까 가수 활동을 못할 것이다 그러는 거예요. 예술 분야에서는 차별이 있는 것 같아요. (차별이) 많다는 생각이 좀 들어요.(연구 참여자 7)

(무대에 등장할 때 장애가 드러나서) 시각장애인이라는 게 영향을 미치죠. 평가에.(연구 참여자 8)

과일이 날라 오기도 해요. 어, 막 쌍욕… 비속어를 막 쓰면서 왜 왔냐고. 술맛 떨어지게… 그뿐만이 아니예요. (공연을 하러 갔는데) 장애인인지 몰랐다고 미안하지만 페이(출연료)는 줄 테니 돌아가라고… 그래서 울면서 돌아온 적도 있었어요. (쓴웃음을 지으며) 저 보고 서커스 단원이냐고 물어보는 사람은 많아요.(연구 참여자 9)

근데 MC는 볼 수 있으세요? 이러는 거예요. 공중파로 들어가기에는 아직 우리나라가…. (연구 참여자 10)

평가가 낮을 수밖에 없는 거 같아요.(연구 참여자 11)

어? 저 사람 뭐지?라는 시선으로 보게 되거든요. 갑자기 작은 사람이 나오니까 사람들이 그것에 대한 반응이 혼란스러웠던 거 같아요. 사람들이 장애로 봐 버리니까 안 웃어 버리는 거에요. 저 사람이 저렇게 장애를 가지고 그러는데 웃어야 할지 말아야 할지 그런 게 보이더라구요. 장애인들은 웃거든요?(연구 참여자 12)

연구 참여자들이 경험한 차별의 경험은 매우 다양하다. 무대에 오른 가수가 장애인이라고 욕을 하고 물건을 던지며 야유를 하였고, 섭외를 받아 공연을 하러 온 사람이 장애인이라고 돌려보내기도 하였다.

그런데 여기서 한번 짚어 볼 문제는 장애인 연기자의 웃음 코드를 받아들이는 관객의 태도이다. 장애인의 개그 연기를 보고 웃는 것을 주저한다는 것이다. 웃어야 할 때 웃어야 예술인데 연기자가 장애인이라고 웃지 않는 것은 편견적 발상이다.

•부정적 평가: 무관심

장애예술인에 대해 관심이 없어 존재 자체를 알지 못하는 무관심.

> 못 받는다고 난 생각을 해요. 제대로가 아니라 전혀 못 받지 않나 싶은데? 왜냐하면 아예 언급하는 걸 못 봤으니까. 관심이 없어. 아예….(연구 참여자 2)

연구 참여자들은 사회적 평가가 낮은 것보다는 장애인예술에 관심조차 없는 것이 더 고통스럽다고 하였다. 우리나라는 현재 장애인예술이라는 단어 자체가 낯설 정도로 장애인예술에 대한 인지도가 낮다.

•부정적 평가: 별도 취급

장애예술인을 일반예술과 분리해서 장애인예술을 열외로 별도 취급을 하는 것으로 이것이 장애예술인을 직업 예술인으로 보지 않게 만든다.

> 장애 때문에 더 안 좋게 평가하죠. 그냥 시인, 김옥진 시인 하면 될 것을 장애시인이라고 분류를 해가지고….(연구 참여자 2)

> 장애가 있기 때문에 내가 할 수 없는 한계가 분명히 있고 또 장애가 있기 때문에 그 작품이 특화되는 그런 게 있어요.(연구 참여자 5)

> (장애인 행사에만 부르기 때문에) 그냥 클라리네스트로는 인정해 주지 않고 장애인 연주자로만 자꾸 보는구나. 화가 나고 기분이 나쁘고 그럴 때가 많았죠. 뭐라 그럴까… 열외로 생각을 한

다고 할까. 그러니까 인정을 안 해 주는 게 아니라 아예 다른 세계에 있는 사람으로 생각해요.(연구 참여자 8)

연구 참여자들은 자신이 장애예술인으로 분류되는 것을 경계하였다. 열외에 놓고 특화시키는 것은 창작 활동에 저해 요소가 되기 때문이다. 차별과 무관심, 별도 취급은 연구 참여자들을 낙인화[13]시키는 결과를 초래한다.

• 긍정적 평가: 감동

창작 활동을 한 주체가 장애인이라고 무조건 감동을 표현하는 것은 예술보다는 장애를 더 먼저 보기 때문에 생긴다.

작품에 대한 평가는 뭐 감동적이다. 눈물난다. 음… 장애인의 고통과 아픔을 알게 됐다. 이런 것들은 굉장히 좋은 평가였구요.(연구 참여자 1)

'아. **씨 노래 듣고 정말 감동했어요.' '노래 듣고 울었어요. 눈물이 많이 나더라고요.' 이렇게 말해요.(연구 참여자 7)

• 긍정적 평가: 뛰어남

창작 활동을 한 주체가 장애인이라고 놀라워하며 무조건 뛰어나다고 평가하는데 그 저변에는 장애에 대한 이해 부족으로 신기해하는 호기심이 깔려 있다.

신기하긴 신기하다. 뭔가 특이하고 독창적이긴 하다.(연구 참여자 3)

아주 정말 곱고 어느 누구도 흉내 못 내는 기술을 가졌다고 그래요. 어른들이.(연구 참여자 6)

노래는 일단 실력이 있다는 평가를 받아요.(연구 참여자 7)

• 긍정적 평가: 칭찬

창작 활동을 한 주체가 장애인이라고 어려움을 극복해 낸 것에 대한 보상으로

13) 낙인은 속성이라기보다는 관계의 언어이다. 따라서 낙인 찍힌 사람은 자신이 갖추어야 할 어떤 속성을 결여하였다고 느끼게 되며, 이는 수치심으로 이어진다(정필주 · 최샛별, 2008).

칭찬하는 것으로 장애가 플러스 요인으로 작용한 것이다.

일반 사람들이야 칭찬이 더 많으니까 (장애 때문에 더 좋은 평가를 받고 있다고 생각하시는 쪽이네요?) 아무래도 그런 영향은 있죠.(연구 참여자 4)

국내보다 해외 공연할 때 더 많은 갈채를 받는 거 같아요. 편견이 없기 때문이라고 생각해요.(연구 참여자 8)

플러스가 되는 게 있죠.(연구 참여자 9)

어, 장애인이 저렇게 할 수 있네. 이제 아무래도 플러스 요인이 분명히 있죠.(연구 참여자 11)

연구 참여자들은 자신의 작품에 필요 이상으로 감동을 하고 과도하게 창찬을 받는다고 인식하고 있었는데, 이런 긍정적인 평가에도 장애라는 것이 작용을 하였기 때문에 엄격히 말하면 긍정적인 평가라고 볼 수 없지만 노골적으로 차별하는 경우와 대조적인 반응을 보인 것은 긍정적으로 받아들이는 것이 옳을 것으로 본다.

사회적 평가를 장애 유형별로 보면 청각장애가 사회적 평가에 차별을 덜 받았고 나머지 참여자들은 사회적 평가에 차별을 받은 것으로 나타났으며 장애가 심할수록 사회적 평가에 장애가 플러스로 작용한다고 생각하고 있었다. 장르별로 보면 음악이 사람들에게 더 감동을 주고 칭찬을 받는 긍정적인 평가를 받고 있었다. 문학이나 미술은 보여지는데 제약이 있어서 사람들에게 쉽게 다가가지 못해 감동을 줄 수 있는 기회가 상대적으로 적어 사회적 평가를 받지 못하고 있다. 따라서 문학과 미술은 사회적 평가에 장애의 영향을 덜 받을 수 있다.

참고로 전문가의 평가를 소개하면 연구 참여자 3에 대하여 모사이버대 미디어문예창작학과 교수인 한 시인은 그의 시는 시각 패권주의의 바깥 너머를 보여준다고 평론하였다.[14] 또한 한 미술평론가는 연구 참여자 4 그림은 동양의 먹

14) 연구 참여자 3의 시 〈나는 열 개의 눈동자를 가졌다〉는 시각장애시인이 아니면 표현할 수 없는 소재로 시를 쓰고 있다. 시인이 노래한 열 개의 눈동자는 시각장애를 갖게 된 후 글을 읽을 때나 사물을 파악할 때 열 개의 손가락으로 더듬어 본다는 것을 의미한다.

그림에서 흔히 쓰이는 필법과 농담(濃淡) 효과 등이 기본을 이루고 여기에 서양의 크로키 화법으로 표현되는 추상성과 상징성이 더해져서 완성된 것으로 이렇게 탄생한 반추상의 인체 형상들은 보는 이의 숨을 잠시 멎게 할 정도로 생동감이 넘치고 역동적이라고 평가하였다.[15)]

### ④ 나는 예술인이다

예술의 창작 과정이 고통스러움의 연속이라는 것은 잘 알려진 사실인데 그것은 예술인은 작품으로 타자화된 자신에게 관객의 요구를 관철시켜야 하기 때문이다. 하지만 예술인이 그 고통스런 일을 포기하지 않는 이유는 작품이라는 구체화된 객체가 예술인의 정체성을 환기시키는데 예술인은 자기 정체성을 확실히 느낄 때 행복을 느끼기 때문이다(정필주, 2008).

하지만 장애예술인은 예술인으로서의 자기 정체성을 찾기까지 어려움이 있다. 예술인이라는 것을 인증받는 사회적 절차에 많은 제약이 있기 때문이다. 자신의 존재를 알리기 위해 사회 속으로 들어가 자신만의 예술 세계를 구축하고 예술인으로서의 행복을 찾아가는 과정을 살펴본다.

#### ㉮ 사회 속으로

예술인은 자신의 존재를 알리고 창작품에 대한 인정을 받으려고 공모전에 출품을 하거나 전시회, 공연 등에 참여한다. 예술계에 드러날 기회가 없었던 장애예술인은 자신의 존재를 알리기 위해 고군분투하고 있다. 연구 참여자들이 사회 속으로 들어가는 방법은 공모 대회를 통해, 사람의 도움을 통해, 비용을 직접 투자해서 작품을 선보이는 방법이 있다. 그런데 이런 개인적인 방법 외에 사회 구조적으로 발표 기회가 마련되고 연구 참여자들을 뒷받침해 줄 수 있는 보호 제도가 있어야 대중적인 예술 시장을 형성할 수 있다.

15) 연구 참여자 4는 의수에 붓을 끼고 서예를 했는데 붓을 천천히 움직이는 것보다는 순간적으로 이동하는 것이 의수의 단점을 보완할 수 있기에 순간의 예술인 크로키를 택하게 되었고 먹이 부드럽기 때문에 먹으로 크로키를 하는 수묵크로키를 개발하였다.

•공모 대회를 통해

연구 참여자가 예술인으로 등단하는 방법으로 공모 대회에 도전.

각종 공모에 도전했어요. 장애인을 다룬 동화를 쓰면서 이제 본격적으로 장애인작가로 세상에 알려지게 된 거죠. 그때, 그해에 가장 많이 팔린 아동문학작품 베스트셀러 1위를 한 6개월간… 그래서 작가로서 굉장한 영화를 많이 맛봤죠.(연구 참여자 1)

(신춘문예) 한번에 되진 않았죠. 3년. 여러 군데 냈죠. 한 일곱 군데 정도 낸 것 같아요.(연구 참여자 3)

3년 하고 나서 전라북도 공모전에서 입선을 했거든요. 5년 목표를 단축시킨 거죠.(연구 참여자 4)

국전 입상… 그냥 무조건 내면 이렇게 상 탔어요.(연구 참여자 6)

동네에… 노래자랑이 있잖아요? 가요제나 뭐 이런 거. 냉장고도 타 오고 선풍기도 타 오고 했던 경험이 있어요. (오디션 프로그램) 몇 군데 나가서 떨어져 보고… 자꾸 떨어져서 이젠 안 나가요.(연구 참여자 9)

그때는 우리나라에 선수라고 할 수 있는 사람은 저 혼자밖에 없었으니까 저 혼자 대회를 한 겁니다.(연구 참여자 11)

오디션 보기도 하고 그러는데 떨어지고 떨어지고 그러죠.(연구 참여자 12)

•사람을 통해

연구 참여자가 예술인으로 등단하는 방법으로 기성 예술인의 소개나 지지로 시작.

*** 선생님이 **일보 신문에 나왔어요. 신문 보고 편지를 보냈는데 편지 보낼 때 시를 몇 편 보냈어요. 답장을 주셨는데 시에 대한 평가도 오고, 장래성이 기대된다고… 이제 *** 선생님하고 연락이 됐다고 했잖아. 그 선생님이 시 써 놓은 게 있냐고, 그렇게 해서 책이 나왔어.(연구 참여자 2)

•자비 투자

연구 참여자가 예술인으로 등단하는 방법으로 본인이 출판이나 전시회 비용을 투자해서 출발.

내가 어떻게 감히 개인전을 하느냐고 망설이다가 했어요. 일단 갤러리를 예약했어요.(연구 참여자 5)

이밖에 음악을 하는 연구 참여자 7은 학교 학예회나 교회에서 노래를 부르며 활동을 시작하였듯이 연구 참여자들은 시작할 때는 큰 주목을 받지 못하고 작은 대회, 작은 무대에서 기회를 얻는 것이 고작이었다. 연구 참여자들이 위와 같은 방법으로 데뷔를 한 후 활동을 하려면 창작 활동의 기회가 많아지고 보호 제도가 필요하다고 제안하였다.

• 기회 마련

방송에 출연하는 것이 도움이 되고, 중요 무대에 비장애인 예술인들과 함께 설 수 있는 무대가 많아지기를 원하였다.

일단 가장 도움이 됐던 건. (웃음) 방송. 방송 나간 게 큰 도움이 됐구요.(연구 참여자 7)

박사급의 연주자로, 대학교수로 왜 나를 대학 축제에도 부르고 유명 무대에도 부르고 그랬으면… 일자리들이 예술 쪽에도 많이 생겼으면 좋겠어요.(연구 참여자 8)

설 수 있는 무대죠. 무대가 많아져야 되는데.(연구 참여자 9)

장애인들, 비장애인들 나눠지지 않고 좀 함께 설 수 있는 무대가 많았으면 좋겠어요….(연구 참여자 10)

장애인을 위한 작품들이 많이 나와야 할 것 같아요. 소재가.(연구 참여자 12)

• 보호 제도

연구 참여자들이 예술 시장에 진입할 수 있도록 뒷받침해 주는 전문 기획사가 있어야 하고 장애예술인을 지원해 주는 시스템을 요구하였다.

그런 징검다리 역할을 (작가와 문학 시장을 연결) 해 줬으면 좋겠어.(연구 참여자 2)

출판사에서 이 시집을 좀 찍어 줬으면 좋겠어요.(연구 참여자 3)

문화예술위원회 기금이 생기면서 그걸로 여기까지….(연구 참여자 5)

여기에 갖다 놓으면 복덕방 마냥… 정말 좋은 거래를 해 줬으면… 외국이고 어디고 할 수 있게끔. 또 어느 정도 상을 탔으면 의식주가 해결되게끔.(연구 참여자 6)

(미국 대학에서) 너는 시각장애인이기 때문에 오케스트라가 너한테도 의미가 없고 실내악은 원래 한 시간 하게 돼 있는데 너는 실내악을 두 시간 해라 이렇게 대안을 마련해 주었거든요. 우리나라에도 그런 보호 제도가 필요해요. 장애로 같이하는 것을 못할 때는… 장애인끼리 모여서라도 같이할 수 있는 시스템을 만들어 줘야 하는데.(연구 참여자 8)

기획사에 대한 개념을 가지고 다시 시작을 하고 있거든요.(연구 참여자 11)

솔직히 한 연예인을 만들기 위해서 거기에 대한 투자가 많잖아요. 춤도 가르쳐야 하고 노래도 가르쳐야 하고 연기도 가르쳐야 하고… 장애인들도 그런 게 뒷받침이 된다면 나와서 잘 할 수 있어요.(연구 참여자 12)

발표 기회 마련과 창작 활동을 지원하는 보호 제도가 장애예술인의 창작 활동을 지지하는 요소가 된다는 사실만 확인할 수 있었을 뿐 현재는 전혀 실시가 안 되고 있기 때문에 연구 참여자들의 창작 활동을 저해하는 요소로 작용하고 있다.

• 통합의 제약

예술계에도 학연, 지연 등의 인맥이 작용을 하고 편의시설 문제로 교류에 제약이 있다 보니 장애예술인과 비장애예술인의 통합에 어려움이 있다.

문학도 학연, 지연이 다 돼 있어요. 원고 청탁도 학연, 지연이 있어야 한다니까… 문학이라고 안 그런가? 여행 같은 거 많이 못 다니고. 그리고 문학 모임에도 참석 못하고.(연구 참여자 2)

교류할 수 있는 이동이나 이런 것들이 자유롭지 않고.(연구 참여자 3)

여행을 다양하게 하기가 쉽진 않죠.(연구 참여자 5)

### ㊁ 나만의 예술 세계

예술의 본성은 삶의 의미를 밝히고 강조하는 실존의 문제(박준원, 2003)로, 예술은 예술인의 개성을 드러냄으로써 실현되지 않은 잠재성이 나타나는데 장애예술인은 비장애인과 다른 삶의 경험을 갖고 있기 때문에 아주 독특한 개성을 드러내고, 장애 때문에 억눌려 있던 잠재성이 표출되어 지신만의 독특한 예술 세계를 구축한다.

• 장애가 준 선물

연구 참여자는 창작 활동을 하는데 장애가 도움이 된다. 장애도 하나의 경험이고, 새로운 분야이고, 독특한 캐릭터가 될 수 있다.

> 장애인으로 사는 거는 경험이 아니냐 그거야말로 정말 누구도 해 보지 못한 고귀한 경험인데 그럼 나는 이거를 작품으로 승화시키겠다. 그렇게 패러다임을 바꿨기 때문에 작가가 될 수 있었지. 아동문학계에서 장애라는 장르를 개척한 사람, 그거는 문학사에 남을 거라는 거예요.(연구 참여자 1)

> 자기 얘기를 계속 쓰니까. 시라는 게 자기 삶을 밑바탕에 깔고 쓰는 거기 때문에 그렇죠.(연구 참여자 2)

> 더 애절한 게 있고 더 빠져드는 게 있다고 그러더라고요. 뭔가 느낌이 되게 다르다고… 오히려 장애가 색깔이 될 수 있다고 생각해요.(연구 참여자 7)

> 키 작은 역할, 난쟁이 역할 뭐 그런 역할만… 난쟁이는 익살스럽다 이런 게 있어 버리니까 난 잘 웃길 수 있어요.(연구 참여자 12)

• 깊은 정신세계

연구 참여자는 장애 때문에 생각을 많이 한 것이 창작 활동에 영감을 준다.

> 어떤 영감… 뭐 이런 남들이 갖지 못한 그런 게 있어요.(연구 참여자 2)

> 가장 내가 고통스러울 때 했던 그림들이 가장 깊게 봐져요.(고통 자체가 선생님 작품에 하나의 개성이라는 이야기네요) 네, 그렇죠.(연구 참여자 5)

• 독특한 예술성

장애를 보완하기 위한 노력이 남다른 예술성을 형성하여 목소리에 한이 있다거나 목소리가 유행을 타지 않는 등 창의성이 두드러진다.

굉장히 이미지와 묘사가 뛰어나다는 호평과 문장이 간결하다.(연구 참여자 3)

어떻게 이렇게 굉장히 강렬한 터치가 나왔냐고 그러는데 그거는… 나이프로 이렇게 했거든요.(연구 참여자 5)

본거를 현실로 그리는데 잘 그린다고 하더라구요. 사진 같다. 아주 선명하게 아주 섬세하게 그리잖아요. 점, 선, 면을 썼죠. 인제 동양화는 선과 점이에요. 근데 우린 서양화처럼 면도 만들어요.(연구 참여자 6)

'너의 목소리는 유행을 안 탄다'고 *** 아저씨가 말해 줬어요. 고음처리도 그렇고, 목소리 톤 자체가 흔한 톤은 아닌 것 같아요.(연구 참여자 7)

관현악, 그걸 전공한 시각장애인은 아무도 없었어요. 내가 최초예요. 소리 음량이 풍부하고 음색이 맑다고… 제일 많이 듣는 얘기는 어, 마치 노래를 하는 것 같다, 사람 목소리로… 그런 얘기 제일 많이 들었어요.(연구 참여자 8)

한이 있데요. 밝은 노래를 부르는 데도 가슴이 먹먹해진다네요. 두성을 꺾다가 비성을 꺾다가 이렇게 왔다 갔다 하는 창법이 있는데 비장애인들이 잘 못하는 창법이에요.(연구 참여자 9)

라틴 같은 경우는 스스로 많이 움직임을 만들어 내는 능동적인 움직임이 많아 제 성격이랑 좀 잘 맞아서 라틴 쪽을 집중적으로 하게 되었구요. 휠체어가 장애를 도와주는 보조 기구이기도 하지만 이것 자체가 하나의 훌륭한 (예술) 도구가 될 수도 있다는 거죠. 무용의 영역에서는 좀 더 창의적인 움직임을 다양하게 만들 수 있어요. 좀 더 아름답고 다양한 움직임으로 풍부한 스토리를 만들어 낼 수 있다는 장점이 있어요.(연구 참여자 11)

장애를 하나의 캐릭터로 만들어 새로운 장르를 개척하기도 하고 장애 때문에 생긴 고통을 예술로 승화시키기도 하였으며, 재능과 노력으로 남들이 흉내낼 수 없는 예술성을 확보하기도 하였다. 시각장애인 연구 참여자는 청각에, 청각장애인 연구 참여자는 시각에 강점이 있다는 것을 이용해서 자기만의 예술 세계를 구축하는데 성공한 것은 장애예술인의 발전 가능성을 보여 준다.

• 자기개발 활동

예술인으로 성장해 나가기 위해서는 끊임없는 자기 개발이 필요하다. 자기개발을 위해 다른 사람 전시회나 공연을 감상하고 토론회나 모임에 참석하며 시간과 비용을 투자해야 한다.

(만약에 선생님이 대학 공부를 안 했다면, 오늘이 가능할까요?) 아, 노노~ 불가능해요. 불가능하다고 생각해요.(연구 참여자 1)

실제 몸으로 경험할 수 없으니까 책을 봐야 하는데… 작가의 토론 또는 모임 적극적으로 나갑니다.(연구 참여자 3)

자꾸 다녀 봐야지 안에 있으면 아무것도 안 돼요. 일반인 열 명이면 장애인 한 명 정도 섞여서 작업을 하게 되면 처음에는 힘들어도 그 사람들이 잘 도와주거든요. 융화가 돼 갖고 잘 나가는데 그렇지 않고 그대로면 발전이 없어요.(연구 참여자 4)

인사동이나 그런데 다니면서 다른 사람들 그림 보면서.(연구 참여자 5)

장애인계 안에서만 있었다면 이렇게 계속 지속하기 어려웠을 겁니다. 어느 정도 기간은 분명히 시간 투자는 해야 된다는 거죠.(연구 참여자 11)

연구 참여자들에게 자기개발 활동은 창작 활동에 지지요소이지만 그런 여건이 마련되지 않아서 예술계에서 뒤처지는 결과가 된다.

### ㉰ 행복한 삶

장애인에게 예술적인 역량을 발휘할 수 있도록 해 주면 장애인의 삶에 긍정적인 변화가 일어나는데(김정숙, 2012), 실제로 예술을 직업으로 택한 장애인의 삶의 질은 높아진다. 연구 참여자들은 창작 활동을 하며 자신의 존재감을 드러내고 가치를 부여하며 행복을 추구하고 있다. 연구 참여자들이 추구하는 행복한 삶은 예술인으로서 자부심과 자기가 좋아하는 일을 하는데서 오는 자기만족 그리고 자신이 세상을 향해 긍정적인 메시지를 주고 있다는 사명감으로 구성되어 있다.

• 자부심

연구 참여자들은 자신이 예술인이 된 것에 대해 자랑스럽게 생각하고, 예술인으로 당당할 수 있는 자부심을 갖고 있다.

나를 다 부러워해요. 자기네는 요즘 너무 장사가 안 된대… 의사들도 망할 판이래. 그래서 나 보고 얼마나 좋냐는 거예요. 나 자신도 자랑스럽죠.(연구 참여자 1)

어쨌든 나는 대한민국 클라리넷 연주가 중에 가장 연주가 많아요. (우크라이나) 지휘자가 막 나를 안고 놓아 주지를 않는 거예요. 지휘를 하면서 너무 감동을 한 거예요.(연구 참여자 8)

(가수라고 하면) 아. 가수에요? 하지만 난 가수라는 자부심이 있어요.(연구 참여자 9)

자부심은 커요.(연구 참여자 10)

제가 더 돋보이지 않을까 싶어요. 왜냐면 저는 표현하지 않아도 그냥 무대 위에서 아. 저 사람은 난쟁이… 하지만 보통 사람은 난쟁이인 것처럼 표현을 해야 하니까.(연구 참여자 12)

• 자기 만족

연구 참여자들은 창작 활동에 만족하며 즐기고 있다. 예술인이란 존재감으로 성취감도 느끼며 정신적으로 순화된다.

어. 카타르시스. 정신 변화… 정신이 맑아져요. 정신 순화….(연구 참여자 2)

진정성 그런 것들이 담보 되면 문학적 가치가 있다고 생각해요.(연구 참여자 3)

내가 좋아하는 걸 한다는데 의미가 있는 거죠. 일상이 될 수 있고 모든 게 될 수 있었죠. 그림 자체가… 전시를 하면서 다양한 사람을 만나고, 전시가 국내에만 있는 게 아니라, 외국에서도 있으니까 외국에도 나가서 외국 사람들을 만나고… 여행도 하게 되고. 앞으로도 좋은 일이 계속

있을 꺼라고 생각하니까 즐거운 나날을 보내고 있죠.(연구 참여자 4)

나의 모든 정체성… 내 인생을 많이 차지하고 있죠. 내가 가장 간절히 바란 게 그림이었더라구요. (미술가로 산다는 것은 어떤 의미가 있을까요?) 다른 어떤 것보다도 자기 존재감… 자기 확신… 자기 성취감은 있는 것 같아요.(연구 참여자 5)

•사명감

연구 참여자들은 자신의 창작 활동이 장애인에 대한 인식개선에 도움이 된다며 예술 활동에 사명감을 갖고 있다.

내가 경험한 장애인 문제와 아픔을 세상에 남김없이 알리고 갈 의무가 있다고 생각하니까 난 수단이야. 개인적으로는 돈벌이 수단이고, 공적으로는 사회 인식개선의 수단이고.(연구 참여자 1)

'할 수 있다'는 메시지를 전하는 게 내가 할 수 있는 일이 아닌가 싶어요.(연구 참여자 7)

댄스스포츠로써는 최고의 위치에 있고, 무용 같은 경우도 아시아 쪽에서는 저희 같은 팀이 없어요. 단순히 좋아해서 예술가로 살고자 하면 문제는 없습니다. 하지만 사회에 보여 주고 직업으로서 살아가고자 한다면 남들과 달라야 한다는 거죠.(연구 참여자 11)

장애예술인은 운명처럼 예술과 만나 창작 활동에 몰두하는데 장애의 영향을 받으면서 장애 때문에 생기는 문제점을 스스로 해결한다. 예술은 고통스러운 작업이기에 많은 어려움에 직면하는데 이 과정에서 장애예술인이 경험하는 창작 활동의 어려움이 확연하게 드러나 장애예술인을 위한 사회복지적 함의가 도출된다. 연구 참여자들이 이와 같은 고통을 감내하는 것은 예술인으로서 산다는 것이 즐겁고 행복하기 때문인데 이것으로 장애예술인으로서의 삶의 경험은 고통스러우면서도 행복한 것임을 알 수 있다.

Hevey(1992)는 장애인예술은 비극적 장애인 문화에서 벗어나는 첫 번째 신호라고 했는데(Swain and French, 2008) 이것은 장애인예술이 장애인복지 더 나가 우리 사회 고질적 병폐인 약자에 대한 사회적 차별을 해소하는데 큰 역할을 할 수 있다는 것을 시사한다. 장애예술인의 창작 활동을 지지하며 지원해야 하는 이유는 소수집단에 불과한 장애예술인의 복지를 위해서가 아니라 장애인의 비극적인 정체성을 긍정적 정체성으로 바꾸어 장애의 새로운 개념을 형성하고, 창조적 장애인복지라는 신개념의 사회복지 모형을 개발할 수 있는 동력이 되기 때문이다. 따라서 장애인예술의 가치에 대한 재평가가 이루어져야 한다.

## 2. 장애예술인의 창작 활동 특징

연구를 통해 도출된 연구 참여자들의 창작 경험을 전체적인 맥락에서 살펴보면 장애예술인의 삶의 경험은 4개의 구성요소로 구성되었는데 그것은 예술인으로 성장하는 단계로 전개된다.

연구 참여자들의 창작 활동 경험인 장애예술인 성장 과정 단계를 그림으로 표현하면 〈그림3〉과 같다.

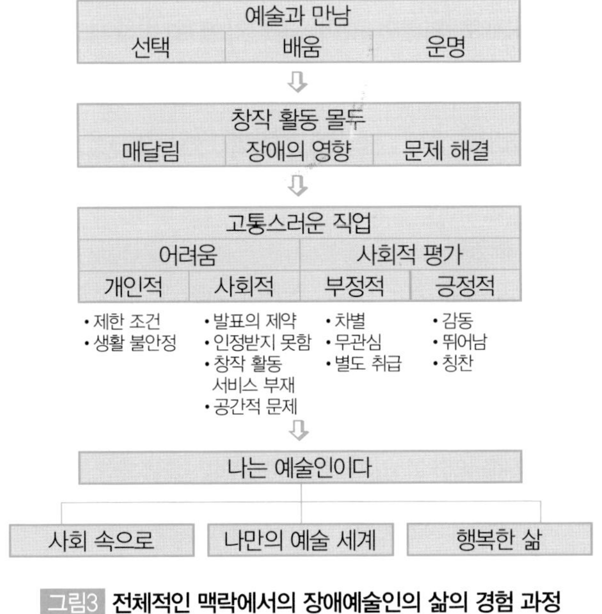


그림3 전체적인 맥락에서의 장애예술인의 삶의 경험 과정

연구 참여자들은 장애 발생 시기에 따라 예술을 선택하게 되는 계기에 차이가

있는데 어렸을 때 장애를 갖게 된 경우는 예술에 대한 재능을 발견하고 관련 분야에 대한 공부를 하며 예술인으로서 단계적으로 성장하는 반면 사고로 중도에 장애를 갖게 된 경우는 예술이 아니면 다른 선택이 없는 절박한 상황에서 자신의 장애를 수용하고 자신의 존재감을 드러내기 위해 창작 활동을 시작한다. 따라서 예술은 중도장애인의 재활의 도구로 사용되었다.

창작 활동에 몰두하는 과정에 나타난 두드러진 특징은 예술이야말로 장애가 직, 간접적으로 많은 영향을 미치며 그 영향을 긍정적인 결과로 이끌기 위해 노력하며 자신들만의 방법을 찾아 스스로 문제를 해결하였다는 것이다. 창작 활동에 몰입하여 예술의 길을 걷게 되면서 예술이 고통스러운 작업이라는 사실을 절감하게 되는데 고통이 되는 요인은 개인적, 사회적으로 발생하는 어려움과 낮은 사회적 평가 때문이다. 이런 고통 속에서도 연구 참여자들은 예술인으로서 사회 속으로 들어가 자신의 존재를 알리고 자신만의 예술 세계를 구축한다.

예를 들어 음악을 하는 시각장애인 연구 참여자는 시각장애로 악보를 볼 수 없기 때문에 악보를 모두 외웠던 것이 그 음악을 완벽하게 자기 것으로 만들어 원숙한 연주 실력을 갖게 하였고, 미술을 하는 연구 참여자는 두 팔이 없지만 의수에 붓을 끼우고 작업을 하기 때문에 세밀한 작업보다는 순간의 특징을 강렬하게 표현하는 크로키를 연필이 아닌 동양화 붓으로 그려서 수묵크로키라는 새로운 분야를 개발하였다.

연구 참여자들은 이런 과정을 거쳐 자신이 예술인이라는 정체성을 확립하고 장애인계에서 또는 예술계에서 커뮤니티 활동을 하며 직업 예술인으로서 주류사회에 편입하는 것을 목표로 꾸준히 노력하면서 예술인이라는 자부심과 사명감으로 행복한 삶을 추구하고 있다.

제5장

# 한국 장애예술인

예술의 주체는 예술인이듯이 장애인예술의 주체도 장애예술인이다. 따라서 장애인예술을 이해하기 위해서는 장애예술인에 대한 이해가 필요한데 우리나라 장애인예술은 2000년대 초 장애인의 문화 향유권과 함께 논의를 시작하여 장애인 문화예술이란 포괄적인 카테고리 안에서 장애예술인의 창작권보다는 장애인의 예술 활동 정도로 받아들여 장애예술인에 대한 조명이 제대로 이루어지지 못하였다.

자료는 충분치 않지만 장애예술인의 창작 활동이 시대에 따라 어떤 특징을 갖고 있었는지를 살펴보고자 한다.

## 1. 조선 시대 장애예술인

「한국장애인사」(정창권 외, 2014)에 조선 시대에 활동하였던 66명의 장애 위인들을 발굴하여 소개하고 있는데 66명을 직업별로 구분해 보면 예술가가 38%를 차지해 가장 많았다. 조선 시대 장애인이 예술적 감각이 더 뛰어나기 때문은 아닐 것이다. 다만 장애 때문에 과거시험을 치르고 벼슬을 하는 제도권 내 진입이 어렵다 보니 혼자서 할 수 있는 예술을 선택하였던 것이 아닌가 싶다.

조선 시대 장애예술인 가운데 예술 분야에서 남다른 족적을 남긴 15명을 소개하면 다음과 같다.

### 시인 점복가 유운태

유운태(劉雲台)는 조선 후기를 살았던 인물로 황해도 봉산(鳳山)에서 활동했다. 여섯 살 무렵 유운태는 「사기(史記)」를 읽었고 고체시를 지어 자신의 생각을 문학으로 표현하는 재능을 보였다. 유운태가 일곱 살이던 무렵에 실명을 하게 되는데 정확한 원인은 알 수 없다. 시각장애인이 된 후에도 유운태의 배움은 멈추지 않았다. 오히려 학문의 깊이와 열정은 깊어져 열세 살에는 경서를 외웠다. 유운태는 「주역(周易)」을 읽던 가운데 깨달음을 얻는데, 이에 따라 과거와 미래를 살피는 점서학(占筮學)에 대한 관심으로 이어졌고 점복가가 되어 점법(占法)을 행하게 되었다. 복서(卜筮)에 대통하게 된 유운태의 점은 백 번에 한 번도 실수가 없었다고 한다.

### 거침없는 삶을 산 강취주

강취주(姜就周)는 숙종 대부터 영조 대에 활동한 시인이다. 그는 다리 하나가 부러져 지체장애인이 된 후 작대기를 짚고 껑충껑충 뛰어다니며 사람들과 만나는 것을 즐겼다. 강취주는 시를 통해 사람들과 마음을 열고 교유하며 삶을 당당히 즐겼다. 시를 즐겼던 강취주는 실력이 뛰어나 그를 따르고 아끼는 사람들이 많았다.

### 시에서 광채가 난 중복장애인 지여교

지여교(池汝矯)의 이름은 약룡(躍龍)으로, 조선 후기 무릉지방에 살았던 인물로 두 다리가 성치 않고 한쪽 눈마저 실명한 중복장애인이었다. 김려는 지여교의 문학적 재능을 일컬어 '붓을 잡아 써 가는 시에 광채가 솟구쳤다.' 라고 하였다. 김려는 빛을 발하는 지여교의 작품을 보며 그의 재능에 탄복했다. 두 문인은 작품을 통해 인간적 교감과 문학적 공유를 나누었을 것이다.

### 천민 출신의 중복장애시인 이단전

이단전은 영·정조 대에 살았던 천민 출신의 시인이자 서예가로 한쪽 눈을 볼 수 없었던 시각장애에다 말이 어눌해서 발음까지 부정확한 언어장애를 가진 사람이었다. 게다가 체구는 몹시 왜소한데다 얼굴에는 곰보 자국이 심해서 용모도 볼품없었다고 한다. 신분제 사회에서 천민 출신이었지만 시에 재능을 보이고 글씨도 잘 써서 당대에 유명했는데, 그로 인해 사대부와도 교류하며 살다간 독특한 인물이다.

주인인 유언호는 자기 집 노비인 이단전이 공부에 소질을 보였던 것을 기특하게 여겼던 듯하다. 그래서 이단전이 하고 싶은 공부를 할 수 있도록 배려해 주었다. 그랬더니 이단전은 문자를 익히고 시를 쓰는 예술적 재능이 크게 발전하게 된 것이다. 이단전과 이야기를 나누면서 처음에는 엉뚱하고 황당하기도 했지만, 이단전의 시를 읽고 나면 새로운 면을 발견하게 된다고 평하였다.

### 시각장애 천재 화가 최북

최북(崔北)은 영조 · 정조 시대를 살았던 인물로 조선 후기 직업 화가였다. 중인(中人) 출신이었으며 체구가 작고 한쪽 눈을 실명한 상태였다. 그래서 사람들은 그를 애꾸눈 화가라 불렀다. 최북은 예절이나 관습에 구속되는 인물이 아니었다. 자유스럽다 못해 오만하기까지 한 그의 행동은 기행에 가깝다는 평을 받았다.

빼어난 그림 실력을 지닌 최북은 젊은 시절부터 금강산 · 영동의 명승지를 유람하며 수준 높은 작품을 남겼다. 그림에 생명력을 불어넣었던 까닭에 생동감이 넘쳐 보는 이로 하여금 그림 속에 빠져들게 하였다. 최북은 강한 개성을 지닌 작품으로 당대를 사로잡았다.

### 조선 최고의 묵죽화가 이정

이정(李霆)은 조선 중기 왕실 종친으로 오른팔에 부상을 입었으나 이를 극복하고 대나무 그림에 새로운 경지를 개척한 묵죽화의 대가이다. 시 · 서 · 화에 뛰어나 삼절(三絶)로 명성이 높았으며, 묵죽화뿐 아니라 묵란 · 묵매에도 조예가 깊었다고 한다. 붓으로 그림을 그려야 하는 화가에게 손놀림이 자유롭지 못하면 화가로서의 생명이 다한 것이라 할 수 있다. 그러나 다행히 절단된 팔이 이어졌고, 그림 실력도 이전보다 더욱 뛰어났다고 했다.

### 조선의 명필 조광진

조광진(曺匡振)은 조선 후기 서예가이다. 평양에 살았으며, 호가 눌인(訥人)인데 눌인(訥人)은 말을 더듬는다 하여 얻게 된 호로 조광진은 언어장애를 가지고 있었다. 언어장애인이었던 조광진은 「조눌인법첩(曺訥人法帖)」, 「눌인서첩(訥人書帖)」이라는 작품을 남겼다.

조광진은 큰 새끼줄로 붓을 어깨 위에 동여매고 큰 걸음으로 걸어다니며 힘 있게 그리고 섬세하게 글씨를 썼다. 그의 열정은 글자의 신비한 조화를 이루어냈고 사람들은 이에 탄복했다. 집안이 가난하여 사방을 유학하며 서체를 배웠던 조광진의 열정과 노력이 이루어 낸 결과였다. 그는 당대 명필가로부터 찬사를 받고 조선 사람들과 청나라 사람에게까지 실력을 인정받고 아낌을 받았다.

### 뛰어난 음악 실력을 뽐낸 세 명의 관현맹인 이반, 정범, 김복산

이반은 세종 대 사람으로 현금을 잘 탔다고 알려져 있다. 그는 세종에게 그 실력을 인정받아 궁중에 출입하면서 자신의 재능을 마음껏 뽐냈다. 정범은 세종부터 성종 대 활동했던 가야금 명인으로 많은 사람들에게 자신의 실력을 인정받았다. 그래서 세종 29년(1447)에 관습도감에서 관현맹인을 없앴을 때에도 정범만은 예외로 하였다. 또한 그의 가야금 소리는 아름답고 정묘한 것이 특징이었다.

김복산도 정범과 같은 시대를 살았던 관현맹인으로 그 또한 세종 29년 관현맹인 제도가 폐지되었을 때 계속 자신의 지위를 유지할 수 있었다. 김복산은 가야금에 능했으며 성종 대에도 세종 대와 마찬가지로 장악원에 소속된 악공이었다. 그는 훗날 왕으로부터 관직까지 제수받는 등 깊은 총애를 받았다. 그의 가야금 소리는 부드러우면서도 좀 질박한 편이었다고 전해진다.

### 오묘한 거문고 소리를 연주한 시각장애 음악가 이마지

조선 성종 대 관현맹인이었던 이마지(李亇知)는 거문고 명인으로 장악원(掌樂院) 전악(典樂)을 두 차례나 역임했던 인물이다. 전악은 조선 시대 장악원에서 음악에 관한 일을 맡아보던 정6품 잡직에 해당하는 직책으로 장악원에 우두머리를 일컫는 말이었다. 이마지가 전악의 자리에 있었다는 사실로 그의 거문고 연주가 얼마나 뛰어났는지 짐작할 수 있다.

이마지는 자신만의 특별한 거문고 연주법을 터득하여 이를 많은 사람들에게 알려 주었던 듯하다. 이로 인해 많은 사람들이 손쉽게 거문고를 연주할 수 있게 되었고, 사람들은 이마지를 더 오랫동안 기억할 수 있었다.

### 한쪽 눈의 여류 예술가 백옥

백옥(白玉)은 조선 전기의 기녀로 그녀의 생몰 연대에 대한 기록은 그 어디에도 남아 있지 않다. 그녀는 노래와 춤은 물론이거니와 모든 악기에 능통한 재주 많은 예인이었다. 그러나 백옥은 한쪽 눈이 보이지 않는 시각장애인이었다. 더군다나 백옥의 장애는 그녀의 재주를 부러워하는 다른 기녀들에게 항상 놀림감이 되었고, 백옥은 이로 인해 매우 괴로워하였지만 그녀의 노래와 춤 그리고 악기 연주로 사대부들의 사랑을 받았다.

### 아쟁의 거벽이 된 시각장애 음악가 김운란

김운란(金雲鸞 혹은 金雲蘭)은 조선 선조 대 시각장애인으로 아쟁 연주의 대가로 손꼽혔던 인물이다. 그는 사대부가의 아들로 태어나 진사시에 합격한 후 눈병을 앓아 두 눈을 모두 보지 못하게 되었다. 그는 시각장애 때문에 대과를 치를 수 없었다. 더군다나 사람들과의 왕래까지 끊어져 김운란의 삶은 점점 피폐해져만 갔다.

그러던 중 김운란은 아쟁의 매력에 푹 빠지게 되었다. 서글픈 곡조를 뿜어내는 아쟁은 마치 김운란의 성치 않은 몸과 마음을 대변해 주는 것 같았다. 그는 밤낮없이 아쟁 연주에 몰두하게 되었고, 곧 그의 아쟁 실력은 일취월장하게 되었다.

### 오묘한 비파 소리를 낸 시각장애 음악가 백성휘

백성휘(白成輝)는 조선 영조 대 평양에서 살았는데 병에 걸려 두 눈의 시력을 잃었다. 그는 결혼하지 않고, 비파 연주와 노래로 근근이 먹고 살았는데 '무리 가운데 뛰어났네.' 라는 구절로 그가 비슷한 처지에 있는 사람들과 함께 생활했음을 짐작할 수 있다. 그의 비파 연주 소리는 사람의 마음을 뒤흔들어 명인으로 추앙을 받았다.

### 가야금의 대가 시각장애 음악가 윤동형

현재까지 발견된 가야금 악보 중 가장 오래된 악보는 조선 시대 제작된 것으로 알려진 「졸장만록」이다. 이 책의 저자는 알려지지 않았지만 「졸장만록」에서 지은이는 자신을 일컬어 졸옹이라 언급하고 있다. 그런데 졸옹이 모아 편찬한 가야금 악보 중 「가야금수법록」을 살펴보면 윤동형이라는 인물을 찾아볼 수 있다. 그는 조선 후기 시각장애인으로서 가야금 연주에 대가라 알려져 있는 인물이기도 하다.

윤동형은 서울에서 태어나 홍양(현재의 전라남도 고흥)에서 살았다고 전해지는데 그가 켜는 가야금이 얼마나 절묘했는지 많은 사람들이 그의 이름을 알고 있었다고 한다. 이에 「졸장만록」의 저자 졸옹은 윤동형을 만나 그에게 가야금 연주법을 배운 뒤 자신의 책에 그에 대한 이야기를 수록하게 되었다.

## 2. 근·현대 장애예술인

조선 시대에도 장애예술인이 활동을 하고 있었는데 근대와 현대에 장애예술인이 없었을 리가 없지만 장애인에 대한 관심이 없었던 시기라서 장애예술인의 활동이 드러나지 않아 장애예술인을 찾기가 쉽지 않다. 우리나라 최초이자 유일한 장애인 문예지 『솟대문학』에서 발굴한 장애예술인 가운데 고인이 된 근·현대 장애예술인 7명을 정리해 본다.

### 미술 교과서를 만든 화가 구본웅

서해(西海) 구본웅(具本雄)은 1906년 음력 3월 7일 출생으로 순 서울토박이다. 구본웅은 유년 시절 우연한 사고로 인하여 가슴을 다쳐 척추장애를 갖게 되었다. 그의 부친은 상당한 재산가였고, 구본웅은 그 신흥부자의 외아들이었다.

구본웅은 경신학교와 일본의 단천미술학교, 태평양미술학교, 동경미술학교 등에서 수학했다. 그는 경신학교 졸업 후에 조각작품 〈자화상〉으로 선전 특선을 차지했다. 동경에서 미술을 공부하고 돌아왔을 때는 국내 화단에 처음으로 포비즘의 화풍을 가지고 왔었다.[16] 구본웅은 이상의 그림 스승 노릇을 하였고 『시와 소설』, 『청색지』 등을 발간하여 이상 및 그가 속했던 9인회의 입 노릇도 담당하였다.

그는 살롱 문화의 주역으로서 또 잡지 발행인으로서 그의 주업인 미술 활동과 함께 화려하게 전개되었으나 40년대에 들어서면서 일제의 가중한 억압정책에 의해 일단 침묵 속으로 빠진다. 해방 직전까지의 침묵 기간 동안 그가 관심을 가졌던 것은 한국의 고미술품 수집이었다. 침묵 기간 동안 구본웅이 심혈을 기울였던 것은 「조선미술사」의 집필이었다. 고미술품의 수집도 이 「조선미술사」의 집필을 위한 자료 수집의 의미를 가지는 것이었다. 39세의 나이로 해방을 맞은 구본웅은 이 「조선미술사」의 완성을 서두름과 동시에 우리 문화의 재건을 위한 기초 작업으로 미술 교과서 편찬 사업에 착수했다. 당시 문교부 편수관으로 참가하여 최초의 중등미술 교과서를 그의 손으로 만들었다.

그의 이런 의욕적인 움직임에 한국전쟁이 찬물을 끼얹었다. 그는 궁색한 피난살이 중에도 두 차례의 개인전을 가졌던 것은 그의 예술적 집념을 보여 준다.

전쟁이 끝난 후 새로운 출발을 기도했지만 피난살이에 건강을 해쳐 1953년 2월 47세를 일기로 타계하고 말았다(『숫대문학』 통권 1호, 1991).

### 동시로 조국을 노래한 서덕출

한용희 님의 「한국동요음악사」에 보면 '1920년대 동요의 개척기를 통해서 새로운 감각의 동요 가사를 지은 방정환, 유지영, 한정동, 윤석중, 이원수, 서덕출, 최순애 그 밖에 여러 분의 좋은 가사가 좋은 동요를 낳게 했고' 라는 기록이 나

16) 포비즘이란 20세기 초 프랑스에서 일어난 혁신적인 회화운동으로 이론적 운동이라기보다는 서로 다른 경향을 지닌 화가들의 자연발생적, 일시적 결합을 뜻함.

오는데 그 안에 서덕출이 포함되어 있는 것으로 그가 우리나라 동요계에 큰 자국을 남긴 인물임을 알 수 있다.

서덕출은 1906년 11월 24일 경상남도 울산읍 교동에서 유복한 가정의 장남으로 태어났는데 여섯 살 때 마루에서 굴러떨어지는 바람에 가슴과 등이 튀어나오고, 왼쪽다리를 절며 키가 작은 척추장애를 갖게 되었다. 그는 학교에도 가지 못하고 어머니에게 한글을 깨쳤는데 『어린이』 잡지를 벗삼아 놀다가 동시를 지어 보냈는데 〈봄 편지〉가 바로 그 『어린이』에 실린 동시이다(1925). 그의 데뷰작 〈봄 편지〉는 예술성을 가진 참신한 작품으로 동시문학의 자극제가 되었다는 평을 받았다. 또 민족해방의 혼이 담겨 있다는 극찬을 받았다.

서덕출은 그것으로 동시작가의 길을 걷게 되었다. 서덕출은 1934년 가을에 결혼하여 남매를 두었는데 몸이 약한데다 신경통까지 생겨 한 해 동안 누워 생활하다가 1940년 35세를 일기로 짧은 생애를 마쳤다. 그의 작품집은 유고집으로 그의 대표작 동시 이름을 딴 「봄 편지」가 있는데 1952년 자유문화사에서 발행했다. 그의 고향인 울산에 세운 서덕출 노래비만 남아 있어 그의 존재를 확인시켜주고 있을 뿐이었다(『숫대문학』 통권 13호 1994).

봄 편지 / 서덕출

연못가에 새로 핀
버들 잎을 따서요
우표 한 장 붙여서
강남으로 보내면
작년에 간 제비가
푸른 편지 보고요
대한 봄이 그리워
다시 찾아옵니다.

### 침묵 속의 횃불, 화가 김기창

운보 김기창은 1913년 서울에서 태어났다. 7세 때 장티푸스로 청각을 잃고, 17세에 승동보통학교를 졸업하였다. 이당화숙(以堂畵塾)에서 김은호(金殷鎬)에게 그림을 배워 6개월 만에 〈판상도무(板上跳舞)-널뛰기〉(1931)로 제10회 조선미술전람회에 처음 입선한 후, 연 5회의 입선과 연 4회 특선을 기록했다.

1946년에 우향 박래현과 결혼하였고, 1956년 국전 초대작가 · 심사위원 · 수도여자사범대학과 홍익대학교 교수를 지냈으며, 백양회(白陽會)의 중심인물로 활약하며 수많은 국내외 전시회를 가졌다. 김기창의 작품은 산수 · 인물 · 화조 · 영모(翎毛) · 풍속 등에 능하며, 형태의 대담한 생략과 왜곡으로 추상과 구상의 모든 영역을 망라하고, 활달하고 힘찬 붓놀림, 호탕하고 동적인 화풍으로 한국화의 새로운 경지를 개척하였다는 평가를 받는다. 1만 원권 지폐에 세종대왕 얼굴을 그렸으며, 5·16민족상(1986) · 서울시문화상(1986) · 색동회상(1987)을 받았다.

운보 김기창 화백은 청각장애인화가를 양성하고 청각장애인복지 발전을 위해서도 많은 역할을 하다가 2001년 노환으로 세상을 떠났다. 평소 친분이 있었던 원로 시인 구상이 운보의 죽음을 애도하며 영전에 조시를 바쳤다.

> 하늘의 섭리런가 청각을 잃으시고
> 한평생 그림으로 만물의 진수(眞髓) 그려
> 이 나라 고유 미술의 금자탑을 이뤘네

명동성당에서 있었던 영결식에서 김수한 추기경은 운보 화백은 20세기 한국을 빛낸 가장 훌륭한 화가였을 뿐 아니라 사회를 밝혀 주던 큰 횃불이었다고 회고했다.

## 영원히 노래하는 구슬비 작가 권오순

송알송알 싸리잎에 은구슬
조롱조롱 거미줄에 옥구슬
대롱대롱 풀잎마다 총총총
방긋웃는 꽃잎마다 솔솔솔

권오순은 1918년 황해도 해 주에서 교육자 부모님의 다섯째 딸로 태어났다. 세 살 때 소아마비에 걸려 다리를 절게 된 그녀는 동네 아이들의 놀림이 싫어, 집마당의 나무, 돌, 풀, 꽃, 구름, 바람, 새, 빗방울, 흙 등 자연과 시간을 보냈다. 그 당시 유일한 어린이 잡지였던 『어린이』가 가장 소중한 벗이었다.

내성적인 성격인 그녀는 누구에게 물어보지도 못하고 글 짓는 법을 가르쳐 주는 이도 없었지만 혼자서 글을 썼다. 그리고 자신이 쓴 동시가 제대로 쓰여진 것인지 알고 싶어 투고한 것이 1933년 여름 『어린이』에 실린 〈하늘과 바다〉이다. 그때가 그녀의 나이 14세 때였다. 〈구슬비〉가 발표된 것은 그녀의 나이 18세 때인 1937년 『가톨릭 소년』이란 어린이 잡지였다.

아버지가 돌아가신 후 권오순은 창작 활동을 하고 싶어 그토록 사랑하던 어머니와 동생들을 뒤로하고 1948년 29세의 처녀가 단신으로 3·8선을 넘어 서울로 왔는데 남북 분단으로 그것이 가족들과의 영원한 이별이 되고 말았다. 1948년 국민학교 3학년 국어 교과서에 〈구슬비〉가 실렸고, 이 동시에 작곡자 안병원의 곡이 붙여져 예쁜 노래로 역시 3학년 음악 교과서에 실렸다. 〈구슬비〉는 지금까지도 애창되고 있다.

그녀는 고아원 성모원에서 7년간 봉사 활동을 하였고 어릴 때 어머니 옆에서 배운 바느질 솜씨로 생활비를 벌며 작품 활동을 계속했다. 권오순은 1976년 새싹문학상을 수상해 문단의 인정을 받았다. 권오순은 아동작가로서 명성이 높았지만 충북 제원군에 있는 한 천주교회의 터에 오두막집을 지어 그곳에서 여생을 보냈다. 몸이 극도로 쇠약해진 권오순은 1991년 수녀원에서 운영하는 무료

양로원으로 들어가 1995년 7월 11일 세상을 떠나기 전까지 외부와 연락을 끊고 은둔생활을 했다.

권오순이 남긴 작품으로 「구슬비」, 「새벽숲 멧새소리」, 「꽃숲 속의 오두막집」, 「무지개 꿈밭」 등의 동시집이 있다(『솟대문학』 통권 21호, 1996).

### 한국의 로트렉 손상기

1949년 전남 여수에서 태어난 손상기는 고등학교 시절부터 전업작가로 활동하면서 수없이 많은 대회에서 입상하며 1981년 동덕미술관에서 첫 개인전을 가졌다.

손상기는 세 살 때 앓은 구루병으로 척추장애를 갖게 됐다. 그는 가난과 외로움을 그림과 글로 승화시킨 작가이다. 미술뿐 아니라 역사, 철학, 문학 등 다양한 분야에 뛰어났던 손상기는 죽기살기로 그림에 매달렸다.

그의 대표작은 1980년부터 그리기 시작한 〈공작도시〉 시리즈이다. 〈공작도시〉는 급속한 산업화로 인해 도시의 변화돼 가는 모습이 사회적 약자인 장애인, 노인, 아이들에게 어떻게 비춰지는지를 소박하지만 강한 필치로 표현한 작품이다.

손상기의 작품은 스케치와 글을 바탕으로 이뤄진다. 그는 "나는 언제나 글을 쓰고 난 후에 그림을 그린다. 내가 느낀 감정을 정직하고 설득력 있게 기록해 이미지의 집적을 꾀한다고나 할까. 그래서 나의 이 집약은 회화와 문학의 접근을 의미한다고 말하고 싶다." 고 했다.

1988년 심부전증으로 세상을 떠나기까지 건강 문제로 힘든 시간을 보냈지만 그림에 대한 열정은 남달랐다. 그는 자신의 장애를 작품과 지나치게 연결시키는 것을 경계했다. 최근 들어 그의 예술 세계가 활발히 재조명되고 있다.

### 국내 구필화가 1호 김준호

김준호 화백은 1954년 서울에서 태어나 인하대학교 공과대학 건축과 2학년 때 군에 입대하였다. 군복무 19개월이 되던 10월 어느 날 부대에서 관물대 위에 올라가 물건을 정리하다가 실수로 땅바닥에 떨어지는 사고로 경추신경이 손상되어 전신마비장애를 갖게 되었다. 보훈병원 입원 중에 그 병원에 간호사 실습을 나온 사회 초년생과 사랑을 하게 되어 결혼을 하였고 부인의 내조로 엎드려 누운 자세로 입에 붓을 물고 그림을 그리는 구필화가가 되었다. 화가 수업은 소현(素玄) 선생에게서 사사를 받아 동양화의 탄탄한 실력을 쌓았다. 1981년 세종문화회관에서 열린 그의 첫 전시회 '김준호 구필 작품전' 에는 남덕우 국무총리를 비롯해서 많은 사람들이 그의 그림을 보러 몰려들었고 세밀한 필치의 동양화가 충격적인 감동을 안겨 주어 그는 일약 유명 인사가 되었다. 국내는 물론 미국과 일본을 비롯한 해외 전시에서 큰 호평을 받았다.

김준호는 우리나라 구필화가 1호로 1991년에 정식으로 세계구족화가협회 한국지부를 설립하여 우리나라에 구족화가를 만드는데 결정적인 역할을 하였다. 세계구족화가협회는 손을 사용하지 못하는 장애인이 입이나 발을 사용하여 그림을 그리는 화가들의 국제적인 모임인데 이 협회는 1956년 독일의 구필화가 에릭 스테그만에 의해 창설되어 현재 세계 70여 개국에 1천여 명의 회원들이 활동하고 있다.

김준호는 유머가 있어 주위 사람들을 즐겁게 해 주었지만 본인은 욕창을 비롯한 합병증으로 고통스러운 삶을 살다가 2002년에 세상을 떠났다. 김준호는 세계구족화가협회 정회원이고 「그대에게 비춰 주는 횃불」이란 자서전을 출간하였다.

### 자연을 닮은 시인 서정슬

서정슬은 1946년 교직자 집안의 맏딸로 태어나 유복한 환경에서 성장할 수 있었으나 중증 뇌성마비로 인해 휠체어를 사용하는 것은 물론이고 언어장애도 심해 사회 활동을 하는데 제약이 많다. 서정슬은 학교교육을 전혀 받지 못했지만 어머니께서 동생들 숙제를 설명해 주시는 것을 들으며 한글을 익혀 글을 쓰기 시작했다.

동생들이 학교에 가고 나면 동생들이 보는 어린이 잡지를 읽었는데 서정슬은 동시를 읽을 때가 가장 행복했다. 자신도 동시를 지어 보곤 하다가 어느 날 자신이 학교와 학년을 쓰지 못하는 이유를 밝히며 투고를 한 동시가 1962년 『새벗』 10월호에 실려 실력을 인정받았다.

아동문학계의 쟁쟁한 윤석중, 어효선, 박홍근, 한정동, 장수철 선생님이 한 번도 만난 적이 없는 그녀의 작품을 60년대 어느 지면에선가 가끔씩 칭찬해 주었다. 이런 칭찬에 용기를 얻은 그녀는 글쓰기에 온 힘을 쏟았고 이렇게 해서 한 편, 한 편 모아진 시들이 시 노트로 한 권, 두 권 쌓여졌다.

서정슬의 시노트를 그녀가 활동하던 가톨릭 공동체의 수녀님이 홍윤숙 시인에게 보여 드린 것이 계기가 되어 1980년 「어느 불행한 탄생의 노래」라는 시집이 세상에 나오게 되었다. 그녀 말에 의하면 34년 만에 받는 축복이었다.

서정슬의 시집을 본 아동문학가 윤석중 선생은 1982년 『새싹문학』 가을호에 동시 40여 편을 실었다. 그것이 계기가 되어 제10회 새싹문학상이 그녀에게로 돌아갔다. 그녀는 당당히 아동문학가 명단에 이름을 올렸고, 꾸준히 작품 활동을 계속하여 7권의 시집을 발간하며 아동문학가로 자리를 굳혔다. 서정슬 동시는 초등학교 2학년 국어 교과서에 동시 〈눈 온 날〉, 초등학교 5학년 음악 교과서에 곡이 붙여진 동시 〈오월에〉, 초등학교 6학년 국어 교과서에 동시 〈장마 뒤〉, 중학교 2학년 음악 교과서에 곡이 붙여진 동시 〈가을 편지〉가 수록될 정도로 서정슬은 사회적으로 인정받은 작가이다.

2000년대에 들어서는 건강이 나빠져 작품 활동이 뜸해졌다. 그녀는 연필조차 손에 쥘 수가 없었는데 설상가상으로 든든한 버팀목이었던 어머니가 세상을 떠나 심신이 지칠대로 지친 그녀는 그 무렵 완전히 창작 활동을 멈추게 되었다.

현재 서정슬은 경기도 광주에 있는 요양원에서 세상과의 이별을 준비하고 있는데 『솟대문학』에서 그녀에게 마지막 선물이 될 그녀의 대표작과 미발표작을 모아 동시집 「나는 빗방울, 너는 꽃씨」(도서출판 솟대, 2013)를 출간하였다. 2년 후인 2015년 서정슬은 조용히 세상을 떠났다.

장마 뒤 / 서정슬(초등학교 6학년 국어 교과서 수록)

엄마가 묵은 빨래
내다 말리듯
하늘이 구름 조각
말리고 있네

오랜만에 나온 햇볕이
너무 반가워

## 3. 최근 장애예술인

우리나라 장애인복지는 국내 최초로 장애인복지법(당시 명칭은 심신장애자복지법)이 1981년 제정 공포되면서 본격적으로 시작되었다. 1981년은 세계장애인의 해여서 장애인 관련 행사가 많았는데 그 당시 행사마다 초대되는 장애예술인은 남성장애인 4명으로 구성된 베데스다 현악4중주단이었다.

베데스다 현악4중주단은 차인홍(바이올린 · 오하이오주 라이트 주립대학 음악과 교수), 이강일(바이올린 · 수원시립교향악단 상임단원), 신종호(비올라·구리시교향악단 음악감독 역임), 이종현(첼로 · 대전시립교향악단)으로 구성되어 있는데 40여 년 전에는 정립회관에서 생활하며 음악 활동을 하는 장애청소년이었다.

이들의 만남은 대전 성세재활학교에서 시작되었다. 특별활동 시간에 자원봉사를 하러온 대학생이 마침 음악을 전공하고 있어서 그들의 손에 악기를 쥐어주었다. 취미로 배운 연주에 흥미를 느껴 그들은 모여서 연습을 하였다. 그들은 음악적 재능이 있어 배우는 속도가 무척 빨랐다. 그들은 학교 행사 때마다 멋진 연주를 선보여 박수 갈채를 받았다.

하지만 그 기쁨도 잠시였다. 성세재활학교는 중학교 과정밖에 없어서 고등학교에 진학할 수 없었다. 차인홍, 이강일, 신종호는 연주를 계속하고 싶어서 1976

년 이종현을 새로운 멤버로 영입하여 베데스다 현악4중주단을 창단하였다. 그들은 하루 10시간 이상 연습하며 전문 음악인이 되기 위해 노력하였다. 그러던 중 서울에서 대전을 잠시 방문한 정립회관 황연대 관장과의 만남으로 그들의 음악 인생에 일대 전환기가 찾아온다. 황 관장은 그들이 음악 활동을 할 수 있도록 서울 정립회관에 그들의 연습실을 마련해 주었다. 베데스다 현악4중주단의 서울 생활은 그들의 음악 인생에 날개를 달아 주었다. 서울에 있는 큰 공연장에서 정기 연주회를 열며 그들의 존재를 세상에 알리게 된 것이다. 베데스다 현악4중주단은 그당시 유일한 장애인 음악단이었기 때문에 사람들의 관심이 컸다. 하지만 사람들의 관심은 그들이 무대에 오를 때 휠체어를 타고 무대 중앙까지 이동해서 의자에 옮겨 앉는 그 모습에 갈채를 보내는 것이지 정통 음악인으로 환호를 보내는 것은 아니었다. 그래서 그들은 미국 유학을 꿈꾸고 있었다. 중학교 졸업이 전부인 그들이 유학의 꿈을 실현시키기 위해서는 고등학교 졸업 학력이 필요했기에 검정고시로 가뿐히 해결하였다. 당시 미 신시내티 음악대학에는 세계적인 명성을 얻고 있던 현악4중주단 라 쌀이 있었다. 베데스다 4중주단은 베를린 필하모니 레몬 슈피터 악장의 마스터 클래스에 참가한 것을 계기로 라 쌀과의 인연이 있어 슈피터 악장의 추천서를 받아들고 연주 테이프를 만들어 신시내티 음악대학에 지원해 장학금까지 받으며 꿈에 그리던 신시내티 음악대학에 입학을 하게 되었다. 미국 입성에는 성공했지만 연고도 없는 미국에서 장애를 갖고 그것도 돈 한푼 없이 산다는 것은 무기 없이 전쟁터에 나가는 것과 같았다. 그러나 뜻이 있는 곳에 길이 있다고 그들을 지도해 준 스승의 소개로 아산재단의 지원을 받아(1982년도부터 1988년까지 학업에 필요한 생활비 일체) 무사히 학업을 마칠 수 있었는데 현재는 현악4중주단 활동은 하지 않지만 각자 전문음악인으로 성공적인 삶을 살고 있다.

### 1) 대중적 관심을 모은 장애예술인

그 후에도 많은 장애예술인들이 활동을 하고 있지만 예술인으로 인정을 받으며 대중적인 관심을 모은 장애예술인 10명의 삶을 살펴본다.

### 어린이들의 대통령, 베스트셀러 작가 고정욱(『E美지』 3호)

#### 멀기만한 취업

고정욱은 1960년생으로 소아마비로 인해 지체1급장애를 갖게 되었지만 교육열이 강한 부모 덕분에 초등학교부터 대학원까지 정규교육을 받을 수 있었다. 500m나 되는 거리를 엄마 등에 업혀 등하교를 하면서 초, 중, 고 12년 동안 개근을 할 정도로 모범적인 학창 시절을 보냈다.

의사가 되기 위해 의대에 입학하려고 하였으나 장애 때문에 입학 거부를 당해 국어국문학과로 진로를 바꾸었다. 이과적 사고방식을 가지고 이과 과목을 공부했는데 갑자기 문과 공부를 하는 것이 힘들었지만 곧 적응하였다. 어려서 책을 많이 읽은 것이 도움이 되는 것을 느끼며 그 길이 자신의 운명일 수 있다는 확신이 서서히 들었다. 그래서 성균관대학교 국어국문학과에서 학사, 석사 그리고 박사까지 정말 열심히 공부하였다. 박사 학위를 취득한 후 그는 교수가 되기 위해 대학에 문을 두드렸다. 그러나 장애가 여전히 그의 발목을 잡았다. 서류심사에서 1순위여도 마지막 이사장 면접에서 떨어지길 여러 번. 대학 시간강사 자리는 주면서 전임 교수 임용은 허락하지 않았다. '장애인을 자신이 떨어뜨리지 않게 밑에서 알아서 서류심사를 통해 떨어뜨리지 않았다고 한소리 들었다.' 는 얘기를 듣고 절망하였다.

아침 일찍 일터로 출근해서 열심히 일하고, 퇴근해서는 가족과 함께 소박한 밥상을 마주하는 것이 평범한 가족의 일상이다. 그리고 꼭 지켜 내야 할 삶의 기본이다.

그러나 장애인에게는 이런 소박한 일상이 사치인 사회에 절망하였다. 장애인은 단순노동에는 취업이 되는데 정신노동의 고학력 장애인에게 열린 직장은 없었다.

특히 그가 가고 싶은 대학은 가장 보수적인 곳이며, 가장 장애에 대한 차별과 편견이 심한 곳이기도 했다. 응모 횟수가 늘면 늘수록 그와 가족이 받는 상처는 커 가기만 했다.

**구원의 문학**

큰 좌절감에 빠져 있을 때 그를 구원해 준 것은 문학이었다. 1992년 문화일보 신춘문예에 실험소설 〈선험〉이 당선되어 문단에 데뷔한 후 「원균 그리고 원균」 등의 역사소설을 썼다. 고정욱은 작가가 장애인이라는 것 때문에 독자들이 작품에 대한 선입견을 갖지 않도록 작가 소개에 장애인이라는 사실을 밝히지 않았고, 기자와 인터뷰를 할 때도 작품만 얘기하고 작가의 장애에 대해서는 언급하지 않았으면 좋겠다고 말할 정도로 상처가 컸다.

그러던 그가 장애를 소재를 동화를 쓰게 된 데에는 가슴 아픈 사연이 있다. 고정욱은 대학 시절 친구의 소개로 만난 여자와 열애 끝에 결혼을 하여 아이들이 셋이나 있다. 하루는 초등학교에 다니던 아들이 친구와 싸웠는데 아들은 힘으로도 말로도 지지 않을 정도로 똑똑하고 강하였지만 친구가 '너희 아빠는 장애인이잖아.' 라는 공격에 고개를 떨구고 집으로 돌아왔다. 사과를 받기는 하였지만 아들은 그 일로 큰 상처를 받았다. 아들의 기를 살려 주기 위해 어린이들을 독자로 하는 동화 작품을 써서 아들 친구들 더 나아가 아이들한테 자신의 존재를 알려야겠다고 생각하고 아이들이 갖고 있는 장애인에 대한 인식을 바꿔주기 위하여 장애를 소재로 한 동화 「아주 특별한 우리 형」을 1999년 발표했는데 그 작품이 화제가 되면서 장애인동화에 대한 관심이 늘어났다. 고정욱은 그 후 「안내견 탄실이」를 비롯해서 장애인 소재 동화를 계속해서 발표했는데 모두 성공하였다. 2003년 「가방 들어 주는 아이」가 MBC-TV 프로그램 〈느낌표〉에서 5월의 선정도서가 되면서 베스트셀러가 되었다. 장애인작가는 경쟁력이 없다는 사회적 통념을 깨고 인기 작가로 당당한 성공을 이끌어 내었다.

출판 계약이 밀려들어 왔고, 인세가 눈덩이처럼 늘어나서 어느덧 고액 소득자가 되었다. 그는 어느덧 다작 작가가 되었다. 현재 280여 권의 책이 출간되어서 평생 500권의 단행본을 발표하겠다는 목표가 가능해 보인다.

무엇보다 '너의 아빠 장애인이지' 에서 '너희 아빠 동화작가지' 로 바뀐 것으로 고정욱의 목표는 달성되었다.

### 인기 강사

이름이 알려지자 그에게 여기저기서 강연 요청이 들어오기 시작했다. 작가를 만나 보고 싶다는 거다. 그렇게 강연에 응하다 보니 강연 열풍의 중심에 서게 되었다. 기업체, 교육지원청, 각급 학교, 사회단체, 도서관 등. 일 년에 강연을 300여 회 하게 되니 이제 직업이 작가에서 강사로 바뀔 지경이다. 하루에 두세 개의 강연을 전국으로 다니니 몸이 두 개라도 모자랄 지경이다. 하지만 자신을 통해 사람들이 장애인에 대한 이야기를 듣고, 자신이 얼마나 행복한지를 깨닫게 하는 것은 보람이 큰 일이다.

강연을 가서 어린이들을 만나면 '장애인 친구를 따돌리고 차별할 꺼예요.' 라고 물어보면 큰소리로 '아니오.' 라고 대답한다. 그 어린이들이 훗날 우리 사회를 이끌게 되면 분명 장애인들을 차별하거나 따돌리지 않는 세상으로 만들 것이다. 초창기에 그의 강의를 들은 어린이들이 성인이 되어 대기업에 취업을 하기도 하였고, 대학교수가 되기도 하여 그에게 연락이 온다.

그래서 장애인에게 더 좋은 세상을 만들기 위한 사업 계획을 그에게 의논하며 그에게 일거리를 주기도 한다. 전국 어디를 가나 그의 독자이나 강연 청자들이 있어서 그에게 커피를 사 주고 식사 대접을 한다. 그가 도움을 요청하면 달려와서 자동차를 태워 주고 업어서 이동시켜 주는 지원자들이 많다.

고정욱을 보면 어린이들은 90도에 깍듯이 인사를 하고 사인을 받으려고 긴 줄을 선다. 사람들은 그를 어린이들의 대통령이라고 한다. 그 어린이들 가운데 대통령이 나오는 날 우리 사회는 장애인을 진정으로 포용하는 멋진 대한민국이 될 것이다.

이야기산업의 성공신화를 쓴 김환철(『E美지』 4호)

### 어떻게 살 것인가

태어날 때부터 보통 아기들보다 많이 커서 장군감이라고 하던 아이가 초등학교 2학년 겨울방학 때 원인 모를 고열에 시달리다가 대구 동산기독병원에서 수술을 받게 되었다. 고열은 가라앉았지만 하반신마비라는 장애를 갖고 퇴원을 했다. 명백한 의료사고였지만 그 당시는 지금과 달라 아무 소리도 못하고 개인의 운명으로 받아들여야만 했다.

김환철은 유복자로 태어났기에 어머니와 단 둘이 살고 있었는데 어머니 직업은 공무원이었다. 당시 여성 공무원은 매우 드문 일이고 지금처럼 공무원 월급이 많지도 않았다. 김환철은 어머니가 출근을 하면 혼자서 시간을 보냈다. 주로 책을 읽었다. 사서 읽는 것이 감당이 되지 않아 어머니께서 거의 매일 도서관에서 책을 빌려다 주셨다. 동화에서 위인전으로, 철학서까지로 다양한 종류의 책을 읽으며 그는 지식을 넓혀 나갔다.

그러다 15세가 되던 어느 날 동네 동생이 중학생이 되어 교복을 입고 온 것을 보고 정신이 번쩍 든 김환철은 검정고시 준비를 하면서 직업이 될 수 있는 일들을 닥치는 대로 배우기 시작했다. 서예를 배우고, 동양화도 배웠다. 서양화도 배우고 조각의 기초도 그때 닦았다. 관상을 전문적으로 배우기도 했다. 그러던 중 나이가 든 어머니는 퇴직을 하고 사업을 하다 장래를 위해 서울로 올라오게 되었다. 김환철의 나이 20세였다.

하지만 낯선 서울 땅에서 모자는 사업 자금을 몽땅 사기당하고 말았다. 모자 앞에 남은 것은 빚뿐이었다. 예술 방면으로 두각을 보였던 김환철은 목판에 글자를 새기는 서각을 배워 공장에 취업을 하였다. 서각 작품을 일본으로 수출하는 공장이어서 물량이 많았다. 얼마 지나지 않아 독립을 하고 직접 일본으로 수출을 시작했다. 그런데 얼마가지 못하고 문을 닫고 말았다. 때마침 터진 육영수 여사 저격 사건의 범인이 재일교포여서 일본 수출이 막혀 버렸던 것이다.

그래서 한 일이 초, 중, 고등학교 아이들을 가르치는 과외였다. 오후 2시에 시작하면 밤 12시가 되어서야 끝이 났다. 처음에는 학력이 보잘것없어 학부형들이 내키지 않아 했지만, 배운 학생들의 성적이 10~20등씩 수직 상승하면서 인기만점의 과외선생이 되었다.

하지만 그것도 전두환 정권의 과외 금지로 더 이상 할 수가 없게 되었다. 살길이 막막했다. 이제 정말 더 이상 할 일이 없었다. 어머니는 쌀을 됫박으로 사 오셨고, 새끼에 꿴 연탄 두 장으로 하루를 살았다. 앞길이 막막한 날이 계속되었다. 그러다 마지막으로 선택한 것이 아는 사람에게 돈을 빌려 시작한 만화가게였다. 3평 남짓한 그 작은 가게에서 김환철은 하루 종일 열심히 일했다. 그러던 어느 날 만화가게로 만화와 무협소설을 배달하던 외무사원이 한 말은 평생의 전기가 되었다.

"무협 쓸 사람이 없을까요? 요즘 중국에서 원고가 잘 안들어와요."

### 드디어 찾은 생명의 길

12세 때 서울 병원에 입원해 있을 때 무협을 처음 접한 후, 끊임없이 무협을 읽었었다. 한자에 흥미가 생긴 김환철은 14세부터 논어 등 사서삼경을 공부할 정도로 관련 지식이 풍부했고, 그냥 아무 생각없이 재미로 썼던 글들 모두가 습작이 되었다. 그 습작 중 하나를 받은 출판사에서 당장 책으로 내자고 했다. 김환철은 당시 신인작가이면서도 기성작가를 능가하는 최고의 고료를 받으면서 무협소설가로 데뷔하게 되었다.

1981년 무협소설 「금검경혼(金劍驚魂)」을 발표한 이후 1983년 당시 금기시되던 황궁을 배경으로 한 「절대지존(絶代至尊)」이 공전의 히트를 기록하였고, 「풍운(風雲)」 시리즈를 발표하면서 무협의 추리화를 선도하는 무협문학 최고의 작가가 되었다.

1987년에는 한국 창작무협사상 최초의 서점용 역사 무협소설 「발해의 혼(渤海의 魂)」을 발표했는데 무협 최고의 판매부수인 누적 28만부를 기록했다. 1996년 경향신문에 〈위대한 후예〉, 1999년 일간스포츠 〈대풍운연의〉 등을 동시에 연재

하면서 무협을 대중화하는데 기여하였다.

### 이야기산업 성공 신화를 쓰다

2002년 무협소설 연재 사이트 GO!武林(무림)을 개설하였으며, 2006년 문피아로 개명하였다. 2012년 말 주식회사 문피아 설립, 2013년 벤처기업인증을 받아 유료화하여 현재 국내 최대의 문학사이트로 자리잡았다. 한편 2006년 한국대중문학작가협회를 창립하여 착실히 키워서 2015년 사단법인 인가를 받아 초대이사장에 오르면서 문단에 새로운 파워를 형성하였다.

웹소설의 유토피아 글세상 문피아(MUNPIA)는 국내 최대 웹소설 플랫폼으로 문피아의 목표는 대한민국 스토리 콘텐츠의 오픈 마켓이 될 수 있도록 선순환 수익 모델로 작가를 보호하고, OSMU(One Souce Multi Uses)를 통한 다양한 콘텐츠 유통망을 확보하는 것이다. 더 넓은 세계로 나아가기 위해 영화, 드라마, 출간, 번역 작업을 국내 유수의 드라마 제작사, 웹툰업체와 함께하며, 아마존을 통한 미주 진출과 중국으로의 수출 등을 이미 시작한 상태다.

그는 서울대 최고경영자과정(AMP)을 2017년 수료하였다. 82기나 되는 회차 가운데 휠체어 장애인은 최초이다. 정규교육은 초등학교 2학년이 전부이고 검정고시를 통해 혼자서 독학 교육을 했는데 2017년 2학기부터 대학 강단에 섰다. 아직도 하루 3~4시간밖에 자지 못하고 일을 하지만 대학 강의를 마다하지 않는 것은 대학은 미래를 준비하는 학생들이 있기 때문이다. 장애를 갖고 아무것도 할 수 없었던 시절의 고통을 딛고 작가로 경영자로 당당히 일어설 수 있었던 그의 철학과 신념 그리고 경험을 학생들에게 가르쳐 주고 싶기 때문이다.

## 수묵크로키로 세계인의 눈을 사로잡은 의수화가 석창우(『E美지』 6호)

### 수묵크로키의 창시자

석창우는 1955년생으로 대학에서 전기공학을 전공하고 탄탄한 기업에서 전기기술자로 근무하며 평범한 삶을 살고 있었다. 1984년 10월 29일 기계 점검 중

기계 고장으로 인해 22,900볼트에 감전되는 사고로 썩어 들어가는 두 팔에 12번의 절단 수술을 받아야 했는데 그 결과 두 팔의 팔꿈치 아래를 잃고 말았다. 두 팔이 잘려나간 그 자리에는 의수가 끼워졌지만 의수로 할 수 있는 일은 거의 없었다.

그때 그의 나이 29세였다. 이미 두 아이의 아빠였다. 큰딸은 안아 주기도 하고 손을 잡고 산책을 하기도 하였었지만 둘째 아들에게는 그렇게 해 줄 수가 없는 것이 안타까웠다. 서울올림픽으로 나라 전체가 축제 분위기인 1988년 어느 날 네 살 아들이 아빠에게 그림을 그려 달라고 하였다.

어린 아들에게 두 팔이 없는 아빠라서 그림을 그려 줄 수 없다고 말하고 싶지 않아서 의수에 검정 사인펜을 끼우고 참새를 그렸는데 꼬박 하루를 걸려 완성한 그림에 아들은 물론 가족들이 새와 똑같다며 칭찬을 아끼지 않았다. 그 일을 계기로 그는 그림을 그리는 화가의 길을 걷게 된다.

당시 전주에 살고 있던 그는 서예를 배우고 싶어 동네 학원을 찾았지만 두 팔이 없다는 이유로 번번히 수강을 거절당하다가 효봉 여태명 선생을 만나 전문적인 서예교육을 받을 수 있었는데 서예를 3년 정도 배운 후부터 각종 서예전에서 입상하며 실력을 인정받았다.

그는 서예에서 멈추지 않고 동양의 서예에 서양의 크로키를 접목시킨 수묵크로키를 개발하여 자신만의 미술 세계를 구축하였다. 식당을 경영하며 가정 경제를 책임지고 있는 부인 덕분에 그는 작품에 몰두할 수 있어서 1998년 첫 번째 전시회를 시작으로 개인전 41회(해외 전시회 37회), 그룹전 260여 회, 시연 190회(해외 45회) 등 왕성한 활동을 하고 있다.

2014년 소치 동계장애인올림픽 폐막식에서 평창동계올림픽을 알리는 수묵크로키 시연을 펼쳤고, 2018 평창동계패럴림픽 폐회식 성화 소화 직전에 펼쳐진 그의 퍼포먼스는 한국의 멋과 장애인예술의 맛을 보여 준 최고의 명장면으로 꼽히고 있다.

그의 작품은 중학교 교과서 5종, 고교 3종 등 8종의 교과서에 게재되어 학생들

사이에 널리 알려져 있고, 국내는 물론 영국 BBC, 일본 NHK를 비롯한 해외 언론에 소개되어 세계적인 인물이 되었다.

### 성경 필사 도전

2015년 1월 31일 석 화백은 문득 이런 생각을 하였다. '내가 할 수 있는 일이 무엇일까?' 그때 떠오른 것이 성경 필사였다. 그가 갖고 있는 종교적인 신념 때문이기도 하였지만 매일 4~5시간씩 글씨를 쓰는 동안 정신도 맑아지고, 자신의 서체를 남기고 싶다는 생각에서이다. 정신을 집중하지 않으면 오자가 나오기 때문에 그 시간은 고도의 집중력이 요구되기에 에너지 소모가 크지만 목표를 세우고 도전하며 성취해 가는 것이 즐거움이 더 크다. 처음에 필사를 시작할 때는 그러다 그만두겠거니 생각했던 주위 사람들이 한 장 한 장 쌓여서 80장이 넘자 너무나 크고 가치 있는 사역이라고 이제는 구경을 하러 오기도 한다. 소문이 나서 올해 도전한국인운동협회에서 개최한 제5회 도전 FESTIVAL에서 최고기록인증상을 수상하였다.

현재 성경 필사는 두루마리 화선지(46cm×25m) 80장이 훌쩍 넘어 그가 의수로 한 자 한 자 쓴 성경 길이가 2km에 이른다. 이미 2017년 9월 22일 구약 필사는 마쳤고 신약 필사를 다시 시작하였다. 이 작업을 마치면 세계 기네스북 등재도 가능하고 석창우 고유의 서체를 연구하는데도 큰 도움이 될 것으로 기대하고 있다.

석창우 화백의 40번째 개인 초대전은 2018평창동계올림픽의 성공을 기원하는 의미로 동계올림픽 종목 경기 작품을 전시하여 화제를 모았다. 국민 영웅 김연아 선수의 피겨스케이팅 연기를 비롯하여 한국 동계스포츠 주력 종목인 쇼트트랙과 스피드스케이트 선수들의 경기 모습을 표현한 작품들이 선보여 관객들의 감동을 감동시켰다. 특히 2018년 설명절을 즈음하여 SK브로드밴드의 인공지능 TV 광고 모델로 석창우가 보여 준 카리스마는 장애인의 이미지를 바꾸는 역할을 했다는 평을 받고 있다.

한국의 전통을 잇는 한국자수박물관 이정희 관장(『E美지』 7호)

## 자수 인생

3세 때 소아마비로 두 다리가 마비되어 걸을 수 없게 된 그녀는 집안에서만 생활했다. 12세까지 외할머니 댁에서 살다가 할머니가 연세가 드셔서 그녀를 더 이상 돌보지 못하게 되어 집으로 왔다. 손재주가 있어서 뜨개질, 바느질, 퀼트공예, 그림 등 손으로 하는 것은 다 잘 했다. 당시 자수가 유행을 했는데 수를 놓고 있으면 시간 가는 줄 모를 정도로 재미있었다.

17세 때 자수를 본격적으로 시작했는데 자수하는 사람들에게 들으니 서울에 가면 자수를 가르쳐 주는 훌륭한 선생님이 있다고 하여 무작정 서울로 와서 중요무형문화재 한상수 선생님이 운영하는 전수관을 찾아가서 자수를 배우겠다고 하였다. 그곳에서 궁중자수를 처음 보았는데 눈이 휘둥그레졌다. 너무나 아름답고 너무나 고풍스러워서 매료되었다. 궁중자수를 꼭 배우고 싶었다.

전수관은 한옥이었다. 전기장판 하나로 겨울을 나야 했다. 손에 동상이 생길 정도로 추위가 매서웠다. 추위보다 더 고통스러운 것은 화장실 가기가 힘들어서 소변을 참는 일이었다. 그곳에서 기술을 배우는 사람들은 그녀를 왕따시켰지만 그녀는 자수를 배울 때까지는 무슨 일이 있어도 그곳을 떠나지 않으리라 결심하고 이겨 냈다. 그곳에서 궁중자수뿐만이 아니라 장식, 생활용품 등 다양한 작품을 만드는 것을 배울 수 있었다.

그런데 그곳이 재개발 지역이 되는 바람에 다른 곳으로 이전을 하게 되어 그녀는 고향인 정읍으로 내려왔다. 보통 하루 10시간 이상 자수를 놓았다. 하지만 아무리 수가 예뻐도 공식적인 경력이 없는 그녀는 기술자일 뿐 장인이 아니었다. 그래서 아무리 열심히 해도 작품이 팔리지 않았고 판매해도 겨우 재료값만 받는 정도여서 생활고에 시달렸다. 공모전에 응모를 했는데 번번이 실패했다. 그즈음 고창에 사는 분이 와서 그녀 작품을 사갖고 갔는데 그분은 작품을 아주 신중하게 골랐다. 세 차례 구매했는데 나중에 알고 보니 그녀 작품을 사서 자기 이름으로 응모를 하여 세 번 모두 상을 받았다. 같은 사람의 작품인데도 그 사람 이름으로 내면 당선이 되고 그녀 이름으로 내면 탈락이 되는 것은 실력이 아니라 다른 무언가가 작용하고 있다는 사실에 좌절감에 빠졌다.

**명장으로 성장**

1996년에 전북전통공예작품 공모전에서 특선을 하며 인정을 받았고 그 후 필요한 자격증을 한 가지씩 확보하며 황실명장으로 성장하는 기틀을 마련하였다. 2004년부터 전시회도 하고 사회 활동이 늘어났다. 나사렛대학교 디자인학과 겸임교수로 학생들에게 한국자수를 가르쳤다. 학교 문턱에도 가 보지 못한 그녀가 대학 강단에 선다는 것이 꿈만 같았다.

그녀는 작품을 사기당하지 않기 위하여 특허 등록의 필요성을 느꼈다. 넥타이, 발산주머니 등 작은 제품도 모두 신안등록을 하였다. 우리나라뿐 아니라 중국, 일본, 베트남에서 황실 작품으로 전시회를 개최하여 큰 호응을 얻었다. 화려하고 중후한 멋이 사람들의 눈길을 사로잡았다.

전북 진안군은 2017년 11월 25일 마이산에 자수, 부채, 한지, 공예품 등 다양한 전통공예품을 전시, 체험하고 그 분야의 명인 9명이 시연하는 명인명품관을 개관하였다. 명인명품관은 부채동, 자수동, 한지동의 3개동으로 구성되어 있는데 자수동이 바로 한국자수박물관이다. 이곳 관장으로 휠체어 한국자수공예가 이정희가 임명되었다. 한국자수박물관에 40여 작품이 상설로 전시되어 있다. 6개월마다 일정 비율은 새 작품으로 바꾸어야 한다. 하루 종일 바늘을 들고 수를 놓다 보니 어깨에 무리가 와서 어깨 통증에 시달린다. 열한 살짜리 아들과 한국자수 삼매경에 빠지곤 하는데 그 순간이 행복하다. 엄마 옆에서 늘 봐서 그런지 아들도 수놓는 것을 좋아한다. 한국자수박물관 소식에 기뻐하는 아들을 보며 아들에게 부끄럽지 않은 엄마가 되기 위해서라도 한국의 전통을 잇는 자수의 명장이 되어야 한다는 다짐을 하였다.

### 낭만 화가 탁용준(『E美지』 3호)

#### 병원에서 만난 멘토

탁용준은 29세까지 아주 건장한 청년이었다. 키가 큰 호남형에 말을 재미있게 하는 미래가 촉망되는 젊은이였다. 그를 화가로 만든 것은 29세 여름 수영장에 놀러가서 풀장 안으로 다이빙을 하는 순간, 머리가 바닥을 치며 경추가 손상되는 순간부터라고 할 수 있다. 그는 당시 결혼한 지 9개월밖에 되지 않은 신혼이었고 예비 아빠였다. 그를 덮친 전신마비는 그의 행복을 집어삼킨 듯이 보였지만 그는 마비에서 살짝 벗어난 어깨에 근육을 이용해서 그림을 그리고 있다. 붓을 잡은 듯이 보이지만 보조기구에 붓을 끼운 것이다. 그는 미술을 전공하지 않았다. 그저 어린 시절 뛰어놀던 곳을 떠올리며 자연을 그리고 성악가 부인 덕분에 음악을 소재로 그림을 그린다.

탁용준은 학창 시절 그림을 무척 좋아해서 미술 활동을 많이 하였고 청소년기에는 만화를 그리며 시간을 보내곤 하였다. 지금은 고인이 된 구필화가 김기철 화백이 한 '우리가 할 수 있는 일은 거의 없어요. 그림을 그리면 행복하죠.' 라는 말이 잊고 있었던 그의 꿈을 일깨워 주었다. 그가 병원에서 퇴원하고 집에 돌아가자 이미 방 한가득 그림 도구들이 배치되어 있었다. 가족들은 탁용준이 하루라도 빨리 새로운 일을 하며 새 인생을 살아가길 바라고 있었기 때문이다.

탁용준은 혼자 생각하였다. 사고 후 6개월 만에 태어난 아들이 철이 들었을 때 아빠가 아무 것도 안 하고 침대에 누워서 하루 종일 텔레비전이나 보고 있으면 아들에게 아빠는 무의미한 존재가 될 것 같았다. 아들에게 뭔가를 하는 모습을 보여 주고 싶었다. 그래서 그는 바로 붓을 잡았다.

#### 그림 인생

동네에 장애인 화실이 있어서 그곳에서 장애인 동료 화가들과 함께 그림을 그리며 그림 공부를 하였다. 미술 공부에 목말라 홍대미술교육원에 다녔고, 화가이며 목사인 박영 선생님을 만나 4년 동안 개인지도를 받았다. 그는 자신의 그림에 대한 평가를 받고 싶어서 1999년부터 여러 미술대전에 꾸준히 응모를 하였다. 그 결과 2004년 대한민국기독교미술대전에서 우수상을 받아 정식으로 데뷔를 하였다. 2014년에는 대한민국장애인문화예술대상에서 미술상을 수상하였다.

탁용준은 자기 작품으로 아트 상품을 만들기도 하고, 사보나 잡지 그리고 각종 인쇄물에 이미지로 사용하는 것을 마다하지 않는다. 월간 『한국은행』에 1년 동안 한 표지 작업은 경제적인 도움보다 화가로서의 자부심이 더 컸다. 방송 드라마에 그의 그림이 소품으로 사용되어 탁용준 작품은 유명세를 탔다. 기회가 온 후에 작업을 하면 너무 늦다고 생각하고 먼저 그림 작업을 해서 기회가 왔을 때 바로 내놓을 수 있도록 해야 한다는 신념으로 1년에 100개작 이상을 그리고 있다. 장애가 심해서 큰 그림을 그릴 수 없다는 편견에 맞서기 위해 모자이크 방식으로 120호까지 작업을 했었다.

그는 처음에는 입에 붓을 물고 그림을 그리다가 어깨 근육 힘을 이용해 손에 붓을 묶고 팔을 쓰기 시작한 것도 바로 작업 반경을 넓히고 싶어서였다.

그동안 그린 그림이 1,500여 점이 넘는데 그 숫자가 탁용준이 얼마나 열심히 그림을 그리는 화가인지를 잘 말해 준다.

### 행복한 남자

아들은 미국에서 피지컬 세라피를 전공하고 심장재활치료사로 병원에 근무하고 있다. 가장이 장애를 갖게 되면 가족 모두 불행해진다는 사회적 통념을 깨고 가족 모두가 행복해졌다. 탁용준은 아침에 눈을 뜨면 출근 준비를 한다. 개인 작업실이 있어서 그곳으로 출근을 한다. 그의 작업량은 가히 놀라울 정도다. 초대전이 많아서 부지런히 새 작품을 그린다. 개인전 반응도 좋아서 개인전 준비로 하루가 짧다. 탁용준은 입버릇처럼 말하듯이 행복한 그림쟁이이다.

## 세계 무대가 두렵지 않은 피아니스트 김예지(『E美지』 2호)

### 피아니스트로서

김예지의 시각에 문제가 있다는 것을 발견한 것은 2세 때였다. 그녀의 병명은 망막색소변성증으로 서서히 시야가 좁아지다가 어느 날 완전히 보이지 않게 되는 진행성이다. 간호사이던 그녀의 엄마는 딸의 장애를 받아들이고 맹학교에 입학을 시켰다. 김예지는 3세 무렵부터 피아노 소리에 민감한 반응을 보였고 8세부터 피아노를 능숙하게 연주하였지만 그녀를 피아니스트로 키울 생각은 하지 못하였다. 집안에 음악을 하는 사람도 없었고, 피아노를 가르치려면 돈도 많이 들기에 엄두를 내지 못하였다.

그런데 김예지는 대학 입시를 준비하며 피아노 전공을 결심하게 된다. 피아노 앞에 앉아 연주를 할 때 가장 마음이 편안해지고, 가장 장애가 느껴지지 않는다는 것을 깨달았기 때문이다. 그래서 서울맹학교 고등부 2학년부터 정식으로 피아노 레슨을 받았다. 독일에서 공부한 김미경 선생을 만난 후 그녀의 연주 실력은 빠르게 향상되었다. 그녀는 장애인 특별전형이 아닌 일반전형으로 대학에 합격할 정도의 실력을 갖고 있었다.

2004년도 숙명여자대학교 음악대학을 졸업하며 21세기를 이끌 우수인재로 선정되어 대통령상을 수상하였고, 이어 대학원에 진학한 후 2007년 혼자 유학길에 올라 2년 후 미국 존스홉킨스대학에서 석사 학위를 받았다. 그녀는 2009년 위스콘신대학으로 옮겨 박사과정 공부를 시작할 때는 안내견 찬미와 함께 떠날 수 있었다. 김예지는 박사 학위를 취득한 후 고국으로 돌아와서 2015년 겨울 김예지 귀국피아노독주회를 개최하며 피아니스트로서의 활동을 시작했는데 무대에 오를 때 안내견의 안내를 받아 시선을 사로잡았다.

### 연구자로서

피아니스트로 연주 활동을 하는 것은 당연하고 김예지는 어렵게 공부를 했기에 시각장애인 음악 활동에 획기적인 도움을 줄 수 있는 점자악보를 연구하고 있다.

그녀 자신이 피아노를 공부하며 가장 어려웠던 것이 악보 문제였기 때문에 자연스럽게 점자악보에 관심을 갖게 되었는데 점자악보는 악보를 구현해 내는데 한계가 있었다. 이론적으로 일치하지 않는 부분도 있고 피아니스트에게 가장 요구되는 직관성이 떨어진다는 사실이 안타까워서 김예지는 그림으로 표현하는 형태촉각악보를 생각하게 되었다.

박사과정부터 진행하고 있는데 이 연구로 2015국제시각장애창의 컨퍼런스에서 발표자로 나서기도 하였다. 김예지는 이 형태촉각악보를 평생의 과업으로 생각하고 현재도 연구를 진행하고 있다.

### 세계적인 성악가로 음대 학장이 된 최승원(『E美지』 9호)

### 테너 최승원이 되기까지

성악가 최승원은 지팡이에 의지하지 않고는 15초밖에 서 있을 수 없는 장애를 갖고 1993년 메트로폴리탄 오페라콩쿠르에서 3만 명의 경쟁자를 물리치고 동양인 남성 최초로 우승을 차지하며 세계적인 성악가 대열에 올랐다. 최승원은 우승 소감을 말할 때 심사위원석을 향해 '어떻게 장애인인 저를 뽑아 주실 생각을 하셨습니까?' 라고 물었고, 심사위원장은 '당신의 장애는 오페라와는 아무런 상관이 없다.' 는 대답을 하였다는 일화가 있다. 최승원은 편견을 갖고 있지 않은 콩쿠르란 등용 제도를 통해 세계적인 테너가 될 수 있었다.

그 후 최승원은 국제 무대에서 존재감을 드러낸다. 1994년 미국 레이건 대통령 초청 백악관 공연에서 노래를 부르고 나자 대통령이 벌떡 일어나서 박수를 치기 시작하자 전 세계에서 초대된 정상들도 앞다투어 기립박수를 보냈다. 레이건 대통령은 '당신의 아름다운 목소리에 대한 기억은 항상 나에게 남아 있을 것입니다. 그날 밤 당신의 참석에 다시 한번 감사를 드립니다' 라는 편지를 보낼 정도로 최승원의 노래에 깊은 감명을 받았다. 헨리 키신저는 '도밍고와 파바로티 다음 세대의 명성을 이어 갈 훌륭한 음악가' 라고 하였고, 마가렛 대처 영국 수상은 '연주가 끝난 뒤에 내 심장에 깊이 남은 전율은 행복이었다.' 고 최승원의 음악에 매료되었다.

최승원은 4세 때 찾아온 소아마비로 9세 때까지는 누워서 생활하였다. 그는 정도의 차이가 있지만 두 팔과 두 다리 모두가 마비된 중증의 장애를 갖고 있다. 할머니가 최승원을 키워 주었는데 할머니는 막걸리 한잔을 드시면 당신의 한을 구슬픈 가락으로 뽑아냈다. 어린 최승원은 할머니의 노래를 들으며 성장하면서 자신도 모르게 노래 부르기를 좋아하였다. 그래서 교회 찬양대에서 활동했는데 교회에서 노래 잘하는 아이로 소문이 났었다.

그러나 대학 진학을 음대에 갈 생각은 하지 못했다. 장애인은 무대에 오르지 못한다는 사회적 통념을 자기도 모르게 받아들이고 있었고, 먹고살기 위해서 완전한 직업을 가질 수 있는 전공을 선택하라는 부모님의 조언이 있었기 때문이다.

하지만 그는 시간이 흐를수록 음악에 대한 열망이 커져 갔다. 그래서 25세에 대학입시를 다시 치루었다. 음대에 가려면 전공 교수에게 레슨을 받는 것이 일반적인 과정이었지만 그는 찬양대에서 활동하며 익힌 실력으로 실기 시험을 치루고 당당히 합격하였다. 음악 공부를 하며 장애 때문에 깊은 호흡이 안 되고 뱃힘이 약해서 소리 울림의 폭이 좁다는 것을 알고 그것을 극복하기 위해 부단히 노력하였다. 그런데 공연 기획자들은 노래 자체보다는 무대 등퇴장을 더 문제삼았다. 실제로 컨디션이 좋지 않을 때는 지팡이를 짚고서도 버티고 서 있기가 더 힘들었다. 한번은 퇴장하며 넘어졌는데 다시 일어날 수가 없어서 기어서 나왔던 적도 있었다. 하지만 최승원은 굴하지 않았다. 성악가는 노래로 보답하면 된다는 신념으로 무대를 즐겼다.

그 결과 국내에서도 인정을 받기 시작하였다. 성악의 대중화에 공헌한 KBS-1TV 〈열린음악회〉에 단골 출연자로 방송을 통해 관객들과 만났으며 2014년 소치 동계올림픽 폐막식에서 애국가를 독창하여 한국은 장애를 갖고도 훌륭한 성악가로 활동하는 장애인복지 선진국이라는 이미지를 심어 주었다.

### 오이코스대학교 음대 학장으로

그는 2018년 오이코스대학교 음대 학장 겸 교수로 부임하였다. 한양대 음대에서 성악을 전공한 후 USC음대 대학원과 맨하탄 음악대학원에서 수학한 최승원은 비엔나필, 뉴욕필, 런던 심포니, 시카고 심포니 등 세계 유수의 교향악단과 협연했으며 아스펜 잘츠부르크 등을 비롯해 국제적 명성을 지닌 페스티벌 갈라 콘서트, 오페라 무대에서 활발하게 활동을 해 왔다.

최승원은 자신의 장애로는 아무것도 할 수 없는 미래라 생각했지만 미국에서 만난 스승 헤리타 글라츠, 당시 UCS 석좌교수가 '노래는 몸이 아닌 목소리로 하는 것이니 주저하지 말고 도전하라' 는 격려에 장애인이라는 한계를 뛰어넘어 성악가로 성장하게 됐다고 회고하였다.

## 노래하는 멋진 남자, 황영택(『E美지』 3호)

### 빛과 그림자

황영택은 다치기 전 180cm의 훤칠한 키에 건강한 청년이었다. 고등학교를 졸업하고 지금의 포스코에 다니고 있었는데, 건설업을 하면 돈을 많이 벌 수 있다는 형님의 권유로 다니던 회사를 과감하게 그만두고 건설업에 뛰어들었다. 건설현장에서 다양한 업무를 익히기 위해 크레인 조종면허도 취득하며 미래를 열심히 준비하고 있을 때 콘크리트 파일을 땅속에 시공하는 일을 하다가 크레인 와이어가 끊어지는 사고로 하반신마비 장애를 갖게 되었다. 1992년 10월 21일, 결혼식을 앞두고 있었던 가장 행복했던 남자에게 찾아온 너무나도 가혹한 형벌이었다.

입원한 지 4주가 되자 절망감에 빠져 모든 것을 포기하고 싶어졌을 때 부인이 임신 5주라는 것을 알았다. 그에게 살아가야 할 이유와 희망이 생긴 것이다. 휠체어가 다리라는 사실을 인정하고 휠체어로 자유자재로 움직일 수 있어야 뭘 하더라도 할 수 있을 것 같아서 45도 경사로 길을 아침 저녁으로 100번 이상 오르내리며 훈련한 결과 휠체어테니스 선수가 되었다. 국가대표 선수로 전 세계를 다니며 휠체어테니스 선수로 활동하며 세계 랭킹 36위까지 올랐다.

### 제2의 도전

30대 중반이 넘으니까 체력과 근력이 떨어졌다. '아~ 운동은 오래 못하겠구나.' 라는 생각이 들었다. 그래서 그는 제2의 도전을 시도한다. 운동을 하면서 휠체어4중창 팀에서 노래를 하며 아름다운 소리에 매력을 느껴 성악을 배워 보고 싶다는 생각을 했었기에 과감히 라켓을 내려놓고 37세에 수능을 봐서 음대를 들어가겠다는 결심을 했다. 2002년 월드컵으로 온 국민이 '대~한민국' 을 외치고 있을 때 그는 책상에 엎드려 수능을 준비하면서 성악 실기를 위해 이태리어, 독일어 가사를 죽기 살기로 암기해 나갔다. 그런데 하반신마비로 호흡이 불안정해서 배에 벨트를 묶고 호흡을 연습했다. 앉은 자세로 성악을 하는 것은 불가능하다고 하였지만 될 때까지 연습 또 연습을 했다.

그렇게 1년간 죽을힘을 다해 공부를 한 결과 그가 원하는 음대에 합격하였다. 합격만 하면 고생이 끝날 줄 알았는데 입학 후 더 힘든 길이 그를 기다리고 있었다. 엘리베이터가 없어서 강의실까지 올라가는 일이 까막득했고, 신체가 남과 다르다 보니 발성 하나 익히는 것도 여간 힘든 게 아니었다. 힘들수록 공부를 더욱 열심히 했다. 아침 7시에 학교에 가서 밤 10시, 11시까지 학교에 남아 공부를 했다. 하지만 포기하지 않았기에 교수님들과 선후배의 도움으로 당당히 졸업을 하였다.

### 성악가로 우뚝 서다

졸업 후 2장의 음반을 내며 휠체어성악가로 활동하고 있다. 노래를 통해 장애인과 환우들의 힘겨움을 위로하며 전국을 돌아다니며 강연을 하며 장애인 인식개선에 앞장서고 있다. 그리고 뮤지컬 배우, 합창단 지휘자, 자전 에세이「노래하는 멋진 남자 황영택」 출간 등 정말 많은 일을 할 수 있는 사람으로 성장하면서 스포츠맨답게 휠체어 스키, 수상스키, 각종 레저를 취미 생활로 하고 있다.

그는 바쁜 일정 속에서 중앙대학교 예술대학원 예술경영 석사과정 공부를 하며 장애인예술 전문가가 되기 위한 준비를 하고 있다. 장애를 갖기 전에는 그저 평범한 직장인이었지만 장애를 받아들이고 나니까 많은 일을 하며 삶이 힘들고 어려운 사람들에게 '희망' 이라는 메시지를 전하면서 다른 사람을 돕고 있는 것이다.

그는 '장애, 거기서부터가 희망이었습니다.' 라며 장애가 불행이 아닌 희망이 될 수 있다는 것을 보여 주고 있다.

### 침묵 속의 발레리나 고아라(『E美지』 7호)

**발레가 재미있다**

생후 4개월에 고열로 몹시 앓고 난 후 아기가 소리에 반응을 하지 않아서 병원에 갔더니 감각 신경성 난청이라는 진단을 받았다고 한다. 오른쪽은 먹통이고 왼쪽은 보청기를 사용해서 소리를 인지한다. 젓가락이나 펜을 입에 물고 발음 연습을 하여 말을 잘 한다는 소릴 듣지만 크 발음 같은 된발음이 잘 안 된다.

고아라는 학교를 계속 일반학교를 다녔다. 그래서 수화를 접할 기회가 없었다. 그래서 구화를 하다 보니 말이 많이 늘었다. 5세 여자아이가 고기 3인분을 혼자 먹을 정도로 대식가였다. 자꾸 뚱뚱해지니까 엄마가 발레 학원을 보냈다. 7세에 발레학원에 처음 갔을 때 연속 두 바퀴 회전을 완벽하게 해낼 정도로 재능을 보였다. 그때는 서예, 피아노 등 이것저것을 배우고 있었는데 발레가 가장 재미있었다. 그래서 꾸준히 발레를 했다.

그녀의 엄마는 딸이 발레를 전공할 정도로 실력이 있는지 상담하기 위해 상명대학교 발레전공 교수님을 찾아뵈었는데 마침 발레 연수가 있으니 참가해 보라는 권유에 2002년 2월 러시아 볼쇼이 발레학교(現 모스크바 국립 발레학교) Workshop에 참가하였다. 발레를 잘하는 중고등학생 10명이 참여했는데 그녀가 제일 뒤쳐졌다. 모두 이미 높은 수준에 도달해 있었다. 세계적인 발레학교에서 발레리나들을 보며 정말 잘 하고 싶다는 열망이 솟구쳤다. 연수를 마치고 돌아와서 홍천에서 서울로 매주 한 번씩 레슨을 받으러 올 정도로 발레에 열정적으로 매달렸다.

## 대학 시절의 낭만과 꿈

고등학교를 춘천에 있는 예고를 다니며 대학 진학을 무용으로 정했기 때문에 대학 입학에는 문제가 없었다. 대학 4년 동안 아주 성실한 학생이었다. 학교 공연 때도 비장애인 학생들과 똑같이 연습하며 무대 위에서 기량을 발휘할 수 있었다. 키가 커서 항상 눈에 띄인다고 칭찬해 주었다.

대학 시절 그녀는 많은 경험을 하였다. 대학생들이 참여하는 World Miss University 한국대회에 2012년 참가했다. 지덕체(知德體)를 겸비한 여성을 선발하는 대회이다. 참가할 생각도 못하고 있는데 이미 전 대회에 참가했던 룸메이트가 참가를 적극 권하였다. 그런 대회 도전이 너무나 큰 경험이 되었다는 말에 결과에 상관 없이 출전하였다가 성실상을 수상하였다.

그때 도전 정신을 갖게 되어 2013년 1월 미스데프코리아(Miss Deaf Korea)에 출전하여 미스 진이란 타이틀을 받았다. 정말 아름다운 농아인들이 많았다. 그때 처음으로 농인 세계를 피부로 직접 접할 수 있었다. 한국을 대표해서 2013년 7월 체코에서 열린 Miss Deaf World에 참가하여 더 넓은 농인 세계를 경험하였다. 대회 출전을 위해 배운 국제수화로 그들과 대화를 하기는 역부족이었다. 그녀는 장기로 발레를 했는데 반응이 아주 좋았다. 세계의 벽은 높았다. 그녀는 세계대회에서 전체 9위, 아시아 1위를 기록하였다. 세계대회를 준비하며 SBS 슈퍼모델 선발대회에도 출전하였다. 청각장애인으로는 처음 도전이라서 화제가 되기도 했었다.

## 청각장애인 발레리나

그런데 졸업을 앞두고 고민이 시작되었다. 전문 발레리나로 성장하기 위한 길은 상상 외에 험난했다. 대학교만 졸업하면 모든 문제가 해결될 줄 알았지만 졸업 후의 진로는 암담하였다. 교수님이 대학원 진학을 권유하셔서 대학원에 진학하면 뭔가 달라지겠지 싶어 막연한 기대감을 갖고 진학을 하였다.

솔직히 공부하는 데는 어려움이 없었지만 도제 제도로 키워지는 예술계 시스템을 견디기 어려웠다. 청각장애인 무용을 주제로 석사 논문을 쓰고 졸업을 앞두고 있었지만 앞이 보이지 않았다. 또다시 박사과정으로 진학을 하는 것은 의미가 없었다. 그녀는 발레 이론이 아닌 발레 실기를 원했지만 무대는 그녀를 원하지 않았다.

그녀는 무대에서 연기를 할 때 가장 행복하기 때문에 장애인무용수들과 함께 공연을 하면서 2015년에는 Miss world Korea, 2017년 Miss Global Beauty Queen에 참가하여 청각장애인으로 세계대회에 도전하며 많은 경험을 하였다. 그런 활동들이 방송을 통해 소개되면서 강의 요청이 들어왔다.

특히 2018 평창동계패럴림픽 폐막식에서 주인공으로 선 것은 잊지 못할 공연이었다.

그해 4월 21일에 결혼식을 했다. 2009년 대학 캠퍼스에서 처음 만나 9년 동안 사랑을 키웠기 때문에 그들의 결혼은 운명이었다.

휠체어무용의 전설 김용우(『E美지』 5호)

### 휠체어가 몸이 되다

외식 사업을 하던 아버지는 자녀가 살아갈 세상은 더 넓어질 것이란 생각에 아들은 호주로 딸은 캐나다로 어학연수를 보냈다. 부모님 모두 이북에서 월남한 가족사를 갖고 있어서 생활력이 무척 강한 분들이었다. 1972년에 태어난 아들이 바로 김용우이다. 그는 호주 어학연수를 마치고 동생과 함께 귀국하기 위해 캐나다로 갔다. 귀국 전에 로키산맥 여행을 가기로 하고 동생을 포함한 7명의 한국 유학생들이 로키산맥을 향해 여행을 떠났다. 여행에 대한 기대감에 잔뜩 부풀어 있던 여행 첫날 그만 사고가 났다. 눈길에 미끌어져서 차량이 언덕을 굴러 전복되었다. 안전벨트를 하지 않은 친구는 차 밖으로 튕겨져 나갔고, 안전벨트를 착용한 사람들은 찰과상 정도의 경상을 입었다. 김용우는 안전벨트를 하고 있었지만 자석 위치가 나빠서 위로 아래로 출렁이면서 척수에 손상을 입었다.

1997년의 바로 그 교통사고로 김용우는 하반신마비 장애를 갖게 되었다. 미래에 대한 꿈이 많던 혈기왕성한 젊은이에게 더 이상 걸을 수 없으니 휠체어를 타야 한다는 의사의 진단은 더 이상 살아 있을 이유가 없는 사형선고나 다름이 없었다.

**휠체어댄스스포츠 선수로 국제 무대를 휩쓸다**

긴 방황을 하던 어느 날 휠체어댄스스포츠 동영상을 보게 되었는데 휠체어 사용자가 비장애인 무용수와 호흡을 맞춰 춤을 추는 모습에 강한 인상을 받았다. 우리나라에는 휠체어댄스스포츠가 도입되지 않았던 때라서 휠체어댄스스포츠를 배울 곳도 없고, 가르쳐 주는 사람도 없었기에 동영상을 교재 삼아 혼자서 시작하였다.

김용우는 독학으로 익힌 휠체어댄스스포츠로 2003년 일본에서 개최된 휠체어댄스스포츠경기대회에 출전해서 결승에 진출하여 휠체어댄스스포츠 국가대표 선수로서의 가능성을 보였다. 그 후 아시아휠체어댄스스포츠경기대회 4년 연속 우승, 세계선수권대회에서는 4위를 하며 아시아를 넘어 세계적인 선수로 인정을 받았다.

김용우는 국제대회에 첫 출전하던 때를 잊을 수가 없다. 2005년 홍콩에서 개최된 아시아휠체어댄스스포츠경기대회에 우리나라는 출전을 할 생각을 못하고 있었다. 김용우는 선수로 인정받기 위해서는 국제대회 경험이 필요하다는 신념으로 2팀을 꾸려서 자비로 출전을 강행하였다. 대회장에서도 해프닝이 벌어졌다. 한국이 그동안 출전을 하지 않았었기 때문에 선수 입장을 할 때 들고 들어갈 국가 피켓을 만들어 놓지 않았다. 김용우는 종이에 매직으로 KOREA라고 직접 쓴 것을 들고 맨 마지막으로 선수 입장을 하였다.

전체 선수단의 절반이 일본 선수단이었을만큼 화려하고 강한 선수단을 이끌고 온 일본이 우승을 차지할 것이라며 대회 분위기를 일본이 압도하고 있었고, 실제로 일본은 아시아휠체어댄스스포츠 강자였다. 하지만 막상 경기가 시작되어 김용우팀이 연기를 하자 심상치 않은 기류가 형성되었다. 일본 팀이 갖고 있지 못한 라틴댄스의 우아함이 보태져 휠체어댄스스포츠를 한 단계 업그레이드 시킨 연기에 심사위원은 물론 관객들을 매료시켰다. 누가 뭐랄 것도 없이 우승은 KOREA의 김용우에게 돌아갔다. 불모지에서 일군 통쾌한 승리였다.

### 휠체어무용으로 이야기하다

김용우는 우리나라 최초의 휠체어댄스스포츠선수로 활약하며 한국 휠체어댄스스포츠의 역사를 써 왔는데 2007년 장애인과 비장애인 무용수로 구성된 영국 현대무용단의 공연을 보고 무용에 관심을 갖게 되었다. 휠체어댄스스포츠는 1분 30초 동안 선수가 갖고 있는 고난위도 기술을 보여 주는 것이라면 휠체어무용은 긴 호흡으로 스토리를 전개할 수 있어서 하고 싶은 말을 표현할 수 있다는 것이 매력적이었다. 그래서 그는 휠체어무용에 도전하였다. 휠체어댄스스포츠를 배울 때처럼 휠체어무용을 가르쳐 줄 스승을 찾기 힘들었다. 그래서 일반 춤을 가르쳐 주면 그것을 휠체어 춤사위로 변형시키며 안무를 짰다.

이렇게 해서 2009년 첫 무용 공연을 성공적으로 마친 후 휠체어로 현대무용과 한국무용을 선보이며 휠체어무용이란 새로운 영역을 구축하고 있다. 현대무용은 휠체어댄스스포츠에서 구사했던 라틴 춤을 응용하였지만 한국무용은 새로 창안해야 했다. 김용우는 휠체어의 움직임과 한국무용의 전통적인 움직임을 공부하면서 휠체어 한국무용의 동작을 만들고 있는데 상체의 움직임이 매우 정교하고 완성도가 뛰어나다는 평을 받고 있다.

무대에 연기하는 무용수로서의 활동 외에도 휠체어무용의 안무가로 어떻게 하면 휠체어로 무용의 아름다움을 이야기로 표현할 수 있을까 고민하며 현재 성균관대학교 일반대학원에서 예술경영을 전공하고 있고 K휠댄스프로젝트 창단하여 기획자로 안무가로 역량을 보이고 있다.

김용우는 2012년 11월 11일 결혼하였다. 부인은 명문대 무용과 출신의 무용수이다. 함께 공연을 하다가 부부의 연을 맺었다. 춤은 이제 부부의 삶이 되었다.

춤에 대한 열정과 무대에 대한 열망으로 무장한 부부 춤꾼이기에 그들이 있으면 무대가 빛난다.

## 2) 〈장애예술인수첩〉 343인

### (1) 발간 배경

문화체육관광부에서 장애예술인실태조사를 준비하고 있지만[17] 장애예술인의 활동을 증명하기 위한 자료가 시급하여 본 협회에서 장애인예술 인적자원 구축을 위한 〈장애예술인수첩〉을 제작하게 되었다.

### (2) 선정 방법

장애예술인수첩(별칭 A$^+$ 수첩)[18] 제작을 위하여 올 3월초부터 수첩 기재 신청을 알리는 보도자료를 배포하고, 4개월 동안 에이블뉴스에 신청 안내 광고를 게시하여 개인 450여 명, 단체 100여 곳의 참가 신청을 받았고, 기존 300여 명의 협회 회원을 대상으로 다음과 같은 기준에 따라 선정한 결과 343명을 수첩에 기재하게 되었다.

본인들과 수차례 전화와 이메일을 통해 소통하며 최신 자료를 확보하여 개인과 단체에서 다음과 같은 결과를 도출해 낼 수 있었다. 선정 조건은 개인은 수상 1회 이상 또는 작품 발표 10회 이상으로 경력 3년 이상의 예술인(장애인복지카드 소지), 단체는 장애인문화예술 사업을 목적으로 설립되었거나 회원의 50% 이상이 장애예술인으로 작품 발표 10회 이상의 장애인문화예술단체이다.

〈표5〉 장애예술인의 장르별 분포

| 문학 | 미술 | 음악 | 대중예술 | 합계 |
|---|---|---|---|---|
| 93(27%) | 113(33%) | 89(26%) | 48(14%) | 343 |

17) 현재 장애인문화예술활동실태조사 기초연구 용역을 준 상태로 장애예술인실태조사가 실시되기까지 시간이 소요될 것으로 예상.

18) A+는 able, access, ace Art를 의미.

〈표6〉 장애인문화예술단체의 성격별 분포

| 사단법인 | 재단법인 | 전문 그룹 | 기관소속그룹 | 장애인예술단 | 장애인예술회사 | 합계 |
|---|---|---|---|---|---|---|
| 25 | 1 | 30 | 16 | 4 | 6 | 82 |

* 아트위캔, 한국장애인국제예술단, 한빛예술단은 브랜드화되어 예술단으로 분류하여 중첩되었음

** 장애인예술단에 소속된 총단원 수는 128명으로 이 가운데 음악(13명)과 대중예술(2명)에 포함된 15명을 제외하면 〈장애예술인수첩〉에 456명의 장애예술인이 기재된 것임

장애예술인수첩의 콘텐츠는 문학, 미술, 음악, 대중예술의 4개 부문으로 나누어 이름, 장애 유형, 활동 장르, 전·현 주요 경력과 수상, 활동 경력(출간, 전시, 공연)을 1장으로 정리하여 프로필과 대표적인 활동사진(작품사진)을 게재하였고, 개인정보 보호 차원에서 연락처는 넣지 않았다.

장애인문화예술단체는 소개하는 차원에서 게재하여 자세한 분석은 어렵지만 단체의 성격별 특성을 살펴보면 전문 그룹이 37%로 가장 많고, 재단과 사단법인을 합하여 26개, 장애인복지관이나 특수학교 또는 일반 비영리단체에서 운영하는 그룹이 16개로 51%가 제도권 안에서 운영이 되고 있다. 장애인예술단 가운데 2개는 사단법인, 1개는 전문 그룹, 1개는 기관소속 그룹으로 산하단체 성격을 갖고 있다. 회사는 사회적기업 형태여서 지원 기간이 끝난 후 자립 능력을 갖추지 못하면 언제 문을 닫게 될지 모르는 불안한 운영을 하고 있다.

장애인문화예술단체 가운데 11곳만 국고 보조금으로 지정사업을 수행하고 있고, 나머지 87%는 공모사업을 통해 사업비를 마련하기 때문에 지속사업을 하지 못하는 제한된 환경 속에서 단체 운영에 많은 어려움을 갖고 있다.

### (3) 분석 결과

사업 목적은 첫째, 활동 가능한 장애예술인 네트워크 구축. 둘째, 장애예술인 수요에 대한 적절한 공급. 셋째, 장애인예술 시장 형성. 넷째, 장애예술인지원법 제정 및 장애인문화예술 정책 마련을 위한 기초 자료를 마련하는 것으로 분석 결과 다음과 같은 특징을 도출하였다.

• 일반적 특징

장애예술인의 성별 분포를 보면 〈표7〉에서 보듯이 남성이 66%로 압도적인 비율을 차지하여 여성장애인의 예술 활동이 많이 위축되어 있다는 것을 알 수 있다. 여성의 참여가 가장 많은 장르는 미술로 40%로 나타났다.

장애예술인의 장르별 분포를 보면 미술이 33%로 가장 많았고, 대중예술은 14%에 불과하였다. 비장애예술인도 미술이 23.2%로 가장 많아서 장애인과 비장애인 예술계가 비슷한 특징을 띄었다.

〈표7〉 장애예술인 성별 분포

| 장르 | 남 | 여 | 합계 |
|---|---|---|---|
| 문학 | 60(66%) | 31(24%) | 91(27%) |
| 미술 | 68(60%) | 45(40%) | 113(33%) |
| 음악 | 68(76%) | 21(24%) | 89(26%) |
| 대중예술 | 30(63%) | 18(37%) | 48(14%) |
| 합계 | 226(66%) | 115(34%) | 343(100%) |

장애예술인의 장애 유형별 분포에서 장애인복지법상의 15개 범주 가운데 내부장애는 제외되었다. 〈표8〉에서 보듯이 지체장애가 가장 많은 55%를 차지하였고, 그다음이 시각장애 15%, 뇌병변과 청각장애가 각각 8% 그리고 자폐성 발달장애와 지적장애가 뒤를 이었는데 이 두 유형을 합하면 13%로 결코 적지 않은 수이다. 중복장애도 2%였다.

장애 유형은 장르와 밀접한 관계가 있다. 지체장애는 전 장르에서 고루 우위를 차지하였고, 미술은 청각장애, 음악은 시각장애가 강세를 보였다. 그리고 지적, 발달 장애인은 문학과 대중예술에서는 매우 저조하였으나 미술과 음악에서는 활동이 많은 것이 큰 특징이다.

〈표8〉 장애예술인 장애 유형별 분포

| 장르 | 지체 | 뇌병변 | 시각 | 청각 | 지적 | 자폐 | 중복 | 기타 |
|---|---|---|---|---|---|---|---|---|
| 문학 | 66(69%) | 14(14%) | 10 | 4 | 1 | × | 2 | |
| 미술 | 77(66%) | 8 | 2 | 17(15%) | 4 | 6 | 2 | |
| 음악 | 26(27%) | 3 | 33(35%) | 3 | 11 | 16 | 2 | 안면장애1 |
| 대중예술 | 27(55%) | 6 | 10(20%) | 3 | 2 | × | 1 | |
| 합계 | 196(55%) | 31(8%) | 55(15%) | 27(8%) | 18(5%) | 22(6%) | 7(2%) | |

* 3개 이상의 중복장애가 있는데 단일 유형에도 포함시켜서 중복되었음

장애예술인의 데뷔 방식을 보면 가장 어렵기도 하지만 가장 정상적인 등용문인 공모에 입상하여 데뷔한 경우가 〈표9〉와 같이 62%로 절반 이상이 넘어 장애예술인의 데뷔가 정상적인 양태를 띄고 있음을 알 수 있었다. 장르별로 보면 미술과 음악이 각각 72%, 문학이 51%, 대중예술이 44% 순으로 나타났다.

장애인예술 공모가 아닌 비장애인 예술 분야의 공모나 수상을 통해 데뷔한 장애예술인이 56%나 되어 비장애인 예술인과의 경쟁력이 있다는 것을 알 수 있는데, 문학의 비율이 높은 것은 공모에 전문지가 포함되어서이며, 대중예술이 25%로 가장 낮은 것은 대중예술의 데뷔 방식이 공모보다는 기획사를 통해 이루어지는 비공개적인 방식이 더 많기 때문이다.

〈표9〉 장애예술인 공모 데뷔

| 장르 | 공모 | 비장애인 예술 분야 |
|---|---|---|
| 문학 | 48(51%) | 64(68%) |
| 미술 | 81(72%) | 67(59%) |
| 음악 | 64(72%) | 51(57%) |
| 대중예술 | 21(44%) | 12(25%) |
| 합계 | 214(62%) | 194(56%) |

이번 조사를 통해 장애예술인의 학력이 매우 높다는 사실이 밝혀진 것은 시사하는 바가 크다. 50.4%가 대학 이상의 학력을 갖고 있었는데 이는 2017년 장애인실태조사에서 나타난 장애인 대학 이상 학력 15.2%를 3배 이상 웃도는 것이다.

〈표10〉에서 보듯이 장애예술인의 예술 관련 전공율은 80%로 장애예술인은 창작 활동을 할 수 있는 준비가 되어 있는 상태이다. 대학원 이상이 45%, 박사는 27%로 나타났다. 장르별로 보면 음악이 65%로 학력이 가장 높았고, 전공율도 88%로 압도적이었으며, 대학원 이상 학력이 39%로 역시 높았고, 박사 학위 소지자도 11명이나 되었다.

대학 학력 비율은 음악에 이어 미술, 문학, 대중예술 순으로 나타났다.

**〈표10〉 장애예술인 전공 분포**

| 장르 | 대학 | 예술전공 | 대학원 이상/박사 |
|---|---|---|---|
| 문학 | 43(45%) | 38(58%) | 13(32%)/5 |
| 미술 | 54(48%) | 41(76%) | 23(41%)/3 |
| 음악 | 58(65%) | 51(88%) | 35(39%)/11 |
| 대중예술 | 19(39%) | 8(42%) | 8(17%)/2 |
| 합계 | 174(50.4%) | 138(80%) | 79(45%)/21(27%) |

**〈표11〉 장애예술인 지역 분포**

| 지역 | 인원(명) | 비고(%) |
|---|---|---|
| 수도권(서울 · 경기 지역) | 245 | 71 |
| 충청권 | 21 | 6 |
| 강원권 | 10 | 3 |
| 영남권 | 35 | 10 |
| 호남권 | 26 | 8 |
| 제주권 | 6 | 2 |
| 합계 | 343 명 | 100% |

지역별 분포는 서울 · 경기 수도권이 71%, 영남 10%, 호남 8%, 충청 6%, 강원 3%, 제주 2%로 나타나 지역별 편차가 심각한 것으로 나타났다.

• 예술적 특징

### 문학

문학에서는 시가 63%로 압도적으로 많았으며 소설, 수필, 동화, 희곡이 뒤를 이어 다양한 분야에서 활동하고 있었다. 데뷔 방식으로 공모가 51%로 가장 많았지만 전문지를 통한 데뷔도 42%나 되어 데뷔 통로는 비교적 안정적이었다. 수상 경력은 2~5개가 60%로 가장 많았고, 5개 이상도 18%로 공모에 도전을 많이 한다는 것을 알 수 있었다. 문학은 수상 항목을 분석하고 다른 장르는 수상 항목을 분석하지 않은 것은 문학은 작품집 발간이 어렵기 때문임을 밝힌다. 작품집 수는 2개 이하가 38%로 가장 많아 활동을 많이 못하는 것으로 나타났고, 10개 이상의 작품집을 발표한 작가도 15%나 되어 양극화 현상이 심각하였다.

### 미술

미술은 서양화가 53%로 가장 많았고, 한국화 17%, 서예와 공예가 각각 9% 그리고 만화, 조각, 디자인이 뒤를 이었다. 개인전 10회 이상이 22%, 2회 이하도 19%였으며, 단체전은 10회 이상이 58%였고, 해외전을 5회 이상 가진 작가도 14%로 해외 활동이 적지 않음을 알 수 있었다.

### 음악

음악은 연주가 51%로 가장 많았고, 연주 가운데 피아노가 47%를 차지하였으며 첼로와 바이올린이 그 뒤를 이었다. 연주 다음은 대중음악 19%, 성악과 국악이 각각 12%였다. 공연 횟수를 살펴보면 개인 공연 2회 이하가 18%로 가장 많았고, 10회 이상도 11%로 개인 공연에 어려움이 있다는 것을 알 수 있다. 공동 공연은 10회 이상이 70%였고, 이 가운데 해외 공연 5회 이상도 34%로 해외 활동이 활성화되고 있었다. 방송에서 개인적인 인터뷰나 다큐멘터리가 아닌 음악 프로그램에 출연한 것은 2회 이하가 16%, 10회 이상은 12%로 개인 공연과 같은 양상을 보였다.

### 대중예술

대중예술은 무용이 29%, 방송이 27%, 연극과 뮤지컬이 각각 15%였다. 장애인

무용은 새로운 볼거리 제공으로 대중에게 쉽게 다가가고 있어서 앞으로 꾸준히 확대될 것으로 보인다. 방송인이 많은 것은 KBS-3라디오라는 장애인전문방송이 있고, 2년마다 KBS TV에서 장애인앵커를 선발하고 있어서 장애인의 방송 참여 기회가 확대되고 있기 때문이다.

10회 이상 공연을 한 경우가 44%인 것으로 공연 활동을 활발히 하고 있다는 것을 알 수 있지만 역으로 절반이 넘는 대중예술인들은 공연의 기회가 적다는 것을 말해 주는 수치이다. 대중예술의 해외 공연 5회 이상은 8%로 음악의 해외 공연 34%에 비하면 매우 빈약하였다.

대중예술의 특징은 클론의 강원래, 더크로스의 김혁건이 교통사고로 휠체어를 사용하고, 틴틴파이브의 이동우는 시각장애를 갖게 된 후 장애인예술계에서 활동하고 있다는 것이다.

### (4) 총평

〈장애예술인수첩〉 분석을 통해 알 수 있는 것은 장애예술인의 창작 활동이 매우 전문적이라는 사실이다. 일반적으로 장애인예술을 취미나 치료적 수단으로 보고 있지만 장애예술인들은 정상적인 등용문인 공모에 입상하여 데뷔한 경우가 62%나 되었고, 대학 졸업 학력이 50.4%, 대학원 이상의 학력이 45%일 정도로 학력이 높았다. 이는 2015년 예술인실태조사에서 나타난 대졸 58.0%와 대학원 이상 26.8%와 비교했을 때 대학 졸업 학력은 큰 차이가 나지 않았고, 대학원 이상 학력은 오히려 장애예술인이 훨씬 앞지르고 있어서 장애예술인이 비장애예술인에 비하여 전문성이 부족할 것이라는 생각이 잘못된 편견이었음이 드러났다.

〈장애예술인수첩〉을 제작하는 과정에서 장애예술인들과의 소통을 통해 드러난 가장 큰 욕구는 경제적인 안정이었다. 2015년 예술인실태조사에서도 예술 활동을 위해 가장 필요한 것으로 경제적 지원(43.3%)을 꼽은 것과 같은 맥락이지만, 장애예술인들은 장애로 인한 신체적, 사회적 제약 속에서 활동을 하고 있어서 경제적 어려움이 더 심각한 상태이다. 따라서 장애예술인이 안정적인 환경 속에서 창작 활동을 하며, 장애인예술을 발전시키기 위한 법적 제도가 반드시 마련되어야 한다.

## 4. 장애예술인의 시대별 창작 특징

조선 시대 장애예술인 15명, 근 · 현대 장애예술인 7명, 최근 장애예술인 10명에 대한 인구사회학적 특징을 한눈에 볼 수 있도록 표로 정리하면 〈표12〉~〈표14〉와 같다.

〈표12〉 조선 시대 장애예술인 인구사회학적 특징

| 특징 / 참여자 | 예술 분야 | 성별 | 활동시기 | 장애 유형 | 기타 |
|---|---|---|---|---|---|
| 유운태 | 문학 | 남 | 조선 후기 | 시각장애 | |
| 강취주 | 문학 | 남 | 숙종 | 지체장애 | |
| 지여교 | 문학 | 남 | 조선 후기 | 시각 · 지체장애 | |
| 이단전 | 문학 | 남 | 정조 | 시각 · 언어장애 | 천민 |
| 최북 | 미술 | 남 | 영조 | 시각장애 | |
| 이정 | 미술 | 남 | 조선 중기 | 지체장애 | 왕실 종친 |
| 조광진 | 미술 | 남 | 조선 후기 | 언어장애 | |
| 이반/정범/김복산 | 음악 | 남 | 세종 | 시각장애 | |
| 이마지 | 음악 | 남 | 성종 | 시각장애 | |
| 백옥 | 음악 | 여 | 조선 전기 | 시각장애 | 기녀 |
| 김운란 | 음악 | 남 | 선조 | 시각장애 | |
| 백성휘 | 음악 | 남 | 영조 | 시각장애 | |
| 윤동형 | 음악 | 남 | 조선 후기 | 시각장애 | |

〈표13〉 근 · 현대 장애예술인 인구사회학적 특징

| 특징 / 참여자 | 예술 분야 | 성별 | 출생년도 | 장애 유형 | 장애 원인 | 학력 |
|---|---|---|---|---|---|---|
| 서덕출 | 문학 | 남 | 1906 | 지체장애 | 6세 낙상사고 | - |
| 권오순 | 문학 | 여 | 1918 | 지체장애 | 소아마비 | - |
| 서정슬 | 문학 | 여 | 1946 | 뇌병변장애 | 뇌성마비 | - |
| 구본웅 | 미술 | 남 | 1906 | 지체장애 | 유년 시절 사고 | 동경미술학교 |
| 김기창 | 미술 | 남 | 1913 | 청각장애 | 열병 | 보통학교 |
| 손상기 | 미술 | 남 | 1949 | 지체장애 | 구루병 | 고등학교 |
| 김준호 | 미술 | 남 | 1954 | 지체장애 | 군복무 중 낙상사고 | 대학 중퇴 |

〈표14〉 최근 장애예술인 인구사회학적 특징

| 특징<br>참여자 | 예술 분야 | 성별 | 출생년도 | 장애 유형 | 장애 원인 | 학력 |
|---|---|---|---|---|---|---|
| 고정욱 | 문학(아동문학) | 남 | 1960 | 지체장애 | 소아마비 | 문학박사학위 취득 |
| 김환철 | 문학(소설) | 남 | 1956 | 지체장애 | 척수마비 | - |
| 석창우 | 미술<br>(수묵크로키) | 남 | 1955 | 지체장애<br>(두 팔 절단) | 감전사고 | 대학 졸업<br>(전기공학 전공) |
| 이정희 | 미술(자수공예) | 여 | 1964 | 지체장애 | 소아마비 | - |
| 탁용준 | 미술(서양화) | 남 | 1961 | 지체장애 | 다이빙 사고 | 대학 졸업<br>(컴퓨터공학 전공) |
| 김예지 | 음악(피아노) | 여 | 1980 | 시각장애 | 망막색소변성증 | 음악박사학위 취득 |
| 최승원 | 음악(성악) | 남 | 1961 | 지체장애 | 소아마비 | 사회복지<br>박사학위 취득 |
| 황영택 | 음악(성악) | 남 | 1967 | 지체장애 | 척수마비<br>(산업재해) | 예술경영<br>석사과정 중 |
| 김용우 | 대중예술(무용) | 남 | 1972 | 지체장애 | 척수마비<br>(교통사고) | 예술경영<br>석사과정 중 |
| 고아라 | 대중예술(무용) | 여 | 1988 | 청각장애 | 감각신경성 난청<br>(생후 고열) | 무용학<br>석사학위 취득 |

### 사대부들과 소통하며 최고의 경지에 오름

조선 시대 장애예술인을 15명이나 소개하여 매우 많다는 생각을 할 수도 있으나 조선은 500년이란 긴 시간을 가진 왕조였고, 조선 시대 장애예술인은 그동안 소개된 적이 없기 때문에 예상보다 많다는 것이 수적으로 많았다는 생각을 들게 할 수도 있다.

조선 시대에 장애예술인은 53%가 음악 활동을 하였고, 장애예술인의 80%가 시각장애인으로 압도적으로 많은 것은 조선 시대에는 안질환에 대한 치료 방법이 없어 시각장애 발생율이 높았고, 소리에 의존해서 사는 시각장애인은 예나 지금이나 음악과 친숙한데다 조선 시대에는 관현맹인 제도가 있었기 때문에 시각장애인음악인이 활동할 수 있는 기회가 많았다.

시인 이단전은 중복장애에 노비라는 신분적 장벽도 있었지만 주인의 지지를 받을 수 있었기 때문에 시인으로 활동할 수 있었던 것으로 미루어 예나 지금이나 장애예술인에게는 지원을 해 주는 사람이 필요하다는 것을 알 수 있다.

눈여겨볼 일은 조선 시대 장애예술인은 사회 지도층인 사대부로부터 높은 평가를 받으며 교류를 했다는 사실이다. 지금처럼 장애예술인이라면 무조건 낮은 평가를 받는 편견이 없었다.

그래서 장애예술인은 그 분야에서 최고라는 인정을 받으며 그들의 활동이 조선의 업적으로 고스란히 남아 있을 수 있게 되었다.

### 재능과 열정이 통하는 시절

근·현대 장애예술인은 일제강점기와 한국전쟁이란 소용돌이 속에서 활동을 한 인물로 7명 가운데 6명이 지체장애인이다. 이 당시 장애예술인은 대부분 학교 교육을 받지 못하였지만 예술인으로서 최고의 경지에 올라 지금까지 작품을 기억하고 있다. 서덕출의 〈봄 편지〉나 권오순의 〈구슬비〉는 동요으로 많은 사랑을 받았다.

운보 김기창 화백은 열병으로 청각장애를 갖게 되었지만 한국화의 거장으로 미술계에 족적을 남기며 청각장애 화가들에게 희망의 등불이 되어 주었다. 이 시대에 활동한 장애예술인은 학연이 없어도 오로지 실력으로 예술 주류계에 진입해서 실력을 인정받고 일반 예술인들과 어깨를 나란히 하며 예술인으로 활동하는데 장애가 큰 문제가 되지 않았다.

그들은 예술계와 활발히 교류하며 한국 예술을 이끌어 가는 역할을 할 수 있었는데 그것은 그 당시 사회 분위기가 모두가 가난하고 모두가 배우지 못하여 노력으로 자신의 길을 개척하는 것이 가능했기에 장애가 사회적 배제 조건이 되지 않았던 듯하다.

### 아웃사이더 예술인

최근 장애예술인 10명은 한국전쟁 이후의 인물이다. 이 시기는 소아마비가 창궐하던 때라서 소아미비가 장애 원인인 경우가 3명이고 사고 등으로 중도에 장애를 갖게 된 경우가 5명이다. 후천적 원인으로 장애인이 된 후 예술의 길을 택해 장애를 이겨 낸 사례가 대부분이다. 그러니까 예술은 장애 극복의 수단이었던 것이다.

최근 장애예술인의 특징은 학교교육을 많이 받은 것이다. 대학 졸업자가 8명이고 박사 학위 소지자도 3명이나 된다. 이것은 우리 사회의 교육 수준의 향상과 함께 일어난 변화이다. 이들 장애예술인들은 언론에 자주 모습을 보여 인지도가 높아진 것이 사실이나 그것은 예술인으로서 그들의 예술성을 높이 평가해서가 아니라 장애인인데 예술 활동을 한다는 그 사실에 격려를 보내는 것이다.

그래서 현재 활동하고 있는 장애예술인은 예술계 주류 사회에 들어가지 못하고 아웃사이더에 머물러 소외를 당하고 있다. 그 이유는 장애인에 대한 인식이 부정적이고 예술계의 보수주의적 성향이 인맥 중심으로 창작 활동을 지원하고 있기 때문이다. 그래서 현재 활동하고 있는 장애예술인들은 직업 예술인으로 자리를 잡지 못해 자존감에 상처를 받고 경제적인 어려움 속에 있다.

조선 시대, 근 · 현대 그리고 최근 장애예술인은 모두 예술을 통해 정체성을 찾고 창작 활동에 최선을 다 하고 있으며 창작에 장애가 문제가 되지 않았다는 점은 공통된 특징이다.

하지만 시대별 특징이 분명하다. 조선 시대에는 사대부의 지지를 받았고, 근 · 현대에는 재능만 있으면 예술인으로 평가받을 수 있었지만 장애인복지가 발전한 오늘날에는 오히려 장애가 문제가 되어 예술 활동에 많은 제약을 받고 있다는 것이다.

제6장

# 세계의 장애예술인

## 1. 문인

### 1) 시각장애 문호들

#### 유럽 최고의 시성 호메로스(호머)

호메로스는 그리스의 서사시인이다. 그는 서구문학의 조종(祖宗)이며, 그리스 최대의 시성이라 평가된다. 그의 생애에 관해서는 유명한 대서사시 〈일리아드〉와 〈오딧세이아〉의 작자라고만 알려졌을 뿐이다. 일설에는 개인이 아니고 편력시인의 집단명이라고도 하고 또는 실재하지 않은 전설적인 인물이라고도 한다. 그러나 크세노파네스, 헤로도토스 등의 확실한 증거 및 근대의 역사 학문, 고고학적 발견과 연구 및 언어학상의 조사연구에 의하면 그는 실재의 인물로서 소아시아 이오니아 해변 스미르나의 출생으로, 시각장애인이었다고 한다. 태어난 연대는 B.C 900~800년 경이다.

장편 서사시 〈일리아드〉는 15,693행으로 되어 있고, 제목이 '아킬레우스의 저주와 분노' 로 되어 있는데 트로이전쟁 중의 51일 간에 일어난 영웅 아킬레우스를 중심으로 한 기사의 이야기이다. 〈오딧세이아〉는 12,110행으로 지혜로운 사람으로 유명한 이타카 섬의 오딧세우스를 중심으로 한 트로이아 함락 후 10년 간의 이야기이다. 이 두 편은 완벽한 예술적 구성으로 당시 문화에 지주적 존재로 평가되었으며, 후세의 시인들에게 큰 영향을 주었다. 또한 그의 이름은 시인의 대명사처럼 되었다.

문예사적 측면에서에서 호메로스의 가치는 우선 형태와 플롯의 완벽한 통일성과 모든 인간의 기본적인 정서와 모티브의 파악, 보편적인 견지에서 본 위대한 인물들의 나무랄 데 없는 개성화, 인생의 위엄, 쾌락과 비극, 죽음의 고찰, 종교와 윤리 등으로 훗날 서구 문명의 조류를 이룬 그리스적인 성격을 바탕으로 하여 방대한 스케일을 건전한 도덕에 의해 하나의 세계관으로 이룩한 것에 그 가치가 영원하다.

### 르네상스 최대 시인의 밀턴

밀턴(1608~1674)은 영국의 대표적인 시인이다. 그는 케임브리지대학 재학 시절 귀부인이라는 별명을 얻을 정도로 용모가 뛰어났다고 한다. 그는 대학 시절 이미 천재성을 발휘하여 「그리스도 탄생의 아침」이라는 작품을 썼고, 졸업 후 전원에서 고전, 수학 등을 연구하였다. 1637년 이탈리아를 여행하고, 1639년 귀국, 국교회에 대항하여 청교주의를 받들고 크롬웰을 지지하였다. 청교도 혁명이 일어난 뒤 한때 관직에 있었으나 왕정복고 후 추방되고 과로로 인해 실명한 채(1652) 작품에 몰두하였다. 1667년 불후의 대작 「실락원」을 발표하여 영문학상 유일한 세계적 서사시가 되어 후세에 지대한 영향을 끼쳤으며, 이어 「투사 삼손」, 실락원의 속편격인 걸작 「복락원」 등의 작품을 남겼다. 그는 청교도적인 사상을 고전에 대한 깊은 이해와 문예부흥의 전통에 입각한 걸작들을 연달아 써서 영문학상 최대의 시인으로 남았다.

### 행동하는 지성 사르트르

사르트르는 현대 프랑스의 실존철학자이자 소설가, 극작가, 평론가이다. 그는 1905년 파리에서 출생하였다. 그의 아버지는 일찍 세상을 떠났으며 어머니 슬하에서 자랐다. 1925년 에콜 노르말에서 공부하고 철학과를 수석으로 졸업하여 같은 해 교수 자격을 얻었다. 그의 동지이자 아내가 된 보부아르와 이 무렵 알게 되었다고 한다. 1933년 독일에 유학, 하이데거의 철학을 공부하였다. 38년 유명한 소설 「구토」를 발표하여 실존주의 문학을 창시했다.

제2차 세계대전이 발발하자, 39년 독일군의 포로가 되었다가 탈출하여 대독저항운동을 조직하였다. 이 무렵에 까뮈와도 알게 되었다. 45년 해방 후에는 월간지 『현대』를 창간하여 실존주의를 파급하였으며 소설, 평론, 희곡 등 다채로운 문필 활동에 전념하였다. 또 미국에도 초청되어 각지를 다니며 강연하였다.

64년에는 노벨문학상 수상자로 결정되었으나 거절하였다. 그 후 현대 프랑스를 대표하는 최고의 지식인으로서 무게 있는 지적 활동을 계속하였다. 그는 하이데거의 영향을 받아 그 자신의 현상학적 존재론을 전개하였다. 그는 데카르트적 자아를 넘어서 인간은 하나의 실존의 존재임을 밝히고 실존은 본질에 앞서며 실존은 주체성이라는 명제를 제시하였다. 그는 「실존주의는 휴머니즘이다」라는 조그만 책자에서 그의 실존주의 사상을 간결 명쾌하게 설명하였다. 행동적 지식인인 사르트르는 세계 평화의 문제에 대해서도 깊은 관심을 가지고 여러 가지 발언과 평론을 하는 동시에 소련 공산주의에 대해서도 날카로운 비판을 하였다.

### 2) 지체장애 문호들

#### 이솝우화의 이솝

이솝(B.C 520~560)은 그리스의 우화 작가이다. 현대에 와서도 그는 너무도 유명한 작가이지만 정작 그의 전기에는 그가 사모스인(人) 야도몬의 노예이며 루피에서 죽음을 당했다는 이외는 상세한 자료가 없다. 14세기 프라누데스의 「이솝전」에 의하면 그는 척추장애인이었고, 천부의 기지, 해학, 화술로써 노예에서 해방되어 우화작가로서 이름을 떨쳤다고 전한다. 류디아왕 크로이소스의 총애를 받아 조언자 역할을 하며 크게 활동했으나 왕명에 의해 피살되었다고 한다. 「이솝전」에는 약 700편 이상의 우화가 실려 있지만, 그 우화들의 일부가 그의 창작이 아님이 밝혀졌다. 그중에는 인도의 전설, 설화 등이 많이 혼입되어 있다고 한다. 그러나 헤로도토스, 소크라테스 등의 저서에도 그에 관한 기록이 있으며 그의 실존과 그의 우수한 문학적인 재능은 의심할 여지가 없다.

#### 중국 최대의 병법가 손자

손자는 B.C 6~5세기경 중국 전국시대의 제나라 병법가이다. 이름은 무(武), 자(子)는 존칭이다. 절도와 규율로 오나라의 군대를 양성하였으며 병서인 손자를 지었다. 그의 병서는 유교사상에 입각한 인의를 전쟁의 근본이념으로 했는데 거기에는 전쟁의 전술만이 아니고 제후의 내치, 외교, 국가 경영의 비결, 승패의 비기, 인사의 성패 등에 대해서도 비범한 견해를 나타내고 있다. 그의 뛰어난 전략은 후세의 무장들 사이에 널리 이용되었다. 우리나라에도 일찍이 소개되어 애독되었으며 조선 시대에는 한때 역과 초시(譯科 初試)의 교재로 쓰였으며 최근에는 소설로도 소개되어 널리 읽히고 있다. 그는 두 다리가 절단된 중증장애인이었다고 한다.

### 중국 최고의 역사가 사마천

사마천(B.C 145~186)은 중국 전한시대의 역사가인데 그에 대한 자료는 매우 희박하다. 그는 부친 사망 후 그 뒤를 이어 태사령(太史令)이 되었다. 기원전 104년 공손경 등과 함께 태초력(太初曆)을 제정하여 후세 역세(曆歲)의 기초를 이루었다. 기원전 98년 한나라 장군 이능이 흉노에 항복한 것을 변호하다가 천자의 분노를 사서 궁형에 처해져 지체장애를 갖게 되었지만 그때부터 중국 역사를 기술하기 시작하였다. 그가 평생을 바쳐 저술한 「사기(史記)」는 동양 최고의 역사서로 평가되고 있다.

### 돈키호테처럼 살다 간 세르반테스

세르반테스는 에스파냐의 수도 마드리드에서 1547년에 태어났다. 아버지는 의사이고, 어머니는 귀족 출신이었는데 생활은 매우 어려웠다. 때문에 세르반테스는 학교에도 제대로 다니지 못했다. 16세기 에스파냐는 문화가 발달되어 전 세계가 모방할 정도였다. 세르반테스는 문화 분야뿐 아니라 정치, 경제적으로 에스파냐가 세계를 제패하던 시절에 살았다. 또한 17세기 초 세르반테스가 「돈키호테」를 발표할 무렵에는 유쾌한 풍자문학과 익살을 담은 대화와 극, 시가 번성했다.

세르반테스는 어릴 때부터 예수회에서 교육을 받았는데 친구에게 상처를 입히는 결투를 한 뒤 로마로 도피했다. 귀국 후 세르반테스는 군인이 되어 레판토 해

전에 참가했다. 이때 세르반테스는 가슴과 왼팔을 다쳤는데 이 부상으로 한 쪽 팔을 쓰지 못하는 장애인이 되었다.

몇 년 뒤인 1573년에는 튀니스 싸움에 참가하고 귀국하다가 터키군의 포로가 되어 5년 동안 옥살이를 하였다. 세르반테스는 이때 네 번이나 탈옥을 시도했는데 모두 실패했다. 그러나 그러한 실패는 각계각층의 인물과 사귈 수 있는 계기가 되었으며 이것은 뒷날 「돈키호테」를 쓰는 데 있어 큰 도움이 되었다.

다시 마드리드로 돌아온 그는 생활이 너무 어려워 물가가 싼 남미로 가려고 애를 썼으나 모두 허사로 돌아갔다. 할 수 없이 스페인 남쪽지방을 돌아다니며 겨우 생활을 꾸려 나갔다. 그 고난 속에서 1584년에 결혼한 후 소설을 비롯한 30편의 희곡을 썼다. 하지만 성공을 거두지는 못했다. 세르반테스는 이렇듯 시도하는 일마다 실패에 실패를 거듭하였다.

1602년에는 누명을 쓰고 옥에 갇히는가 하면 풍운아로서 밑바닥 생활을 체험했다. 가난뱅이 세르반테스가 한 가지 성공을 한 것이 있다면 그것은 바로 작품 「돈키호테」이다. 「돈키호테」는 1, 2부 두 권으로 되어 있는데 2부는 1부가 발표된 후 11년 뒤에 완성되었다. 그러나 돈키호테가 큰 호응을 얻으며 성공했음에도 불구하고 세르반테스는 죽을 때까지 가난을 면치 못했다.

「돈키호테」 외의 세르반테스의 작품으로는 12개의 단편을 묶은 모험 소설집과 희곡집이 있으며 시집으로는 「파르나소산의 여행」이 있다. 고난과 실패를 겪으며 되는 일이 하나도 없던 세르반테스에게 「돈키호테」는 구원이었다. 이 소설처럼 세르반테스는 낙천적으로 실패와 고난의 인생을 이어 갔던 것이다.

### 20세기 최고의 문인 셰익스피어

셰익스피어(1564~1616)는 영국 최대의 문호이다. 셰익스피어는 아름다운 자연에 둘러싸인 영국의 전형적인 소읍 스트레스포드에서 장남으로 태어났다. 부친 존 셰익스피어는 농산물 판매 사업으로 부유한 경제 기반을 잡는 데 성공하여 이 고장의 행정에 깊이 관여한 유명 인사였다. 부유한 부친으로 인해 그는 비교적 풍족한 어린 시절을 보냈지만 13~14세에 부친의 사업 부진과 법원의 소송 문제 등으로 가세가 기울어 부득이 학업을 중단하고 집안 일을 도울 수밖에는 없는 상황이 되었다.

그는 18세 되던 해에 여덟 살 연상인 앤 해더웨이와 결혼하여 삼 남매를 낳고 런던으로 간다. 그곳에서 여러 잡역을 하다가 희극역 배우, 극작가로 성공한다. 1590년을 전후한 시대는 엘리자베스 1세 여왕의 치하에서 국운이 융성한 때였으므로 문화면에서도 고도의 창조적 잠재력이 요구되던 때였다. 그런 이유로 그는 엘리자베스 여왕과 제임스 1세의 후대를 받아 재질을 더욱 빛낼 수 있었다.

1590년대 초 런던의 극장이 질병의 유행으로 인해 일시적으로 폐쇄된 적이 있는데 이것은 그에게 본격적인 집필 활동을 할 수 있는 기회가 되었다. 그리하여 최초로 그의 이름을 붙인 작품집 「비너스와 아도니스」가 출판되었으며 그의 소네트 대부분도 이 시기에 씌어진 것이다.

극작가로서의 셰익스피어의 활동기는 1590~1613년까지 대략 24년 간으로 볼 수 있으며 그는 이 기간에 모두 37편의 작품을 발표하였다. 그의 작품을 시기적으로 분류해 보면 초기에는 습작적 경향이 보였으나 영국사기를 중심으로 한 역사극에 집중하던 시기, 낭만 희극을 쓰던 시기, 화해의 경지를 보여 주던 로맨스극 시기로 나눌 수 있다. 그가 다른 작가와 다른 점은 이처럼 시대적 구획이 뚜렷하게 구분된다는 점이다.

그의 작품이 한층 깊이를 더한 것은 낭만 희극을 쓰고 난 뒤 비극의 작품을 쓰면서부터였다. 4대 비극 〈햄릿〉, 〈오셀로〉, 〈리어왕〉, 〈맥베스〉는 셰익스피어 문학의 절정이자 세계문학의 금자탑이라는 평가를 받고 있다.

셰익스피어는 안짱다리로 걸음이 불편한 지체장애를 갖고 있었고, 성격이 내성적이라 혼자서 조용히 작품을 집필하는 것을 좋아했다. 런던에서 유명해지자 사람들을 피해 고향으로 내려가 평화로운 여생을 보내다가 1616년 54세의 일기로 세상을 떠났다.

### 낭만파 시인의 대명사 바이런

영국의 세계적 낭만파 시인인 바이런(1788~1824)은 런던의 귀족 집안에서 출생하여 어려서부터 훌륭한 글 재주로 주위의 칭찬을 받으며 성장했다. 케임브리지 대학에 입학하여 역사와 문학을 전공했다. 1807년 〈게으른 날들〉을 발표했으나 평판이 좋지 않았고, 졸업한 뒤 무질서한 생활을 계속하다 유럽을 여행하고 돌아와 견문기 「차일드 헤럴드의 여행」을 출판하고서 일약 유명해졌다. 계속하여 〈해적 라라〉 등의 많은 시를 발표하였으나 부인 문제 등으로 비난을 받고 다시 유럽 여행에 올랐다.

그는 〈돈환〉 등 유명한 작품을 계속 발표하여 19세기 낭만파의 대표적인 작가가 되었다. 항상 그리스 문화를 사랑했던 그는 23년 그리스 독립전쟁에 참여해 독립군에게 사기를 북돋아 주었는데 〈오늘 나는 36세가 되었다〉는 시를 마지막으로 말라리아 병에 걸려 사망했다. 그는 다리를 절었으나 언제나 자기 자신을 노래하고 사랑하는 시를 쓴 시인으로서 자유롭게 살다 간 낭만주의자였다.

### 첫 여성 노벨문학상 수상자 셀마 라게를뢰프

1858년 스웨덴 베름란드주에서 출생한 라게를뢰프는 명문인 모르바카 집안에서 태어났으나 다리의 장애 때문에 집에서 가정교사를 두고 교육을 받았다. 퇴역 군인으로 문학 애호가인 아버지, 애정 깊은 어머니, 향토의 전설에 밝은 할머니와의 사이에서 아름다운 자연을 대하며 자란 그녀는 일찍부터 문학에 친숙하였다.

그러나 파산으로 집안 사정이 어려워져 24세에 여자고등사범학교에 입학하고, 졸업 후에는 초등학교 교원을 하면서 창작에 전념하던 그녀가 향토의 전설에서 취재한 〈예스타 베를링 이야기〉가 부인잡지 『이둔』의 현상모집에 입선함으로써, 일약 문단의 총아로 데뷔하였다.

그녀의 작품 주제는 주로 향토에서 전승되는 민간설화나 초자연적인 일에서 영감을 얻은 것들이었는데, 특히 향토의 전통 있는 광산이나 농원이 근대 산업주의 시대로 접어들면서 망해 가는 모습을 보고 큰 충격을 받았다. 그녀가 출생한 모르바카 집안의 농원이 남의 손으로 넘어가는 비운을 그린 작품이 바로 〈예스타 베를링 이야기〉이다.

단편집 「보이지 않는 굴레」, 「안티크리스트의 기적」, 중편 「지주 이야기」, 대작인 「예루살렘」 등을 잇달아 발표하였다. 그녀의 작품에는 어느 것에나 모성적인 선의와 사랑으로 가득 차고, 현실과 꿈이 섞여 있어 감미로운 환상 세계를 펼쳐내고 있다.

스웨덴 교육계의 의뢰를 받아 초등학교 아동의 부독본용으로 집필한 「닐스의 모험」은 조국의 아름다운 자연과 전설을 어린이들에게 알리는 작품으로, 남녀노소를 불문하고 모든 사람의 열렬한 환영을 받았으며 이 작품으로 웁살라대학교 명예문학박사 학위를 받았고, 1909년에는 여성 최초의 노벨문학상을 수상하였으며, 1914년에는 여성으로서 최초의 스웨덴 아카데미 회원이 되었다.

1차 세계대전에서 큰 충격을 받았던 라게를뢰프는 2차대전이 발발하자 독일에 있던 유대인 예술가를 구하기 위해 발벗고 나서 자신의 노벨상 수상 메달을 기증하기도 하며 사회 활동도 활발히 펼쳤다.

### 3) 언어장애 문호들

#### 독일을 대표하는 작가 헤르만 헤세

헤르만 헤세는 1877년 남부 독일의 뷔르템베르크의 소도시 칼브에서 태어났다. 신교의 목사인 아버지는 인도에서 선교 활동을 한 일이 있으며, 외할아버지는 30여 개국의 언어를 구사하는 뛰어난 분이었다. 그의 서재에는 기독교 서적에서부터 그리스 및 라틴의 고전, 인도의 서적 등으로 가득 차 있었다. 이러한 모든 것들은 어린 헤세에게 많은 영향을 주었다. 많은 독서의 영향으로 헤세는 어려서부터 동양 종교에 흥미를 느꼈으며 코스모폴리탄적인 평화주의를 지향하게 되었다. 또한 18세기의 독일문학에 심취하기도 했는데 소년 헤세는 이렇듯 간접 체험을 통해 공상의 나래를 펼쳤다.

14세가 되자 헤세는 목사가 되기 위해 마울브론 신학교에 입학하지만 학교 규율을 제대로 지키지 못하여 반년 만에 퇴학당하고 만다. 한편 극도의 신경쇠약으로 자살을 시도하는 등 우울증으로 시달렸는데 그럴 때 괴테의 작품을 읽고 나면 마음의 안정을 되찾곤 하였다고 한다. 한때는 숙련공이 되려고 기계 공장에서 3년 동안이나 시계 톱니바퀴를 다루는 일을 하기도 하였으나 주위의 비웃음에 그만두었다. 기계공장을 그만둔 헤세는 서점의 점원 생활을 시작했는데 그 때의 체험이 소설 「수레바퀴 밑에서」를 낳았다.

1899년에는 시집 「낭만의 노래」와 「한밤중의 한 시간」을 발표했다. 1904년에 쓴 「페터 카멘친트」는 자연 속에서 인간의 애정을 탐구하고 있는데 헤세는 이 작품으로 일약 유명 작가가 되었다. 그해 아홉 살 연상인 마리아 베르누이와 결혼한 그는 조용한 시골에 파묻혀 오로지 창작에만 몰두했다. 그리하여 1915년에 유명한 「크놀프」를 발표하였다. 1911년 헤세는 결혼 생활에 회의를 느끼고, 싱가포르, 수마트라, 실론 등으로 여행을 떠났다. 그때 받은 감명들을 글로 옮긴 책이 1922년에 발표된 「싯타르타」이다.

한편 아내의 정신병 악화와 자신의 신경성장애 때문에 헤세는 정신과 의사에게 심리요법으로 치료를 받았다. 그 후 정신과 의사의 권유를 받고 프로이드 심리학을 연구한 헤세는 1919년 우리에게 널리 알려져 있는 「데미안」을 완성하였다. 인간의 본성과 이성의 갈등을 그린 「지와 사랑」은 1930년에 발표되었으며 대작 「유리알 유희」는 1943년에 발표되었다.

마침내 1946년 헤세는 노벨문학상을 수상하였다. 그의 시나 소설은 음악적 아름다움을 지니고 있고, 그 내용이 명상적이라는 것이 특징이다. 특히 헤세의 작품 속에는 인도의 불교철학이 숨쉬고 있음이 발견된다. 헤세를 평생 괴롭힌 것은 신경쇠약 외에도 언어장애였다.

### 〈인간의 굴레〉의 서머셋 모음

「달과 6펜스」로 유명한 작가 서머셋 모음은 1874년 파리 주재 영국 대사관

고문 변호사의 아들로 파리에서 출생하였다. 8세 때 어머니를 여의고 10세 때는 아버지마저 돌아가시자 모음은 목사인 숙부의 집으로 가서 자라게 된다. 이곳에서 보낸 그의 소년 시절은 자전적 소설인 「인간의 굴레」에서 묘사된 것처럼 매우 불행하고 고독했다.

독일로 유학을 갔던 모옴은 그곳에서 생활하면서 예술에 대한 호기심과 문학에 대한 눈을 뜨게 되었다. 그리하여 작가가 되기로 결심을 하고 영국으로 돌아오나 숙부에게는 차마 그의 뜻을 말하지 못한다. 그는 생활을 꾸려 나가기 위해 성 토머스 병원의 부속 의과대학에 입학하고 그곳에서 의사 자격증을 딴다. 그 후 10년 동안 그는 장편, 단편, 희곡 등 많은 작품을 썼지만 이렇다 할 성과를 얻지는 못했다. 그러다가 1908년 희곡 〈프레더릭 부인〉이 큰 성공을 거둠으로써 이름을 얻었다. 그 후 4년 동안 그는 유명 극작가로서 런던의 사교계를 드나들며 여유로운 생활을 하게 된다. 그러나 1912년경부터는 극작까지 중단하고 자신의 가슴속에 응어리진 어린 시절의 고독과 그의 삶을 소설로 구성하기 시작한다. 그리하여 2년 만에 완성한 것이 장편소설 「인간의 굴레」 이다.

1915년에 발표된 이 소설은 발표 당시에는 사람들에게 별 호응을 얻지 못하였다. 1919년 폴 고갱의 모델로 하여 쓴 「달과 6펜스」 를 발표하여 일약 스타가 되었다. 미국에 이어 프랑스에서 순식간에 베스트셀러에 오르자 그동안 별 반응을 보이지 않았던 「인간의 굴레」 도 새로운 평가를 받게 되었다.

모옴은 말을 몹시 더듬는 언어장애를 갖고 있어 독자들과 편지를 통해 만났고 기자 인터뷰를 피해 다녔다고 한다.

### 〈이상한 나라의 앨리스〉의 루이스 캐럴

1932년 영국 출생인 루이스 캐럴은 옥스퍼드대학 수학과 교수였다. 언어와 청각장애가 있었던 그는 옥스퍼드 신학대학장이자 친구인 핸리 조지 리들의 막내딸인 열 살 난 앨리스 리들과 두 언니에게 이야기를 들려주는데 작품 속의 주인공은 바로 이 앨리스 리들이 모델이 된 것이다.

1862년 4월 루이스 캐럴이 리들 학장 가족과 옥스퍼드에서 갓 스토우까지 테임즈 강을 따라 보트로 여행을 하면서 매일 저녁 세 자매에게 이야기를 들려주었는데 이 〈이상한 나라의 앨리스〉도 그 이야기 중의 하나이다. 이 이야기는 1865년에 출판되어 서점에 나오자 마자 선풍적인 반응을 일으키며 베스트셀러가 되었다.

루이스 캐럴은 말더듬에 한쪽 귀의 청력에 장애가 있는데다 지나칠 정도로 내성적인 성격이어서 성직자의 자격이 있었음에도 평생토록 설교단에 서지 않았다고 한다. 루이스 캐럴의 본명은 찰스 루트위지 도지슨으로 1832년 영국 성공회 신부의 11남매 중 장남으로 태어났다. 그의 생애는 영국의 전성기였던 빅토리아 여왕의 통치기간과도 거의 일치하는데 내성적이고 복잡한 성격 탓에 어린 소녀들을 사랑하면서 일생을 독신으로 지냈다.

수학교수였지만 동화작가로 더 유명해진 루이스 캐럴은 왕성한 호기심으로 다방면에 걸쳐 연구를 했는데 역사, 희극, 언어, 논리학은 물론 아동문학과 사진에도 관심이 많았다. 당시에는 사진술이 발전되지 않은 터라 사진술은 매우 복잡한 첨단 기술이었다. 실제로 그는 직접 사진 스튜디오를 운영하면서 인물 사진작가로도 유명했는데 〈침대 위에서 잠자는 알렉산드라〉 같은 작품은 자연스러운 자세를 포착해 인물의 특징을 나타내는 기법을 개발한 것으로 인정받고 있다.

루이스 캐럴은 앨리스 리들에게 지나치게 관심을 보이는 것을 의심한 앨리스의 어머니 때문에 마음에 상처를 입고 대학교수를 그만두게 되지만 1872년에 발표된 「거울나라의 앨리스」란 책에서도 앨리스 리들은 보이지 않는 뮤즈로 다시 등장하고 있다.

빅토리아 시대의 대부분의 동화작품이 도덕적 교훈을 내용으로 하고 있는 점에 비해 루이스 캐럴의 작품은 그 자신이 매우 도덕적이고 보수적이었음에도 불구하고 유머와 환상적인 내용을 바탕으로 하여 아이들에게 순수한 즐거움을 주었다. 때문에 그를 근대 아동문학 확립자의 한 사람으로 평가하기도 하는데 이 모든 것은 어린이를 아끼고 사랑한 그가 아이들을 기쁘게 해 주려던 마음에서 비롯된 것이라 볼 수 있다.

그는 루이스 캐럴이라는 필명을 씀으로써 학자이자 보수적인 인간으로서의 도지슨과 재미있고 환상적인 세계를 추구하는 감성적 존재로서의 루이스 캐럴을 엄격히 구별하려고 했겠지만 〈이상한 나라의 앨리스〉에는 다양한 수학 게임과 퍼즐, 논리적 역설, 수수께끼, 말놀이 등이 잘 나타나 있다. 어떤 의미에서 루이스 캐럴은 수학 레크레이션을 발전시킨 사람이기도 했다.

## 2. 화가

### 풍자화로 세상을 꼬집은 고야

고야(1746~1828)는 가난한 농부의 아들로 태어났는데 프랑스 대혁명에 심취하여 가톨릭의 위선을 꼬집었다. 프랑스 혁명이 일어나기 전 카를로스 4세 밑에서 고야는 궁정화가가 되었고 스페인에서 가장 큰 성공을 거둔 화가로서 인기를 누렸다. 1795년 왕립 아카데미 원장이 되었고, 1799년에는 수석 궁정화가가 되었다. 명예와 세속적 성공을 무척이나 좋아했지만 자신이 몸담았던 상류사회와 후원자들에 대한 그의 기록은 무자비할 정도로 신랄하다.

1792년에 열병을 앓고 청각장애인 된 뒤 그의 예술은 새로운 특성을 나타냈는데, 자신의 예리한 눈과 비판적인 정신으로 관찰한 현실과 상상의 세계를 자유롭게 표현했다. 〈난파선〉, 〈역마차를 습격하는 강도들〉, 〈불〉 등의 재앙을 나타내는 작은 그림들을 그려서 편지와 함께 왕립 아카데미 부고문에게 보냈다. 1794년에 쓴 그 편지에는 '나는 주문작품에서는 환상이나 창의력을 발휘할 수 없어 전혀 관찰하지 못했던 것을 지금은 관찰할 수 있습니다.' 라고 씌어 있다. 연작으로 그린 이 그림들은 〈정신병원〉으로 완성되었다. 이것은 고야가 사라고사에서 실제로 본 장면을 대담한 스케치 기법으로 그린 것으로 풍자화처럼 과장된 사실주의의 효과를 낸 작품이다.

그러나 그는 더 의도적이고 진지한 풍자를 위하여 능통해 있던 소묘와 판화를 이용하기 시작했다. 80점의 동판화로 이루어진 〈변덕〉에서 그는 풍자만화의 대중적 상상력을 이용하여 정치적·사회적·종교적 악습을 비판했으며, 수준 높은 독창성을 발휘했다. 색조의 효과를 높이기 위해 새로 개발한 애쿼틴트(aquatint) 기법을 능란하게 구사한 이 작품은 놀랄 만큼 극적인 생생함을 보여 주며 동판화의 역사에서 중요한 업적으로 남아 있다.

그는 친구와 관리들의 초상화를 많이 그렸는데, 더욱 폭넓은 기법과 아울러 성격묘사에 새로이 중점을 두었으며 특히 얼굴 묘사에는 성격을 꿰뚫어 보는 그의 예리한 통찰력이 잘 나타나 있다. 이 점은 〈도냐 이사벨 데 포르셀〉과 같은 여성의 초상화에서 특히 진가를 보여 준다. 〈카를로스 4세의 가족〉에서는 주요 인물들의 보기 흉하고 천박한 모습이 풍자화의 효과를 자아낼 정도로 아주 생생하게 묘사되어 있다.

### 인상파의 거장 오귀스트 르누아르

르누아르는 프랑스 리모주에서 1841년 출생하여 4세 때 파리로 이사하였다. 집안이 어려워 그는 13세부터 도자기 공장에 들어가 도자기에 그림 그리는 일을 하였다. 이곳에서 색채를 익힌 것이 뒤에 큰 도움이 되었다. 이 무렵부터 점심시간에는 루브르미술관에 가서 작품을 감상하며 화가의 꿈을 꾸었다. 그러나 기계화의 물결에 밀려 실직하였다. 1862년 글레이르의 아틀리에에 들어가 모네, 시슬레, 바지위 등을 알게 되고 또 피사로, 세잔, 기요맹과도 사귀어, 훗날 인상파 운동을 지향한 젊은 혁신 화가들과 어울리게 되었다.

인상파의 기치를 든 1874년 제1회 전람회에는 〈판자 관람석〉을 출품하였고, 계속하여 제2회와 제3회에도 참가하여, 한동안 인상파 그룹의 한 사람으로서 더욱더 눈부시게 빛나는 색채 표현을 하였다. 〈물랭 드 라 갈레트〉와 〈샤토에서 뱃놀이를 하는 사람들〉은 인상파 시대의 대표작이다.

1881년 이탈리아를 여행하며 라파엘로나 폼페이의 벽화에서 감동을 받고부터는 그의 화풍도 마침내 새로운 전기를 맞이하였다. 귀국 후 얼마 동안의 작품은 색감과 묘법(描法)이 크게 바뀌었고 1890년대부터는 꽃 · 어린이 · 여성 등 미묘한 대상의 뉘앙스를 관능적으로 묘사하였다.

프랑스 미술의 우아한 전통을 근대에 계승한 뛰어난 색채가로서, 1900년에 레지옹 도뇌르 훈장을 받았다. 만년에는 지병인 류머티즘성 관절염 때문에 손가락에 연필을 묶고 그리면서도 마지막까지 제작하는 기쁨을 잃지 않았다. 최후 10년 간은 조수를 써서 조각에도 손대어 〈모자(母子)〉와 같은 작품을 남겼다. 르누아르는 온몸이 마비되어 항상 집에서 지냈다. 친구 마티스가 방문하여 온몸이 뒤틀리는 고통과 싸우면서도 그림을 그리는 르누아르에게 물었다.

"그렇게 고통스러워하면서도 계속 그림을 그리는 이유가 뭔가?"

"고통은 지나가지만 아름다움은 남기 때문이네."

많은 사람들에게 사랑받고 있는 〈목욕하는 사람들〉은 온몸이 마비된 지 14년 만에 완성한 작품이다.

### 타는 듯한 색채의 빈센트 반 고흐

빈센트 반 고흐(1853~1890)는 네덜란드 출신으로 목사의 아들로 태어나 화상 구필의 조수로 헤이그, 런던, 파리에서 일하고 이어서 영국에서 학교 교사, 벨기에의 보리나주 탄광에서 전도사로 있으며 화가에 뜻을 두었다. 그때 그린 그림이 〈감자를 먹는 사람들〉이다.

네덜란드 시절에는 어두운 색채로 비참한 주제가 특징적이었다. 그 후 파리에서 인상파, 신인상파의 영향을 받는다. 이상할 정도로 꼼꼼한 필촉(筆觸)과 타는 듯한 색채에 의해 반 고흐 특유의 화풍을 전개시킨다. 주요 작품은 〈해바라기〉, 〈아를르의 침실〉, 〈의사 가셰의 초상〉 등이 있다.

아를르에서 고갱과의 공동생활 중 병의 발작에 의해서 자기의 왼쪽 귀를 자르는 사건을 일으켜 정신병원에 입원하였었고 계속되는 생 레미 시대에도 정신병원 입퇴원의 생활을 되풀이한다. 파리 근교의 오베르 쉬르 우아즈에 정착했으나 권총으로 자살했다. 생전에는 극히 소수의 사람에게만 평가되었다. 동생 테오와 지인들에게 보낸 방대한 양의 편지는 서간문학으로서 중요하다. 오테를로의 크뢸러 뮐러 미술관, 암스테르담의 반 고흐 미술관 등에 주요 작품들이 소장되어 있다.

### 우울한 천재 화가 로트레크

로트레크(1864~1901)는 프랑스의 화가로 전체 이름은 앙리 마리 레이몽 드 툴루즈-로트레크-몽파(Henri Marie Raymond de Toulouse-Lautrec-Monfa)이다. 툴루즈의 구(舊) 명문 귀족의 아들로 태어났다. 본래 허약한 체질인데다 소년 시절에 사고로 척추와 양쪽 다리에 장애를 갖게 되었다. 소년 시절에는 동물 그림을 많이 그렸다. 1882년 처음으로 보나에게 그림 공부를 시작하였고 이어서 코르몽에게 사사를 받았다. 드가, 고흐와 친교를 맺으며 강한 영향을 받았다. 그는 서커스 · 흥행장 · 놀이터 · 운동경기 · 무용장 · 초상화 등을 즐겨 그리고 포스터를 예술적 경지로 올려놓았다. 인상파에 속하고 유화 외에 파스텔 · 수채 · 석판에도 독특한 스타일을 창시하였다. 음주와 방탕으로 건강을 해쳐 요절하였다. 사후에 출생지 알비에는 루즈 로트레크 미술관이 창설되었다(1922).

주요 작품으로 〈물랭 드 라 갈레트〉, 〈춤추는 잔느아블리르〉, 〈물랭 루즈〉 등이 있다.

### 페미니즘 화가 프리다 칼로

프리다 칼로(1907~1954)는 멕시코시티 교외 코요아칸에서 출생하였다. 헝가리계 독일인인 아버지는 평범한 사진사였으며 그에게 '프리다'라는 이름을 붙여주었는데 독일어로 평화를 의미한다. 프리다 칼로의 집안은 가난했으며 어머니의 우울증으로 유모의 도움으로 자랐다.

1913년 6세 때 소아마비에 걸려 오른쪽 다리가 약해지는 장애가 생겼고, 이 때문에 내성적이고 관념적인 성격이 되었다. 1921년 의사가 되기 위해 국립예비학교에 다녔다. 정치에 관심이 많았으며 러시아 혁명에 심취하여 평생 공산주의 옹

호론자가 되었다. 이때 학교의 벽면에 프레스코 벽화를 그리는 디에고 리베라(Diego Rivera)를 목격하고 심리적인 큰 영향을 받았다. 당시 리베라는 유럽에서 돌아와 멕시코 문화운동을 주도하는 유명한 예술가로 칼로는 그의 작품과 인간적인 매력에 빠져 흠모하게 되었다. 칼로는 리베라의 영향으로 그림을 그리게 되었다.

1925년 18세 때 교통사고로 척추와 오른쪽 다리, 자궁을 크게 다쳐 평생 30여 차례의 수술을 받았는데 이 사고는 그의 삶뿐만 아니라 예술 세계에도 큰 영향을 주었다. 사고로 인한 정신적, 육체적 고통은 작품 세계의 주요 주제가 되었다. 1929년 연인이었던 디에고 리베라와 21세의 나이차를 극복하고 결혼하였다. 결혼 이후 프리다는 리베라를 내조하느라 자신의 작품을 그릴 여유가 없었다. 멕시코 혁명에 적극적이었지만 결혼 이후에는 남편 리베라와 함께 정치적 논쟁에 휘말렸으며 멕시코 공산당에서 탈퇴하였다.

1930년 벽화 제작을 의뢰받은 리베라와 함께 미국 샌프란시스코, 뉴욕, 디트로이트에서 머물렀다. 하지만 미국에서 프리다는 리베라의 그늘에 가려 항상 외롭고 힘겨운 시간을 보내야 했다. 1933년 록펠러재단의 의뢰를 받고 벽화를 제작하던 중 레닌의 얼굴을 그려넣을 것을 두고 재단 측과 불화로 벽화 제작이 취소되었고 마침내 고향 멕시코로 돌아왔다.

멕시코에 돌아온 후 남편 디에고 리베라와 관계가 나빠지기 시작했다. 리베라의 자유분방하고 문란한 여자관계는 급기야 프리다 칼로의 여동생과 바람을 피우고 말았다. 프리다 칼로는 극심한 고통 속에서 나날을 보냈으며 이 당시 자신의 심경을 표현한 〈몇 개의 작은 상처들〉이 남아 있다. 디에고 리베라에 대한 실망과 배신 그리고 분노는 프리다 칼로의 작품 전반에 걸쳐 많은 영향을 끼치게 되었다.

1939년 피에르 콜 갤러리에서 열린 〈멕시코전〉에 출품하여 파블로 피카소, 바실리 칸딘스키, 마르셀 뒤샹 등으로부터 초현실주의 화가로 인정받았으나 프리다 칼로 자신은 자신의 작품 세계가 유럽의 모더니즘의 영향을 받은 것이 아니고, 멕시코적인 것에 뿌리를 둔 것이라고 자신의 정체성을 밝혔다. 그해 유럽에서 멕시코로 돌아와 같은 해 11월 디에고 리베라와 이혼했다. 잠시 미국에 체류하면서 사진가 니콜라 머레이와 사랑에 빠지기도 하였지만 그녀에게 리베라는 절대적인 사랑의 존재였다. 1940년 8월 프리다는 디에고와 다시 결혼을 했는데 프리다는 디에고에게 성관계를 갖지 않는다는 조건을 요구하여 합의하였다.

프리다의 삶은 매우 연극적이었고 항상 여사제처럼 전통 의상과 액세서리를 착용하였으나 남성에 의해 여성이 억압되는 전통적인 관습을 거부했기 때문에 페미니스트들에게는 20세기 여성의 우상으로 받아들여지기도 한다. 작품으로는 사고로 인한 신체적 고통과 남편 리베라 때문에 겪게 된 사랑의 아픔을 극복하고자 거울을 통해 자신의 내면 심리 상태를 관찰하고 표현했기 때문에 특히 자화상이 많다.

프리다 칼로의 작품에 영향을 끼친 또 다른 점은 세 번에 걸친 유산과 아이를 낳을 수 없다는 사실이었다. 선천적인 골반기형 때문이었고 이는 고통스러운 재앙으로 받아들여져 〈헨리포드 병원〉, 〈나의 탄생〉, 〈프리다와 유산〉 등과 같은 작품들로 형상화되었다. 이 작품에서 프리다 칼로의 모습은 탯줄과 줄 혹은 뿌리 같은 오브제들과 연결되어 있음을 볼 수 있다. 또한 〈상처받은 사슴〉 속의 그녀의 모습은 비록 여러 개의 화살 때문에 피를 흘리고 있음에도 불구하고, 시선은 매우 투명하고 강한 빛을 발하는데 이는 삶에 대한 강한 의지와 자신의 고통이 오히려 예술로 승화되었음을 나타낸다.

이후 프리다는 회저병으로 발가락을 절단하는 수술을 받았고 골수이식 수술 중 세균에 감염되어 여러 차례 재수술을 받아야만 했다. 극심한 고통 속에서도 1953년 프리다 기념전이 열렸으며, 1954년 건강이 악화되었지만 자신의 정치적 신념을 표현한 마르크스와 스탈린을 추앙하는 정치색이 짙은 작품을 제작하였다. 그해 7월 2일 디에고와 함께 미국의 간섭을 반대하는 과테말라 집회에도 참가하였다가 7월 13일 폐렴이 재발하여 사망하였다.

자신의 죽음을 예견하고 마지막 일기에는 '이 외출이 행복하기를 그리고 다시 돌아오지 않기를….' 이라는 글을 남겼다.

1970년대 페미니즘 운동이 대두되면서 그녀의 존재가 새롭게 부각되기 시작했고, 1984년 멕시코 정부는 그녀의 작품을 국보로 분류하였다.

### 행위 예술의 진수를 보여 준 도로시아 랭

도로시아 랭(1895~1965)은 미국의 보도 사진 작가이다. 대공황 시대의 작품으로 유명해졌고, 문서 사진의 발전에 큰 영향을 주었다. 그녀는 독일계 이민 2세로 뉴저지 주 호보컨에서 태어났는데 1902년에 소아마비로 오른쪽 다리에 장애를 갖게 되었다. 랭은 가난하여 학교에 가지 못하였고, 12세 때 아버지가 집에서 나가 집안은 더욱 어려워졌다.

사진에 관심이 많았던 랭은 뉴욕의 사진 스튜디오에서 견습생으로 일을 하며 사진을 배웠다. 1918년에 샌프란시스코로 옮겨 그곳에서 인물 사진 스튜디오를 열었다. 메이 나드 딕슨과 결혼하였지만 사진 작가로서 야외 촬영에 몰두하였다.

그녀는 세계공황으로 거리로 쏟아져나온 실업자와 노숙자의 처참한 모습을 카메라 렌즈에 담아 사회에 생생하게 알리는 역할을 했는데, 그것으로 농업안정국(FSA)의 FSA 프로젝트에 참여하게 되었다. 1935년에 메이 나드와 이혼하고 UC 버클리대학 경제학과 교수인 폴 슈스타 테일러와 재혼했다. 그녀는 5년간 새 남편 폴이 탐문과 경제 통계를 조사하고, 랭이 사진을 찍는 형태로 지역의 빈곤과 기생지주제의 착취, 그리고 이주 노동자에 관한 조사연구를 실시했다.

1935년부터 1939년에 걸쳐 그녀의 활동은 소농과 농가, 이주 노동자의 처지를 세상에 알리게 되었다. 그리고 그녀의 몸을 자르는 사진은 일약 이 시대를 대표하는 상징이 되었다. 도로시아 랭은 구겐하임상을 받으며 세계적인 명성을 얻었는데 그녀의 사진 작업은 돈을 벌기 위한 것이 아니라 정말 좋아서 거리로 나가 사진을 촬영하는 예술 행위였다.

### 몸의 예술 펼친 앨리슨 래퍼

영국의 장애예술인 앨리슨 래퍼는 해표지증으로 두 팔이 없고 두 다리는 짧은 상태로 태어났다. 부모가 있었지만 청소년기를 시설에서 보내고 19세에 런던으로 와서 브라이튼대학교 예술대를 우등생으로 졸업했다. 그는 주로 자기 몸을 사진과 그림으로 표현하는데, 신체의 정상성과 미의 기준에 도전하기 위해서다.

〈그림4〉는 래퍼가 실제로 경험한 일을 직접 누드 사진으로 찍은 것이다. 남편이 자신과 아들을 버리고 떠나 버리자 복지담당 공무원이 찾아와 아들을 강제로 위탁가정으로 보내려고 했다. 래퍼의 몸으로는 혼자 아이를 양육할 수 없다는 이유에서였다. 엄마 배 위의 아들을 앗아가려는 보라색(본문 사진에서는 초록색) 두 팔은 관료주의를 표현한다. 그는 강력하게 저항하여 결국 아들을 지켜 냈는데, 두 팔이 없는 엄마와 맨살을 맞대고 있는 아이의 모습에서 강한 유대감과 원초적 저항성을 엿볼 수 있다. 이처럼 래퍼 역시 자신의 벗은 몸을 통해 강한 저항 의식을 표현한다.

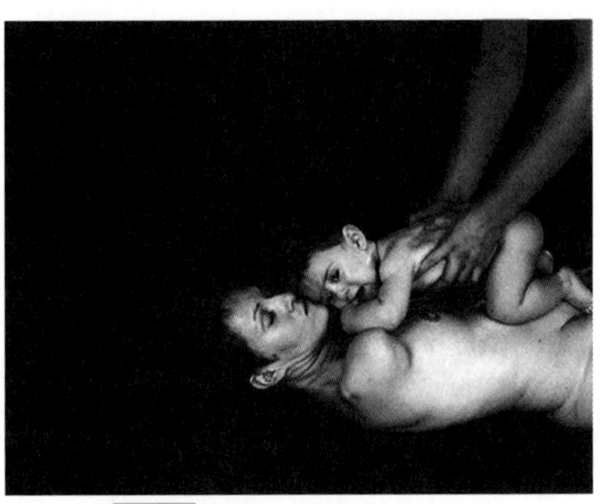

그림4 앨리슨 래퍼의 누드 사진

## 3. 음악인

### 악성 베토벤

루드비히 반 베토벤(Ludwig van Beethoven)은 1770년 라인 강변의 본에서 태어났으나 짧은 35년의 후반생을 빈에서 마쳤다. 할아버지와 아버지가 모두 음악가였던 만큼, 그는 어려서부터 음악에 뛰어난 재능을 보여 14세 때 궁정 예배당의 오르간 연주자로 임명되었다.

그 후 17세에 빈에서 온 발트시타인 백작의 추천으로 빈에 가서 하이든으로부터 음악을 배웠다. 그는 대단한 노력가였고, 겉으로만 아름답고 화려한 것은 싫어했으며 마음속의 감동을 중시하였다. 처음에는 뛰어난 피아니스트로서 빈의 귀족 사회에서 환대받았다. 그 후 유력한 출판자를 만나 잇달아 작곡한 작품이 출판되었으나, 26세에 시작된 난청이 심해져 나중에는 전혀 귀가 들리지 않게 되어 만년에는 많은 고통을 받았고 고독한 생활을 보냈다. 그러나 그의 창작은 이 병마에도 아랑곳없이 오히려 고뇌와 함께 심오함을 더해 가서 음악의 낭만주의에로의 문을 활짝 열어 놓았다. 평생 공직에는 있은 적이 없고, 귀족의 지지는 받았지만 결코 종속되지는 않았다. 그의 음악이야말로 운명에의 반항이며, 투쟁이며, 승리에의 구가였다.

1800년대에 시작되는 그의 중기는 최대의 비극, 즉 귓병의 증상이 나타나기 시작하여, 32세 때 자살을 시도하였다. 그때 쓴 유서가 유명한 하일리겐시타트의 유서이다. 인류를 위해 작곡하는 것이 신에게 주어진 사명이라고 생각하여 음악가로서는 가장 치명적인 청각장애 속에서 음악을 계속한다. 그러나 차차 세속과의 교섭이 끊어짐에 따라 그는 자기의 내면 세계로 침잠해서 피아노 소나타, 현악4중주곡 〈장엄 미사〉, 교향곡 9번 〈합창〉 등 정신적으로 깊이가 있고, 또 때로는 신비적인 후기의 작풍으로 옮겨갔다. 고전적인 초기, 정열적이고 격렬한 중기, 그리고 정신적으로 고고해진 후기의 작품은 인생의 거친 물결에 견뎌 내고 독일이 낳은 최고의 작곡가로 고전파 음악의 완성자이다.

### 제2의 베토벤 베드르지흐 스메타나

베드르지흐 스메타나(1824~1884)는 체코슬로바키아의 작곡가로 보헤미아의 리토미실에서 출생하였다. 아버지는 맥주 양조업자로 그의 반대를 무릅쓰고 일찍이 프라하에 나가 프록시에게 피아노와 음악이론을 배웠다. 어릴 때부터 피아노 연주에 뛰어나 한때는 피아노 연주자가 될 것을 꿈꾸었으나 1848년 오스트리아 2월혁명의 여파로 프라하에도 6월에 혁명운동이 일어나 이에 가담하였다. 그리고 오스트리아의 지배하에 놓인 체코슬로바키아 민족으로서의 의식에 눈떠 민족운동에서의 작곡가의 역할을 새삼 자각하게 되었다.

혁명 실패 후의 가혹한 억압 시대에는 스웨덴으로 건너가 5년간 에보리에 머물면서 지휘자 · 작곡가 · 피아니스트로서의 발자취를 남겼다. 1860년대 오스트리아 정부의 탄압이 느슨해지자 체코슬로바키아 민족운동이 되살아났고, 그도 귀국하여 이 민족운동의 선두에 서서 지휘자 · 작곡가 · 평론가로서 활동하기 시작하였다. 1862년 체코슬로바키아 국민극장의 전신인 가극장(假劇場)이 프라하에 건립되자 이 극장을 위해 작곡한 오페라 〈팔려간 신부〉를 상연하여 큰 성공을 거두고, 그해 가을에는 이 가극장의 지휘자로 임명되어 활발한 활동을 전개하였으나 50세의 한창 나이에 숙환인 환청이 악화되어 10월에는 귀가 전혀 들리지 않게 되었다.

이로 인해 그는 모든 공적 활동을 중지하고 프라하 교외에 은퇴하였다. 그는 오페라에 민족적 제재를 많이 사용하고 음악에는 폴카, 프리안트 등 민족무용의 리듬을 많이 도입하였으나 국민오페라에서는 민요를 도입하지 않고 정신면에서 체코적인 요소를 만들어 나가는 데 전념하였다. 또 교향시에는 리스트 등 신독일파의 수법을 도입하여 민족적인 음악을 창조하는 데 성공하였다. 주요작품으로는 〈국민 의용군 행진곡〉, 〈자유의 노래〉 등이 있고, 오페라에는 〈보헤미아의 브란덴부르크가의 사람들〉, 〈달리보르〉, 〈리부셰〉, 〈두 명의 홀아비〉 등이 있다. 만년의 작품으로는 연작 교향시 〈나의 조국〉, 현악4중주곡 〈나의 생애로부터〉 등이 있다.

### 프랑스 음악의 거장 라벨

라벨(1875~1937)은 드뷔시에 버금가는 현대 프랑스 음악의 거장이다. 1889년 파리음악원에 입학하여 화성을 배운 것 외에 피아노를 전공했다. 1901년에 유명한 로마대상의 콘테스트에 참가했으나 곡의 새로움은 심사위원의 이해를 얻지 못해 겨우 2등상을 받았을 뿐이다. 이듬해와 그다음 해의 두 번에 걸쳐 콘테스트에 응했으나 역시 입선하지 못했다. 그러나 마침내 〈셰헤라자데〉, 〈거울〉, 〈소나

티네〉 등에 의해 확고한 지위를 얻었다. 제1차 세계대전에서 오른손을 잃은 전우 피아니스트 비트겐시타인을 위해서 쓴 〈왼손을 위한 피아노 협주곡〉은 라벨 자신의 지휘로 1931년에 연주되었다. 그는 평생 독신으로 살았으며 실어증으로 말을 하지 못하였다. 〈물의 유희〉는 맑은 리듬으로 음악치료에 사용되고 있다.

많은 사랑을 받고 있는 라벨의 왈츠는 작곡가 이름을 알리지 않았을 때는 혹평을 당했지만 작곡가가 라벨이라는 것을 알고 호평을 받은 바 있어 관객들은 이름을 보고 작품을 평가한다는 것을 알 수 있다.

### 솔 음악의 천재 레이 찰스

레이 찰스(Ray Charles)는 1930년 미국 조지아주 알바니에서 태어나 프로리다주 흑인 빈민촌에서 성장한 어린 시절 지독히도 불행한 일들을 당해야만 했다. 5세 때 친형이 익사하는 것을 목격했고, 7세 때는 백내장으로 시력을 잃었다. 설상가상으로 10대 초반에 아버지와 어머니가 차례로 세상을 떠나는 바람에 고아가 되었다.

레이 찰스는 고달픔을 음악으로 승화시켰다. 초창기에는 냇 킹 콜의 영향을 받아 부드러운 톤으로 노래했는데 1950년대 중반부터 두각을 나타낸 레이 찰스는 1960년대에 들어서면서 인기 스타의 반열에 오르게 된다. 이때부터 레이 찰스의 전성시대와 더불어 주옥 같은 명곡들이 쏟아져 나온다. 〈I Can' t Stop Loving You〉, 〈Hit the Road Jack〉, 〈What' d I Say〉, 〈Hallelujah〉, 〈I Love Her So〉 등이 공전의 히트를 기록했다.

하지만 헤로인 중독으로 세 번이나 구속이 되는 등 음악 천재의 아픔이 노출되기도 했다. 1980년대 중반에 로큰롤 명예의 전당에 헌액됐고, 1987년에는 그래미 어워즈에서 평생 공로상을 수상했다. 물론 레이 찰스는 그래미에서만 13개의 트로피를 거머쥔 그래미 단골 손님이기도 하다. 60여 년간의 음악 생활을 통틀어서 레이 찰스에게는 한 가지 아쉬움이 있다고 했는데 그것은 수많은 레코딩과 다양한 아티스트와의 협연에도 불구하고 듀엣 앨범이 단 한 장도 없었다는 것이었는데 2004년 사망하기 얼마 전에 완성된 듀엣 앨범 〈Genius Loves Company〉에는 비비 킹, 엘튼 존, 나탈리 콜, 마이클 맥도널드, 보니 레이트, 밴 모리슨, 노라 존스 등 당대 최고의 뮤지션들이 레이 찰스의 마지막 음성과 함께하고 있다.

그는 '내 인생은 공연이 전부였다.' 고 말할 정도로 공연과 투어에 열정적으로 참여해 왔다. 단 한 번도 예정된 공연을 취소한 적이 없다는 것이 그가 얼마나 음악을 사랑했는지를 잘 말해 준다.

### 의자 지휘자 제프리 테이트

제프리 테이트(Jeffrey Tate)는 1943년 영국에서 태어났다. 제프리는 왼쪽 다리가 마비되고 등뼈가 굽은 척추장애 때문에 어린 시절 여러 차례 수술을 받으며 음악에 푹 빠지게 됐다. 하지만 그의 부모는 의사가 되길 원했다. 그래서 런던에서 의학 공부를 했지만, 음악에 대한 열정을 버리지 못해 비교적 늦은 나이인 27세에 음악을 시작한다.

제프리는 스웨덴에서 오페라 〈카르멘〉의 지휘를 맡아 데뷔했다. 1985년 영국체임버오케스트라 지휘자가 되었고 미국 뉴욕 메트로폴리탄 오페라 등 수많은 무대에서 관능적인 지휘로 관중들을 매료시켰다.

그는 지팡이를 짚고 무대에 등장해 바로 의자에 앉아서 지휘봉을 드는데 유난히 팔이 길어서 지휘하는 데 부족함이 없고 오페라 작품에 대한 해석에 탁월한 능력을 갖고 있다고 평가받고 있는데, 그 이유는 음악에 대한 진정성과 헌신이 묻어 있기 때문이다. 제프리 테이트는 프랑스 레종 도뇌르 훈장, 대영제국 기사작위 등의 화려한 경력을 갖고 있다.

### 앉아서 연주하는 이자크 펄먼

이자크 펄먼(Itzhak Perlman) 1945년 이스라엘 야파에서 출생한 후 1958년 미국으로 이주했다. 이자크 펄먼은 라디오에서 클래식 음악이 흘러나오는 것을 듣고 처음 바이올린에 흥미를 가졌다. 줄리어드 음악학교에서 공부하였고 1963년 카네기홀에서 데뷔한 후 1964년에는 레벤트리트 콩쿠르에서 우승하여 명성을 얻었다. 그는 전 세계를 돌며 연주를 하였으며, 여러 장의 음반도 냈다. 1970년대부터는 투나잇 쇼 등 미국의 텔레비전 방송에 출연하여 대중적인 인기를 얻으며, 백악관에서도 여러 차례 연주하였다.

이자크 펄먼은 4세 때 소아마비에 걸려 목발을 사용하고 있는데 바이올린 연주는 앉아서 하고 있다. 그는 장애인으로서 얻는 프리미엄은 단연코 거절한다. 자신의 연주가 연주 그 자체로 평가되기만을 원한다. '사람들은 누구나 내 연주만을 갖고 나를 평가해야 합니다. 그렇지 않다면 나는 두 번의 부자유를 겪게 되는 것이지요.' 라고 말했다. 이자크 펄먼은 주로 솔로 연주가로서 활동하였으나, 1990년 12월 레닌그라드에서 열린 차이콥스키 150주기 기념 연주회에서 요요마, 제시 노먼, 유리 테미르카노프와 함께 연주하는 등 다른 유명 음악가들과 여러 차례 협연하였다.

클래식 외에도 재즈와 클레츠머 등 다른 장르의 곡들도 연주하였다. 유명 재즈 피아노 연주가인 오스카 피터슨과 함께 음반을 내기도 했다. 또 영화음악의 연주에도 참여했는데 존 윌리엄스가 음악감독이었던 1993년작 영화 〈쉰들러 리스트〉에 참여하여 아카데미상에서 최고 영화음악 부문을 수상하였다. 이자크 펄먼은 그의 아내 토비 펄먼과 함께 뉴욕에 거주하며 1995년 아내와 함께 펄먼 뮤직 프로그램을 설립하여 젊고 유망한 현악기 연주가들에게 여름 동안 숙식을 포함한 실내악교육을 실시해 오고 있다. 이자크 펄먼은 20세기 후반의 가장 뛰어난 바이올린 연주가의 한 명으로 손꼽힌다.

### 영혼의 목소리 호세 펠리치아노

호세 펠리치아노(Jose Feliciano)는 1945년에 미국 영토인 서인도제도의 푸에르토 리코섬의 힐타운에서 빈농의 아들로 태어났는데 앞을 보지 못하는 시각장애를 갖고 있었다. 미국에 이민을 와서 스페인 이민촌 빈민굴에서 성장하였다. 9세 때부터 기타를 배우기 시작한 그는 18세 때 뉴욕으로 진출하여 스페니쉬 할 렘에 있는 푸에르트 리코 극장에서 처음으로 무대에 섰다. 1963년에 뉴욕의 포크 클럽인 포크 시티에 출연하던 중에 RCA 레코드사에 발탁되어 계약을 맺었으며 1964년에는 뉴포트 포크 훼스티벌에 출연하는 등 활발한 활동을 벌였다.

그 후 호세 펠리치아노는 1965년 여름에 자신의 데뷔 앨범 〈The Voice And Guitar of Jose Feliciano〉를 발표했다. 그리고 1966년 1월에는 두 번째 앨범 〈A Bag Full of Soul〉을 발표하면서 탁월한 자신의 어쿠스틱 기타 솜씨를 펼쳐 보였다. 그의 노래 대부분이 스페인어였기 때문에 라틴 아메리카 쪽에서 인기가 있었고, 그가 정작 미국에서 그의 이름을 드날린 것은 도어스(Doors)가 발표하여 히트시켰던 〈Light My Fire〉를 리바이벌한 것이 1969년 팝차트 3위까지 올라 대중에 알려졌고, 그해 미국 프로야구 월드시리즈 5차전에서 미국 국가를 불러 더욱 그의 주가를 올렸다.

소울 풍의 휠링이 섞인 그의 목소리는 동양적인 애수에 차 있기도 하며, 호세 펠리치아노가 발표해 국내에서 지금까지 애청되고 있는 〈Once There Was A Love〉는 포근함까지 곁들이고 있다. 32개의 골드앨범과 2회에 걸쳐 그래미상을 수상한 바 있는 호세 펠리치아노는 RCA 레코드사에서 모타운 레코드사로 이적해 〈Jose Feliciano〉를 내놓고, 그중에서 싱글 〈Everybody Loves Me〉를 히트시켜 자신이 수퍼스타임을 입증하였다.

### 팝 음악의 살아 있는 신화 스티비 원더

스티비 원더(Stevie Wonder)는 1950년 미국에서 시각장애를 갖고 태어난 싱어송라이터이자 프로듀서, 사회운동가이다. 루치아노 파바로티는 스티비 원더의 콘서트에서 그를 '훌륭한, 아주 훌륭한 음악 천재(great, great musical genius)' 라 평하기도 했다. 유아기 때 실명한 스티비 원더는 청소년기에 모타운 레코드와 계약한 후 지금까지 계속 같은 음반사에서 활동하고 있다. 첫 음반명은 〈Little Stevie Wonder〉이며, 발표연도는 1963년으로 그의 나이 12세 때였다. 이후 그는 9개의 빌보드 차트 1위 곡들을 발표하는 등 지금까지 총 1

억 장이 넘는 음반 판매고를 올렸다. 흑인 팝음악의 살아 있는 신화 스티비 원더는 리듬 앤 블루스, 솔 등 미국 흑인들이 창출해 낸 음악 장르를 꽃피운 음악인으로 대중적 인기뿐만 아니라 음악 전문가들도 그의 천재성에 경탄하고 있다. 그는 자신의 노래뿐만 아니라 유명 가수들에게 작곡, 제작을 해 주면서 리듬 앤 블루스가 미국 팝송의 중심으로 떠오르는 데 결정적인 역할을 했다.

2008년 빌보드지는 빌보드 싱글차트 50주년을 기념하여 50년간 성공적인 차트 기록을 올린 음악가들의 기록을 분석해 순위를 발표했는데(Billboard Hot 100), 스티비 원더는 5위에 올랐다. 스티비 원더는 피아노, 하모니카, 오르간, 베이스 기타, 콩가, 드럼 등 여러 가지 악기를 능숙하게 연주하는 것으로 유명하기도 하다.

### 팝페라의 아이콘 안드레아 보첼리

안드레아 보첼리(Andrea Bocelli)는 1958년 이탈리아 농촌 지역인 투스카니에서 태어났는데 6세 때부터 피아노를 배우며 음악을 접했다. 12세 때 축구를 하다 머리를 부딪히는 작은 사고로 시력을 잃었지만 긍정적인 자세를 잃지 않았다. 피사대학교 법학과를 졸업한 후 몇 년간 법정 선임변호사로도 활동했다. 하지만 음악에 대한 열정을 포기할 수 없어 변호사를 그만두고 야간에 재즈바에서 피아노를 치며 레슨비를 벌면서 테너 프랑코 코렐리에게 성악 레슨을 받았다.

1992년 이탈리아의 유명한 팝스타인 주케로와 함께 〈Miserere〉라는 곡을 부르게 되면서 이름을 알리기 시작했고, 1994년 산레모가요제에서 우승하며 실력을 인정받았다. 1996년에 팝페라 가수 사라 브라이트만과 부른 〈Time to say goodbye〉가 전 세계적으로 공전의 히트를 기록하면서 국제적인 스타로 발돋움했다. 1997년 첫 앨범 〈Romanza〉는 최대 판매 앨범이란 기록을 세웠다.

그는 팝페라라는 새로운 장르를 개척했으며 여러 장의 솔로 음반을 내서 큰 성공을 거두었다. 주빈 메타, 로린 마젤과 같은 세계적인 명지휘자들과 오페라 〈라보엠〉, 〈토스카〉 음반을 녹음하기도 하고, 2003년에는 푸치니 페스티벌에서

정명훈 지휘로 오페라 〈나비부인〉에서 핑커톤 역을 맡기도 하는 등 정통 클래식과 대중음악을 오가며 활발히 활동하고 있다. 안드레아 보첼리는 천상의 목소리, 영혼을 울리는 목소리, 팝페라의 아이콘이란 찬사를 받고 있고, 1998년 잡지 『피플』에 가장 아름다운 사람들 50명 중의 하나로 꼽혔다.

### 맨발의 타악기 연주자 애블린 글래니

애블린 글래니(Evelyn Glennie)는 1965년 스코틀랜드 농촌에서 태어났는데 8세에 귀에 이상이 생겨 12세에 청력을 완전히 잃었다. 중학교 음악 시간에 친구의 북 치는 모습에 반해 타악기 연주를 시작하였다. 악기를 연주하는 사람이 소리를 들을 수 없다는 것은 치명적인 결함이었지만 포기하지 않았다. 청력 문제로 오케스트라 단원이 될 수 없었던 그녀는 솔로 연주가의 길로 나섰다. 그녀는 발과 손끝, 뺨의 떨림으로 소리를 감지하기 때문에 무대에 오를 때는 항상 맨발로 선다. 온몸 전체로 소리를 들으면서도 극도로 섬세해진 발끝의 촉각 하나하나는 그녀만의 특별한 귀가 되어 주었다.

그렇게 20여 년의 노력 끝에 그녀는 미세한 대기의 변화로도 음의 높낮이를 읽어 낼 수 있는 경지에 이르렀고, 50여 개의 타악기를 한꺼번에 다룰 수 있으며, 갖가지 타악기로 작은 빗방울 소리부터 천둥소리까지 만들어 낸다. 1년에 120여 회의 연주회를 열 정도로 인기를 누리고 있다. 또한 청력의 상실로 오케스트라 단원의 길을 포기했었지만 미국으로 건너가 오케스트라와 협연도 가졌으며, 청각장애 어린이들의 음악치료법을 지원해 주는 런던 베토벤 기금단체의 회장으로 활동하고 있다.

그녀의 가장 유명한 음반은 바로토크 벨라의 두 대의 피아노와 타악기를 위한 소나타(Bartok: Sonata for two pianos and percussion)로 거장 지휘자인 솔티, 피아노의 거장 머라이어 페라이어와 함께 연주했던 음반은 그래미상을 수상했다.

글래니의 빼어난 미모도 사람들의 눈길을 끌었는데 1994년 레코드 엔제니어와 결혼을 하여 화제가 되었다. 청각장애인이 어떻게 그토록 훌륭한 연주를 할 수 있느냐는 주위의 질문에 그녀는 '저는 청각장애인 음악인이 아니에요. 다만 청각에 조금 문제가 생긴 음악가일 뿐이죠.' 라고 대답했다.

글래니는 현대 타악기 주자로는 가장 두각을 나타내고 있고 타악기 전문 솔로의 최초 연주자로서 단연히 빛나고 있다.

### 한 팔의 드러머 릭 앨런

릭 앨런(Rick Allen)은 80년대를 풍미했던 영국의 록 그룹 데프 레파드(Def Leopard)의 드럼 연주자이다. 데프 레파드는 80년대에 접어들면서 연속으로 3장의 앨범을 발표하면서 종래의 헤비메탈 사운드가 지니지 못한 부드러움과 팝적인 분위기를 조화시킨 신선한 사운드로 팬들로부터 전폭적인 지지와 함께 80년대를 이끌어 갈 뮤지션으로 평가받는다. 하지만 1984년 12월 릭 앨런이 교통사고로 왼쪽 팔을 어깨 부분부터 절단하는 수술을 받는다.

드럼 연주자에게 팔 하나가 없다는 것은 죽음을 의미하는 것과 마찬가지였다. 사고 이후 데프 레파드는 4년 동안 대중 앞에 모습을 나타내지 않는다. 그리고 언론에서는 그들이 해체되거나 드럼 연주자가 교체될 것이라는 추측성 보도가 이어진다.

하지만 앨런은 드럼 스틱을 놓지 않았다. 그는 하루 8시간이 넘는 피나는 연습을 했다. 한 손으로 치는 것이 익숙지 못해 자주 스틱을 떨어뜨렸지만 누구도 그의 집념을 꺾을 수는 없었다. 스태프들은 앨런을 위해 그만의 전자드럼을 만들어 주었고, 드럼 세트도 북의 숫자를 줄여 주었다. 앨런은 동료와 팬들의 기대에 보답이라도 하듯 1987년 히스테리카(Hyeteria) 앨범으로 화려하게 복귀했다.

앨런의 재기는 단순한 연주의 완성도 차원을 떠나 장애를 극복한 인간승리를 보여 주었다. 1989년 새 음반 홍보차 한국에 들른 앨런은 '어려움을 겪어 보지 않은 사람은 인간이 얼마나 강한 존재인지 알기 힘듭니다.' 라는 의미 있는 한마디를 남겼다.

## 4. 대중예술인

### 청각장애 배우 말리 매틀린

말리 매틀린(Marlee Matlin)은 1965년 미국 일리노이주에서 태어났다. 그녀는 생후 18개월이 되었을 때 홍역에 걸려 오른쪽 귀 청력 모두와 왼쪽 귀 청력의 80%를 상실한 청각장애인이다. 유년기에 지역 내에서 연극 활동을 하던 것이 전부였으나 1986년 영화 〈작은 신의 아이들〉로 데뷔를 하게 된다. 그녀는 이 데뷔작을 통해 아직까지 깨지지 않는 기록을 만들어 놓고 있다. 하나는 현재까지 아카데미상을 수상한 유일한 장애인 연기자라는 기록이며 또한 그녀가 수상했던 여우주연상은 수상 당시 21세로 역대 최연소로 기록되고 있다. 골든 글로브상 여우주연상을 수상하는 등 영화배우로서 성공하였다.

그녀는 평소 '나는 농아배우가 아니라 배우이면서 동시에 농아인 한 인간' 임을 강조해 왔고 미 상원에서 농아특수학교의 필요성을 역설하며 특수학교 보호입안을 요구하기도 했다. 배우이면서 동시에 농아들의 권익에 앞장서는 사회운동가의 역할도 한 것이다.

### 두 다리 의족을 사용하는 모델 에이미 멀린스

에이미 멀린스(Aimee Mullins)는 1976년 미국 펜실베이니아에서 종아리뼈가 없이 태어나 1세 때 무릎 아래를 절단했다. 워싱턴에 있는 조지타운 대학교 때 전미대학 경기협회(NCAA)의 육상 경기에 출전하여 NCAA의 경기에 참여한 최초의 장애인이 되었다.

두 다리가 없는 여성장애인이 패션모델, 영화배우, 육상선수 등 다양한 분야에서 정열적인 활동을 펼치고 있어 전 세계 네티즌들 사이에서 화제가 되고 있다. 그녀는 장애인올림픽에 미국 대표선수로 출전해 자신의 존재를 세상에 알렸고 그 후 1999 알렉산더 맥퀸 패션쇼 모델로 데뷔하였고 2002년 영화 〈크리마스터 3〉에서는 배우로 열연하였고 책을 저술하며 강연 활동을 펼쳤다.

원더우먼으로 불리는 멀린스의 1백 미터 최고 기록은 15.77초이고 멀리뛰기 기록은 3.5미터로 스포츠인으로서의 이미지도 강한 멀린스는 기능과 디자인이 뛰어난 새로운 의족 개발의 필요성을 강조하며 장애인 보조기구 홍보대사 역할도 하고 있다.

### 영원한 슈퍼맨 크리스토퍼 리브

크리스토퍼 리브(Christopher Reeve)는 1952년 뉴욕에서 태어났다. 코넬대학교에 진학하여 공부하면서 직업 배우로도 활동하였다. 지방 무대에서 활동하다가 1976년 브로드웨이로 진출하여 1978년 해양영화 〈위기의 핵잠수함〉에서 단역으로 데뷔하였고 같은해 SF영화 〈슈퍼맨〉에 주인공으로 출연하여 일약 스타덤에 올랐다. 시리즈로 제작된 〈슈퍼맨 2〉와 〈슈퍼맨 3〉에 계속 주인공으로 발탁되어 슈퍼맨이란 이미지를 굳혔다.

1995년 승마대회에 참가하였다가 말에서 떨어져 전신마비 장애를 갖게 되었지만 슈퍼맨답게 1996년 휠체어에 타고 아카데미상 시상식에 참석하였고 1998년에는 A.히치콕 감독의 작품을 리메이크한 스릴러 영화 〈이창〉에 출연하여 영화배우로서 건재한 모습을 보여 주었다. 리브는 전미척수마비협회 이사장을 맡아 척수장애인을 위해 재활운동과 척추연구, 의료보호 확대를 요청하는 사회운동을 벌였다. 1992년 결혼한 아내 다나는 사고 후에도 그의 곁을 떠나지 않고 극진히 간호하며 아름다운 부부애를 과시하기도 했다.

'우리는 삶에 있어서 우리가 생각할 수 있는 것보다 훨씬 더 많은 것을 성취할 수 있다.' 는 리브에 대해 멋쟁이 배우 시절보다 더 위대한 인간 드라마를 보여 주고 있다고 경의를 표하며 크리스토퍼 리브를 지지해 주었지만 그는 2004년 갑작스런 심장마비로 세상을 떠났다.

### 다운증후군 배우 파스칼 뒤켄

1996에 개봉된 프랑스 영화 〈제8요일〉에서 잘 나가는 세일즈맨 해리의 차에 어느 날 생면부지의 청년이 무단 승차한다. '나… 나… 나, 다운증후군 장애인이다.' 라고 소개하는 조르주의 얼굴은 분장이 아니다. 조르주 역을 맡은 파스칼 뒤켄이 다운증후군 장애인이기 때문이다.

자코 반 도마엘 감독이 파스칼 뒤켄을 캐스팅한 이유는 다운증후군 역을 가장 잘 할 수 있는 건 다운증후군 자신이라고 생각했기 때문이다.

그래서 감독은 연극무대에서 활동하던 뒤켄을 불러들였고 이 시도는 성공하여 영화 〈제8요일〉은 서로 다른 세계에 살고 있는 두 남자가 서로의 세계를 이해하고 인정하며 행복을 발견하는 과정을 지극히 선량하게 그려내 세일즈맨 헤리 역의 다니엘 오퇴유와 다운증후군 연극배우 파스칼 뒤켄이 나란히 칸영화제 남우주연상을 수상하게 하였다.

다운증후군 장애인이 영화제에서 남우주연상을 받았다는 것은 실로 놀라운 사실이다. 시상식 직후 기자회견에서 뒤켄은 선배 배우이자 통역자가 되어 버린 다니엘 오퇴유의 어깨에 고개를 비스듬히 기대고 기쁨에 들뜬 소리로 말했다고 한다.

"매우… 매우… 기쁘다. 고맙다."

### 최초의 장애인 미스아메리카 화이트스톤

헤더 화이트스톤(Heather Whitestone)은 1995년 장애인으로서 사상 최초로 미스 아메리카가 되어 전 세계 장애인들에게 희망을 주었다. 그녀는 생후 18개월에 고열로 청각장애를 갖게 되었다. 청각장애로 교과 과정을 따르기 힘들었지만 평점 3.6으로 고등학교를 졸업했다. 대학에 들어가서 그녀는 어려운 가정 형편 때문에 장학금을 위해 미스앨라배마대회에 참여했다가 2번 모두 2등에 그쳤다. 그러나 그녀는 포기하지 않았다. 그녀는 자신의 이름인 화이트스톤을 정확하게 발음하는데 6년이나 걸렸는데 그런 노력이라면 미스앨라배마가 될 수 있다고 생각했다. 결국 3번째 도전 끝에 그녀는 미스앨라배마에 뽑혔고 1995년 앨라배마 대표로 미스아메리카대회에 출전했다.

그 대회에서 그녀는 가수 샌디 페티의 〈슬픔의 길〉이란 노래에 맞추어 발레 시연을 해서 많은 사람들의 마음에 깊은 감동을 남겼다. 마침내 그녀는 75년의 미스아메리카대회 역사상 최초로 장애인으로서 미스아메리카에 뽑혔다. 75회 미스아메리카대회 최고의 미인의 이름이 호명되는 순간 관객과 중계방송을 지켜보는 시청자들은 기쁨의 환성을 질렀지만 정작 본인은 자신의 이름을 듣지 못해 기쁨의 반응을 보이지 않았다. 2등을 한 미인의 축하 키스를 받고야 자신이 미스아메리카가 되었다는 것을 알고 눈물을 흘리며 사랑한다는 수화로 감사의 인사를 하는 모습은 아름다움의 극치를 보여 주었다. 그녀는 1996년 존 맥칼럼(John A. McCallum)과 결혼해 두 명의 자녀를 낳고 지금도 비전 전도사로 정열적으로 활동하고 있다.

제7장

# 특수 분야의 장애인예술

## 1. 시각장애인 예술

### 1) 시각장애에 대한 오해와 진실

소설이나 영화에서 극적 상황을 설정하기 위해 시각장애인을 등장시키곤 한다. 앙드레 지드의 소설 「전원 교향곡」에서 주인공 제르트뤼드가 '보지 못하는 사람은 듣는 행복을 알고 있어요.' 라고 말한다. 우리는 그동안 시각장애인이 갖고 있는 듣는 행복을 간과하고 보지 못한다는 것으로 시각장애인은 불행하다고 결정해 버렸다.

우리나라 속담에 장님 코끼리 말하듯이란 것이 있다. 전체를 보지 못하고 일부만 갖고 전체인 것처럼 이야기함을 비웃어 이르는 말이다. 사람들은 시각장애인이 앞을 보지 못하기 때문에 일상생활이 어렵다고 판단한다.

우리 몸이 천냥이면 눈은 9백냥이라고 해서 시력을 잃으면 대부분을 잃은 것처럼 생각하기 때문에 시각장애인을 무능한 사람으로 생각하게 됐다. 그런데 아이러니칼하게도 시각장애인이 무슨 일을 하면 그것이 시각장애 때문에 생긴 특별한 능력이라고 생각한다.

예를 들어서 피아노 소리를 한번 듣고 그대로 연주하는 시각장애 소녀 유예은을 사람들은 천재라고 칭송한다. 유예은은 절대음감을 갖고 있기 때문에 한번 들은 음을 그대로 연주할 수 있는 것이다. 절대음감은 비장애인도 가질 수 있다. 하지만 사람들은 유예은이 시각장애 때문에 악보를 볼 수 없다는 사실 때문에 절대 음악에 필요 이상의 의미를 부가하는 것이다. 그래서 우리가 접하는 많은 문학작품과 영화 속에서 시각장애인은 놀라운 감각 능력을 지닌 아주 특별한 사람으로 묘사되기도 한다. 이렇듯 우리 사회는 시각장애인을 무능력 하다는 편견과 초능력을 가진 특별한 능력자로 보는 이중적인 시각을 갖고 있다.

과연 시각장애인은 아무것도 할 수 없을까?

과연 시각장애인은 초능력을 갖고 있을까?

시각장애인복지계에서 추산하고 있는 시각장애인 수는 30만 명인데 이들이 받고 있는 편견으로부터 자유롭게 해 주기 위해 이런 의문을 풀어야 한다.

### 2) 시각장애인이 사는 세상

#### (1) 시각장애인 인지방법설문조사

KBS-3라디오에서 〈소리로 보는 세상〉 프로젝트를 수행하기 위해 시각장애인 142명을 대상으로 시각장애인 인지방법설문조사를 실시했다(2011, KBS-3라디오). 영화 〈블라인드〉를 본 사람들은 시각장애인 목격자가 범인의 인상착의를 진술하는 장면을 보며 어느 정도 신빙성이 있을까 싶을 것이다. 그런데 시각장애인 인지방법설문조사에서 시각장애인이 상대방의 목소리를 듣고 가장 잘 파악할 수 있는 것은 키인 것으로 나타났다. 말소리의 높이를 통해 키를 예측할 수 있다는 응답이 81%로 가장 많았다.

시각장애인이 가장 선호하는 목소리를 가진 사람은 방송인은 이금희, 가수는 김동률, 배우는 이선균으로 나타났다. 이금희는 40대, 김동율은 10대와 30대 그리고 이선균은 30대 시각장애인이 좋아했다. 숭실대학교 소리공학연구소 배명진 소장에 의하면 이 사람들의 목소리의 특징은 음폭의 최고 봉우리가 500HZ로 보통 사람들의 2배가 되고 활동적이고 의욕적이면서 친절함이 배어 있는 부드러운 음성이라고 했다.

사람들은 시각장애인의 청력이 비장애인에 비해 뛰어나다고 생각하지만 시각장애인들은 자신들이 소리를 더 잘 듣는다는 것에 대해 자신들은 소리를 잘 듣는 것이 아니라 소리에 집중도가 높다고 69%가 응답해 시각장애인의 청력이 발달한 것은 노력의 결과라는 것을 알 수 있다.

시각장애인 인지방법설문조사에서 요즘 유행하는 걸그룹의 노래를 들으면서 춤동작을 상상하느냐는 질문에 47.2%가 사람들의 얘기를 듣고 그럴 것이라고 생각한다고 응답했고 생각해 보지 않았다는 응답도 많았다. 시각장애인의 색인지 방법에 대한 설문에서는 빨간색은 불을, 파란색은 하늘을, 노란색은 병아리를. 초록색은 나뭇잎을 가장 많이 연상하는 것으로 나타났다. 시각장애인은 청각 위주로 꿈을 꾼다는 것이 30.6%로 가장 높았고 손으로 만지는 것처럼 꿈을 꾼다는 응답도 11.6%나 됐다.

### (2) 시각장애에 대한 연구 내용

브레인 월드(2011)에

뇌과학의 가장 기초적인 사실을 뒤집는 발견이 이루어졌다.

우리의 뇌는 필요하다면 소리를 볼 수도 빛을 들을 수도 있다는 것이다.

시각 처리의 가장 초기 단계를 담당하는 49개의 뉴런에서 측정한 결과 소리가 들리면 마치 강한 빛을 볼 때처럼 반응이 일어난다.

감각에서 대뇌피질이 가소성(plasticity: 뇌를 끊임없이 변화하는 속성)을 가지는 잠재력에 대해서도 설명해 준다.

시각장애인이 청각이 발달하는 것은 시각 피질을 듣는데 사용할 수 있기 때문이다.

보지 못하기 때문에 아무것도 하지 않을 것 같은 시각 영역이 놀랍게도 활동하고 있음을 알게 됐다.

청각 자극을 시각 영역에서 처리하고 있었던 것이다.

시각장애인은 비시각장애인보다 예민하게 소리에 보듯이 반응한다.

시각장애인은 비시각장애인보다 청각이 더 발달해서 더 잘 들을 수 있다는 생각도 편견이다. 시각장애인은 비시각장애인보다 청각이 더 발달해서 잘 듣는 것이 아니라 그들 나름의 방식대로 이해하고 해석하는 것이다.

「오감 프레임」(2011) 저자이자 수년간 시각장애인의 사물인지 방법을 연구해 왔던 미국 캘리포니아대학교 심리학과 로렌스 로젠블룸(Laurence. D. Rosenblum) 교수도 이 점을 강조했다.

사람이 낙엽 떨어지는 소리까지 들을 수 있느냐 하는 문제는 낙엽을 얼마나 가까이서 또 어떤 방식으로 떨어뜨렸느냐 등에 따라 좌우될 문제이지, 시각장애냐 아니냐로 나누는 것은 그리 과학적인 생각은 아닌 것 같습니다.

지금까지 실험을 통해 밝혀진 분명한 사실 하나는 소리를 인지하는데 시각장애인들과 비시각자애인의 뇌가 각각 다르게 반응한다는 점입니다.

인간의 뇌에는 시각을 전담하는 부위가 있는데 선천성 시각장애의 경우 뇌의 이 부분을 한 번도 사용해 보지 못했을 겁니다. 그럴 경우 뇌의 시각 담당 부분이 청각과 촉각에 사용되도록 발달합니다.

특히 청각의 경우 어디서 소리가 오는지 또 어떤 위치인지 등을 판단하는 이른바 '반향정위'를 좀 더 잘 사용할 수 있게 이런 뇌활동이 작용합니다.

하지만 이러한 사실이 시각장애인들이 비시각장애인들보다 월등하게 더 잘 들을 수 있는 특별한 능력이 있다는 것을 입증하는 것은 아닙니다.

영화 〈구르믈 버서난 달처럼〉(2009)에서는 시각장애인 검객이 나오는데 대결을 할 때마다 시각장애인 검객은 특별한 장치를 한다. 혀를 찬다거나 지팡이로 땅을 두드린다. 소리의 반향으로 상대방의 위치를 파악하기 위해서이다. 영화 〈블라인드〉(2011)에서도 역시 시각장애인 목격자가 범인과 한판 승부를 벌일 때 야구 방망이로 바닥을 쳐서 방향을 잡고 생명을 위협하는 범인을 시각장애인 목격자가 벽돌로 내리칠 때도 에콜로케이션을 이용한다.

캐나다 몬트리올대학 세인트 저스틴병원 연구센터 올리비에 꼴리용 박사도 실험을 통해 이러한 에코로케이션의 중요성을 언급했다.

박쥐나 돌고래에게서 자주 발견되는 감각기능으로 '에코로케이션'이라는 것이 있습니다. 쉽게 설명하자면 소리의 반사를 통해서 주변 공간의 상태나 물체의 크기, 거리 등을 지각하는 감각체계를 말하는 겁니다.

저희 실험에 참가한 시각장애인들 중에도 이런 에코로케이션을 이용하는 것을 종종 볼 수 있는데 비시각자애인들에게는 쉽게 발견되지 않는 기능 중 하나입니다. 시각기능이 만족스럽게 작동하기 때문에 굳이 소리의 반사를 이용할 필요가 없는 거죠.

하지만 시각장애인은 시각을 보완하는 일종의 대체 능력이 필요하게 되는데 이때 이 에코로케이션을 통해서 고도의 지각 능력을 유지할 수 있는 겁니다.

Dana Foundation Blog(2011, 5, 12)에

보상 감각은 사용의 결과로 나타난다.

뇌의 연결은 변화와 재구성을 이끌어 낼 수 있다.

그러므로 시각장애인의 제3의 눈은 신경 방식(neuroplastic fashion)에 존재한다.

시각장애인은 바로 이 '제3의 눈'으로 세상을 보고 있는 것이다. 그런데 우리

주변의 늘어나는 소리 공해 때문에 시각장애인이 세상을 인지하는데 점점 더 큰 어려움을 느낀다는 주장도 제기되고 있다.

일본 요코하마국립대학 타무라 교수의 얘기다.

> 기본적으로 우리 주변 특히 도심의 소리는 지나치게 시끄럽습니다.
> 이렇게 시끄럽다 보니까 시각장애인들을 위한 소리도 덩달아 커지는 거죠.
> 통계적으로 봐도 조용한 시골에 사는 시각장애인보다 시끄러운 도시의 소음에 둘러싸여 사는 시각장애인들의 목소리가 조금 높은 것을 알 수 있습니다.
> 만약 도시 자체가 지금보다 조용해진다면 이렇게 소음에 가까운 소리들은 오히려 부담스러워질 겁니다.
> 시각장애인에게 친절하기 위해서 목소리를 높이는 것보다 주위의 소음은 줄이는 것이 더욱 현명한 일입니다.
> 어쩌면 우리는 지금 '소리 과잉의 시대'에 살고 있는지도 모르겠군요.

### 3) 시각장애인의 예술 활동

#### (1) 선행 연구

우리는 시각장애를 표현할 때 칠흑 같은 어둠 속에서 라며 시각장애인은 항상 어둠 속에 있다고 생각한다. 과연 그럴까?

빛을 전혀 보지 못했던 선천성 시각장애인은 검은색이 아니라 무색으로 인식하고 있다고 영동대학교 특수교육학과 박중휘 교수가 밝혔다. 그렇다고 시각장애인이 색깔과 무관하게 살고 있는 것은 아니다.

—시각장애아의 색채 선호도와 연상 언어에 대한 연구(박중휘, 특수교육총연합회, 1994)

시각장애학생은 노란색을 가장 좋아했다. 시각장애학생들이 가장 싫어하는 색은 검정이다. 색채의 연상 언어는 시각장애학생이나 비시각장애학생이 비슷했다. 노란색인 경우 남학생은 개나리, 바나나 여학생은 나비, 개나리 순으로 나타났다.

시각장애학생들도 색채에 대한 관심과 흥미가 많다는 것을 이해하고 시각장애학생들에게 의도적이고 계획적으로 색채교육을 할 필요가 있다. 색채교육은 미술 시간뿐만 아니라 국어나 사회, 과학 등 모든 교과 시간에 색깔이 들어가는 것을 언급해 주는 것이 필요하다. 맹학교에는 미술 교과서가 없기 때문에 미술 수업에 어려움이 많다.

—시각장애인을 위한 전시 공간의 스마트기술 적용에 관한 연구: 시각장애인의 행태분석을 통한 체험공간 구현을 중심으로(김인철, 국민대 테크노디자인전문대학원, 2007)

여가 활동의 증가와 문화 활동에 대한 관심이 고조되고 있는 상황에서 교육, 문화 활동의 증대는 전국적으로 공공문화 시설의 양적 증대를 불러일으키고 있다. 따라서 과거 사회적 소외계층이었던 장애인들에게도 문화 혜택을 누리게 하기 위한 노력이 일어나고 있다. 그중 특히 시각 행위를 통해 교육, 문화 활동이 이뤄지는 전시 시설에서 시각장애인을 위한 현실적인 기술과 프로그램이 부족하다고 보며 전시 공간이 공공문화 서비스 시설으로서의 역할을 다하기 위해서는 시각장애인들도 체험이 가능한 시설으로써의 요구가 이뤄져야 할 것이다.

이에 본 연구에서는 시각장애인의 행태와 현재 시각장애인을 위한 전시프로그램의 분석을 통해 시각장애인에게 필요한 스마트 기술을 찾아 공간에 적용함으로써 체험 가능한 공간의 디자인을 제시하는데 목적이 있다. 현재 시각장애인이 전시 공간을 체험하는데 있어서 사용되고 있는 보조기구의 기능은 한정적으로 작용되고 있으며 이러한 한계점을 해결할 수 있는 대안으로 스마트 기술을 적용하는 것은 매우 적극적인 방법으로 제안되어질 수 있다.

—시각장애학생을 위한 미술교육 연구: 촉각을 중심으로(조윤주, 건국대학교교육대학원, 2010)

본 연구는 시각장애학생의 미술교육을 좀 더 깊이 있게 이해하고 발전적인 미술교육의 방법을 모색해 보는데 목적이 있다. 특히 시각장애학생에게 있어 가장 중요한 감각인 촉각을 이용한 미술교육 연구는 시각장애학생의 삶에 소통의 통로를 열어 주는데 도움을 줄 것이다.

본 연구에서의 이론적 배경으로 시각장애의 정의와 시각장애 학교의 미술과 교육에 대한 전반적 문제점과 외국의 미술교육 사례 등을 문헌연구를 통해 분석해 보았다.

시각장애인이라고 하면 보지 못한다는 생각부터 하는데 비시각장애인들도 보지 못하는 것이 많다는 것을 인정해야 한다. 골프광이었던 미국의 유명한 코미디언 밥 호프와 시각장애인 골퍼 찰리 보즈웰이 이런 내기를 했다는 유명한 일화가 있다. 지는 사람이 1,000달러를 내기로 하고 어떻게 경기를 운영할 것인지 의논을 하기 시작했다. 호프가 자신만만하게 말했다.

"티 오프 시간을 정하지. 보즈웰 자네가 좋은 시간을 선택하게."

보즈웰은 대답했다.

"그럼 내일 새벽 2시가 어떤가?"

이 말에 밥 호프는 자기가 졌다며 그 자리에서 1,000달러를 내놓았다. 새벽 2시는 깜깜해서 밥 호프는 경기를 할 수 없었기 때문이다. 보즈웰은 보통 사람들도 할 수 없는 환경에 처하면 아무것도 할 수 없다는 것을 일깨워 주기 위해 이렇게 말한 것이다.

**(2) 시각장애예술인 실태**

스티비 원더, 레이 찰스, 호세 펠리치아노, 안드레아 보첼리, 이들은 모두 시각장애를 가진 뮤지션으로 전 세계적으로 사랑을 받고 있다. 우리나라에도 음악 활동을 하는 시각장애인은 무척 많다. 가수 이용복, 하모니카 연주자 전제덕은 대중적인 인기를 모았다.

음악 분야는 시각장애가 큰 문제가 되지 않는다. 신기한 것은 시각장애인이 그림을 그린다는 것이다. 터키 화가 에스레프 아르마간(Esref Armagan)은 시각장애인이다. 아르마간은 6세 때부터 그림을 그렸다. 그는 주름이 잡혀 있는 종이에 작품을 그리는데 한 손에는 붓을 들고 다른 손은 캔버스의 주름을 따라가면서 전체적인 구도를 잡는다.

아르마간은 미국 빌 클리턴 대통령 초상화를 그려 선물하기도 했다. 어떻게 이런 일이 가능하였을지 모두가 궁금해하는 가운데 2005년 1월의 영국의 과학전문지 『뉴사이언티스트』는 어릴 때부터 실명한 맹인화가 에스레프 아마간에 대해 보도했다.

단 한 번도 빛을 본 적이 없는 시각장애인 아마간은 놀랍게도 그림을 그려 이름난 화가가 된 것을 초능력자로 만들었다. 그는 한평생 어떤 경치도 보지 못했지만 그는 산천, 호수, 집, 사람과 나비 등을 정확히 묘사했으며 색상, 음영과 투시비례가 전문가 수준에 달했다. 하버드대학 신경학자 파스카울 레오네 교수는 그를 미국 보스톤으로 초청해 실험을 받게 했다. 사람이 실명하더라도 대뇌 중에 시각기능을 담당하고 있는 구역은 결코 기능을 중단하지 않는다는 것을 밝혀냈다.

대뇌 스캔 결과 아마간이 그림을 그리고 있을 당시 그의 대뇌 시각 구역은 일반인이 눈을 사용할 때와 똑같은 반응을 보였다. 레오네 교수는 비록 아마간이 빛을 감수할 수는 없으나 그의 관찰 능력은 정상인들과 다를 바 없으며 또 그는 대뇌 속에 반영된 물체를 완전히 그림으로 표현할 수 있다고 말했다.

정상적인 시력을 가진 사람은 외부감지신호가 너무 강해 이러한 능력은 파묻혀 버리지만 외부 신호를 인지하지 못하는 아마간은 이 능력을 발휘할 수 있었다는 것이다.

시각장애인이 그림을 그릴 수 있고 보면 다른 예술 활동은 문제될 것이 더욱 없다. 〈한국장애예술인총람〉(2010, 한국장애인문화진흥회)에 수록된 시각장애예술인은 문학에 8명, 미술에 2명, 음악에 25명, 공연예술에 5명, 방송에 2명으로 〈한국장애예술인총람〉에 수록된 장애예술인 199명 가운데 시각장애예술인이 42명으로 21%를 차지하였고, 가장 최근 발간된 〈장애예술인수첩〉(2018, 한국장애예술인협회)에 기재된 343명의 장애예술인 가운데 시각장애예술인은 54명으로

15%를 차지하고 있으며 문학 9명, 미술 2명, 음악 33명, 대중예술 10명으로 음악 부문에서 두각을 나타내고 있다.

#### 4) 시각장애인의 예술권 확보 방안

##### (1) 문화예술 향유를 위해

'시각장애인도 본다' 는 의미는 이제 더 이상 단순한 반어법이 아니다. 그래서 일본에서는 시각장애인이 회화를 감상하는 방법을 개발하고 있다. 일본 갤러리 톰 야마모토 부관장이 촉각으로 회화를 감상할 수 있다고 방법을 소개했다. 그림 전체 구도를 손으로 만져 보게 하고 그림 속에 있는 하나하나의 사물들을 따로따로 만져 볼 수 있도록 만들어서 그림을 자세히 감상할 수 있도록 한다는 것이다.

우리나라에도 한국시각장애인예술협회에서 〈우리들의 눈〉이란 시각장애인 갤러리를 운영하고 있다. 시각장애학생들이 만든 작품이 상시 전시돼 있다. 한국만화박물관에서는 시각장애인을 대상으로 〈나도 만화가〉 교육을 실시해 시각장애인이 만화에 도전할 수 있게 해 주었다.

국립전주박물관에서는 손으로 만지고 느끼는 유물 체험 프로그램을 마련하고 있고 경기문화재단 역시 〈말로 보는 뮤지엄〉이란 기획 프로그램으로 대화를 통해 미술관이나 박물관에서 예술 작품을 감상하도록 했다. 정동 경향갤러리에서는 〈seeing with the heart〉라는 시각장애인을 위한 전시회를 열어 손으로 만져서 작품을 볼 수 있도록 했다. 경남도립미술관에서는 〈손으로 보는 조각전〉을 개최했다.

보지도 듣지도 말하지도 못했던 헬렌 켈러가 3일 만 눈을 뜰 수 있다면 둘째 날 아침에 메트로폴리탄에 있는 박물관을 보고 오후에 미술관에 가겠다고 해서 시각장애인에게 문화예술 향유권이 얼마나 중요한지를 알 수 있다. 실제로 헬렌 켈러는 피렌체 베키오 궁 앞에 있는 다비드상을 보기 위해 받침대를 놓고 올라가 손으로 만져 감상한 적이 있다. 시각장애인이 박물관이나 미술관 그리고 연극, 영화, 오페라 등 모든 공연을 즐길 수 있도록 청각이나 촉감을 이용해서 감상할 수 있도록 해 줘야 시각장애인이 우리 사회에서 소외받지 않고 당당한 인격체로 살아갈 수 있다.

### (2) 예술 창작을 위해

2011년 10월 27일 미국 뉴욕에 있는 카네기홀에서는 개관 121년 만에 오감이 열리는 아주 특별한 음악회가 있었다. 카네기홀에서 121년 만에 암전 무대로 공연이 진행됐다. 이 놀라운 일을 해낸 사람은 우리나라 시각장애인 오케스트라이다. 바로 시각장애인 클라리넷 연주자 이상재가 이끄는 하트시각장애인체임버오케스트라이다. 이 연주회에서는 연주자 앞에 악보도 없고 지휘자도 없다. 모든 악보는 외웠고 오로지 감각으로 시각장애인과 비시각장애인으로 구성된 19명의 단원들이 호흡을 맞춰 연주를 했다. 3시간 넘게 이어진 공연이 끝나고 난 후 무대 불이 켜졌을 때 관객들은 모두 일어나 기립 박수를 보냈다. 관객들은 그동안 눈으로 보던 음악회를 귀로 듣는 진정한 음악회를 감상했다고 만족해했다. 카네기홀을 가득 메운 관객들은 잠시 시각 대신 청각을 비롯한 다른 감각기관을 이용해 음악을 제대로 감상했던 것이다.

시각장애인예술 활동이 시각장애예술인 당사자뿐만 아니라 비장애인에게도 도움이 된다는 것을 알 수 있다. 시각장애인 예술 창작을 활성화시키기 위한 방안을 제시하자면 다음과 같다.

첫째, 국립시각장애예술단을 운영한다.
둘째, 시각장애예술인의 창작 활동을 지원한다.
셋째, 시각장애인예술의 특징을 살린 프로그램을 개발한다.

서울 신촌의 한 공연장에서는 〈어둠 속의 대화〉라는 시각장애인 체험 행사가 상시로 진행되고 있다. 사회적 기업 형태로 운영되는 이 공연은 최근 입소문을 타면서 뜻있는 경험을 하고자 하는 젊은이들에게 각광을 받고 있다. 〈어둠 속의 대화〉 슬로건은 '보이는 것, 그 이상을 본다' 는 것이다. 어둠 속에서 보게 되는 일상은 정안인들이 그동안 알지 못했던 세상을 경험하게 된다고 했다. 우리가 시각에 지나치게 의존하고 있는 것은 아닌지 반성해 볼 필요가 있을 듯하다.

비판 철학의 창시자 칸트가 이런 말을 했다. '보이는 것과 보는 것은 다르다.' 며 우리가 보고 있는 것이 100% 실체라고 말할 수 없다고 했다. 칸트는 순수이성비판에서 인식되는 대상이 여러 가지 색깔을 띠는 이유는 그것을 인식하는 주체의 안경이 여러 가지의 빛깔을 담고 있는 색안경이기 때문이라고 했다. 인식은 언제나 감성과 오성의 종합을 통해서만 획득된다는 것이다.

사람이 완벽할 수는 없다는 거다. 그래서 그 누구도 시각장애 때문에 부족하다고 말할 수 없다. 이 사실을 인정하며 시각장애인에 대한 환상과 편견에서 벗어나 아름다운 공존을 준비해야 한다. 그 첫 번째 준비로 인간의 기본권인 문화를 자유롭게 향유할 수 있는 권리를 보장해 줘야 한다. 그리고 시각장애인이 갖고 있는 예술적인 능력으로 창작 활동을 할 수 있도록 시각장애인예술권이 확립돼야 한다.

## 2. 지적장애인 예술

지적장애인 예술은 주로 미술과 음악 분야에서 활동을 하고 있다. 장애인종합복지관에서 재활을 목적으로 미술과 음악 프로그램을 운영하며 지적장애인의 사회 활동으로 미술전시회를 개최하거나 연주단이나 합창단 활동을 하지만 서번트 신드롬을 가진 자폐성장애인은 예술인으로서 뛰어난 능력을 발휘하고 있다.

### 1) 지적장애의 특성

2003년에 개정된 장애인복지법에서 장애 유형을 15종으로 정하고 정신장애 속에 지적장애, 정신장애, 자폐성장애를 포함시켰다. 본장에서는 크게 지적장애예술인을 다루면서 장애 유형 15종에 포함된 지적장애, 자폐성발달장애와 함께 서번트 신드롬에 대하여 살펴본다.

### 지적장애

지적장애는 표준화된 지능검사의 소견에서 표준 이하의 지적 기능과 그와 연관된 적응성이나 제한성이 실제 적응기술 영역 즉 의사소통, 자기관리, 가정생활, 사회성 기술, 지역사회 활동, 자기 지시, 건강과 안전, 기능적 학습효과, 여가, 직업기술의 영역에서 나타나는 것으로 특징지어진다(정일교, 2007).

지적장애는 지능지수가 70 이하인 경우이다. 지적장애는 경도(지능지수 50~70), 중등도(지능지수 35~49), 중도(지능지수 20~34), 최중도(지능지수 20 미만)로 구분된다. 지적장애는 개인차가 크며 장애 정도에 따라 다르므로 공통적인 발달 특성을 보이지 않는다. 또 일상생활에서 흔히 나타나는 사회 정서적 특성 때문에 긍정적인 면보다는 부정적인 면이 더 크게 부각되어 편견으로 자리잡았다.

그러나 지적장애인의 기능은 능력과 환경의 상호 작용 속에서 결정되므로 이제는 지적장애인을 볼 때 한 개인이 환경에서 실제로 어떻게 기능하느냐가 특히 중요하게 고려되어야 하고 비록 능력의 제한은 있으나 환경의 적절성과 그 환경 내에서의 지원을 통하여 기능이 충분히 향상될 수 있음을 알아야 한다.

### 자폐성발달장애

자폐증의 일반적인 특성은 사람에 대한 반응의 장애로 유아기부터 어머니와 눈을 맞추지 않는다거나 소리를 들을 수 있으면서도 쳐다보지 않고 안아 주어도 좋아하지 않는다. 대부분의 자폐아동에 있어서 언어발달은 거의 일어나지 않거나 지연되는 현상을 보이며 언어발달이 일어나더라도 말의 의미를 적절하게 이해하지 못한다. 혼자서 중얼거리기도 하고 노래도 부르지만 누가 곁에서 말을 걸면 이에 대해 적절하게 답변을 하지 못하며 자해 행위에 대한 고통을 느끼지 못하고 과잉 또는 과소행위, 주위력 부족 등 이상행동을 나타낸다.

또 아주 흔한 특징 중의 하나는 동일성에 대한 고집스러운 행동이다. 일상생활을 정해진 대로만 하려고 하며 조금이라도 거기서 벗어나면 마음이 불안해지고 격노하게 된다. 이러한 동일성의 고집이 나타나는 이유 중 하나는 일상의 상황에 대해 이해할 수 없고 거기에 잘 맞추어 나가지 못하기 때문에 사회 행동에서 기능장애를 보인다. 그래서 자폐성장애인이 갖는 사회문제는 사회적 회피, 사회적 무관심, 사회적 어색함으로 상호작용을 하지 않는 것으로 나타난다.

**서번트 신드롬**

자폐증 등의 전반적 발달장애(PDD)를 가지고 있는 사람들 중 일부가 기억, 암산, 퍼즐, 음악, 미술, 기계 수리 등의 특정 분야에서 천재적인 재능을 보이는 현상을 뜻한다. 뇌 기능 장애인 2,000명 중 1명꼴로 드물게 나타나며 여성보다 남성에게서 더 많이 발견된다.

서번트 신드롬의 원인에 대해서는 많은 가설들이 있지만 좌뇌 전두엽의 손상으로 우뇌의 능력이 좌뇌를 보완하는 강력한 보상작용이 일어나게 되고 이로 인해 천재적 능력이 나타난다는 이론이 가장 유력하다. 서번트 신드롬을 보이는 이들을 이디엇 서번트(idiot savant)라고 하는데 일반인에 비해 아이큐는 낮지만 특정 분야에서 놀라운 천재성을 보이는 극적인 특징을 보여 주기 때문에 영화나 드라마 등의 캐릭터에 자주 인용되고 있다.

### 2) 지적장애인 예술 활동

#### (1) 전문 그룹

**오티스타**

자폐인과 함께 만드는 아름다운 세상을 기치로 출발한 〈오티스타〉는 2012년 이화여자대학교와 SK플래닛이 자폐성장애학생의 사회, 경제활동 참여를 지원하기 위한 사회공헌 프로그램으로 실시된 ESTAR프로젝트(책임연구원 특수교육과 이소현 교수)로 시작되었다. 자폐성장애는 시각적 표현 능력이 뛰어난 특성이 있어서 그림에 소질을 보이는 경우가 많다. 그래서 그리기를 좋아하는 자폐성장애학생들을 대상으로 디자인 스쿨을 운영했는데 주 2회 실시한 교육을 받는 과정에서 미술의 재능을 발굴하여 디자이너로서의 꿈을 키울 수 있도록 자폐성장애인의 직업재활의 방안으로 디자인기업 〈오티스타〉를 창업하였다.

〈오티스타〉는 서울시 예비 사회적기업으로 자폐성장애화가들의 그림을 활용한 디자인으로 상품을 제작하여 판매하고 있다. 판매수익금은 자폐성장애화가들의 자립 생활을 위해 사용된다. 자폐성장애인의 그림에 대한 열정을 발산하고 화가로서의 재능을 발굴하기 위해 〈오티스타〉 공모전을 실시하고 있다.

〈오티스타〉는 2012년부터 꾸준히 전시회를 열어 자폐성장애화가의 독창적인 작품 세계를 세상에 알리는 역할을 하고 있다. 〈오티스타〉가 추구하는 철학은 첫째, 꿈을 꾸다. 둘째, 세상을 꾸미다. 셋째, 세상을 변화시키다로 자폐성장애화가들이 화가로서 꿈을 갖고 우리 사회를 아름답게 꾸미면서 장애인에 대한 편견을 개선시키기 위해 노력하고 있다.

〈오티스타〉는 다른 장애인예술단체와 달리 대학교에서 사업이 시작하여 특수교육을 현장과 연계시켰다는 것이 큰 특징으로 앞으로 대학마다 장애인문화예술 관련 사업을 실시한다면 장애인문화예술 발전에 많은 변화가 있을 것으로 예상된다.

오티스타디자인전시회 매년 개최
2016 사회성과 인센티브 프로젝트 대상기업 선정
오티스타 오프라인 스토어 오픈
2017 네이버 해피빈 소셜벤처 페이지 입점
독일 프랑크푸트르 MESSE TENDENCE 참관
2018 사회성과 인센티브 어워드 수상
한국문화재재단 디자인 상품 개시

### 영혼의 소리로

홀트장애인합창단 〈영혼의 소리로〉는 중복장애인만으로 구성된 합창단으로 1999년 5월 창단 이후 500여 회의 활발한 국내외 공연과 90여 회의 방송활동을 통해 장애인 공연예술 분야를 선도하고 있다. 홀트에 입양 의뢰되었다가 장애 때문에 홀트일산복지타운에 살고 있는 300여 명의 생활인 가운데 장애인을 대상으로 오디션을 거쳐 선발한 단원 30여 명은 모두 지적, 다운증후군, 뇌병변, 자폐 등의 장애가 있기 때문에 한 곡의 노래를 외우는 데도 한 달 정도의 시간이 걸리지만 듣고 따라 하기를 반복하여 순수한 감동이 있는 공연을 펼치고 있다.

〈영혼의 소리로〉 지휘를 맡은 박제웅 성악가는 이탈리아 G. Verdi 국립음악원 성악과 졸업한 재원으로 창단부터 자원봉사로 〈영혼의 소리로〉를 맡아 헌신적인 노력으로 국내 정기공연은 물론 해외 공연 등을 통해 지적장애인의 긍정적인 모습을 널리 알리는데 기여했다. 특히 2009년에는 오스트리아 린츠 국제합창대회 3개 부문 수상하여 세상을 놀라게 하였다.

미국, 노르웨이, 덴마크, 필리핀, 캄보디아 등 해외 공연
KBS 열린음악회, 조수미 콘서트, 평창동계패럴림픽 G-50 페스티벌 특별공연

### 온누리 사랑챔버

〈온누리 사랑챔버〉는 1999년 온누리교회에서 개설한 온누리장애우음악교실에서 출발한 연주단으로 손인경 바이올리니스트에 의해 창단되었다. 지적장애와 발달장애, 다운증후군, 시각 및 발달 중복장애 등의 장애인들로 구성되어 있고 처음에는 5명으로 시작되었지만 60여 명이 음악교육에 참여하고 있고 그 가운데 24명이 연주 단원으로 활동하고 있다.

손인경 지휘자는 한국인 최초로 예일대 음악대학원에서 박사 학위를 받은 재원이다. 손인경 지휘자는 악보 해독 능력이 없는 지적장애 단원들을 위해 수신호로 악보를 전달하는 등 특별한 방법으로 레슨을 시키고 있다. 〈온누리 사랑챔버〉는 국내외에서 500회 이상의 활발한 연주 활동을 하고 있다.

미국, 일본, 독일, 체코, 홍콩 등 해외 공연
정기 연주회, 찾아가는 콘서트, 음악캠프 실시
예술의전당, 청와대, 닉 부이치치(Nick Vujicic) 강연회 등 초청 연주
요요마(Yo-Yo Ma)의 티칭 클래스 참여

### 영종예술단

(사)꿈꾸는마을 〈영종예술단〉은 취업이 어려운 자폐성장애 및 지적장애 등 발달장애 청년 예술인들과 그 부모들로 구성된 음악단체로 피아니스트가 꿈인 자폐성장애 아들이 있는 정창교 기자가 주축이 되어 2011년에 창단되었다. 고등학교 졸업 이후 방치되고 있는 재능 있는 장애인들이 힘을 모아 발표 기회를 만들고 있는데 단원은 50명 규모로 매년 10차례의 공연을 하고 있다. 2013년 11월 16일 아리랑TV에 영종예술단을 소개하는 30분 다큐멘터리 프로그램 〈Korea, on the New Horizon〉가 180여 개국에 방영되었다.

2015년 인천광역시 전문 예술법인 지정
사물놀이, 오케스트라, 합창단 정기 공연
정기 간행물 꿈꾸는 사람들 발간

### 드림위드앙상블

〈드림위드앙상블〉은 2015년 문화체육관광부 전문 예술 법인인가를 받아 사회적 협동조합으로 단원 모두 4대 보험 가입된 정규직으로 채용되어 연주 활동을 하고 있다.

그 누구도 발달장애를 가진 이들이 앙상블을 할 수 있으리라 생각 못했지만 소음이 화음 되기까지 수천 번의 연습을 통해 만들어진 아름다운 곡들은 듣는 모든 청중으로 하여금 뭉클한 감동을 주고 있다. 9명의 정단원 외에도 전문 연주자의 꿈을 갖고 있는 준단원과 단원이 될 준비를 하고 있는 교육생들이 열심히 연습에 매진하고 있다. 국내 최초로 발달장애 청소년들로 이루어진 클라리넷 앙상블로서 다양한 장르의 레퍼토리로 새로운 앙상블 연주를 시도하고 있다.

〈드림위드앙상블〉 정기 연주회와 인식개선 콘서트, 평창 동계패럴림픽 전야 문화제 초청 공연 등 600여 회 이상의 활발한 연주 활동을 하고 있다.

2015년 성남시 사회적경제 창업공모사업 창업팀 선정, 사회적협동조합 설립인가 획득
전문예술법인 지정(문화체육관광부)
2016년 사회적기업 인증획득(고용노동부)
2017년 사회적기업 분야별 10대기업 선정 및 중앙일보 착한일터 선정
제1회 발달장애인음악축제 그레이트뮤직페스티벌 대상 수상

### 아트위캔

〈아트위캔〉은 장애를 가졌다는 이유로 그들의 특별한 꿈을 제대로 펼치지 못하는 장애아티스트들의 기반을 다져 주고자 2013년 투게더위캔으로 창립한 후 2016년 〈아트위캔〉으로 명칭 변경을 하였고 2017년에 부산, 대전, 인천, 광주 지부를 둔 한국발달장애인문화예술협회로 확장시킨 단체이다. 현재 210여 명(특별회원인 시각장애아티스트 포함)의 음악을 전공하고 있거나 전공한 장애예술인이 회원으로 있으며 〈아트위캔〉에서는 장애예술인을 위한 음악교육 및 연주 활동 기회를 제공하고 있다.

〈아트위캔〉은 장애인들이 음악과 예술을 통하여 장애를 넘어 일반인과 소통하고 어울려 살 수 있도록 기회를 마련하고자 음악교육 멘토링 사업으로 장애예술인의 그룹 활동을 양성하고 있다.

클래식에 클라리넷 앙상블, 플루트 앙상블, 현악 앙상블, 첼로 앙상블, 실용음악에 팝밴드 슈가슈가, 퓨전밴드 벗님네들, 위캔 브라더스, 색소폰 듀엣 현이슬이, 국악팀 등 42명의 단원이 국내외에서 정기 연주회, 기획 공연, 초청 공연 등 활발한 공연을 하고 있다.

2013년 투게더위캔 송년음악회, 한중교류음악회, 코이카 세계파견자원봉사자의 밤 축하 공연
2016년 일본 오사카 한일시민문화교류협회 콘서트
2017년 제20차 문화나눔

### (2) 개인

#### 진정한 소리꾼 최준

최준은 1990년생의 자폐성장애를 가진 청년이다. 최준 어머니는 아들의 언어장애를 치료하기 위해 판소리를 가르쳤는데 최준은 판소리에 놀라운 집중력을 보였다. 그리하여 13세 때 흥보가를 완창하였다. 최준은 전국청소년국악경연대회에서 비장애학생들과 겨뤄 우수상을 차지해 세상을 놀라게 하였다. 2003년 최준의 첫 번째 판소리 발표회를 연 후 지금까지 일곱 차례 판소리 발표를 가졌는데 한 가지 큰 변화는 2011년부터 피아노병창을 선보인 것이다. 최준이 피아노 앞에서 피아노 연주를 하며 판소리를 하는 것인데 그 연주곡을 최준이 직접 작곡하였다.

최준의 이런 실력은 언제라도 멈출 수 있는 천재성으로 보기보다는 교육과 노력의 결과라는 분석이 더 옳을 것이다. 최준은 한국예술종합학교 전통예술원 예비학교를 수료하였고 중요무형문화재 제5호 판소리 흥보가를 수료하였으며 현재 서울문화예술대학교 실용음악과 4학년에 재학하며 작곡을 공부하며 일기를 쓰듯이 자신의 마음을 음계로 표현해 400여 곡의 작곡을 하였다.

최준은 2014년 5월 SBS-TV 〈스타킹〉에 출연하여 그의 롤모델인 세계적인 피아니스트 겸 작곡가 양방언을 만났는데 그는 최준의 실력을 극찬하며 자신의 공연 오픈닝 무대에 최준을 초대하겠다는 약속을 하였다. 바로 이런 인정과 소통이 자폐증 국악인 최준을 진정한 소리꾼으로 만들 것이다.

한국예술종합학교 전통예술원 예비학교 수료(판소리)
중요무형문화재 제5호 판소리 흥보가 수료, 서울문화예술학교 실용음악과 졸업
2005년 제5회 종로 전국청소년국악경연대회 판소리 부문 중등부 우수상
2007년 제7회 인천 국악대제전 전국국악경연대회 고등부 판소리 최우수상
2008년 제11회 서편제 보성소리축제 전국판소리경연대회 고등부 장려상
2009년 박록주명창 기념 제9회 전국국악대전 판소리 고등부 장려상
2013년 평창동계스페셜올림픽 세계대회기념 MBC스페셜-위대한 탄생 대상
독주회-10회(2009년 흥보가 완창 발표)

공연–KBS–1TV 국악한마당, 신민임 피아노 독주회 협연, 에이블아트콘서트, 여우락 페스티벌, 松雪堂 박송희 명창 88세 축하 공연, 국립중앙박물관 후원 음악회, 유네스코 교육기금 마련 양방언 나눔콘서트 등
작곡–영화음악 주제가: 무등산 연가(2014), 짧은 하루(2015), 엄마의 편지(2016)
음반–피아노병창 Jun Choi(악당이반 2014) 등 3집
자전에세이 「피아노병창 창시자 최준」(2017)

### 아리랑 소년 장성빈

장성빈은 태어날 때 숨을 쉬지 않아 심폐소생술로 기적적으로 회생하였지만 그때 저산소증에 의한 뇌손상으로 지적장애를 갖게 되었다. 초등학교 1학년 때 담임 선생님께서 '음악 시간에 전래동요를 곧잘 부른다.' 는 칭찬을 하셔서 노래를 생각하게 되었고, 언어장애 치료를 목적으로 판소리를 가르쳤는데 배운 지 3개월 만에 첫 대회에 나가 장려상을 수상하였다. 가사 전달이 필수적인 판소리에 있어서 언어장애는 치명적인 단점이었지만 그 외 목 구성, 감정의 표현, 발림(몸짓), 장단의 감각이 뛰어나다는 평가를 받았고 '포기하지 말고 끝까지 시켜 보라.' 는 명창 선생님들의 격려에 힘입어 판소리에 매진했다. 그 결과 2006년 이후 지속적으로 국악경연대회에 참가하여 자신의 기량을 점검해 나가며 향상시켜 판소리를 시작한 지 4년 만에 언어장애를 딛고 제17회 달구벌 전국청소년국악경연대회 초등부 판소리 부문 최우수상을 수상하여 실력을 인정받았다. 2015년 제3회 서울아리랑페스티벌 아리랑경연대회에서 대상을 받으며 우뚝 섰다. 현재 원광디지털대학교 전통공연예술학과에 재학하며 활발한 공연 활동을 하고 있다.

원광디지털대학교 전통공연예술학과 재학
아트위캔 국악부 단원
2011년 제24회 어린이판소리 왕중왕전 장려상
2013년 제18회 전국판소리경연대회 중등부 최우수상
2014년 제3회 전국학생농민요경연대회 중등부 대상
제2회 대한민국청소년국악제 금상
제24회 군산 전국학생전통예술경연대회 판소리 부문 최우수상
2015년 제3회 서울아리랑페스티벌 아리랑경연대회 대상

2017년 KBS-1TV 〈아침마당〉 왕중왕전 준우승

공연-한국소리문화의 전당 오정해 소리 이야기, 주한 중국문화원 교류음악회, 국립국악원 우리도 스타, 오사카 아트위캔 콘서트, 국악방송 꿈꾸는 아리랑 초대석, 제37회 장애인의 날 기념식, 2018평창동계패럴림픽 G-100 한중일장애인예술축제 KBS공연, 2018평창동계패럴림픽 문화공연, 장성빈의 찾아가는 국악콘서트 10회 공연 등 200여 회

KBS-1TV 〈국악한마당〉

자전에세이 「소리를 사랑하는 아리랑 소년, 장성빈」(2016)

### 그림 그릴 때 가장 행복한 화가 박혜신

박혜신은 1983년생으로 지적장애를 갖고 있다. 감정이 풍부하고 아름다운 것에 감탄하며 느끼고 즐길 줄 아는 딸이 심한 언어장애로 인해 자기 마음의 얘기를 거의 표현하지 못하는 것이 안타까웠던 어머니는 그림을 그리며 마음을 쏟아내고 답답함을 조금이라도 해소하라고 딸에게 그림 그리기를 권했다. 고교 시절 어느 날 미술학원 선생님이 여러 장의 꽃 이미지 사진을 보고 있을 때 혜신이가 곁에서 매우 관심 있어 하는 걸 보며 꽃을 그려 보도록 사진을 내주었다. 그때부터 꽃을 스케치했는데 그리고, 지우고, 또 그리고, 지우고를 여러 번 반복해서 스케치를 마치고는 색을 칠하기 시작했는데 그 독창적이면서도 뛰어난 색감에 선생님은 감탄하지 않을 수 없었다.

고등학교 3년 동안 그린 그림으로 졸업과 함께 첫 번째 전시회를 가졌는데 그녀의 눈을 통해 바라본 아름다운 세상과 그녀의 언어를 통해 듣지 못했던 많은 이야기들을 그녀의 그림을 통해 모두가 함께할 수 있었다. 그녀의 그림엔 그녀만의 이야기가 담겨져 있다. 그림 하나하나에 붙어 있는 제목은 모두 그녀가 직접 지은 것이다. 풍경화를 그리고 싶어 하던 박혜신은 원근 처리법을 배우고 나서는 본격적으로 풍경화를 그리며 수채화로 표현한 아름다운 풍경을 선보였고, 2012년 전시회부터는 유화작품을 발표하기 시작했다. 박혜신은 2005년 국내 첫전시회를 시작으로 미국, 독일, 일본에서 전시회를 열어 해외에서 더 뜨거운 호응을 얻었다. 그녀는 천천히 그러나 꾸준히 성장해 가는 자연을 닮은 화가이다.

개인전-13회
2005년 내 친구들전(미국 달라스 월셔뱅크홀), 음악으로 여는 그림전
2006년 꽃과 나무전
2012~2016년 박혜신 개인전 등
초대전-10여 회
2008년 eARTh vision전(독일, 스위스, 오스트리아 순회)
2009년 ASIA PARAART 초대전(일본)
2010년 경인미술관 2인전
2011년 해와3전, 한일교류 발달장애인 미술전
2016년 발달장애작가 5인 초대전, A+CULTURE MARKET 선정
2017년 A+CULTURE MARKET 참여, 아름다운 이음-심상전 등

### 30cm 자로 세상을 품은 한부열

30cm자, 종이, 펜으로 세상을 그리는 작가 한부열. 세 살 때 자폐성 발달장애 진단을 받은 그는 세상과 소통할 수 없을 정도의 중증장애를 보였다. 그러나 그림에 대한 관심과 열정은 펜을 잡을 수 있을 때부터 시작되었다. 사우디 제다에서 초등학교에 다닐 때 교장 선생님의 특별한 관심으로 그림의 재능을 발견하게 되었고 그 뒤 중국에서 11년 동안 외부의 개입 없이 온전히 자신의 특별한 방법으로 독특한 그림을 완성해 내기 시작했다.

세상과 소통이 거의 불가능한 수준의 자폐 성향을 가지고 있었지만 그는 그림을 통해서 세상과 소통하기 시작했다. 그림을 그릴 때만큼은 몇 시간이고 집중력을 보이는 그는, 그림으로 세상에 현실성을 부여하고 자신의 욕구와 생각들을 표현한다. 그림은 그가 바라본 세상을 묘사하고 감정을 표현하는 언어다.

2012년 한국에 돌아와 2013년부터 본격적인 작품 활동을 시작하면서 세상에 한부열을 알리게 되었다. 한국에서 공식적인 자폐 1호 라이브 드로잉 작가가 되었으며 현재까지 개인전, 다인전 공모전 라이브드로잉 퍼포먼스를 펼치는 등 활발한 활동을 이어 가고 있다. 2015년 5월 예술의 전당 한가람미술관에서 열린 KPAM 대한민국미술제를 시작으로 작가로 발돋움하여 한국전업미술가협회 정회원이 되어 전업작가로 활동하고 있다. 엄마는 아들의 그림 활동을 쓴 에세이 「아들아, 오늘도 너의 꿈을 세상에 그리렴!」라는 책을 발간하면서 한부열을 적

극적으로 세상에 알렸다. 그 결과 한부열의 활동이 확정되어 갔다.

2016년 〈LET'S go with HBY!!!전〉으로 제주를 시작으로 전국 투어를 시작했다. 지금까지 이어지는 13여 차례 개인전 모두가 초청전으로 이어지는 성과를 이루어 가고 있다는 것도 예사롭지 않은 성과이다.

라이브드로잉 퍼포먼스 인식개선 활동
2014년 제24회 대한민국장애인미술대전 입선
2014년 마이크임팩트 청춘열전 공모전 입상
2015년 꿈틔움 공모전 대상
2016년 JW ART AWARDS 공모전 최우수상
개인전-17회
단체전-온새미로전, 컬쳐디자이너 어워즈 작품전
라이브드로잉 거장 장 뒤뷔페와 콜라보 아르브뤼전(중앙아트센터) 등
그림책 「한부열의 선물」(2017)
에세이 「아들아, 오늘도 너의 꿈을 세상에 그리렴!」(임경신 글, 한부열 그림, 2015)

### 연주할 때 자폐의 옷을 벗는 클라리네티스트 은성호

은성호는 1984년생으로 자폐성장애를 갖고 있다. 아무것도 할 수 없을 것 같았던 아주 산만한 아이였는데 초등학교 2학년 때 담당 교사가 성호 어머니에게 '성호가 올겐 주위를 맴돌곤 하는데 내가 연주한 것을 듣고 성호가 똑같이 연주를 해서 깜짝 놀랐어요. 피아노를 가르쳐 보심 어떨까요?' 라며 피아노를 권한 것이 은성호를 음악인으로 만드는 계기가 되었다. 은성호는 피아노 앞에 앉으면 일어날 줄 몰랐다. 악보를 볼 줄 모르는데 피아노를 연주하는 것은 한번 들은 곡의 악보가 자기 나름의 방식으로 머릿속에 저장이 되기 때문이다. 하지만 피아노를 제대로 연주하기 위해서는 교육이 필요한데 그 교육은 사교육으로 실시할 수밖에 없었다. 은성호는 피아노뿐만이 아니라 다양한 악기를 다룰줄 아는데 2007년 하트하트오케스트라 단원으로 활동하면서 클라리넷으로 바꾸었다. 어머니 생각으로는 아들 곁에 자신이 없을 경우 피아노보다는 클라리넷이 더 관리하기가 편하다는 판단에서였다.

은성호는 700여 차례의 국내외 공연을 했는데 2013 용재오닐과 클라리넷 앙상블 협연을 한 것을 가장 자랑스러워하고 있다. 은성호는 백석예술대학에서 음악을 전공하였고 드림위드앙상블 수석단원으로 활동하고 있다. 어머니는 은성호가 전문 연주가로 성장하여 아들이 가장 좋아하고 아들이 가장 잘 할 수 있는 연주를 통해 사회적으로 인정받으며 음악인으로서의 삶을 살 수 있기를 원하고 있다.

백석예술대학 음악과 졸업, 백석대학 콘서바토리 졸업
드림위드앙상블 수석단원
온누리사랑챔버 바이올린/피아노 솔로, 미라클앙상블 피아노, 하트하트윈드앙상블, 하트심포니 클라리넷수석, 클라리넷앙상블 단원, 사랑나눔위캔 피아노 멘토링, 에이블오케스트라 단원, 다소니챔버 객원, 코리아 아트빌리지챔버 연주자, 수원시 장애인가족지원센터 힐링문화사업단 연주 활동 등 국내외 연주봉사 517시간

2017년 SBS스페셜 〈서번트 성호를 부탁해〉(한국PD대상)
2017년 영화 〈그것만이 내세상〉의 스토리 모델

## 기타로 기적을 만든 기타리스트 김지희

어렸을 적 김지희는 지적장애로 자기 자신을 표현할 줄 몰랐다. 사람을 만나면 계속 고개를 숙이고 있었다. 보통 아이들이 가장 먼저 하는 말인 ‘엄마’ 도 5세가 되어서야 할 정도로 표현을 하지 않았다. 다행히 장애도 경한 편이고 얌전한 성격이어서 다른 사람들에게 피해를 주지 않았지만 사회성이 부족했던 김지희는 고등학교 때까지 비장애인 친구를 사귀지 못했다. 학교에서는 기초 학습능력이 부족해 수업을 전혀 따라가지 못해 수업 시간에 외로이 그림만 그리던 학생이었다.

그러다 아버지의 권유로 2011년에 통기타를 접하고, 2012년 5월에는 핑거스타일 기타 연주를 배우기 시작하면서 기적 같은 기타 인생의 문이 활짝 열렸다. 매일 4시간씩 기타 연습을 했는데 집에 돌아오면서 항상 울 정도로 힘들어 했지만

연습을 하며 기타 연주가 향상되자 자신감을 가졌다. 세상을 향해 걸어 나아갈 용기가 생겼다. 길거리 공연을 시작으로 수많은 공연과 콩쿠르에서 수상을 거듭하며 세상과 소통하며 스스로 살아가는 방식을 익혔다. 이제는 공연이 없으면 불안해할 정도로 공연을 즐기고 있다. 어머니는 미국에서 단독 콘서트를 할 정도로 당당히 성장한 딸을 지켜보면서 기적이 일어났다고 고마워한다.

2012년 전국장애학생음악콩쿠르 고등부 관현악 부문 금상
2013년 평창 스페셜뮤직페스티벌 위대한탄생 팝&재즈 부문 1위
2014년 전국장애청소년예술제 서양악기 독주 부문 최우수상
2016년 도전 한국인상-음악의 힘으로 장애를 극복한 기타리스트
2016년 대구 무지개예술축제 대상
2017년 제5회 대한민국장애인예술경연대회 스페셜K 어워즈 탤런트상
공연-대전 지하철 서대전네거리역 월2회 1시간 공연(2013년~현재), 평창 동계스페셜올림픽 세계대회 폐막식 성화 소화타임 기타 독주, 평창동계올림픽&패럴림픽 성공기원음악회, 이태리, 산마리노공화국, 핀란드 등 유럽 3개국 순회 공연, 평창문화패럴림픽 개막축제 공연 등 350여 회

### 3) 해외 지적장애예술인

#### 음악의 천재 레슬리 렘키

우리나라에도 알려져 있는 음악적 천재 레슬리 렘키는 1952년 뇌가 손상된 상태로 미국에서 태어났다. 레슬리의 부모는 뇌성마비에 녹내장까지 찾아와 시력을 상실한 레슬리를 입양시켰다. 레슬리를 양자로 맞이한 간호사 메이 렘키는 아들을 외부 자극으로부터 보호하기 위해 무척 애를 썼다.

2세 무렵 부쩍 심해진 뇌성마비 탓에 언어장애까지 갖게 된 레슬리가 희망을 본 건 5년 뒤였다. 양부모로부터 피아노를 선물받은 때부터 레슬리의 인생은 달라졌다. 무표정한 얼굴에 늘 숨기 좋아했던 내성적인 레슬리는 피아노 앞에만 앉으면 활발한 아이로 변했다.

레슬리는 음악과 만나 활력을 찾아갔지만 몸을 뒤덮은 증세들은 호전되지 않았다. 1986년 당시 34세였던 레슬리는 중증지적장애로 학습능력이 7세 꼬마 수

준이었지만 음악적으로는 천재로 평가받고 있다. 열 가지 악기를 자유롭게 다루는데다 악보는 죄다 머릿속에 저장하고 있다. 라디오에서 방송한 45분짜리 오페라를 듣고는 자신의 피아노로 완벽하게 연주해 낼 정도로 그의 음악적 재능은 뛰어나다.

### 악보 없이 8천 곡 연주하는 토니 데블로이스

1974년 예정보다 빨리 세상에 태어난 토니는 체중이 불과 0.45kg이었다. 당황한 의사는 겨우 숨을 깔딱대는 토니에게 산소마스크를 씌웠다. 아이의 호흡을 위한 조치였지만 막 세상 빛을 본 신생아에게 과다한 산소 공급은 미숙아 망막변성증 등 치명적 결과를 초래하기도 한다.

불행히도 토니는 산소공급 탓에 태어난 며칠 뒤 완전히 시력을 잃었다. 미숙아로 태어난 탓에 체중이나 신장 등도 정상아에 못 미쳤다. 설상가상으로 자폐증까지 찾아왔다. 하지만 2세 때 토니에게 한 줄기 빛이 보이기 시작했다. 우연히 피아노 앞에 앉은 토니는 홀로 연주를 시작했다. 이 순간부터 토니는 완전히 음악에 빠져들었다. 앞 못 보는 자폐아로 살아갈 아들을 걱정하던 부모는 놀라운 재능을 발견하고 기뻐했다.

토니는 피아노는 물론 기타, 하모니카, 트럼펫, 우쿨렐레, 색소폰 등 스무 가지나 되는 악기 연주방법을 통달했다. 누구의 도움 없이 약 8000곡을 연주했다. 악보를 보지 못하는 토니는 오로지 귀로 음악을 터득해 사람들을 놀라게 했다.

### 묘사의 달인 알론조 클레먼스

천재 조각가 알론조는 어린 시절 뇌에 입은 충격 탓에 평생 학습장애를 갖고 살았다. 이 사고 탓에 지능지수가 40까지 떨어진 알론조는 말하는 것조차 불편했지만 우연히 교실에서 접한 점토 덕에 인생이 바뀌었다.

점토로 작은 동물을 만들며 예술에 눈뜬 알론조는 현재 세계 조각가 중에서도 톱클래스에 속한다. 놀라울 만큼 세밀한 묘사로 유명한 그는 단 몇 초 사이에

스쳐지나간 형상을 정확히 작품으로 묘사하는 실력을 가졌다. 주로 조각하는 대상은 소나 말이다.

알론조의 모친은 '사고 후 아들은 혼자 구두끈도 묶지 못할 만큼 장애가 심했다. 하지만 어쩐지 조각 하나는 기가 막히게 해냈다. TV 화면에 잡힌 동물을 머릿속에 떠올리며 30분 안에 똑같은 조각상을 만들어 낸다. 어떻게 했냐고 물으면 그저 웃으면서 머리를 긁적일 뿐이다. 정말 신기하다.' 고 말했다.

### 인간 카메라 스티븐 윌터셔

스티븐 윌터셔는 1974년 영국에서 태어났다. 3세 때 자폐증 진단을 받고 5세에 걷기 시작했으며 9세에 말을 하기 시작했다. 7세 때부터 도시 풍경을 그리기 시작했는데 그림을 그리는 것을 제외하고는 사실상 기본적인 생활을 할 수 없는 중증의 장애인이다. 스티븐은 헬리콥터를 타고 20여 분 동안 뉴욕 전경을 본 뒤 오로지 기억만으로 3일 동안 뉴욕의 모습을 그렸는데 화폭의 길이만 5m가 넘는다.

그는 한번 보고 그리는데도 건물의 높이나 창문의 모양까지 정확히 그려내는 도시 풍경 화가로 뉴욕뿐만 아니라 프랑크푸트르, 함부르크, 런던, 시드니, 마드리드, 베이징, 상하이, 홍콩 등 다양한 도시의 모습을 사진처럼 그대로 그려 내서 '인간 사진기' 라는 별명을 가지고 있는 유명인이다.

### 초상화 작가로 유명한 조나단 레먼

조나단 레먼은 1987년 미국에서 태어난 자폐증 예술인이다. 2세 때 자폐증으로 판명된 조나단 레먼은 과묵한 아이였지만 그림에 뛰어난 재능을 보였다. 10세 때부터 목탄으로 초상화를 그리기 시작한 레먼은 14세 때 이미 미국에서 유명세를 탔다. 그의 작품은 뉴욕 미술관에서 전시됐고 점당 1,200달러에 판매됐다.

지능지수가 무려 150이 넘는 천재 조나단 레먼의 능력은 서번트 증후군의 대표적인 사례로 손꼽힌다. 그의 그림은 장애가 전혀 없는 보통 예술가들 사이에서도 경이로운 작품으로 평가받고 있다.

#### 4) 지적장애인 예술을 위한 제언

지적장애인은 예술 분야에서 탁월한 능력을 보이고 있다. 전문적인 지도를 꾸준히 받는다면 발전 가능성은 매우 높다. 지적장애인 작품에는 독특한 창의성이 있고 음악 활동은 관객을 감동시키기에 충분하다.

지적장애인 예술이 인정을 받지 못하는 것은 예술 자체에 문제가 있는 것이 아니라 환경이 열악하여 상품 개발, 디자인, 마케팅 등이 뒤떨어지기 때문에 시장 경쟁을 따라가지 못하기 때문이다. 지적장애인 예술의 발전을 위해 가장 필요한 것은 예술교육인데 우리나라는 지적장애인 전문 예술교육기관이 없다.

지적장애인이 창작 활동을 통해 인간답게 살아가기 위해 세 가지 방안을 제안한다.

첫째, 지적장애인 예능교육을 위한 전문교육시설이 필요하다.
둘째, 지적장애예술인의 창작 활동을 위한 체계적인 지원이 필요하다.
셋째, 지적장애예술인 작품의 상품화를 위한 기업이 필요하다.

지적장애인에 대한 부정적인 인식 때문에 지적장애예술인이 매우 낮은 평가를 받고 있다. 지적장애인의 창작 활동을 예술로 보지 않는다. 지적장애인 예술을 위해 가장 시급하고 중요한 일은 지적장애예술인을 예술인으로 인정해 주는 것이다.

제8장

# 장애학생 문화예술교육

학교교육에서 문화예술교육이 활성화되어 청소년기에 예술 체험을 할 수 있도록 해 주어야 하는데 입시 위주의 교육제도 때문에 학교교육에서 문화예술 과목 수업시수가 점점 줄어들고 있는 것이 우리 교육의 현실이다. 이런 교육 현실이 장애학생이라고 예외는 될 수 없다. 장애학생 부모들의 76%가 문화예술교육 증가에 대해 원하고 있으며 이들 중 35%는 자녀가 문화예술 분야의 전문가가 되기를 원하는 것으로 보고되었다(김종인 외, 2009).

하지만 장애학생을 위한 문화예술교육이 특수학교에서 실시되고 있으나 장애학생들을 위한 효율적이고 성과 있는 문화예술교육에 대한 구체적이고 실제적인 방안이 마련되어 있지 않아서 현장 교사들이 어려움을 겪고 있는 실정이다. 이런 상황이 그대로 유지된다면 장애학생은 문화예술교육의 기회 부족으로 문화인으로 성숙해지고 예술인으로 성장할 수 있는 기회를 잃게 된다. 따라서 본 연구에서는 장애학생의 장애인문화예술교육 실태를 정확히 파악해서 이상적인 특수학교 문화예술교육 방안을 마련하고자 한다.

## 1. 특수학교 문화예술교육 실태

장애 종류별, 특성별로 활성화되어 있는 체육 과목과는 달리 문화예술교육과 활동은 오랫동안 장애학생에게 다양한 기회가 제공되지 못하였으며 구체적인 실태에 대한 자료도 찾아보기 힘들다. 장애학생 문화예술교육 실태조사를 위해 전국 특수학교 예술 교사(음악, 미술)를 대상으로 설문조사를 하였으며 그 중 4개교를 대상으로 현장조사를, 예술 활동을 하고 있는 특수학교 졸업생 2명을 대상으로 심층면담을 실시하였다(국립특수교육원, 2013).

음악 교과 담당 교사가 있는 학교는 153개교 중 118개교로 77.1%로 나타났으며 미술 교과 담당 교사가 있는 학교는 153개교 중 98개교로 64.1%로 나타나 특수학교에는 음악 교과 담당 교사가 미술 교과 담당 교사보다 13% 많았다. 담당 교사 인원 수에 있어서도 음악 교과가 181명, 미술 교과가 154명으로 음악

교과 담당 교사가 더 많이 배치되어 있었다.

본 조사에서 나타난 장애학생 문화예술교육 실태조사 결과를 요약하면 다음과 같다.

### 예능 교사 기간제 교사 비율 높다

특수학교 근무 형태는 비정규직인 기간제 교사가 의외로 높았다. 미술은 40.3%, 음악은 37.7%로 나타났는데 현장조사에서도 기간제 교사가 많다는 것을 확인할 수 있었다. 기간제 교사가 다른 과목보다 더 많은 것으로 예능교육에 중요성을 인식하지 못하고 있다고 볼 수 있다.

### 예능 전공 교사가 매우 적다

예능 교사 가운데 미술 전공자는 9.1%에 불과했고, 음악 전공은 14.9%였는데 미술 전공자가 적은 것은 미술은 전공하지 않아도 가르칠 수 있기 때문이다. 음악을 전공하지 않은 교사가 음악 수업을 할 때는 부담을 많이 갖게 된다고 고백하였다.

### 예능교육을 위한 공간과 도구가 부족하다

예능 교과를 운영하는 장소가 미술실인 학교는 44.8%, 음악실인 학교는 63.5%인데 음악실이 미술실보다 많은 것은 음악 수업은 악기 연주나 합창 등으로 소리가 많이 나기 때문에 특별실에서 교과를 운영하고 있는 것인데 특별실이 없는 학교도 29.2%나 되었다.

미술 교과 도구로 그림도구만 비치된 곳이 35.5%로 미술 수업이 주로 평면적으로 이루어지고 있었다. 음악 교과 도구는 건반악기가 22%, 리듬악기가 20.6%, 타악기가 20.5%로 나타났는데 현장 방문을 했을 때 특별실에 전자올겐이 한 대 있었고 북과 탬버린이 고작이었다.

미술 특성화 프로그램으로 디자인이 가장 많은 15.2%이고, 음악 특성화 프로그램은 기악이 22.3%로 가장 많았다. 순수미술보다는 실용미술인 디자인을 더 선호하는 것은 취업과도 연관이 있다는 것을 현장 방문을 통해 알 수 있었다.

### 대회 참가 경험이 적다

대회 참가 경력은 미술은 32.7%가 장애인예술대회에 참가했었다고 하였고, 참가한 경험이 없다는 응답도 29.4%나 되었다. 음악은 장애인예술대회 경험이 19.4%, 참가 경험이 없다는 응답이 35.3%로 미술에 비해 적었는데 그 이유는 장애인음악경연대회가 적기 때문이다.

비장애인 예술대회 참가 경험은 미술은 6.5%, 음악은 7.1%로 매우 저조했는데 그 이유는 비장애인 예술대회에 참가하기 위한 준비가 미비하고 아직 비장애인 예술대회에서 장애학생을 수용할 수 있는 환경이 마련되지 않았기 때문이다.

### 예능교육 문제점과 개선점에 대한 인식은 긍정적이다

미술 교과 운영에 대해 교사는 잘 운영되고 있다거나 보통이다라는 긍정적인 응답이 미술은 83%, 음악은 87.8%로 음악이 약간 높게 나타났다. 반면 미술 교과 운영의 문제점으로 문화예술교육에 대한 인식 부족이 28.8%, 행정적, 재정적 지원의 미비가 26.8%였고, 음악 교과는 행정적, 재정적 지원의 미비가 31.3%, 문화예술교육에 대한 인식 부족이 25%, 교과 운영에 필요한 인력 부족이 25%순이었다. 현장조사에서는 오히려 인력 부족에 속하는 예능 교사의 필요성을 피력하는 교사들이 많았다.

예능 교과 프로그램을 운영할 때 개선할 사항은 교육과정 및 프로그램 개발이 미술이 38.5%, 음악이 39.8%로 각각 1위를 차지해 특수학교 교사들은 프로그램 때문에 예능교육에 어려움을 느끼고 있다는 것을 알 수 있다. 현장조사에서 예능 과목을 담당한 교사들은 예능 과목 연수교육을 희망하고 있었다.

## 2. 장애학생 문화예술교육 문제점

현재 특수학교에서의 장애학생을 위한 문화예술교육은 일반학교와 비슷한 교과목 형태로 실시되고 있다. 문화예술교육은 예술 활동의 창작과 감상에 참여자의 자발적인 참여를 유도하여 문화예술 향유의 삶을 지향하는 배움, 학습과 관련된 일체의 활동이다. 따라서 일상에서 문화예술적인 요소를 체험하고 예술적 역량을 강화시키는 활동뿐만 아니라 교육 참여자의 수준 향상에도 초점을 두어야 할 것이다.

교육 활동이 예술 활동은 아니지만 교육 활동에 개입된 정서를 표현해 내는 예술 활동이 수반되어 예술 활동 자체가 교육 활동에서는 중요한 소재가 되며 그 활동을 조직하는 독특한 방식 역시 교육에서는 소재가 될 수 있는 것이다(윤여각, 2003).

정책적 측면에서 문화예술교육은 교육 내용과 교육과정에 문화예술을 활용하는 모든 형태의 교육으로서 그 범위는 교육 목적에 따라 대상자의 창의성과 문화적 해득력을 개발하기 위한 문화예술교육과 전문가 양성 등을 포함한다(백령, 2005). 문화예술진흥법에서는 문화예술교육의 내용을 문학, 미술, 음악, 무용, 연극, 영화, 연예, 국악, 사진, 건축, 어문 및 출판으로 규정하고 있으며(문화예술진흥법 제 2조 제 1항). 학교교육 안에서의 문화예술교육은 학교교육과정의 틀 안에서 음악, 미술 등의 교과로 다루어지며 창의적 체험 활동 또는 방과 후 활동 등으로 이루어지고 있다.

학교교육 안에서의 예술교과는 다른 과목과는 달리 정형화된 교육방식이 아닌 개별적인 영역으로 자유로워야 하며 개별 표현이 존중되어야 한다. 학생들은 자신들의 생각이나 느낌을 자신들의 기법으로 자유롭고 창의적으로 표현하고 이러한 예술 활동을 통해 자신들의 생각과 경험, 감정, 정서 등을 드러내며 이에 따른 평가 또한 다른 과목과는 다르게 실시되어야 할 것이다.

장애학생 문화예술교육은 전문가 양성을 위한 교육과 문화예술 향유를 위한 교육으로 크게 나눌 수 있는데 본 실태조사와 함께 실시되었던 '장애예술인 예능교육 사례조사'에 의하면 학교교육에서는 전문가 양성을 위한 전문교육이 전무한 상태로 대부분 사교육에 의지하고 있다. 그런데 사교육을 받기 위한 사설학원은 장애에 대한 이해가 부족해서 지도에 어려움이 있는데다 예술교육은 장기간에 걸쳐 실시되어야 하기 때문에 경제적인 문제가 발생하고 있다.

문화예술 향유를 위한 교육 또한 매우 부족한 것이 현실이다. 장애학생에게 문화예술에 대한 혜택과 기회를 가로막고 있는 가장 큰 문제는 문화예술 관련 시설에 대한 접근을 가로막는 물리적인 환경뿐만 아니라 장애학생을 위한 형식적이고 정형화된 교육 프로그램에 있다. 장애학생의 감수성 및 감성을 자극하는 내용보다는 재활치료나 기능 위주의 문화예술교육이 더 강조되어 왔던 부분도 장애학생들의 문화예술 체험 교육이 더욱 절실히 필요한 이유이다.

장애학생의 문화예술교육을 치료의 목적으로 보기보다 장애학생 또한 예술을 창조할 수 있는 주체이자 재능 있는 잠재적 예술인으로 보는 시각이 향후 필요하다. 이를 위해서는 소극적이고 분리적인 문화예술교육 정책에서 벗어나 문화향유권의 확보와 문화예술교육의 기회 제공, 접근 가능한 문화예술 환경의 조성이 앞으로의 정책지원에 있어 관건이 될 것이다.

## 3. 장애학생 문화예술교육 과제

학교교육 안에서도 문화예술교육을 다른 교과과정과 연계시키고 확장할 수 있으며 학교 교실을 벗어나서 다양한 주제를 가지고 통합적 접근을 시도해 볼 수 있다. 다시 말해, 교육 내용간의 연계 및 통합, 학교와 지역사회생활과의 통합, 학생 개개인이 갖고 있는 예술적 재능과 교사의 예술적 경험과 지도방법에 있어서의 통합 등 다양한 통합적 접근을 통해 실시되어야 할 것이다. 이러한 통합적 접근 방법을 도모하기 위해서는 특수교사, 전문적 예술교육담당 교사의 역할분담 및 효과적인 협력방법에 대한 모색, 현장에서의 프로그램 적용 등이 과제이다. 이러한 문화예술교육은 장애학생과 비장애학생의 통합 가능성을 높여 주고 있으며 통합교육의 실제적인 적용은 학교 밖의 사회에서의 통합 가능성도 높여 줄 수 있다.

한국문화예술교육의 향후 과제를 위해 몇 가지 제안을 하고자 한다.

### 예능 전공 교사 확대되어야 한다

미술을 전공한 교사가 미술 수업을 맡은 경우 미술 활동이 활성화되고 음악을 전공한 교사가 음악 수업을 맡은 경우 음악 활동이 활성화된다는 사실을 알 수 있었다. 그런데 예능만 전공한 교사는 장애의 특성을 잘 모르기에 장애학생 교육에 어려움이 따르기 때문에 예능 전공자에게 특수교육 연수를 실시해서 특수학교 예능 교사로 임용하는 방법 등을 제언한다.

### 청각장애학교에 음악 수업 필요하다

흔히 장애 특성상 청각장애인은 시각이 발달해서 미술을 잘하고 시각장애인은 청력이 발달해서 음악을 잘 한다고 생각한다. 이번 특수학교 현장조사를 통해 그런 생각도 편견이란 사실을 발견할 수 있었다.

충주성심학교의 음악실은 그 어느 학교보다 음악 수업을 위해 많은 기자재를 갖추어 놓았다. 학생들이 소리를 느낄 수 있도록 스피커를 곳곳에 설치했는데 스피커가 아주 고급이라서 소리의 질감이 높았다. 그리고 타악기들뿐만 아니라 건반악기, 목관악기 등이 있었고 학생들이 멜로디를 외워서 연주를 한다는 놀라운 얘기도 들었다. 청각장애학생들이 음악 수업을 좋아하고 있다는 것을 간과해서는 안 될 것이다.

### 시각장애 학교에 미술 수업 필요하다

시각장애 특수학교인 인천혜광학교에는 미술실에 시각장애학생들 작품이 곳곳에 눈에 띄었다. 학생들의 작품을 교내에 전시하기도 하고 장애인미술대회는 물론이고 일반미술대회에도 출품을 하고 있다. 입상을 못하더라도 학생들에게 자신감을 줄 수 있기 때문이다. 시각장애학생들도 미술교육을 받을 권리가 있다는 것을 알아야 한다.

### 특수학교 예능교육에 대한 가치 전환이 필요하다

초등학교에 스포츠 강사가 파견되고 있듯이 예능강사를 파견해서 장애학생들의 예능교육의 질을 높여야 한다. 현재 특수학교 대부분이 예능 과목을 비전공자가 담당하고 있기 때문에 예능교육에 어려움이 많은데 이 문제를 가장 손쉽게 해결할 수 있는 방법이 예능강사이다. 예능교육이 수업 시수를 채우기 위한 구색맞추기 교육이 아니라 장애학생들의 정서교육과 직업교육으로 그 가치를 전환할 필요가 있다.

### 장애인예술경연대회가 확대되어야 한다

특수학교에 예능교육이 침체되어 있는 이유 가운데 하나가 예술적 재능을 발휘할 수 있는 기회가 없기 때문이다. 특수학교를 방문하면 학교 로비에 장애인체육대회에 나가서 받아온 트로피와 메달이 진열되어 있는 것을 흔히 보게 된다. 장애인체육은 장애인올림픽이란 확실한 목표도 있고 전국장애인체육대회, 전국장애학생체육대회 그리고 각 종목별로 경기대회가 있기 때문에 대회 출전을 위해 준비를 하고 대회에 나가서 메달을 획득하며 경기력이 향상되어 전문 체육인으로 양성이 되는데 장애인예술은 그런 대회가 없어서 동기부여도 되지 않고 열심히 준비하는 노력을 기울이지 않는다.

따라서 장애학생들이 참여할 수 있는 크고 작은 장애인예술경연대회가 마련되어야 한다. 그래야 학교에서도 대회 출전을 학생들에게 준비시키고 대회에 나가 좋은 성적을 얻을 수 있도록 독려하며 장애학생 예술 능력을 향상시켜 나갈 수 있다.

### 장애학생 예능교육 중점학교를 운영해야 한다

특수학교 가운데 예능교육에 의지가 있고 경험이 있는 학교를 장애학생 문화예술교육 중점학교로 지정을 해서 정부에서 중점적으로 지원을 해 주는 방안을 제안한다. 장애예술인 예능교육 사례조사에서 나타났듯이 장애학생들은 예능교육을 전적으로 사교육에 의지했다. 학부모들의 사교육비 부담을 덜어 주기 위해 학교에서 충분한 예능교육을 받을 수 있도록 예능 중점학교에 예술인 양성에 필요한 교사와 장비 등 모든 지원을 체계적으로 실시하는 것이 필요하다.

특수학교의 현재 예능교육으로는 예술인을 양성할 수 없다. 일반학교는 특수목적의 예술 전문 중고등학교가 있듯이 예술에 재능이 있는 장애학생을 위해 장애학생 예술학교가 필요하다. 실력이 있으면 일반 예술학교에 가면 되지 않겠느냐고 하겠지만 장애학생에게 아직은 예술학교 입학의 벽이 높다. 그래서 장애인 예술학교가 필요한 것이다. 장애인예술학교가 설립되면 장애인이 예술인으로 성장하여 전문 예술인으로 자립하고 주류 사회에 편입되는 완전한 사회 통합을 이룰 수 있을 것이다.

# 해외 문화예술교육

## 1. 러시아국립장애인예술대학

러시아는 '러시아국립장애인예술대학(**Государственный Специализированный Институт Искусств(ГСИИ)**/The Russian State Specialized Academy of Arts(RSSAA)' 을 설립하여 국가 주도의 체계적인 장애예술인을 양성하고 있다.

### 개요

러시아국립장애인예술대학은 1990년 구소련 정부의 지원을 받아 장애인의 창의적 재활을 위한 센터로 시작하여 1991년에는 연방특수예술협회(the State Specialized Institute of Arts)를 설립해 음악, 미술, 연극교육 등의 장애인예술교육을 실시하였다. 이후 장애인예술 고등교육기관으로 발전하였고 2014년에는 대학으로 승격되어 학위가 수여되는 세계 최초의 장애인예술대학이 되었다.

초기에는 학교가 장애인예술센터를 겸하고 있었으나 법령에 따라 학교가 센터를 겸할 수 없게 되자 국가 고등교육기관으로 러시아 문화부에 소속되었으며 세계유네스코 회원기관으로 등록되었다.

러시아국립장애인예술대학은 장애가 있는 재능 있는 젊은이들에게 창조적 예술 활동이 가능하도록 돕고 있으며 교수들은 러시아 예술에서 장애인 전문교육자로서 교수법의 기반을 마련하고 역량을 강화한다. 이를 위한 현대식 교육 장비가 갖춰진 환경에서 정규수업 형태로 교육이 진행된다. 공연 및 콘서트, 전시, 경진대회, 축제를 조직하고 실행(실제 2~3년에 한 번씩 열리는 '러시아장애인연극축제' 의 주최기관으로 정부와 협력단체의 지원을 받아 축제를 기획 운영한다.)하는 동시에 창의적 활동을 통해 장애인의 직업 재활을 확립한다.

### 장애학생 지원과 시설

입학시험을 통과한 장애 입학생은 무상으로 교육받게 되고 그 외 비장애인, 외국인 등은 입학시험을 통과하면 입학이 가능하며 수업료를 지불한다. 러시아국립장애인예술대학은 대지 4757㎡에 건물 3440㎡로 콘서트홀, 소극장, 무용실, 연습실 등을 포함하고 있으며, 지체장애인을 위한 경사로와 엘리베이터가 설치되어 있다.

청각장애인이 듣는 모든 수업은 수화통역으로 이루어지고, 시각장애인을 위한 점자 악보, 점자 교재들을 도서관에 비치, 배부한다.

#### 학부 및 전공

연극대학은 5년과정으로 연극영화연기과(청각장애인), 인형극연기과(지체, 시각, 청각장애인), 소희극 · 예술언어과(지체, 시각, 청각장애인)가 있고, 음악대학은 5년과정으로 기악과, 음악극과(오페라), 음향전문과가 있는데 시각장애인을 대상으로 하며, 미술대학은 청각, 지체장애인을 대상으로 회화과(6년), 그래픽과(6년), 디자인과(4년)를 운영하고 있다.

#### 교육과정

기본적인 커리큘럼을 바탕으로 매년 입학생에 맞는 커리큘럼을 학과장 및 교수들이 학교와의 논의를 거쳐 교육과정을 확정하며 대학의 모든 학부에는 전공별 예비학부가 있어서 입학을 준비하는 입시생들이 수강할 수 있다.

졸업생들로 구성된 2개의 청각장애인 극단과 2개의 인형극단이 있으며 전 러시아 또는 국제페스티발에 꾸준히 참여하며 해외 초청 순회공연을 갖고 있다.

## 2. 스웨덴의 장애인예술교육

#### 문화예술 공교육

1960년 이후로 통합교육의 시초를 마련한 나라가 스웨덴이라 할 수 있는데 대표적인 예가 국민고등학교이다. 국민고등학교는 입학이나 졸업에 어떤 자격이나 제한이 없으며 가정적인 분위기에서 교사와 학생이 함께 전문교육이 아닌 틀에 얽매이지 않는 자유로운 교육을 받는다. 스웨덴 전역에 150여 개의 학교가 있는데 중등학교 이후의 청소년 및 성인들을 위한 프로그램을 실시하고 있으며 스웨덴 문화예술 활동의 중요한 역할을 하고 있다. 국민고등학교는 장애를 가진 청소년 및 성인들이 문화예술을 통해 완전 통합될 수 있는 환경을 마련해 주고 있는데 디자인, 예술, 문학 분야를 쉽게 접할 수 있고 음악, 조형미술 등 특별한 예술 과목들을 쉽게 이용할 수 있어 누구나 자신이 원하는 예술 활동을 즐기고 배울 수 있다. 이러한 문화예술교육과정을 통해 예술인으로 성장하는 장애인 또한 증가하고 있다.

〈표15〉 스웨덴 국민고등학교 프로그램 예시

| 프로그램 | 내 용 |
|---|---|
| 일반 교육과정 | 스웨덴의 고등학교 과정 |
| 치료교육과정 | 심리 치료 과정 |
| 장애인보조원과정 | 장애인을 위한 전반적 서비스 지원체계를 배우는 과정 |
| 사진학과 | 사진의 기본과 기술을 익히는 과정 |
| 선교과정 | 아프리카 선교를 위해 언어습득과 봉사 활동 실시 |
| 특수과정 | 학습부진이나 장애 성인을 위한 재교육과정 |
| 예술과정 | 그림이나 조형미술을 전공하는 과정 |

최현정(2010), 스웨덴의 장애인정책과 문화복지

스웨덴의 학교교육에서는 창의적 활동이 능동적인 학습의 필수요소라는 인식에 힘입어 2009년 아동과 청소년에 대한 문화예술 생활 권리를 중점 내용으로 하는 문화 정책목표를 채택하여 다양한 문화예술교육을 실시하고 있다. 2011년 이후 매년 약 240억 원을 의무교육과정 예술교육 프로그램에 지원하고 있으며 (252개 지자체 126개 학교) 학생들의 공연, 박물관 관람지원, 문화단체 소속 예술 강사의 교육 활동 지원, 학교와 문화단체간의 협력 세미나 등을 지원하고 있다. 또한, 26개 국립 문화단체가 학교경진대회, 학생들을 위한 문화예술적 환경

조성, 프로그램 개발 등에 대한 지원을 하고 있다.

우리나라에서는 사교육에 의존하는 음악, 미술, 무용, 연극 등의 예술과정을 스웨덴에서는 학교교육 안에서 무료로 모두 이루어지는데 이는 부모의 소득 수준, 장애·비장애와 관련 없이 지방자치단체의 지원으로 이루어진다. 스웨덴의 고등학교 과정에서는 주요 과목은 물론 문화예술과 관련된 프로그램이 다양하게 이뤄지고 있는데 음악, 연극, 무용 등 공연을 감상할 수 있는 기회를 많이 제공하고 교사와 학생이 서로 토론하고 작품을 완성하며 무엇보다 학생 스스로가 선택해서 참여하기 때문에 열의를 가지고 직업으로 연결될 수 있는 가능성도 높은 것이 특징이다.

### 리니아예술학교

스웨덴에는 지적장애인에게 예술교육을 실시하는 리니아예술학교가 있는데 스톡홀름 시내에 위치하고 있다. 리니아(Linnea)는 1992년 지적장애 딸을 둔 엄마 구닐라 라게르그랜이 시작하였다. 미술교사였던 그녀는 지적장애인의 미술적 재능을 발견하고 교육의 필요성을 절감하고 예술학교를 설립했는데 많은 지적장애인이 앞다투어 리니아예술학교를 찾았다. 1995년 스톡홀름대학교 산하 교육기관으로 지정되어 고등학교 졸업 후의 3년과정 대학이 되었다. 교사는 전문 예술인이다. 리니아예술학교의 교육은 드로잉, 도자기공예, 그래픽아트, 음악, 문예창작 등 다양한 과목으로 진행된다.

리니아예술학교에 입학하려면 지원을 한 후 2주 동안 학교에서 개인적인 작품활동을 통해 교사들이 지원생들의 예술적 재능을 객관적으로 평가한 후 합격 여부가 결정된다. 리니아예술학교는 중앙정부로부터 운영비의 50%를 받고 있으며 나머지 50%는 지방자치단체에서 후원을 받아 운영하고 있다. 리니아예술학교 입학은 쉽지 않지만 입학을 하고 나면 전문 예술인이 될 수 있도록 지원을 아끼지 않는다. 학생들은 매년 스톡홀름 갤러리에서 전시회를 갖는다. 전시회에서는 누가 장애인이고 누가 비장애인이라는 것에 대해 공개하지 않으며 인근 유럽

나라의 작가들과 함께 전시회를 개최하고 있다.

리니아예술학교 졸업생 중 전문 예술인으로 활동을 희망하면 스톡홀름예술재단에서 창작 스튜디오 운영비와 작품 제작비를 지원받을 수 있고, 유럽 전 지역에 네트워크가 구축되어 전시회 개최 및 작품교류를 활발히 할 수 있으며 전문 코치의 지도 또한 지속적으로 지원받으며 예술 활동에만 전념할 수 있다.

## 3. 일본의 장애인예술교육

### 특별지원학교

2008년 일본의 후생노동성과 각 지자체에서는 장애인의 자립과 사회참여를 위한 문화예술 활동 정책을 발표했는데, 첫 번째는 재능 있는 장애인의 발굴과 지원이다. 이를 위해서는 장애인이 재능을 발휘할 수 있는 환경을 정비해야 하며 장애인이 쉽게 예술과 문화에 접할 수 있는 접근권이 확보되어야 하는데 학교교육에서부터 다양한 문화예술교육에 대한 부분을 강조하였다. 어렸을 때부터 학교와 지역사회 안에서 장애인이 문화예술적 경험을 손쉽게 할 수 있도록 기회를 제공하는 것이다.

두 번째는 이러한 재능을 가지고 있는 장애인이 사회에서 재능을 발휘할 수 있는 기회를 제공하는 것이다. 세 번째는 사회적인 지원체제 구축으로 장애예술인을 지원하는 인재 육성과 지원단체 창설에도 힘을 기울이고 있다. 한편, 일본 문부과학성은 최종보고로 2003년 「특별지원교육방안」을 발표하고 이제까지 장애아동의 장애 종류와 정도에 따른 교육정책에서 개개인의 특별한 교육적 요구에 초점을 맞춘 특별지원교육으로 전환하게 된다. 이러한 변화 하에 장애학생에 대한 교육 관점의 변화, 학교의 장애학생에 대한 지원체제의 변화, 지방자치제도의 지원 체제개편 등 다양한 측면으로부터의 변혁이 이루어졌다. 이에 따라 종래의 특수교육의 대상이 되었던 장애뿐만 아니라, 학습장애, 주의력결핍과잉행동장애(ADHD), 고기능 자폐증이 대상 아동으로 포함되었으며 이들 개개인의 교육적 요구를 파악하고 능력을 향상시켜 생활과 학습상의 곤란을 개선하기 위한 적합한 교육과 지도가 이루어지고 있다. 이러한 변화 하에 2006년 개정 학교교육법에서는 특수학교를 특별지원학교로, 특수학급은 특별지원학급으로 명칭을 변경하였다.

일본은 학교교육법의 규정에 근거하여 특별지원학교의 교육과정의 교과목과 교육과정 편성을 규정하고 있으며, 이와는 별도로 학습지도요령에 따라 교육과정 기준을 제시하고 있다(학교교육법 시행규칙 제129조). 이 학습지도요령은 특별지원학교에서의 교육에 있어 일정한 수준을 확보하기 위해 법령에 근거하여 국가가 정한 교육과정의 기본으로 각 학교교육과정의 편성·실시에 있어 이 기준을 따르지 않으면 안 된다. 하지만 학생이나 학교의 상황에 따라 각 학교가 자율적이고 창의적으로 교육을 실시할 수 있도록 탄력적으로 되어 있어 다양성 있는 학교교육이 보장되어 있다.

특별지원학교의 교과과정을 보면 초등부는 필수교과, 도덕, 외국어 활동, 종합적인 시간 및 특별활동으로 이루어져 있으며 중학부는 필수교과, 선택과목, 도덕, 외국어 활동, 종합적인 시간 및 특별활동, 고등부는 각 교과, 종합적인 학습의 시간, 특별활동, 자립 활동으로 편성되어 있다. 초등부의 필수교과는 생활, 국어, 산수, 음악, 도면공작, 체육이며 중학부와 고등부는 국어, 사회, 수학, 이과, 음악, 미술, 보건체육, 직업·가정이다. 한편, 일본은 장애인의 자립과 사회참여를 위한 문화예술 정책에 힘입어 학교교육에서도 미술, 음악 등의 교과와 특별활동, 자립 활동 영역에서 다양한 문화예술교육을 실시하고 있다. 초등학교 음악 교과의 목표는 표현 및 감상의 활동을 통해 음악에 대해 흥미와 관심을 갖고 아름다움과 즐거움을 느끼는 것이며 도면공작 교과의 목표는 초보적인 조형 활동을 통해 조형 표현에 대한 흥미와 관심을 갖고 표현의 기쁨을 느끼는 것이다. 초등학교 음악과 도면공작 교과의 단계별 내용은 〈표16〉과 같다.

〈표16〉 일본 초등학교 음악 교과와 도면공작 교과의 단계별 내용

| 내용 | 음 악 | 도면공작 |
| --- | --- | --- |
| 1단계 | –음악을 들으면서 신체를 움직인다.<br>–음악이 나오는 장난감을 가지고 놀거나 쉬운 타악기를 이용해 소리를 들어본다. | –그리기, 만들기, 장식하기에 관심을 갖는다.<br>–흙, 나무, 종이 등의 재료를 가지고 조형 놀이를 한다. |
| 2단계 | –좋아하는 음악과 소리를 즐긴다.<br>–교사와 친구와 함께 간단한 리듬을 느끼면서 신체를 움직인다.<br>–타악기를 사용하여 리듬놀이와 합주를 한다.<br>–좋아하는 노래와 쉬운 연주의 일부분을 노래한다. | –보고 느낀 점을 그림으로 그리거나 만들거나 장식한다.<br>–점토, 크레용, 가위, 풀을 사용하여 만들고 장식한다. |
| 3단계 | –주변 사람의 노래와 연주를 듣고 다양한 음악에 관심을 갖는다.<br>–음악에 맞추어 간단한 신체표현을 한다.<br>–악기를 즐기고 간단한 악보를 보면서 리듬 합주를 한다.<br>–운 노래를 반주에 맞춰 함께 노래한다. | –보고 느낀 점이나 상상한 것을 그림으로 그리거나 만들거나 장식한다.<br>–다양한 교재와 도구를 사용하여 목적에 맞게 사용한다.<br>–친구와 작품을 함께 감상하고 조형물의 형태 및 색, 표현방법을 안다 |

일본 문부과학성 홈페이지 학습지도요령

중학교 음악 교과의 목표는 표현 및 감상의 능력을 기르고 음악에 대한 흥미와 관심을 높이며 음악을 통해 일상생활을 밝고 즐겁게 할 수 있는 태도와 습관을 기르는 것이다. 다양한 음악과 악기의 음색을 듣고 음악을 듣고 느낀 감정과 리듬을 몸으로 표현하며 타악기 등을 사용하여 자유롭게 연주하거나 합주와 독주 활동을 하고, 가사와 리듬에 맞게 독창, 간단한 합창을 하는 것을 주요 내용으로 하고 있다. 미술 교과에서는 조형 활동을 통해 표현과 감상의 능력을 높이고 풍부한 감정을 개발하는 것이 목표로 경험과 상상을 기반으로 그림을 그리거나 작품을 만들고 전시하는 활동, 다양한 교재를 활용도에 맞게 사용하는 방법, 자연과 조형물의 아름다움을 표현하는 활동 등이 주요 내용이다.

일본의 특별지원교육은 특별한 교육과 관련 서비스 두 분야로 나뉘어져 있는데 일반적으로 후자는 교과목 중의 하나인 자립 활동을 의미한다. 자립 활동의 목표는 각 학생의 자립을 목표로 장애에 의한 학습상 또는 생활상의 곤란을 주체적으로 개선, 극복하기 위해 필요한 지식, 기능, 태도 및 습관을 길러 심신의 조

화로운 발달적 기반을 마련하는 것이다. 구체적 지도 내용으로는 건강의 유지, 심리적 안정, 인간관계의 형성, 환경의 파악, 신체의 움직임, 의사소통의 여섯 가지로 구분되어 있는데 이러한 영역 안에서도 음악, 미술, 체육 등의 문화예술을 활용한 교육이 이루어지고 있다. 또한 특별지원학교의 학생들이 다양화됨에 따라 학교 재량으로 다양한 유형의 교육과정을 편성하기 위한 모색이 이뤄지고 있는데 예를 들어 장애와 관련된 질병으로 인해 장기간 등교가 어렵거나 등교거부로 인해 학습 공백이나 학습 지체가 염려되는 장애학생의 경우 우선적으로 정서적 안정과 관심을 이끌 수 있는 예술 교과와 자립 활동 교과를 중심으로 편성하여 교육을 실시하기도 한다.

일본의 특별지원학교 중 츠쿠바대학 부속 시각장애특별지원학교는 130년 역사를 자랑하는 학교이다. 이 학교의 고등부 음악과는 시각장애인 음악 전문교육기관으로서 음악의 기초에서 전문적인 지식까지 지도하고 있다. 음악을 전문적으로 공부하는 학생의 실기지도는 물론 음악을 통한 사회와의 소통, 취미와 교양으로서의 음악에 대해 폭넓은 커리큘럼을 가지고 교육을 실시하고 있다. 입학에 연령의 제한이 없으며 교육과정은 〈표17〉과 같다.

**〈표17〉 츠쿠바 시각장애 특별지원학교 고등부 음악과 교육 내용**

| | | |
|---|---|---|
| 보통과목 | 필수과목 | 국어종합, 세계사, 현대사회, 수학기초, 이과종합, 보건, 체육, 생활기술, 영어, 쓰기,<br>자립 활동, 정보, 총합적 학습 |
| | 선택과목 | 국어표현, 국어기초, 현대문, 고전, 영어, 쓰기, 읽기, 자립 활동, 정보 |
| 음악 전문 과목 | 필수과목 | 음악이론, 음악사, 연주법, 솔페쥬, 성악, 기악, 작곡 |
| | 선택과목 | 연주법, 기악, 작곡, 민족음악개론 |

일본 츠쿠바 시각장애특별지원학교 홈페이지

1909년에 설립된 국립농학교인 츠쿠바대학 부속 청각장애특별지원학교의 경우에는 고등부 전공과에 비즈니스정보과, 조형예술과, 치과기공과를 설치하여 운영하고 있는데 조형예술과는 전국 농학교 중 이곳 하나뿐이다. 조형예술과는 미술 코스, 디자인 코스, 생활조형 코스로 분류되어 있는데 미술 코스에서는 수채화, 유화, 판화의 표현기법을 주요 내용으로 아크릴이나 컴퓨터 그래픽과 같은 현대적인 기술에 관한 지식도 배울 수 있다. 디자인 코스에서는 색과 형태의 기본적인 평면 및 입체 디자인을 배우며 작품을 제작하고 디자인전에 출품한다. 생활조형 코스에서는 염색과 직조, 수예, 피복에 대해 작품제작을 중심으로 학습하며 공모전 출품과 패션쇼 참가를 통해 전문기술과 디자인 감각을 익힐 수 있다.

이러한 장애학생을 위한 문화예술교육이 전문적으로 실시되기 위해서는 교사의 역할이 무엇보다 중요한데 이를 위해 문부과학성에서는 학생지원인(학생지원 교사)을 활용하도록 권장하고 있다. 교사를 희망하는 학생이 일반 유치원, 초등, 중 · 고등, 특별지원학교에 파견되어 발달장애를 가지고 있는 유아, 아동, 청소년을 지원하는 제도이다. 특히 예술계 대학의 학생을 특별지원학교 미술과목에 보조교사로 활용하도록 적극적으로 추진하고 있다. 대학생이 보조교사로 활동할 경우 수업 단위를 인정하고 보험에 가입하며 별도의 지도교수를 배치하는 등의 제반문제는 각 대학이 자율적으로 적용하도록 하고 있다. 또한 학생지원 교사가 장애학생을 지원하기에 앞서 장애와 관련된 기본적인 지식과 이해를 배울 수 있도록 강습회를 실시하도록 하고 있다. 이러한 배경에는 단순히 예술계 대학생이 장애학생의 예술교육에 보조교사로서 도움을 주는 목적 이외에 예술계 일반에 장애학생의 예술교육에 대한 인식을 높이기 위한 의도가 숨겨져 있다. 예술계 대학의 학생과 교수에게 장애인예술에 대한 이해를 높임으로써 장애인에게 있어 예술의 중요성과 사회에 나왔을 때 장애인이 아닌 예술인으로서 동등하게 교류할 수 있는 이해도를 심어 주는데 또 다른 목적이 있는 것이다.

### 파라아트스쿨

공익재단법인 일본자선협회는 1976년에 설립 이래 복지문화의 육성·진흥을 이념으로 삼아 예술 · 문화, 스포츠, 레크리에이션 등 다채로운 사업을 전개해 왔으며, 이를 통해 장애인과 노인이 적극적으로 사회에 참여할 수 있도록 지원하고 있다. 그중에서도 가장 심혈을 기울여 온 사업이 바로 장애인예술 사업으로 33년간 이어진 장애인을 위한 컬처스쿨(현 Para Art School)은 핵심적인 사업이다.

Para Art School은 뛰어난 재능을 갖고 있으면서도 장애가 있다는 이유만으로 그 재능이 묻혀 버려 사회적인 손실로 이어지는 실상을 안타까워하며, 빛을 보지 못하고 있는 재능과 개성을 발굴 · 육성하여 사회에 소개하여 장애예술인의 삶의 수준을 더욱 윤택하게 만들어 주고 있다.

일본 최초의 장애인예술학교인 Para Art School은 일본의 대표적인 예술가 오카모토 타로(岡本太郎), 이케다 마스오(池田満寿夫)를 비롯한 저명한 인사들의 자문을 받고 있다. 장애 유형을 구분하지 않고 중학생부터 노인에 이르기까지 약 100명의 학생들이 만화 · 일러스트, 회화 · 조형, 일반회화, 서예로 구성된 4개 코스로 수업을 받고 있다.

이 활동을 통해 독특한 발상과 풍부한 표현력으로 묘사된 장애인아트는 사회적으로 주목을 받으며 큰 반향을 얻고 있다. 미술전 입상 · 개인전 개최 · 출판을 비롯하여 프로 데뷔를 목표로 하는 사람도 있고, 해외 전시회에 일본을 대표하는 작품으로 출품되어 높은 평가를 받는 등 Para Art School 교육은 눈부신 성과를 올리고 있다.

## 4. 미국의 장애인예술교육[19)]

많은 학자들이 복지(Welfare)의 관점에서 장애인예술교육을 논하기보다는 사회정의(Social Justice)의 관점에서 이에 대한 당위성과 필요성을 풀어낸다. 이러한 경향은 1990년에 제정된 미국인 장애인법(Americans with Disabilities Act, 이하

19) 이 글은 〈arte 365〉의 '아르떼 리포트'(2015년 11월)에 수록되었던 기고를 저자(전남대학교 문화전문대학원 김인설 교수)의 허락을 받아 게재.

ADA)과 ADA의 기반이 된 1973년 재활법(Rehabilitation Act) 및 1975년 장애아동교육법(Education of All Handicapped Children Act, 이하 EAHCA)에서도 볼 수 있다. 즉, 미국의 장애인예술교육의 바탕은 시민권(civil rights)의 실현이지 사회 소외계층의 복지가 아니다.

미국 국립예술기금위원회(National Endowment for the Arts, 이하NEA)는 1970년대부터 장애인예술교육과 연구를 유관기관과 협업을 통해 꾸준히 진행해왔다. 「접근성을 위한 설계: 문화행정가를 위한 핸드북(Design for Accessibility: A Cultural Administrator' s Handbook)」은 NEA가 발간하는 대표적 참고자료로 박물관, 공연장 등 문화시설이 장애인을 위한 프로그램을 운영할 때 반드시 숙지해야 할 주요 정보를 담고 있다. 또한 통계청과의 협업을 통해 1982년부터 5년에 한 번씩 「선택의 문제인가? 미국 장애인의 예술참여 형태(A Matter of Choice? Arts Participation Patterns of Americans with Disabilities)」 연구보고서를 출간하여 장애인 문화권에 대한 실태조사와 함께 이에 대한 문제점을 진단한다.

미국의 장애인예술교육 연구는 빅터 로웬펠드(Victor Lowenfeld)를 선두로 1930년대부터 시작되어 이후 다양한 학술서적과 논문들이 꾸준히 출간되고 있다. 1975년 장애아동교육법 시행을 계기로 미국의 장애인예술교육 연구는 두 차례의 주요 패러다임 변화가 있었다. 초기의 장애인예술교육이 비장애인 중심의 예술교육을 장애인에게 단순제공하는데 그쳐 있었다면, 1970년대 이후의 예술교육 연구는 이에 대한 효능을 본격적으로 다루기 시작했다. 장애인의 신체적 · 정신적 제약 상태를 개선 또는 치유하는데 중점을 둔 예술의 도구적 기능이 주요 화두였다. 1990년대 이후, 장애인예술교육 연구는 초학제적(transdisciplinary) 접근을 통해 예술의 사회적 역할은 무엇인가를 본질적으로 다룬다. 예술을 통해 사회가 장애를 어떻게 바라보는가를 비판적으로 탐구하고, 장애를 가진 자와 그렇지 않은 자 사이의 연결고리, 즉 예술이 가지고 있는 본연의 가치인 소통과 들여다보기를 통한 자아와 사회탐구로 그 영역을 건너고 있다.

이러한 장애인예술교육 연구 동향은 실제 교육현장에서도 그 호흡을 같이하는 것을 볼 수 있다. 미국의 장애인예술재단인 VSA(Very Special Arts)와 NEA가 소개하는 장애인예술교육 프로그램과 단체의 사례는 이러한 예술교육 연구의 최근 동향을 잘 반영하고 있다.

### SAY의 〈당당한 목소리〉

SAY(Stuttering Association for the Young)의 씨어터 프로그램인 〈당당한 목소리(Confident Voices)〉는 말더듬 장애를 가지고 있는 청소년을 위한 프로그램이다. Stuttering Association for the Young은 말더듬 청소년 연합체이지만, 이들의 앞 자를 따면 SAY, 즉 '말하다' 이다. 이 프로그램은 말더듬 장애를 5세부터 겪었던 타로 알렉산더(Taro Alexander)가 만든 비영리 단체로 같은 장애를 가진 어린이와 청소년들이 예술을 통해 함께 성장하고 타인과 사회에 대한 자신감을 키우는 기반을 마련하고자 시작되었다. 〈당당한 목소리〉는 NEA가 지원하며, 전문 뮤지컬 제작자와 예술가가 멘토로 참여해서 뮤지컬 창작부터 시연까지 함께한다. 참여 학생들은 〈당당한 목소리〉를 통해 말더듬 장애에 대한 주변인들 편견을 그들 자신의 목소리로 당당하게 고쳐 나가고, 말더듬 장애를 가진 이들의 대변자로서 성장해 나간다(www.say.org).

### 매스니 센터의 Arts Access Program

Arts Access Program(AAP)은 매스니 의료&교육 센터(Matheny Medical &Educational Center)에서 1993년부터 운영하고 있는 예술창작 프로그램으로 참여자 대부분은 중증신체장애인이다. 참여자 대부분은 붓을 똑바로 들 수도, 자유롭게 춤을 출 수도, 정확한 발음으로 시를 낭독할 수도 없지만, 화가, 안무가, 또는 시인 된다. 어떻게 이럴 수 있을까? 이곳에서는 전문 예술가를 촉진자(facilitator)라고 칭한다. 촉진자는 AAP 참여자를 대신해서 그들의 예술적 상상력과 창의력을 표현하는 손과 발이 되어 준다. 그러나 이들은 단순히 참여자의 요구를 실행하는 대리자로서가 아니라, 필요할 때 자신의 예술적 지식을 이용해 적절히 참여자를 리드하고 서로의 교감을 통해 영감을 주고받는 매개 역할을 한다. 참여자 대부분은 휠체어에 의지하고 기계를 통해 대화를 나누지만, AAP를 통해 예술가로서 가능성을 확인하는 과정을 거치며, 자기 자신과 자신이 속한 사회에 재 연결되는 경험을 한다(www.artsaccessprogram.org).

### 특별한 교육을 위한 일상의 예술(EASE)

EASE(Everyday Arts for Special Education)는 미국 교육부의 혁신펀드(i3) 수혜 프로그램으로 자폐증, 과잉행동장애 등이 있는 청소년을 위한 프로그램과 이러한 장애학생을 지도하는 특수교육자를 위한 프로그램으로 구성되어 있다. 이 프로그램은 학교 내 정규수업 과정에 음악, 무용, 미술, 연극을 이용하여 장애학생의 소통능력과 학습능력 계발을 도움으로써 자신에 대한 정체성과 효능감을 확인할 수 있게 이끈다. 이러한 장애를 가진 청소년들의 경우, 고학년이 될수록 학교를 자퇴하거나 휴학하는 경우가 많지만, EASE의 참여 학생들 대부분이 학교생활을 포기하지 않고 졸업한 후 대학에 입학하거나 직업을 가지는 것은 무척 고무적인 성과이다.

VSA는 EASE 프로그램 외에도 장애인예술교육에 대한 정보를 제공하는 다양한 단체를 소개하고 있다(www.urbanarts.org). VSA가 추천하는 장애인예술교육 전미예술 교육연합(National Arts Education Association, NAEA)의 특별한 욕구를 가진 예술교육(Special Needs in Arts Education, SNAE)로 NAEA 내에서 장애인예술 교육자 모임을 위해 운영되는 온라인 커뮤니티로 장애인예술교육 관련 각종 정보, 교구 및 교안, 연구자료 제공 및 최근 출판서적 등을 소개한다. 그리고 케네디센터(Kennedy Center for the Performing Arts)의 예술엣지(ArtsEdge)는 케네디센터가 운영하는 예술통합교육 프로그램 가이드로 장애인예술교육뿐 아니라 다양한 장르의 예술교육 교안과 how-to 정보 및 가정과 학교, 연령별로 진행할 수 있는 다양한 교육 프로그램 양식을 제공한다. 또한 STEAM교육에 예술을 접목한 〈STEM + Arts〉는 로드아일랜드 디자인대학교(Rhode Island School of Design)에서 예술을 STEM교육에 접목한 프로그램으로 장애인예술교육에 참고할 다양한 활동 및 사례들에 대한 정보가 있고, 국립 보편적 학습설계 센터(National Center on Universal Design for Learning, UDL)의 UDL for All는 신체적, 인지적 장애를 가진 학생들이 일반 교육과정을 학습하는데 겪는 어려움을 극복하도록 고안된 방법론, 교구 및 교수법 관련 정보 등을 제공한다.

제10장

# 장애인예술 마케팅

마케팅 개념은 조직 목표의 달성이 표적 시장에 속한 고객들의 필요와 욕구를 찾아내어 그것을 경쟁자들보다 더 효과적이고 효율적으로 충족시키고자 한 것이다(정무성, 2011). 마케팅 개념을 경영 철학으로 채택하고 있는 조직에서는 고객을 단순히 상품의 판매 대상으로 보지 않고 그들이 상품과 관련하여 갖고 있는 문제를 완전히 해결하여 만족을 얻을 수 있도록 하는 것을 목표로 한다.

고객 지향적 마케팅은 시장 분석에서부터 마지막 AS 등 고객 서비스 전략까지 모든 마케팅 활동에 있어서 고객을 의사결정의 기준 잣대로 생각하여 고객의 관점에서 전략을 수립하는 것을 의미한다. 마케팅 수단으로 SPT전략이 있다. 시장세분화(market segmentation), 타깃 설정(targeting), 포지셔닝(positioning)이 있다. 마케팅 믹스의 4요소(McCarthy)로 제품(product), 가격(price), 장소(place), 홍보(promotion)가 있고 여기에 사람(people)을 포함시켜 5요소로 설명하기도 한다.

홍보 방법인 PR(public relation)도 있는데 마케팅은 행동의 변화를 가져오고 PR은 태도의 변화를 가져온다. PR은 장기적 관점으로 접근한다.

## 1. 장애인예술 마케팅 문제점

장애인과 비장애인 사이의 벽이 가장 높은 곳이 예술 분야이다. 예술인들은 계보를 중요시 여기기에 학교나 활동 그룹에 소속되지 않으면 배척하는 경향이 있다. 그래서 장애예술인들은 그 어느 곳에도 끼지 못하는 이방인이다. 그리고 장애예술인의 활동을 순수예술로 인정하지 않고 장애를 극복한 의지의 표현 정도로 생각하는 경향이 있다. 사람들의 인식도 마찬가지이다. 이름 있는 화가 작품은 비싼 돈을 지불하면서 구입을 하지만 장애인화가가 그린 그림은 사려고 하지 않는다. 유명한 예술인을 선호하기 때문에 장애예술인들은 비선호의 대상이 되고 마는 것이다.

예술은 대중의 호응이 없으면 불가능하기 때문에 장애예술인들은 인식의 벽에 부딪혀 활동을 할 수 있는 기회가 없다. 장애예술인 자신도 장애를 내세우고 싶어하지 않는다. 그냥 예술인이기를 원하고 장애란 카테고리를 원치 않는다. 그러다 보니 장애인예술이란 분야에 힘이 실리지 못하고 있다. 하지만 장애인예술도 하나의 독특한 예술 분야로 자리매김할 수 있다. 장애인예술을 잘 마케팅하면 상품으로서의 가치를 창출할 수 있다. 그렇게 되기 위해서는 장애예술인들이 장애인예술에 대한 정체성을 분명히 하고 스스로 자랑스럽게 생각해야 한다.

## 2. 장애인예술 마케팅 내용

마케팅의 세 가지 측면을 장애인예술에 적용시키면 다음과 같다.

### 생산 중심

장애인예술은 현재 생산만 하고 있다. 한국장애인복지진흥회(현 한국장애인개발원)에서 2007년에 실시한 장애문화예술인실태조사에 의하면 장애예술인이 예술 활동에 투자하고 있는 시간은 주 평균 17.3시간이었다.

장애예술인들이 창작 활동에 몰두할 수 있는 환경이 아니기 때문에 생산 중심의 마케팅을 하기 위해서는 장애예술인의 열악한 환경을 개선해 주는 것이 필요하다.

### 판매 중심

장애인예술이 활성화되지 못하고 있는 것은 장애인예술 활동이 생산은 되지만 소비가 되지 않기 때문이다. 한국장애인복지진흥회(현 한국장애인개발원)에서 2007년에 실시한 장애문화예술인실태조사에서 96.5%가 창작 활동에 대한 경제적 보상을 받지 못하고 있고 69.3%가 월수입이 전혀 없다고 응답한 것에서 장애인예술 소비 현황을 알 수 있다. 장애예술이 발전하기 위해서는 판매 중심의 마케팅을 해야 한다.

### 고객 중심

나만 보기 위해 글을 쓰면 일기다. 어떤 한 사람에게 보여 주기 위해 글을 쓰면 편지다. 여러 사람이 읽어 주기를 바라면서 쓴 글은 문학작품이다. 이렇듯 예술은 고객과 함께해야 하는 활동이기 때문에 고객이 중심에 있다.

예술을 선택하는 고객의 취향은 다양하고 까다롭다. 만약 고객이 선한 마음으로 장애인예술 작품을 선택했다면 그것은 매우 불행한 일이다. 그것은 소비가 아니라 자선 행위이기 때문에 이미 상품으로서의 가치를 잃게 된다. 고객이 예술 작품을 선택할 때는 장애가 작용을 해서는 안 된다. 고객 중심의 마케팅을 하기 위해서는 작품이 좋아야 한다.

Marketing Management(Douglas J. Dalrymple& Leonard J Parsons)에서는 마케팅 방향으로 다음의 질문에 대한 대답을 할 수 있어야 한다고 했다. 따라서 장애인예술 마케팅에 맞춰 답변을 찾아본다.

### 고객은 왜 중요한가

생산에 대한 소비를 실행하는 사람들이 고객이다. 고객이 없으면 생산은 의미가 없다. 장애인예술이 생산됐을 때 소비할 고객이 없다면 맛있는 음식을 잔뜩 차려놓고 손님이 오기를 기다리고 있는데 손님이 오지 않아 음식을 쓰레기 통에 버리게 되는 것과 같은 형국이다. 고객은 소비만 하는 것이 아니라 평가도 하기 때문에 장애인예술 작품에 대한 평가를 통해 인정을 받기 위해서는 고객이 반드시 필요하다.

### 누가 나의 고객인가

장애인예술의 고객이 누구인가를 정확히 알아내는 것은 매우 중요하다. 그래야 고객을 확보할 수 있기 때문이다. 장애인예술이건 일반예술이건 예술에 관심이 있어야 고객이 될 수 있다. 책 읽기를 무지무지 싫어하는 사람은 읽고 싶은 책이 없기 때문에 절대로 책을 사지 않는다. 그러니까 장애인예술의 고객은 예술을 좋아하는 것이 기본이다. 그리고 장애인에 대한 이해가 있는 사람이 고객이 될 수 있다. 장애인에 대한 관심이 없는 사람은 장애인예술을 외면한다. 따라서 장애인예술의 고객은 예술을 좋아하면서 장애인에 대한 관심이 있는 사람이다.

### 고객은 어디에 있는가

당연히 고객은 국내외를 비롯한 지역에 제한이 없다. 그런데 그렇게 뿔뿔이 흩어져 있는 고객을 끌어모으는 것보다는 한군데 모여 있는 고객에게 찾아가는 것이 많은 고객을 확보할 수 있다. 그래서 장애인예술은 사회복지시설을 먼저 공략한다. 학생들이 있는 학교나 공공기관도 매력적인 장애인예술 고객이 있는 곳이다.

### 고객은 언제 사는가

장애인예술뿐만 아니라 모든 장애인 관련 행사가 4월 20일 장애인의 날에 몰려 있다. 그래서 장애인예술도 4월 장애인의 날에 즈음해서 실시해야 관심을 모을 수 있다. 그리고 한해를 보내야 하는 송년에도 장애인에게 반짝 시선이 모아진다. 하지만 4월과 12월에는 장애인예술뿐만이 아니라 다른 장애인 아이템과 사회복지 전반이 다뤄지기 때문에 경쟁력이 없다. 따라서 장애인예술은 성년의 날이나 위로가 필요한 날을 데이 마케팅하는 것이 효과적이다.

### 나의 고객은 무엇을 원하는가

장애인예술 고객은 재미와 감동을 원한다. 예술은 재미가 없으면 죽은 시체이다. 예술은 교육이 아니기 때문에 배우기 위해 지루해도 힘들어도 참을 이유가 없다. 그리고 가슴에 울림을 주는 감동이 있어야 한다. 특히나 장애인예술은 감동이 필수이다. 장애인예술은 감동을 받고 싶어 장애인예술을 구입한 것이기 때문에 감동이 빠지만 고객들은 실망한다. 장애인예술은 장애인복지 분야에서 주는 감동과는 차별성이 있어야 한다. 장애인복지에서는 장애 속에서 훌륭한 업적을 이룬 것으로 감동을 주지만 장애인예술은 예술이 주는 감동에 사람이 주는 감동이 보태져야 한다.

### 고객은 어떻게 사는가

장애인예술은 일반적인 예술 구매 시스템과는 멀리 떨어져 있기 때문에 마음먹고 사지 않으면 구입이 쉽지 않다는 것이 큰 단점이다. 장애인예술은 무료라는 생각도 고객을 만들지 못한 이유의 하나이다. 고객은 정당한 가격을 지불해야 더 가치를 느끼게 된다. 그래서 장애인예술 고객은 자선 행위로 장애인예술 공연장을 찾아가 후원금을 내고 오기도 하고 후원 가입을 하기도 한다. 고객을 고객답게 만들기 위해서는 정당한 가격을 주고 구입할 수 있도록 하고 구입 방법이 쉬워서 언제라도 접근 가능하게 해 줘야 한다.

### 조직에서 고객 지향을 어떻게 개발했는가

장애인예술 조직에서 고객 개발을 위해 고객 체크리스트를 만들어야 하는데 그리스트가 고객 중심으로 고객의 취향에 맞게 만들어진 것이 아니고 무작위로 주소를 끌어모아 무조건 구입을 강요하는 경우가 많은데 그것은 장애인예술의 자살 행위이다. 한때 세계구족화가협회 한국지부에서 구족화가들이 그린 작품으로 크리스마스 카드를 만들어서 무작위로 카드 한 세트를 보낸 다음 카드 대금을 은행에 입금해 달라는 편지를 넣어 카드를 판매했었다. 세계구족화가협회 한국지부에서는 그런 부담스러운 방법으로 판매를 할 것이 아니라 판매 마케팅 방법을 개발했더라면 더 많은 카드를 판매할 수 있었을 것이다. 장애인예술 조직에서는 고객이 무엇을 지향하는지 알아볼 생각은 하지 않고 무조건 도와달라고 강요를 했다. 하지만 앞으로는 고객이 지향하는 것을 개발해서 마케팅 전략을 갖고 접근해야 한다.

마케팅에 성공한 장애인예술 사례로 중국장애인예술단을 꼽을 수 있다. 1987

년도 중국예술에 특수한 공연 팀이 탄생했다. 단원들이 모두 장애인으로 지체장애, 시각장애, 청각장애, 지적장애 등 모든 장애 유형이 다 포함돼 있다는 것도 큰 특징이다. 단원들은 아주 아름다운 음악과 춤으로 무대를 장식한다. 생명을 가지고 꿈을 꾸며 예술 세계를 추구하고 있는 중국장애인예술단은 자연을 스승으로 자연에서 배우고 자연 본래의 의미를 표현하여 전달하는 순수한 예술의 세계를 발전시켜 왔다. 중국 전역에서 공연하며 중국 사람들의 마음에 강하게 자리잡아 갔다. 그러다 중국을 넘어 아시아, 유럽, 아메리카, 오세아니아 등 40여 개 나라에서 공연을 해 감동을 전했다. 뉴욕의 카네기홀, 이태리 스카라 대극장 등 세계적인 예술의 전당에서 그들의 예술을 유감없이 보여 주었다.

중국장애인예술단은 장애인예술단으로서는 전 세계에서 유일하게 문화시장에 진입하는데 성공했다. 세계 장애인의 대사로서 미와 우의의 사절로 높이 평가받고 있다. 급기야 중국장애인예술단은 2007년 유네스코에서 평화예술가로 지정됐다. 중국장애인예술단은 〈천수관음〉이 대표적인 작품이다. 21명의 청각장애인이 마치 한 사람이 움직이듯이 일사불란하게 움직이는 것을 보면 저절로 감탄이 흘러나온다.

중국은 사회주의 국가이다. 그래서 장애인복지가 낙후돼 있다. 중국이 세계적인 강대국이지만 장애인복지에 있어서만큼은 큰 소리를 칠 수 없었다. 그러다 등소평 아들 등박방이 사고로 하반신마비 장애를 갖게 된 후 중국잔질인협회 회장으로 활동하면서 중국의 장애인복지가 한층 발전했다. 등박방은 중국장애인예술단 단장으로 장애인예술로 장애인복지를 홍보했다. 중국은 중국장애인예술단으로 중국을 장애인복지까지 발전한 강대국으로 만들었다.

## 3. 장애인예술 마케팅 지향점

앞으로 장애인예술은 장애예술인들의 활동을 보여 주며 감동할 것을 기대해서는 안 된다. 장애인예술만이 갖고 있는 특성을 최대한 살릴 수 있는 마케팅 상품으로 승부를 걸어야 한다. 장애인예술 마케팅을 위해서는 다음과 같은 마케팅 콘텐츠가 필요하다.

—장애인 공연에 사회 지도층이 부부 동반으로 관람하는 것을 노블레스 오블리주 실천으로 마케팅
—장애인문학 작품 선물하기
—자녀 방에 장애인 미술작품 걸기
—소셜 미디어를 통해 장애예술인 작품 홍보
—장애예술인 후견인 되기
—시민이 만드는 장애예술인재단을 위해 개미 투자하기

그런데 예술마케팅(arts marketing)에 대해 회의적인 측면도 있다. 예술을 세일한다는 것이 마땅하냐는 질문을 던진다. 하지만 예술 고유의 가치를 공유해서 많은 사람들이 즐길 수 있도록 하기 위해서는 그리고 열악한 환경에 빠져 있는 예술인들이 자립하기 위해서는 예술마케팅이 필요하다. 이 예술마케팅을 하는 예술단체는 사람들에게 신뢰와 희망 그리고 사랑을 주기 위한 마케팅을 해야 한다. 이런 예술마케팅이 프로그램화되고 예술에 대한 지원에 세금 공제 등의 혜택을 주어야 예술이 대중화될 수 있다. 이런 예술마케팅과 장애인예술마케팅이 크게 다르지 않다. 다만 장애인예술마케팅에는 장애예술인이 주는 감동이 보태져서 일반 예술의 2배 감동이 있다는 것을 마케팅 전략으로 삼는다면 장애인예술은 활성화될 수 있다.

## 제11장

# 장애인메세나 운동

장애예술인 인구를 1만 명으로 추산하고 있지만(방귀희, 2013: 22), 그들이 하고 있는 활동인 장애인예술에 대한 사회적 평가가 낮기 때문에(방귀희, 2013: 24) 경쟁할 기회조차 갖지 못하고 있는 장애예술인은 자존감을 잃고 비생산적인 사회적 약자로 내몰게 될 것이다. 장애예술인의 생존권을 보장해 주고 장애인예술을 활성화시켜서 새로운 문화를 형성하려면 장애인예술 시장을 마련해야 하는데 그 방안으로 장애인을 위한 메세나의 필요성을 인식하고 있다.

장애인예술의 열악한 현실을 개선하고 모두의 예술로 발전시키기 위하여 기업뿐만이 아니라 공공 부문과 민간 부문이 함께 지지해야 효과적이고 신속하게 사회운동으로 진행될 수 있기에 장애인메세나라는 명칭보다는 A⁺Culture라고 칭하는 방안을 제안하는 바이다. A⁺는 A가 두 개 라는 뜻으로 첫 번째 A는 able로 가능성을 뜻하고 두 번째 A는 art로 able art 즉 장애인예술을 일컫는 이니셜에 Culture를 붙여 하나의 문화운동으로 확산시키고자 한다.

## 1. 메세나 활동

메세나(mecenat)의 순수한 개념은 기업 및 사회의 조건 없는 문화지원 활동을 통해 지역사회에 공헌하고 삶의 질을 높여 주는 것이다. 그러나 최근 국내외 기업들 사이에서 전개되고 있는 메세나 활동은 사회공헌에 그치지 않고 기업 브랜드를 제고하는 경영전략으로 삼고 있다.

박민생(2009)의 연구는 기업 메세나 활동의 동기가 문화투자론적 관점, 즉 기업 이미지 개선, 마케팅 관점, 세제 혜택 등 기업의 사적인 이익과 직결되고 있으며, 기업의 사회적 공헌과 책임은 제한적으로 제시되고 있음을 확인하였다. 정지은(2014)의 연구는 기업의 문화예술 지원이 기업의 사회적 책임, 공헌과 문화마케팅 차원으로 양분되고 있는 양상을 고찰하고 향후 기업의 지속적인 관심과 지원 속에서 기업과 예술단체의 연대와 조화를 주장한다. 오세종(2011)의 연구는 소외계층의 문화예술 지원 희망을 설문조사를 통해 구체적으로 밝히고 메세나의 확대와 활성화를 제안하였다. 이 연구는 소외계층 가운데 장애인의 문화 활동에 대한 인식과 필요성, 효용성 및 홍보 효과에 관심을 가지고 장애인을 대상으로 기업 이미지 및 홍보 효과 등에 대한 설문조사를 실시하였다. 조사 결과 장애 유형별로 다소의 차이는 나타났지만 대부분이 문화마케팅의 필요성에 관심을 가지고 있는 것을 확인하였으며 이를 바탕으로 문화마케팅을 실천하는 기업에 대한 기업 이미지 및 홍보 효과가 클 것으로 추측하였다. 주성돈 · 김정인(2015) 연구는 문화복지를 문화권 강화를 위한 하나의 사회공헌 활동, 즉 복지활동으로 보고 문화 민주주의 실현을 위해 다양하게 진행되고 있는 메세나 활동을 중심으로 문화복지 활성화 방안을 논의하였다.

### 1) 메세나 활동 실태

한국메세나협회는 2015년 7월 현재 총 232개 기업이 회원으로 가입되었으며 설립 초기에 비해 기업의 문화예술 지원이 70% 이상 증가하여 앞으로도 기업의 지원이 점차 늘어날 것으로 예상된다. 〈한국메세나협회 2014년도 연차보고서〉에 따르면, 매출액 및 자산총계 기준 500대 기업(대한상공회의소) 및 기업 출연 문화재단 또는 한국메세나협회 회원사 등 총 771개사를 대상으로 2015년 3월초부터 5월말까지 조사한 결과 458개사가 응해 준(59.4% 응답률) 설문조사 결과, 111개사가 지난해 문화예술 분야 지원 실적이 있는 것으로 집계되었다. 2014년 기업의 문화예술 지원 규모는 2013년(1,753억 2천 3백만 원) 대비 1.1% 증가한 1,771억 8천 5백만 원(한국문화예술위원회 기부금 97억 4천 2백만 원 합산)이다. 경기 침체가 장기화되고 있는 가운데 세월호 사건의 여파로 공연계가 불황에 빠졌었는데도 기업 지원이 증가했다는 것은 의미 있는 일이다.

기업의 문화예술 분야별 지원 금액을 살펴보면 인프라 지원 규모가 55.8%로 가장 많았고 다음이 클래식(11.6%), 미술 전시(7.2%) 순으로 나타났다. 한 가지 의미 있는 변화는 문학(2.5%) 분야의 지원 규모가 전년도에 비하여 79.6%의 높은 증가율을 보인 것이다. 근현대문학사 재조명사업, 문학상 시상, 문학지 발간,

문학서 번역 지원 등의 사업이 진행된 것이다. 지원 유형별 금액을 분석해 보면 기업이 자체적으로 기획한 프로그램을 통해 예술을 지원한 규모가 가장 큰 비중을 차지하였으며(72.8%) 문화예술 단체 공연, 전시 등의 후원 협찬 및 파트너십(19.6%), 문예위 등의 기관에 대한 조건부기부금(7.6%) 순으로 나타났는데 자체 기획의 비중이 높은 이유는 기업이 직접 운영하는 인프라 지원 금액이 포함되었기 때문이다.

이렇듯 전체 지원금의 5분의 3이 예술계에 직접 전달되지 않고 기업의 자체 시설 운영에 사용되고 있다는 것이 문제이다. 전체 지원 금액에서 문화재단이 차지하는 비율이 41.6%인데 대부분의 문화재단이 출연 기업에서 설립한 문화시설 운영에 주력하고 있기 때문이다. 따라서 예술인들은 메세나를 체감하지 못하고 있는 것이 현실이다.

### 2) 장애인메세나 활동

'기업의 장애인문화예술 사업에 대한 사회공헌 성과 실태조사' (김문정, 2015)를 통해 나타난 기업의 장애인예술 사회공헌 실태와 사회공헌 성과, 필요성 등을 정리하면 아래와 같다.

#### •기업의 장애인예술 사회공헌 실태

2015년 현재 장애인 관련 사회공헌 사업을 실시하고 있는 기업 73개사 가운데 문화예술 사업은 22개사이고 그 가운데 장애인예술을 위한 사업은 13개사로 장애인예술이 차지하는 비율은 장애인 사회공헌 사업의 17.8%에 불과하다.

#### •기업의 장애인문화예술 지원에 대한 사회공헌 성과

기업의 장애인문화예술 지원 사업을 통한 사회공헌 성과는 평균 28.3점(50점 만점)으로 사회공헌 성과가 낮은 것으로 나타났다. 영역별로 보면 15점 만점의 권리신장 영역 8.9점, 인재 육성 영역 8.6점, 20점 만점의 사회참가 영역 11.3점 절반을 약간 상위하는 정도이다.

• 기업의 장애인문화예술 지원에 관한 인식

기업에서 장애인을 대상으로 하는 문화예술 사업을 52.9%가 모른다고 응답하여 모르는 사람이 더 많았고, 기업에서 장애인을 대상으로 하는 문화예술 사업에 대하여 94.1%가 충분히 이루어지고 있지 않다고 응답하였다.

• 기업의 장애인문화예술 지원에 대한 필요성

기업의 장애인문화예술 지원에 관한 필요성을 조사한 결과 장애인의 문화적 평등권 보장, 장애인에 대한 인식개선, 장애인 인재 육성 및 고용 창출, 자원 활용을 통한 지역 활성화의 4개 측면에서 모두 90% 이상 필요하다고 하였다.

## 2. A⁺Culture 운동

본 연구에서는 장애인문화예술 분야에서 10년 이상 활동한 장애인문화예술단체 대표 4명을 포커스 그룹으로 하여 일대 일 직접 면접 방식으로 2015년 4월 30일부터 5월 19일까지 구조화된 질문지를 활용하여 연구 참여자가 원하는 장소에서 1회 60분 동안 진행되었다. 질문은 기업 지원이 필요한 이유, 기업에 지원을 요청하는 방법, 기업의 반응, 기업 지원의 걸림돌, 기업이 지원을 하게 만들려면 이 다섯 가지를 기본으로 하여 비구조화된 질문으로 확대해 나갔다.

### 1) 장애인메세나 욕구

포커스 그룹에 참여한 장애인문화예술단체장 4명의 단체 특성은 연구 참여자 1은 장애인무용, 연구 참여자 2는 장애인미술, 연구 참여자 3은 장애인문화, 연구 참여자 4는 장애인예술교육 사업을 중점적으로 실시하고 있는 단체이다. 장애인문화예술단체장들이 사업에 필요한 자원을 마련하기 위하여 기업에 지원을 요청하면서 경험한 구조는 연구 참여자들의 진술을 바탕으로 획득한 다양한 현상들 가운데 가장 공통된 성질을 구성하는 요소들 간의 관계를 나타내는 것(Giorgi, 2003: 방귀희, 2013)으로 연구 결과 나타난 장애인문화예술단체의 기업 지원 경험의 구성요소는 다음과 같다.

### (1) 지원의 필요성

장애인문화예술단체는 보건복지부 산하단체와는 달리 안정적으로 정부 지원금을 받고 있지 않다. 매년 한국문화예술위원회의 장애인문화예술향수지원사업 공모를 통하여 사업비를 마련하고 있어서 예산이 불안정하다. 공모에 선정된 사업은 10%의 자비를 부담해야 해서 열악한 단체로서는 경제적인 어려움을 해결하기 위하여 기업에 후원을 요청하고 있지만 반드시 경제적인 이유 외에도 지원을 통하여 기업이 사회적 역할을 하고 그를 통하여 장애인예술을 인정받고 싶은 것이 기업 지원의 필요성이다.

> 경제적으로 도움이 되는 부분도 있지만 사회 환원 차원에서 기업의 사회적 역할을 하는 것이라고 본다. 그리고 기업이 장애인예술을 인정해 주는 차원으로 해석할 수 있어서 기업의 지원을 원한다.(연구 참여자 1)

### (2) 기업의 태도

장애인문화예술단체는 기업에 접근하는 방식으로 무작정 찾아가서 담당자에게 설명을 하는 개척형과 인맥을 통해 접근하는 방식을 취했는데 개척형은 성공할 확률이 거의 없어 인맥 활용이 효과적이지만 인맥 형성이 매우 어려워 기업 접근로가 거의 막혀 있다. 어렵게 기업과 접근을 해도 기업은 굳이 장애인예술까지 지원할 필요가 있느냐는 인식을 갖고 있어서 더 높은 벽을 느끼게 된다. 그런 인식은 장애인 지원을 무조건 사회복지 차원으로 받아들이고 있기 때문이다. 또한 기업은 장애인예술의 지원이 단기 효과가 낮다고 판단하고 있다. 기업은 여전히 지원을 눈앞에 보이는 문제 해결에 두고 있는 것이다.

이에 대하여 장애인문화예술단체는 일단 장애인예술을 봐 달라고 입을 모았다. 장애인예술의 창작품을 보지 않고 장애인예술을 판단하기 때문에 장애인예술이 제대로 평가받지 못하고 있다고 하였다. 장애인예술에 대한 지원은 예술과 복지 두 측면에서 상승효과가 있다고 강조하였다.

> 장애인무용에 지원을 해 달라고 하면 굳이 지금 장애인이 춤을 추는 데까지 도와줄 필요가 있나 하는 생각을 한다. 기업은 장애인예술을 지원할 때 예술성보다는 사회복지 차원으로 접근을 한다. 그래서 예술도 사회복지도 모두 실패한다.(연구 참여자 1)

> 그들은 장애인아트페어가 뭔지도 모르고 있었다. 홍보가 필요하다는 생각을 많이 했다.(연구 참여자 2)

> 사람들이 장애인 문제는 보건복지부에서 해결해야 한다고 생각하듯이 기업에서도 우리가 찾아가면 사업 성격에 대해 물어보지도 않고 사회공헌 팀으로 보낸다. 장애인 하면 복지를 떠올리기 때문이다.(연구 참여자 3)

> 일반 공연은 기업이 지원을 하는데 장애인 공연은 기업 지원이 매우 힘들다. 장애인 공연은 홍보 효과가 낮다고 생각하기 때문이다.(연구 참여자 4)

### (3) 지원의 문제점

장애인문화예술단체는 기업 지원의 걸림돌이 되고 있는 것은 기업 내에 사회공헌 팀이 운영되고 있어서 자체 사회공헌 사업을 하고 있는 것을 꼽았다. 대기업은 아예 재단을 설립하여 재단 사업만 할 뿐 외부 지원에 대한 포션(portion)이 매우 미미하다. 또한 메세나협회는 매칭펀드를 요구하고 있어서 지원금의 50%를 기업에서 지원받아 가지고 오라고 하여 메세나에서도 장애인예술은 배제를 당하고 있다.

기업이 지원 대상을 선정할 때 큰 단체를 선호하고 있어서 열악한 장애인문화예술단체는 기업 지원 대상에서 외면당하고 있는 것이다. 그런데 장애인문화예술단체들은 기업의 지원이 막힌 이유로 사회복지공동모금회를 들고 있다. 기업은 모든 외부 지원을 사회복지공동모금회를 통하여 하려고 하기 때문이다. 모금회를 통해야 기부 성과가 높아지기 때문인데 단체에서는 지원을 받기 위하여 기업과 모금회 두 곳의 감독을 받는 것에 피로감을 느끼고 있다.

이런 문제점을 해결하기 위하여 장애인문화예술단체는 기업의 특성을 이해하고 난 후 접근을 하는 것이 필요하고 사업의 퀄리티를 높여서 장애인예술은 아마추어라는 인식에서 벗어나야 하며 큰 단체를 선호하는 기업에 대항하기 위해서는 장애인문화예술단체들이 화합을 하여 힘을 모아야 한다고 하였다.

사회복지공동모금회 지원은 지정기탁제도로 이루어지는데 그것 역시 기업에서 후원을 받아낸 이후 그 돈이 모금회에 들어가서 단체 사업비로 지급이 되는 형식이라서 돈을 만드는 건 단체이다. 그런데도 모금회 형식에 따라 프로포잘을 쓰고 성과보고서를 쓰고… 그 과정이 너무 복잡하고 일이 많아서 전담 인력이 필요하니 열악한 단체는 지정기탁 때문에 멍이 든다. 그러다 보니 직원이 많은 단체, 다시 말해 돈이 있는 단체에서 지원금을 독식하는 결과가 되었다.(연구 참여자 1)

메세나협회에 네다섯 번 지원 요청을 했지만 한번도 받아들여지지 않았다. 그 후 시도를 하지 않았다. 매칭펀드를 해 오라는 것은 거지한테 밥 줄 테니 삼겹살 사 오라고 하는 것과 같다. 이건 돕는 게 아니라 약올리는 거다.(연구 참여자 2)

기업마다 재단을 설립해서 운영하고 있는데 재단에서는 재단이 정한 사업만 하지 새로운 사업을 받아들이지 않는다. 재단을 세우면서 기업의 이익을 사회에 환원하기 위해서라고 말했지만 뭘 환원했는지 모르겠다. 좋은 일 하기 위해서가 아니라 자금 세탁하고 퇴직한 임원들 일자리 마련해 주는 것이다. 사업비보다 재단 운영비가 더 많은 곳도 있다. 우리한테는 재단이 전혀 도움이 되지 않는다.(연구 참여자 3)

지원을 받아 후원 명칭을 넣겠다고 하면 필요 없다고 하는 기업도 있다. 또다시 후원을 요청할까 봐 그러는 것 같다. 실제로 행사 후원 명칭을 보고 다른 장애인단체에서 후원 요청을 많이 하기 때문에 후원을 드러내지 않으려고 한다.(연구 참여자 4)

### (4) 제안점

기업이 장애인예술에 관심을 갖게 하기 위하여 장애예술인 지원이 장애인 고용으로 연계되어 장애인 고용의무율 이행 효과가 되도록 하는 방안이 문제 해결에 가장 큰 도움이 된다고 하였다. 그리고 기업 자사회 형식의 장애인예술기업을 설립하는 방안도 장애인예술 활성화를 위하여 꼭 필요하다고 제안하였다.

장애인예술은 퀄리티가 각양각색이다. 기업은 퀄리티 높은 새로운 콘텐츠라면 선택을 할 것이다. 결과를 맺을 수 있다는 가능성을 보여 줄 수 있어야 한다. 장애인예술에 대한 후원이 고용효과를 볼 수 있도록 한다면 기업은 장애인예술에 매력을 느낄 것이다. 체육 실업팀처럼 할 수는 없어도 그 중간단계 형식의 장애예술인 지원을 한다면 비용이 많이 들지 않고도 큰 효과를 볼 수 있다. 장애인예술 지원은 기업의 이미지를 높이는데 도움이 된다.(연구 참여자 1)

도움을 받으려고만 하지 말고 상품을 만들어서 팔아야 한다. 그래서 장애인미술대전 수상작을 기업에 기증할 생각이다. 그리고 우리 상품을 기업에서 많이 사용하는 기념품으로 활용할 수 있도록 판매로를 개척해야 한다. 기업에서 장애인예술을 구매해 주기를 바라고 있지만 말고 우리가 장애인예술기업을 세워서 좀 더 적극적으로 시장을 확보해야 한다.(연구 참여자 2)

기업이 돈을 그냥 주지는 않는다. 프로그램을 개발해서 구체적인 프로세스를 갖고 접근을 해야 한다. 장애인문화예술계도 지금까지와는 다른 방향 전환이 필요하다. 지금 상황에서는 개별 단체에서 접근하기보다는 기업과의 대화 물꼬를 터주는 중개자 역할을 할 수 있는 조직이 필요하다.(연구 참여자 3)

장애인문화예술단체들이 단합을 해야 한다. 결집된 모습으로 힘이 막강해지면 기업은 우리에게 투자를 하게 된다. 장애인예술뿐 아니라 장애인 인식개선 사업도 우리가 가져올 수 있다.(연구 참여자 4)

이상 언급한 내용을 메트릭스로 제시하면 〈표18〉과 같다.

〈표18〉 장애인문화예술단체의 기업지원 경험 메트릭스

| 구성요소 | 하위 구성요소 | 의미단위 | 비고 |
|---|---|---|---|
| 필요성 | 경제적 어려움<br>기업의 사회적 역할<br>장애인예술 인정 | 정부 지원 매우 부족<br>기업의 관심 부족 | |
| 접근 방법 | 개척형<br>인맥 활용 | 방문<br>지인의 소개 | 요즘은 정문을 통과하지 못함 |
| 기업 태도 | 예술까지 지원할 필요성에 대한 부담감<br>사회복지 차원<br>단기 효과가 낮음 | | |
| 단체 입장 | 보고 결정하라<br>예술과 복지 상승효과 기대 | 검토하지도 않음 | 장애인예술 가치에 대한 인식 부족 |

| 구성요소 | 하위 구성요소 | 의미단위 | 비고 |
|---|---|---|---|
| 문제점 | 사회공헌 팀<br>기업 재단<br>메세나협회<br>큰 단체 선호 | 지정기탁제도<br>(사회복지공동모금회)<br>기업 사업 전담<br>매칭 펀드 불가능<br>부익부빈익빈 현상 | 전담인력 필요<br>기업을 위한 것<br>50% 확보<br>열악한 단체 배제 |
| 단체 개선점 | 기업 특성 이해<br>퀄리티 향상 필요성<br>단체 화합 | | |
| 제안점 | 장애인예술 고용형태<br>장애인예술기업 | | 장애인 고용문제 해결에 도움 |
| 추천 기업 | SK<br>코오롱<br>CJ<br>이랜드 | | 지원을 받은 적은 없지만<br>이미지로 알고 있음 |

장애인문화예술단체는 기업 지원의 필요성을 밝히면서 지원의 위험요소가 되고 있는 문제점도 네 가지로 지적하고, 이 문제를 해결하기 위한 방안도 제안하였다.

장애인문화예술단체는 장애인예술 지원 이미지를 갖고 있는 기업으로 SK, CJ, 코오롱, 이랜드를 꼽았다.

인터뷰를 통해 도출된 기업의 장애인예술 지원 경험을 전체적인 맥락에서 살펴보면 4개 구성요소로 되어 있는데 그 과정을 그림으로 표현하면 〈그림5〉와 같다.

그림5 **기업의 장애인예술 지원 과정**

### 2) 장애인메세나 모형 개발

예술인의 창작 활동과 문화예술 지원과의 튼튼한 다리가 되어 주는 메세나 운동은 정부와 기업, 단체와 개인이 참여하고 적극적으로 활동하는 가운데 그 의의와 가치를 획득할 수 있는데 장애인메세나 운동 또한 이와 다르지 않다.

장애인메세나 운동은 장애인예술에 대한 이해와 인식의 전환을 기대하는 민간 분야의 노력과 다양한 방식의 기업 후원, 이를 뒷받침하는 정책을 마련하는 정부의 노력이 동시다발적으로 실천되는 속에서 구체적이고 의미 있는 결과를 보여 줄 수 있을 것이다. 그리고 공공, 기업, 민간 분야의 상생적 노력을 통해서 장애인예술의 의미를 구현하고 이를 향유하는 인구의 저변 확대를 기대할 수 있다.

#### (1) 공공 분야

##### 장애예술인이 찾아가는 문화공연 기획

소외지역, 군부대, 사회복지시설 등으로 찾아가는 공연을 실시하고 있는데 장애예술인에게 공연의 기회를 마련해 주기 위해서는 장애예술인이 찾아가는 문화공연이 늘어나야 한다.

##### 문화누리카드 2% 장애인예술에 사용

문화누리카드(통합문화이용권)는 경제적, 사회적, 지리적 어려움으로 문화예술을 생활 속에서 누리기 힘든 사람들에게 공연, 전시, 영화 등 다양한 문화예술프로그램의 관람 및 음반, 도서 구입과 더불어 국내 여행과 스포츠 관람을 이용할 수 있는 카드이다. 문화누리카드 사업의 지원 금액은 한 명당 연간 8만 원이다. 2019년도 예산은 915억 원으로 규모가 점점 확대되고 있는데 문화누리카드의 2%를 장애예술인 작품을 구입하거나 관람한다면 장애인예술의 활로가 열릴 것이다.

##### 장애인예술 공공쿼터 제도

방송, 영화, 출판, 전시회, 공연 등 모든 예술 활동에 장애예술인의 참여를 일정 비율(2%)로 정해 의무화하는 제도를 말한다. 줄여서 장애인예술 쿼터 제도로 칭한다.

장애인예술 쿼터 제도과 비슷한 제도로 장애인 의무고용 제도와 중증장애인 생산품 우선구매 제도가 있는데 장애인 의무고용 제도는 비장애인과 비교하여 취업이 힘든 장애인의 고용을 촉진하기 위해 어느 정도 이상의 규모를 가진 사용자에게 일정 비율 이상의 장애인을 고용하도록 의무를 부과하고[20] 이를 이행하지 않으면 부담금을 내도록 규정한 제도다. 그리고 2008년부터 시행하고 있는 「중증장애인 생산품 우선구매 제도」는 국가 및 지방자치단체 등의 공공기관은 매년 구매액(재화, 용역)의 총 1% 이상을 중증장애인 생산품으로 우선 구매토록 하고 있다.

### (2) 기업 분야

메세나의 2% 장애인예술 지원

김언지와 차희정(2015)은 기업의 문화예술 지원 규모는 2010년 1,735억 원에서 2011년(1,626억 9천만 원)과 2012년(1,602억 7천 2백만 원) 2년 연속 감소 추세를 보였으며 2013년에는 경기 회복세가 미약함에도 불구하고 9.4%의 증가율을 나타냈다.

한국메세나협회는 예술단체와의 파트너십을 이룬 기업의 문화예술 행사가 증가했고, 이와 함께 기업의 자체 문화예술 인프라를 활용한 운영비 투입이 증가했기 때문으로 분석했다. 지원 기업의 수는 2014년 협회의 조사 사업 시작 이후 가장 많은 653개사로 나타나 문화예술 지원에 대한 기업의 관심과 참여가 갈수록 증가하고 있다. 한국메세나협회가 2014년 조사한 기업의 지원 현황(한국문화예술위원회 지원금 제외)을 살펴보면 442개 응답기업 중 문화예술 지원 실적이 있는 기업은 114개사 1,109건으로서 기업당 평균 지원금액은 전년 대비 3.9% 증가한 14억 6천만 원이다.

20) 2019년부터 국가 및 지방자치단체의 장은 장애인을 소속 공무원 정원이 3.4% 이상 고용해야 하고, 상시 50인 이상의 민간기업은 근로자 총수의 3.1% 이상을 장애인으로 고용해야 한다.

이렇게 증가하는 메세나 지원금의 2%를 장애인예술에 지원한다면 장애인예술이 현격하게 활성화될 수 있다. 2014년 기업의 문화예술지원금 1,771억 8천 5백만 원의 2%인 35억 을 장애인예술 단체 지원과 장애예술인 교육, 장애예술인 창작에 지원하여 장애예술인을 전문 예술인으로 육성하고 장애인예술 단체가 자립할 수 있도록 한국메세나협회 차원에서 장애인예술 지원 항목을 만들어서 의무화하는 것이 필요하다. 한국메세나협회에서 실시하는 프로그램 가운데 장애인예술이 참여할 수 있는 사업은 다음의 두 가지이다.

—기업과 예술의 만남

한국메세나협회와 한국문화예술위원회가 함께 추진하는 기업과 예술단체의 파트너십 지원프로그램으로 기업의 단기적이고 일방적인 문화예술 후원 활동에서 벗어나 기업과 문화예술 단체가 일대일 결연을 통해 지속 가능한 전략적 파트너십을 맺음으로서 상생 기반을 구축하는 사업이다.

기업에는 창조 경영의 밑거름을 마련해 주고 예술단체에는 안정된 창작 활동을 보장함으로서 기업과 문화예술이 지원과 수혜 관계를 넘어 내실 있는 사업파트너로 새롭게 만나게 되는데 예술단체에 장애인예술 단체도 포함되어야 한다.

—대기업 결연

기업이 예술단체의 창작 활동 및 운영을 직접 지원하는 프로그램으로 한국메세나협회가 보유한 예술단체 데이터베이스를 통해 해당 기업에 맞는 파트너를 추천할 때 장애인예술 단체가 추천되기 위하여 협회 데이터베이스에 장애인문화예술단체도 포함되어야 한다.

### 장애인예술 기업 설립

장애인예술로 설립할 수 있는 기업으로 두 가지 유형이 있다.

### —장애인예술 전문기업

장애인예술 기업을 설립할 수 있는 길이 열렸다. 크라우드펀딩법(자본시장과 금융투자업에 관한 법률 개정안)이 국회 본회의를 통과(2015. 7. 6)함에 따라 내년 1월 중에 크라우드펀딩법이 시행된다. 크라우드펀딩은 창업 기업이 온라인으로 다수의 소액 투자자를 모집해 공모증권을 발행할 수 있게 되어 온라인소액투자중개업자는 등록만 하면 사업을 할 수 있다. 자본금도 5억 원으로 낮게 설정했다. 또 증권신고서 제출을 면제하고 제출 서류를 간소화해 증권발행 관련 서류 · 비용 부담이 줄어들었기 때문에 기업 설립이 용이하게 되었다.

### —문화적 기업

한국사회적기업에 의하면 2015년 현재 1,350개의 사회적기업이 있는데 이 가운데 장애인문화예술 사업을 하고 있는 사회적기업은 10개에 불과하다. 이 10개 사업체 가운데 7개는 예비 사회적기업이라서 실질적으로 3개 사업체밖에 없는 것이다. 따라서 장애인예술 사업을 전문으로 하는 사회적기업 형태의 문화적 기업이 필요하다.

### 장애예술인 고용 제도

장애예술인에게 가장 필요한 것은 경제적인 문제를 해결하는 것이고 기업에서 가장 골치를 앓고 있는 것은 장애인 의무고용을 수행하는 것이다. 기업과 장애예술인 모두를 만족시킬 수 있는 방법이 바로 장애예술인 고용 제도를 마련하는 것이다.

### —장애예술인 후원 고용 제도

장애인 의무고용은 상시근로자 50인 이상 사업장을 대상으로 의무고용률은 2019년부터 3.1%(공공기관 3.4%)이다. 이 의무고용률을 지키지 않으면 장애인 고용부담금을 벌금으로 내야 하는데 그 대상은 상시근로자 100인 이상 사업장이고 부담액은 의무고용 대비 미달 인원 1명당 최저임금의 60%인 104만 8천 원이다. 따라서 민간기업이 지불해야 할 장애인 고용부담금의 규모는 4,532억으로 실로 어마어마한 액수이다(에이블뉴스, 2018. 12. 17).

장애예술인은 취업할 곳도 없고 예술은 직장에서 할 수 있는 일이 아니어서 장애예술인 창작지원금을 지급하는 것으로 장애인 고용을 인정해 주는 것이다. 지원금을 받은 장애예술인은 기업 전속으로 일정 단위의 창작품을 기업에 귀속시키고 공연예술은 기업이 원하는 공연에 참여한다.

—장애인예술 연계고용 제도

연계고용에 따른 장애인 고용부담금 감면 방안도 가능하다. 연계고용이란 직접고용을 할 수 없는 경우에 하는 간접고용 형태이다. 간접고용은 해당회사가 자회사를 만들어 고용하는 형태와 장애인 표준사업장(10명 이상)과의 거래를 인정하는 것인데 기업이 장애인예술을 내용으로 하는 자회사로 장애인예술 기업을 설립하여 기업은 직접고용을 피하고, 고용부담금의 부담에서 벗어날 수 있다.

장애인 문화공헌 프로그램 신설

기업 사회공헌에 문화공헌 개념이 포함되어야 한다. 사회공헌정보센터 자료에 의하면 2015년 현재 장애인 관련 사회공헌 사업을 실시하고 있는 기업은 73개사인데 이 가운데 문화예술 사업은 22개사이고 그 가운데 장애인예술을 위한 사업은 13개사에 불과하다. 장애인예술 사회공헌 사업은 숫적으로도 열세이지만 프로그램도 장애인음악회 지원에 그치는 등 내용이 빈약하다. 매력적인 장애인예술 프로그램을 개발해서 공격적으로 배팅을 하는 전략이 필요하다.

### (3) 민간 분야

장애인예술 장터 개설

문화체육관광부에서 미술품 유통체계 선진화를 위하여 미술품 거래정보 온라인 제공시스템을 구축하여 작가 및 작품의 가격대별 검색 기능, 분석자료 등 통합정보를 제공하고 전국 문화예술의 거리, 유휴공간 및 전시장에 '미술장터'를 개설하여 운영하고 있는데 이러한 정부 주도의 예술 시장보다는 민간 차원에서 장애인예술 시장을 형성하기 위한 상설 '장애인예술 장터'를 개설하여 운영하면 장애인예술이 풀뿌리 네트워크로 활성화될 것이다. 인사동에 있는 예술샵과 대학로에 있는 공연장 그리고 대형 서점에서 장애인작품을 판매한다면 민간 차원의 장애인메세나 운동이 전개될 것이다.

### 장애인예술 펀드 조성

연극계에서 소셜 펀딩(Social Funding)이 인기이다. 정부 지원금에 의존하지 않고 시민들의 소셜 펀딩으로 제작비를 마련하는 것이다. 공공기금 지원 없이 연극제를 진행한다는 것이 사실상 불가능한 일이다. 하지만 젊은 연극인들은 공공기금 지원이 공공성을 잃었다고 보고 시민 모금 방식을 택했는데 소셜 펀딩이 목표액(공공기금 지원금과 같은 액수)을 달성하여 소셜 펀딩의 성공 가능성을 보여 주었다.

개인 기부자들이 1만 원, 2만 원을 후원했는데 기부자를 모으는데 어려움이 있고 지속되기 어렵다는 문제점도 있지만 시민의 공감이 확산되면 더 든든한 기금이 될 수도 있다. 장애인예술은 소셜 펀딩이 더욱 필요하다. 장애인 후원에 대한 시민적 공감대가 형성된 상태이기 때문에 후원 내용을 예술로 새롭게 제시한다면 장애인예술 소셜 펀딩은 큰 효과를 거둘 수 있다고 본다. 후원을 하는 방식도 종전의 현금 은행 입금이 아닌 웹이나 모바일 네트워크 등을 이용해 손쉽게 기부에 참여할 수 있도록 시스템을 구축할 필요가 있다.

민간의 문화예술 후원 활동을 활성화하기 위한 법적·제도적 근거를 마련하기 위해 마련된 '문화예술 후원 활성화에 관한 법률(2014. 1. 28. 공포)'의 주요 내용은▲문화예술 후원을 활성화하기 위한 국가와 지방자치단체의 책무 ▲'문화예술 후원 매개단체'의 인증 및 육성·지원 ▲문화예술 후원을 장려하기 위한 조세감면 근거 ▲문화예술 후원자의 포상 ▲기업 등 '문화예술 후원 우수기관'의 인증 등인데, 이런 법률이 있는지조차 모르는 사람들이 많아서 적극적인 홍보가 필요하다.

그런데 이 법률이 활성화되어도 장애인문화예술에 대한 후원은 담보할 수 없기에 장애인문화예술 후원에 대한 인센티브를 주는 방안이 필요하다.

장애인예술 소비자 활동

민간 분야에서 가장 잘 할 수 있는 장애인메세나 운동이 바로 장애인예술의 소비자가 되는 것이다. 정부이든 기업이든 지원은 한계가 있다. 예술은 소비가 가장 중요하다. 예술 순환 과정은 예술인이 창작을 하면 그것이 예술 시장(전시장, 공연장, 서점 등)에 전달되어 소비자가 향유를 하는 것이다. 예술의 향유 즉 소비는 창조에 이르는 과정이라고 하듯이 예술의 자생력을 강화하기 위하여 소비가 뒷받침되어야 한다. 향유라고 하는 것은 문화예술을 생활화하는 것인데 이것으로 정신적 자존감, 자생력, 긍정 감성 향상으로 행복한 문화 중산층이 확대된다. 이를 위해 예술 소비 문화가 형성되어야 하는데 그 소비에 장애인예술이 반드시 포함되어야 한다.

## 3. A⁺Culture 운동 과제

기업의 사회적 책임(CSR)이란 경영 프랙틱스와 내부 자원의 기부 활동을 통해 지역사회의 복지를 향상시키는 의무를 말한다(필립 코틀러, 2006). 사회적 책임을 위한 기업들(BBSR)에서 사회가 비즈니스를 소유하고 있다는 윤리적, 법적, 상업적, 공적인 기대 수준을 충족시키는 수준 또는 초과하는 수준으로 비즈니스를 행하는 것을 기업의 사회적 책임이라고 규정하였듯이 기업은 사회적 책임을 통하여 비즈니스를 하는 것이다.

기업의 사회적 책임을 실천하는 방법은 요란하지 않게 부담스럽지 않게 조용히 작게 실시해도 큰 효과를 올릴 수 있다. 우리나라 장애인문학을 대표하는 『솟대문학』 98호(2015년 여름호)에서 방귀희(2015)는 국내 유일의 장애인문학지 『솟대문학』을 100호 발간하는 동안 협찬 광고로 지원한 곳은 49개 기업이고 이들 기업에서 협찬 광고를 한 횟수는 298회이고, 1회 평균 광고료가 100만 원으로 총 지원액은 2억 9천 8백만 원이다. 3억 원이란 돈이 25년 동안 이루어진 지원이고 보면 1년 후원이 1천 2백만 원 정도로 한 기업에서 지원한다 해도 부담이 되지 않는 액수이다. 이렇게 큰 부담이 되지 않은 지원으로 우리나라에 존재하지 않았던 장애인문학이 당당히 그 정체성을 드러내게 만들었다고 하였다. 만약 『솟대문학』에 대한 기업 지원이 없었다면 『솟대문학』이 100호까지 이어지지 못하였을 것이고 그렇더라면 글쓰기를 좋아하고 실제로 재능이 있는 장애인들에게 시인, 수필가, 소설가라는 명칭을 부여받지 못하여 자신은 아무것도 하지 않고 있는 불필요한 존재라는 자괴감에 빠졌을 것이고 그에 따라 자존감이 낮아져 스스로 소외를 택하게 되었을 것이다. 장애인문학을 지원하여 장애인문학을 탄생시키고 장애문인을 450여 명 배출하는 업적을 이루었다. 지원 액수가 크던 작던 『솟대문학』을 후원한 49개 기업 모두 결국 장애인문학 메세나 활동을 한 것이다.

한국의 장애인메세나는 지금까지 없었던 것도 아니지만 장애인메세나라는 이름으로 시작을 한다면 그 어떤 장애인운동보다 파급 효과가 클 것이다. 문화는 감동이라는 강력한 힘을 갖고 있고 국민 모두 소비자이기 때문에 기업으로서는 매력적인 시장이다. 또한 장애인메세나는 대국민 운동으로 확대되어 장애인 인식개선이라는 뜻밖의 효과도 거둘 수 있어서 장애인메세나를 위한 A+Culture 운동은 반드시 실천되어야 하는 사회문화 운동이다.

장애인메세나를 실천하기 위하여 다음 세 가지 방안을 제시하고자 한다.

#### 첫째, A+Culture 운동으로 장애인예술을 '모두의 예술'로 확대한다.

예술이 모든 사람들이 향유할 수 있는 보편적 문화로 예술 소비가 확대되어야 하며 장애인예술이 일반예술과 다르지 않다는 인식개선이 필요하다. 확대된 개념의 모두의 예술 속에 장애인예술이 자리잡는다면 장애인예술에 대한 시각이 달라질 것이다.

둘째, A+Culture 운동본부를 설치 · 운영한다.

장애인메세나 운동을 체계적으로 펼칠 수 있는 조직이 필요하다. 기업에서 장애인예술에 관심을 갖고 장애인예술을 활용하려고 해도 파트너십을 형성할 창구가 없다는 것이 가장 큰 문제이다.

장애인메세나 사업을 위해 별도의 조직을 만드는 것은 비효율적이고, 장애인문화예술을 대표할 수 있는 조직 내에 설치하면 별도의 준비 없이 바로 시작할 수 있다.

셋째, 장애인예술을 통한 감동 마케팅으로 국민 힐링 프로젝트를 실시한다.

박혜신(2010)에 따르면 같은 공연을 감상하였어도 예술인이 장애인임을 알 때 73.3%가 감동을 받고 흥미롭게 본 것으로 나타났다. 장애인예술의 강점은 바로 감동이다. 감동은 소통 능력이 있기 때문에 감동 마케팅으로 따뜻한 소통 문화를 이끌어 낼 수 있다.

장애인예술은 사회공헌 차원에서 지원하는 방식보다는 장애인예술이 매력적인 상품으로 소비될 수 있도록 마케팅을 하는 것이 투자로서의 가치가 있을 것이다. 장애인예술은 지원이 아니라 투자라는 인식이 정착되어야 한다.

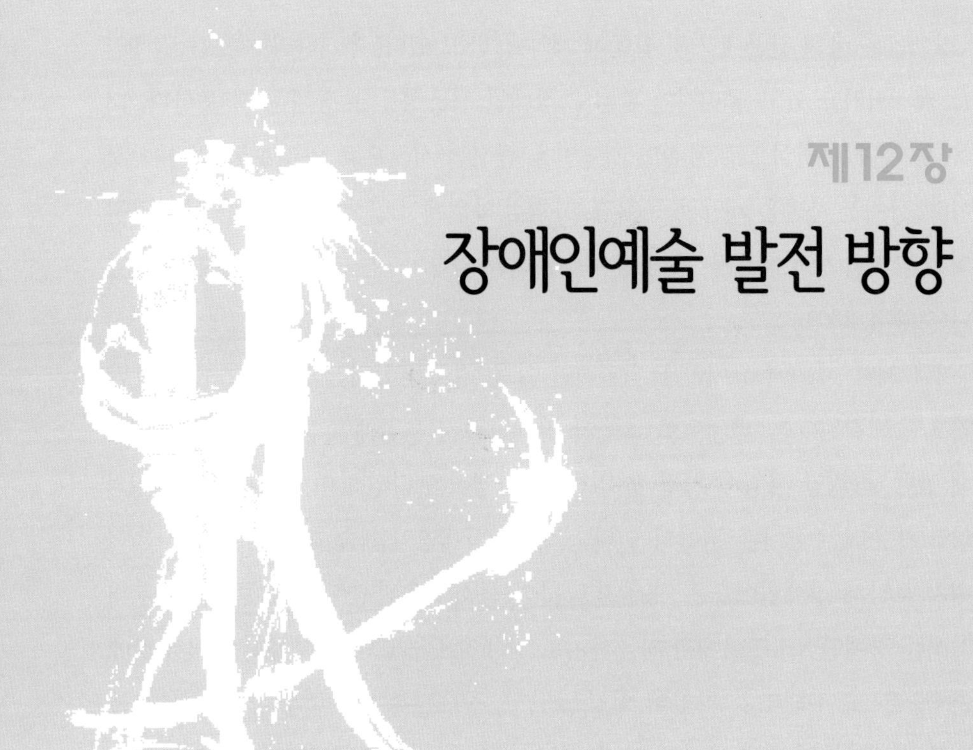

제12장

# 장애인예술 발전 방향

장애인은 사회 전반에 거쳐 활동에 제약을 받고 있다. 우리나라 제도는 장애인을 배제시키고 있고 물리적인 환경도 장애인 접근성을 보장해 주지 못한다. 더욱 큰 제약은 인식으로 아직도 장애인을 편견적 시각으로 바라보고 있다는 것이다. 장애인 차별은 개인적, 문화적, 사회적 차원에서 발생하며 이러한 여러 차원의 복합적인 상호작용을 통해 장애인에 대한 억압이 실제적으로 현상화되고 있다(오혜경, 2003).

이런 제약 때문에 장애인은 획일적인 삶을 강요받았다. 장애인 문제는 빵만 있으면 해결된다는 생각으로 그동안 장애인복지는 장애인 생존권 확보에 주력해 왔다. 하지만 사람이 가질 수 있는 관심 영역은 다양하며, 그 다양한 관심의 영역 가운데 예술이란 분야가 있다. 그런데 장애인의 예술 활동에 대한 사회적 지지가 약해 장애인예술은 매우 열악하다(문화체육관광부, 2010). 1981년부터 실시한 장애인실태조사에서 지금까지도 장애인예술에 대한 항목이 없어서 장애인예술은 그 실태조차 파악이 되지 않았고, 장애인복지의 주무 부처인 보건복지부 장애인복지 정책 가운데 장애인예술 사업은 전무하며, 문화예술을 관장하고 있는 문화체육관광부에서 장애인예술 업무를 실시하기 시작한 것도 2009년부터이다.

이렇듯 장애인의 예술 활동이 열악한 이유는 장애예술인들이 어떤 활동을 하고 있는지 장애예술인은 어떤 사회 환경에서 창작을 하며 어떤 경험을 하는지 알려진 바가 거의 없고, 장애인예술에 대한 이론이 정립되지 않은 상태여서 장애인예술 정책 수립이 보류되고 있기 때문이다.

장애인예술에 대한 사회적 합의가 이루어지 않은 상태에서 장애인문화예술이라는 광의의 개념을 사용함으로서 장애인의 문화권과 예술권이 혼재되어 있다. 장애인 문화는 장애인이 문화를 향유하기 위해 문화시설에 편의시설을 마련하고 문화를 즐기기 위한 서비스를 실시하는 등 장애인복지의 일환으로 실시되고 있다. 장애인예술은 장애인이 예술의 주체가 돼서 창작을 통해 예술인으로서 활동을 해야 하는데 그동안 장애인예술은 전문성을 띤 예술로서가 아니라 장애인의 취미 활동 정도로 생각했기 때문에[21] 장애인예술이 예술 시장에 진입조차 하지 못하고 있다. 장애예술인들은 자신의 창작 활동이 예술로 인정받고 창작 활동을 통해 자존감을 높이면서 삶의 질이 향상되길 원한다.

인간의 중요한 철학은 각 개인이 가능한 것을 최대한 풍부하게 발전시킬 권리를 가지고 있다는 점이다. 이 권리가 보장돼야 사회의 잠재력을 구현할 수 있다. 창의성은 인간이 구현할 수 있는 최고의 단계로 창의성이 존중되고 활성화되는 환경을 형성하는 것은 인간의 존엄한 권리 보장(Katz,1995)으로 장애인의 예술 능력을 발전시킬 수 있는 권리를 보장해 주는 것은 우리 사회가 반드시 지켜야 할 의무이다.

## 1. 장애인예술 개요

### 장애인예술의 정의와 장르

영국예술위원회에서는 장애예술, 예술과 장애의 상관관계를 다음과 같이 정의하고 있다. 장애예술(Disability Arts)은 장애인의 문화와 개성, 장애의 정치적 체험, 장애와 구체적으로 연관된 예술 내부에서 생산된 작업 등을 반영하는 장애인에 의해서 생산된 예술 작품이고[22], 예술과 장애(Arts and Disabilty)는 예술로의 장애인의 참여를 지원해 주는 과정이라고 정의하고 있다.[23]

우리나라는 장애인은 여러 가지 활동을 하고 있는데 예술 활동은 그 가운데 하나로 그것을 장애인예술로 지칭하고, 예술 활동을 하고 있는 장애인을 장애예술인으로 정의한 논문(방귀희, 2013)이 있지만, 아직은 여러 가지 형태의 용어들이 사용되고 있다.

---

21) '장애인예술은 장애인의 소일거리를 위한 취미가 아니다. 그리고 치료도 아니다. 장애인예술은 그냥 예술이다.' (Sutherland, 2005)

22) Disability arts has been defined as: work produced by disabled people, reflecting their cultural, personal, and or political experience of disability, or work produced within a disability-specific arts setting

23) Arts and disability is more generally defined as: the process of supporting disabled people' s participation in the arts

우리나라 문화예술의 범주는 통상 문화예술진흥법 제2조에 규정된 정의를 사용하는데 이 법률에서 '문화예술이란 문학, 미술(응용미술 포함), 음악, 무용, 연극, 영화, 연예(演藝), 국악, 사진, 건축, 어문(語文), 출판 및 만화를 말한다.' 로 되어 있지만, 장애인예술 활동은 문학(어문, 출판 포함), 미술(응용미술 및 만화 포함), 음악(국악 포함) 그리고 나머지 장르를 합하여 대중예술로 분류하는 것이 현실적이다.

#### 장애예술인 인구

사람의 2%가 예술적 재능을 가지고 있다고 한다(박영정, 2006). 보건복지부가 발표한 2017년 장애인실태조사에 의하면 장애인 수는 267만여 명인데 장애인의 2%가 예술적 재능을 가지고 있다면 53,400여 명이 예술적 재능을 가지고 있다고 볼 수 있다. 예술 활동을 하고 있거나 원하는 장애예술인은 약 5만 명이 넘는 것으로 추산할 수 있으며, 좀 더 좁혀서 예술 활동을 하고 있는 장애예술인 인구를 추정하면 한국고용정보원(2009)이 발표한 산업·직업별 고용구조 조사에 나타난 예술인 수 18만여 명과 장애인 출연율(2017년 장애인실태조사) 5.36%로 계산하여 장애예술인 인구를 약 1만 명인 것으로 추정할 수 있는데 이는 예술적 재능을 가진 장애인 수 5만여 명보다는 예술 활동을 하고 있는 장애인 수 1만여 명을 장애예술인 인구로 보는 것이 더 합리적인 추산이다.

#### 장애예술인 실태

2007년 한국장애인개발원에서 실시한 장애문화예술인활동 실태조사에 의하면 장애예술인은 90.1%가 발표할 기회가 부족하다고 답변하였다. 장애예술인은 창작 활동의 기회 부족으로 96.5%가 경제적 보상을 받지 못하고 있고, 69.3%가 수입이 전혀 없다고 응답하여 장애예술인들이 경제적으로 큰 어려움에 처해 있음이 드러났다.

가장 최근 조사인 2012장애문화예술인실태조사(문화체육관광부)에 의하면 장애예술인의 82.18%가 발표의 기회를 갖지 못하고 있다고 조사되어 5년 전과 큰 차이가 없음을 알 수 있고, 같은 조사에서 장애예술인의 활동에 어떤 지원이 필요하냐는 질문에 창작비용 지원이 43.9%로 1순위를 차지하여 창작지원금에 대한 욕구가 가장 큰 것으로 나타났다.

## 2. 장애예술인의 삶

### 1) 창작 환경

세계적으로 권위 있는 학술지 『Disability and Society』(vol 30, numbers)에 게재된 '한국 장애예술인의 창작 활동 경험과 환경적 장벽' (방귀희, 2015)에서 장애예술인으로서의 삶의 경험을 탐구하여 장애예술인의 창작 활동의 본질을 규명하고 장애예술인의 창작 활동을 어렵게 만드는 환경적 장벽을 탐색하여 제시했는데 본고에서는 장애인예술의 저해 요인이 되고 있는 환경적 장벽에 대한 내용을 요약하여 소개하고자 한다.

**개인적 저해 환경**

장애예술인이 예술 활동을 하는데 있어 개인적인 차원에서의 어려움은 경제적인 어려움, 손상으로 인한 제한적인 활동, 그리고 예술인으로서의 자신감의 부족이다. 경제적인 어려움의 경우는 예술을 직업으로 가지고 경제적인 활동을 하고 있지 못하기 때문이다. 물감을 산다거나 공연을 위해 의상을 준비하는 등 창작 활동에 비용도 많이 들지만 원고 청탁도 적고, 공연 요청도 적고, 작품 판매도 부진하여 경제적인 문제가 해결되지 않아서 생활이 불안정하다.

두 번째 개인적인 차원에서의 어려움은 장애예술인이 가지고 있는 손상 그 자체이다. 예를 들어 지체장애 작가는 접근성이 떨어져 취재를 하지 못한 채 글을 쓰기 때문에 현실감이 떨어진다고 하였다. 청각장애 화가는 의사소통이 원활하지 않아서 작품 설명을 제대로 하지 못하여 인정을 받지 못하고 있다고 하였다.

시각장애인 가수가 무대 위에서 자연스러운 동작을 연출하지 못하는 것도 아쉬운 부분이며, 시각장애 연주자인 경우 급하게 들어오는 협연 요청에 응할 수 없는 어려움을 털어놓았다. 시각장애인이어서 악보를 보면서 연주를 하지 못해 모두 외워야 하는데 악보를 외우는데 시간이 걸리기 때문이다. 이렇게 장애인이 가진 손상이 창작 활동에 어려움을 주는 경우가 있다.

장애예술인들은 자신이 제대로 전문교육을 받지 못했다는 것으로 열등의식을 갖기도 하고 장애 때문에 대중 앞에 선다는 것에 대한 두려움이 있다고 하였으며 대중예술 활동을 하다가 중도에 장애를 갖게 된 경우는 대인기피증이 생겨서 활동을 끊은 적도 있고, 무대에 다시 서면 사람들이 어떻게 생각할지 몰라서 망설이게 된다고 하였다.

### 사회적 저해 환경

장애예술인이 예술 활동을 하는데 있어 사회적인 차원에서의 어려움은 사람들의 부정적인 시각이다. 이는 개인적인 노력으로 해결할 수 없다. 장애인예술을 전문 예술이 아닌 취미 정도의 아마추어 활동으로 생각하는 시각 때문에 장애예술인은 예술계에 편입되지 못하고 배제당하고 있다. 노골적으로 장애 때문에 못할 것이라고 단정짓기도 하고, 오디션을 보러 온 장애예술인에게 문전 박대를 한 사례도 있다. 코미디를 하는 장애예술인은 그의 개그 연기를 보고 사람들이 웃는 것을 주저하여 자기 연기가 죽어 버리게 된다고 하소연하였다.

장애예술인들은 창작 활동을 하며 사회적 벽을 절감한다. 특히 대중예술 부문에서 장애예술인은 상품적 가치가 없다는 판단으로 기획사에 소속되어 활동하기 어렵고, 중앙 무대에 서는 것이 불가능하며, 장애예술인을 위해 무대 편의시설을 만들어 주는 등의 배려를 해 주지 않아서 사회적 장벽에 부딪히곤 한다. 장애예술인은 실력이 있어도 장애 때문에 주류 예술계에 들어가지 못하고 있는 것이 가장 심각한 사회적 장벽이라고 하였다.

**제도적 저해 환경**

장애예술인들이 아무리 열심히 창작 활동을 해도 그것을 발표할 기회가 없다면 예술로의 가치를 부여받지 못하기에 기회 부족이 예술인으로서 겪는 가장 큰 어려움이라고 하며 개런티를 많이 받는 것보다는 공연 횟수가 적은 것이 더 문제라고 했다. 특히나 출판계는 더욱 열약해서 장애문인의 작품은 출간의 기회를 거의 갖지 못하고 있다. 장애예술인과 비장애예술인이 함께 전시회를 한다거나 공연을 하는 경우가 거의 없어서 통합의 기회를 만들지 못하고 있다.

우리나라 장애인복지제도에는 장애예술인을 대상으로 하는 별도의 서비스가 준비되어 있지 않아서 장애예술인은 상대적 박탈감을 느끼고 있다. 장애예술인이 창작 활동을 할 수 있도록 경제적으로나 인력 면에서 지원해 주는 제도가 필요하다고 했다. 경제적인 지원은 창작 활동을 할 수 있도록 창작지원금제도가 필요하다는 것이며 인력적인 지원이란 창작 활동을 위한 예술 활동보조 서비스를 뜻한다.

장애인이 예술인으로 성장하는 과정에 창작 활동에 영향을 미치는 환경적인 장벽이 존재하며, 그것은 개인적 저해 환경과 사회적 저해 환경, 제도적 저해 환경으로 나누어지는데 이들 저해 환경을 개선하기 위하여 장애예술인으로서의 역량강화가 필요하며, 장애인예술에 대한 인식개선이 우선되어야 한다. 또한 장애예술인의 경제적인 문제를 해결하기 위한 지원 정책이 마련되어야 하고, 장애예술인의 창작 활동을 예술 시장과 매개해 주는 장애인예술 마케팅 서비스가 제공되어야 한다는 것을 알 수 있다.

### 2) 장애예술인 복지

장애예술인 복지에 대한 논의를 진행하기 위해 필자의 박사 학위논문의 연구결과 부분을 다시 인용한다.

### (1) 장애예술인 복지의 시사점

본 연구는 장애예술인의 삶의 경험을 통해 나타난 창작 활동의 본질을 규명하기 위하여 수행되었는데 연구 참여자들이 예술인으로 성장하는 과정에서 창작 활동에 긍정적이든 부정적이든 영향을 미치는 환경이 있다는 환경적 관점에서 연구 참여자의 창작 활동 경험을 논의해 보고자 한다.

Basas(2009)는 장애예술인 발전의 여러 단계에서 동기부여, 교육, 훈련, 직업 수행 등의 영역에서 기대치가 낮고, 접근성이 부족하며 창작 활동이 일로 여겨지지 않아 무보수나 낮은 임금으로 활동을 하고 있어 장애예술인이 많은 어려움을 겪고 있다고 하였듯이 장애예술인은 예술에 대한 무관심에다 장애인이 사회적으로 받고 있는 차별까지 보태져 이중의 고통을 겪고 있다.

장애인예술의 차별은 Riddell와 Watson(2007)도 지적하였듯이 예술 체제에서 장애인을 배제한 것이 더 큰 문제가 되는 것으로 장애인예술은 기회의 문제가 아니라 예술 그 자체에 대한 평가의 문제라고 하여 장애예술인 문제가 수량적 배분으로 해결될 수 있는 단순한 문제가 아니라는 것을 말해 준다(윤삼호 외, 2013). 장애인의 예술적 재능과 창작 기회를 확대시키는 것이 사회의 창의성 향상과 다양성 증가에 도움이 된다는 관점으로 전환될 필요가 있다. 그래서 영국에서는 장애인예술의 활성화가 사회의 다양성 증진과 창의적 산업 발달에 도움이 된다는 입장을 견지하고 있고(1차 장애평등계획, 2006), 일본에서는 장애인의 생생하고 감성 넘치는 표현 활동을 통해 사회에 새로운 예술관과 가치관을 창조하자고 주장하고 있다(김언지, 2012).

그런데 우리나라에서는 장애인문화예술을 삶의 부수적인 것으로 인식하는 경향이 사회적으로 일반화되어 있어서 다른 분야에 비하여 비교적 차별 시정에 대한 요구가 적은데(양극화민생대책위원회, 2007), 이것은 장애예술인 스스로 예술인으로서의 정체성을 갖지 못하고 표류하고 있다는 것을 말해 준다.

Stryker와 Serpe(1994)는 정체성을 인지적 관점으로 접근하여 정체성이란 의미를 통하여 역할과 행동이 연계되는 과정 속에서 형성되며 정체성을 인지적 틀로 이해한다는 것은 내적으로 저장된 정보와 의미가 경험을 해석하는 틀거리로 기능한다(정필주 외, 2008)고 하였듯이 예술인에 대한 사회적 정체성과 예술인 개인의 예술적 정체성 간의 갈등이 심한데 장애예술인은 본래의 나와 사회적 나 사이에서 더욱 심각한 정체성 갈등까지 보태져서 예술과 장애 속에서 2중의 정체성 갈등을 경험하고 있다.

예술인은 창작 과정에서 작품에 자신의 정체성을 전이시킨다. 따라서 예술인은 작품으로 타자화된 자신에게 사회적 요구를 관철시키고 그것을 작품이라는 구체화된 객체가 예술인에게 그의 실제적 정체성을 환기시키는 것인데(정필주 외, 2008), 연구 참여자들은 자신의 정체성이 전이된 작품이 사회적으로 인정을 받지 못하는 상황이라서 장애예술인 스스로 정체성을 갖기 어려웠다고 보여진다.

자신이 예술인이라는 정체성을 갖기 위해서는 자신이 예술인의 정의에 부합하는지를 살펴보게 되는데 미국 컬럼비아대학교 예술문화연구소(1989)에서 제시한 예술인의 정의는 첫째 자기 정의로 자기 자신을 예술인으로 생각하고, 상당한 시간을 예술을 창조하는데 소비하고, 예술에 특별한 재능을 가지고 있고, 예술 활동을 하고자 하는 내적 충동을 가지고 있는 사람이다. 둘째 시장 정의는 예술인으로 생계를 유지하고, 예술 활동으로 소득을 얻고, 예술인으로 생계를 유지할 의도가 있는 사람이다(김승연, 2008: 박혜신, 2010). 연구 참여자들이 이 예술인 정의에 모두 부합되는 것은 아니기에 예술인이란 정체성에 갈등을 경험하게 된다.

박준원(2003)은 예술의 본성을 실존의 문제와 연결시켜 삶의 의미를 밝히는 것을 강조하였듯이 창작 활동의 본질은 고통 속에서 미적 가치를 형성하여 다양한 가능성을 창조하는 것이다. 이와 같이 장애예술인의 창작 활동의 본질은 비장애예술인과 다르지 않지만 정체성을 갖는 것을 어렵게 만든 요인은 바로 연구 참여자들을 둘러싸고 있는 환경이다.

장애예술인의 창작 활동에 영향을 미치는 환경은 긍정적 지지 환경과 부정적 저해 환경이 있는데 저해 환경을 제거해 주면 그것이 지지 환경이 되는 상호 연관 관계이기 때문에 본 연구 결과에서 나타난 저해 환경 요소들을 살펴보기로 한다. 장애예술인의 창작 활동에 저해가 되는 환경은 개인적 요소와 사회적 요소로 나눌 수 있는데 우선 개인적 요소는 예술인으로서의 성장과정 첫 번째 단계인 '예술과 만남' 에서 자신감 부족이 개인적 저해 요소가 된다. 연구 참여자들은 자신이 제대로 전문교육을 받지 못하였다는 것으로 자격지심을 갖기도 하고 장애 때문에 대중 앞에 선다는 것에 대한 두려움이 있어 자신감을 갖지 못한다.

장애를 갖게 된 후 대인기피증이 생겨서 활동을 끊은 적도 있고, 사람들이 자기에 대해 어떻게 생각하는지를 살피며 새로운 일에 도전할 자신이 없어서 망설이게 된다고 하였다. 반면 예술인으로서 자신감을 갖고 더 좋은 작품을 창작하기 위해 최선을 다하는 노력이 연구 참여자들을 예술인으로 성공시키는 밑거름이 된다. 연구 참여자 6은 작품이 마음에 든다고 구입하겠다는 고객에게 1주일의 시간을 주면 더 완성도 있는 작품이 되니까 수정할 수 있는 시간을 달라고 하였다. 일주일 후에 구매자 마음이 변하여 판매가 되지 않을 수도 있는 상황이지만 판매보다는 작품의 완성도를 높이는데 주력한 결과 호평을 받았다.

그리고 예술인으로서의 성장 과정 두 번째 단계인 '창작 활동 몰두' 에서 나타나는 하위 구성요소 장애의 영향은 장애가 단점으로 작용하는 환경이 되면 장애가 창작 활동에 저해 요소가 되고 장애를 잘 활용해서 장점으로 만들면 장애가 지지요소가 된다. 연구 참여자들에게 장애는 단점으로 작용하는 것은 부인할 수 없는 사실이다. 장애 때문에 접근성이 떨어져 취재를 하지 못한 채 글을 써서 현실감이 떨어지고 청각장애 때문에 자기 작품을 설명하지 못해 제대로 인정을 받지 못하는 경우도 있다. 시각장애 음악가가 무대 위에서 자연스러운 동작을 연출하지 못하는 것도 하나의 단점이 된다. 연구 참여자들은 비장애예술인들이 쉽게 하는 일이지만 장애 때문에 장벽에 부딪혀 좌절할 때가 많았다.

하지만 장애 때문에 더 잘 할 수 있는 것을 찾아 개발하면 장애가 하나의 큰 장점이 되기도 한다. 연구 참여자 1은 자신이 장애인이어서 장애에 대한 소재를 선점하였고 더 잘 표현할 수 있다고 하였고, 시각장애는 청각의 발달로 음악에,

청각장애는 시각의 발달로 미술에 좋은 영향을 미치기 때문에 장애가 장점이 된다고 하였다. 그리고 창작 활동에서 발생한 문제를 해결할 때 구원투수가 나타나거나 지지자가 장애예술인에게 지지요소로 작용한다. 사람들은 곤경에 빠져 있을 때 수호천사가 나타나 구원해 주기를 바라는데 실제로 뜻하지 않은 사람이 나타나 도움을 주는 장애예술인의 적극적인 멘토가 있다. 연구 참여자들에게 구원투수는 낯선 사람인 경우도 있지만 가족이 도움을 주기도 하며 같은 분야에서 활동하고 있는 장애인 선배가 큰 역할을 한다. 연구 참여자들이 예술인으로 창작 활동을 하기 위해서는 활동을 보조해 주는 사람, 예술에 대한 가르침을 주는 사람, 예술 활동을 관리해 주는 사람, 용기를 줄 수 있는 사람, 박수를 쳐주는 사람 등 지지를 해 주는 사람이 창작 활동을 하는데 긍정적인 영향을 주는 환경이 된다.

장애예술인의 창작 활동에 저해가 되는 환경으로 2개의 개인적 요소에 이어 사회적 요소는 7개나 도출되었다. 예술인으로서의 성장 과정 세 번째 단계인 '고통스러운 작업' 의 하위 구성요소 어려움에서 6개의 저해 요소가 발견되었다. 장애가 단점으로 작용한다 해도 그것은 연구 참여자 스스로 해결하면 되는 문제이지만 사람들의 '부정적인 시각' 때문에 생기는 불이익은 개인적인 노력으로 해결할 수 없다. 장애인예술을 전문 예술이 아닌 취미 생활 정도의 아마추어 활동으로 생각하는 시각 때문에 장애예술인은 예술계에 편입되지 못하고 배제당하고 있다. 노골적으로 장애 때문에 못할 것이라고 단정짓기도 하고 오디션을 보러 온 연구 참여자에게 문전박대를 한다. 연구 참여자들은 창작 활동을 하며 사회적 벽을 절감한다. 연구 참여자 8은 실력이 있어도 장애 때문에 주류 사회에 들어가지 못하고 있는 것이 가장 심각한 사회적 장벽이라고 하였다.

연구 참여자들이 아무리 열심히 창작 활동을 해도 그것을 발표할 기회가 없다면 예술로서의 가치를 부여받지 못하기 때문에 연구 참여자들은 기회 부족이 예술인으로서 겪는 가장 큰 어려움이다. 출연료를 많이 받는 것보다는 공연 횟수가 적은 것이 더 문제라고 하였다. 특히나 출판계는 더욱 열악해서 장애문인의 작품은 출간의 기회를 거의 갖지 못하고 있다. 우리나라 장애인복지는 장애라는 상황 때문에 생기는 위기를 해소해 주고 똑같은 조건에서 경쟁할 때 생기는 문제를 해결해 주기 위해 별도의 제도로 보호해 주는 방식으로 발전하여 왔다. 그런데 우리나라 장애인복지제도에는 장애예술인을 대상으로 하는 별도의 서비스가 준비되어 있지 않아서 같은 장애인이면서도 장애예술인은 상대적 박탈감을 느끼고 있다.

연구 참여자들은 장애예술인이 창작 활동을 할 수 있도록 경제적으로나 인력면에서 지원해 주는 제도가 필요하다고 하여 '제도 미비' 가 장애예술인의 창작 활동에 저해 요소가 된다는 것을 알 수 있다.

모든 연구 참여자들은 창작 활동을 어렵게 만드는 저해 요소로 창작 활동에 대한 수입이 거의 없어서 생활이 불안정한 경제적인 문제를 지적하였다. 연구 참여자 1은 원고료가 많은 작가인데도 생활을 하기 위해 작품을 쓰면 좋은 작품이 나오지 않는다며 작품에만 몰두할 수 있는 창작지원 제도를 제안하였다. 경제적인 문제 다음으로 창작 활동을 어렵게 만드는 저해 요소로는 공간적 문제를 꼽았는데 창작 공간은 연구 참여자 개인을 위해서도 해결해야 하지만 장애인예술의 구심점을 형성한다는 점에서 장애인 창작 공간의 필요성은 충분히 설명이 된다. 연구 참여자 5는 작업실이 있으면 사람들이 와서 작품을 보고 사갈 수도 있는데 작업 공간이 없어서 '당신 어떤 작업을 하는지 보고 싶다.' 는 평론가가 있어도 오라는 소리를 못해 결국 주류 사회와 단절되었다고 하였다.

예술인으로서의 성장 과정 네 번째 단계인 '나는 예술인이다' 의 하위 구성요소 사회 속으로에서의 사회적 환경의 저해 요소는 통합제약이다. 장애인복지의 궁극적인 목표는 사회 통합인데 연구 참여자들은 통합에 많은 제약을 받고 있다. 문학 모임에 참석하기도 어렵고 비장애예술인들과 교류하는 기회도 없으며 특히 장애예술인과 비장애예술인이 함께 전시를 한다거나 공연을 하는 경우가 거의 없어서 통합의 기회를 만들지 못하고 있다. 이 네 번째 단계에 지지적 환경이 되는 요소는 작품을 발표할 수 있는 기회 마련이고 정부나 복권기금으로 실시되는 장애예술인 창작 활동지원 사업와 같은 보호 제도와 예술인으로 성장해 나가기 위해서는 예술 현장에 나가서 경험을 쌓고, 예술인들과 교류를 하는 등 끊임 없는 자기 개발 활동이다. 이 지지 요소가 결여되면 저해 요소가 되는 것이다.

장애 유형별로 저해 요소를 분석해 보면 시각장애인 연구 참여자가 장애를 단점으로 인식하고 있었고, 중도에 장애를 갖게 된 연구 참여자는 부정적인 시각을 더 깊게 느끼고 있었으며, 청각장애는 다른 유형에 비해 저해 요소에 대한 언급이 적었다. 또한 장르별로 저해 요소를 분석해 보면 음악과 공연예술 부문에서 장애를 더욱 단점으로 여기고 있었고, 부정적인 시각이나 사회적 벽도 음악과 공연예술 부문이 더 강하였다. 미술 부문은 부정적 시각과 사회적 벽, 제도 미비에 대한 저해 요소가 적은 것으로 나타났다. 창작 활동을 하는데 공간이 필요하다는 제안이 모든 장르에서 고루 나온 것도 하나의 특징이다.

본 연구 참여자들은 예술인으로서의 창작 활동 경험에서 사회적인 지지를 거의 받지 못하는 것으로 나타나 장애예술인의 창작 환경 여건이 열악하다는 것을 알 수 있는데, 장애예술인을 위해 저해 요소를 없애 주거나 보완해 주는 사회복지적 지원 서비스가 필요하다는 것이 본 논의의 촛점이다.

오양렬(2008)은 예술의 창조성 증진으로 예술인이 자유롭고 활기차게 창작 활동에 전념할 수 있는 환경조성을 예술 정책 방향으로 제시하였듯이 장애예술인도 창작 활동을 지지하는 환경을 조성해 주는 것이 필요하며, 영국장애인예술운동에서 주장하는 장애인예술은 하위 문화적인 성격이 있는 것이 아니라 장애인예술은 주류 문화와는 다른 가치관과 주류 문화가 장애를 정의하는 것과 다른 정의를 제공하며 지배적인 문화와의 차이를 결핍이 아닌 새로운 가치로 즐겨야 한다는데 공감하여야 한다.

그런 공감을 이끌어 내기 위해 장애인예술에 대한 정체성 논쟁이 활발히 이루어져서 장애예술인의 창작 활동의 본질을 이해하면 지금까지 논의한 장애예술인의 창작 활동을 저해하는 환경적 요소들을 개선하기 위한 방안이 공론화되면서 장애인예술이 발전하는 계기가 마련될 것이다.

### (2) 사회복지적 함의

장애예술인의 창작 활동 경험의 본질을 파악하고자 하였던 본 연구는 이론적, 실천적 측면에서 사회복지적 함의를 갖는다.

이론적 함의

첫째, 본 연구는 주제가 예술이란 특성 때문에 사회복지 분야에서 그동안 수행되지 않았던 장애인예술에 대한 이론적 고찰을 실시하여 장애인예술의 이론적 토대를 마련하였다.

장애인예술은 긍정적인 장애인 정체성을 표현하는데 중요한 역할을 하기에(Hambrook, 2009: Solvang, 2012) 장애인예술은 장애인운동에서 중요한 위치를 차지함과 동시에 전문 예술로 예술계에 위치해 있는 두 가지 측면을 가지고 있다(Solvang, 2012). Solvang(2012)은 장애인예술을 통해 차별과 억압에서 벗어나 주류 사회에 들어갈 수 있다고 보았다.

우리나라는 장애인운동 발전 과정에서 장애인의 정체성을 표현하는 수단으로 문화를 도입하였지만 장애인예술을 전문 예술로 받아들이지는 못한 상태이어서 장애인예술에 필요한 이론적 기초가 전무하다. 예술은 그 자체가 확실한 가치가 있고 장애인과 예술 사이의 관계는 다른 범주와는 차이가 있어서 장애인예술은 더욱 큰 가치가 있지만 최고의 예술이 지배하는 문화 사조에 의해 아웃사이더 예술에 속해 그 가치가 부정되어 주변예술(marginal art)로 기술되고 있다(Rhodes, 2000: Solvang, 2012). 본 연구를 통해 장애예술인의 창작 활동의 개념인 장애인예술에 대한 정의와 가치에 대한 이해가 가능하게 되었다.

둘째, 본 연구는 장애예술인의 삶의 경험의 본질을 장애예술인이 경험한 현상을 다양한 측면에서 탐색하여 장애예술인으로 성장하는 과정에 대한 총체적인 구조를 만들어냈다. 장애예술인은 4단계를 거쳐 예술인으로 성장해 간다. 즉 운명적인 예술과 만남으로 예술을 시작하고 나면 예술 활동에 몰두하게 된다. 예술 활동은 고통스러운 작업이지만 그 고통을 겪고 나면 예술인으로서 당당히

설 수 있다.

앞으로 예술을 하려는 장애인은 이 4단계를 거쳐 예술인이 될 것이라는 예측이 가능하며, 4개 구성요소를 구성하고 있는 11개의 하위 요소들이 구체적인 방법을 제시해 주고 의미단위들 가운데 필요한 것을 선택하면서 예술인으로 성장하기 위한 사회복지적 개입 방안을 모색하는데 기초 자료로 활용될 수 있다.

셋째. 장애예술인이 직업 예술인으로 자립하기 위해서는 예술의 가치를 높여 주는 것이 전제되어야 하는데 장애예술인이 창작 활동을 하는데 영향을 주는 환경적 요소를 세세히 제시하여 장애인예술 정책을 세우는데 실질적인 근거를 제시하였다.

넷째, 국내 최초로 장애인예술을 현상학적 관점에서 탐구하여 예술의 본질에 접근할 수 있는 이론적 기초를 마련하였다. 현상학은 예술의 본질을 표상하는 시도로 예술은 일종의 현상학적 작업을 수행하고 있어서(원승룡, 2007), 예술에서 현상학적 연구를 많이 사용하지만 장애인예술에서는 본 연구가 처음으로 시도하여 현상학에서 바라본 장애인예술의 본질을 소개하였다.

### 실천적 함의

이론적 함의와 함께 본 연구에서 도출한 실천적 함의는 다음과 같다.

첫째, 장애인복지 현장에서 장애인예술 프로그램이 실시되어야 한다.

전국장애인복지관문화예술교육 활동프로그램 실태 및 욕구조사(한국장애인복지관협회, 2011)에 의하면 문화예술교육 활동프로그램을 운영하고 있는 복지관은 설문조사에 응한 복지관의 87.7%으로 1개 장애인복지관에서 1~4개 프로그램을 운영하고 있는 정도로 문화예술교육 활동프로그램은 다른 부문의 프로그램에 비해 양적으로 매우 적었다. 하지만 욕구조사에서는 복지관 이용자의 88.2%가 문화예술교육 활동프로그램에 참여할 의향이 있다고 응답하여 문화예술에 대한 욕구가 높은 것으로 나타났다. 예술적 재능이 있는 장애인이 잠재된 재능을 개발하여 예술인으로 성장할 수 있도록 장애인복지관을 비롯한 장애인

이용시설은 물론이고 장애인 생활시설에서도 장애인예술 프로그램을 실시하여 장애인예술을 확대시켜야 한다.

둘째, 장애예술인 창작 활동을 지원하기 위한 예술 전문 활동보조인 서비스가 제공되어야 한다.

2012장애문화예술인실태조사에서 작업을 할 때 장애로 인해 타인의 도움이 필요하느냐는 질문에 65.99%가 필요하다고 응답하였고, 연구 참여자들도 작품 활동을 보조해 주는 인력에 대한 욕구를 표출했는데 단순히 이동을 도와주는 활동보조인 수준이 아니라 각 장르별로 기본적인 상식과 관심을 가진 전문 인력이었다.

장애인복지에서 활동보조인의 역할은 매우 중요한데 장애인예술 분야에서는 예술을 이해하는 전문 인력이 필요하기 때문에 활동보조인도 역할에 따라 전문화되어야 한다는 사회복지 실천의 새로운 방안이 도출되었다.

셋째, 장애인예술에 대한 인식개선을 위한 홍보사업이 필요하다.

장애인예술을 전문 예술 활동이 아닌 취미나 치료로 생각하고 있는 것이 장애인예술에 대한 부정적인 시각을 만들었기 때문에 장애인예술이 올바른 방향으로 발전하기 위해서는 장애인예술도 예술이라는 것을 인식시키는 장애인예술 인식개선 사업이 필요하다. 장애인예술 작품을 구입하고 공연을 관람하는 것이 사회지도층의 의무(Noblesse Oblige)라는 인식을 심어 주면 장애인예술에 대한 사회적 평가에 큰 변화가 일어날 것이다.

장애인예술은 장애의 억압에 도전하고 예술의 중요성을 확보하기 위해 정치적 관점에서 접근해야 한다(Swain and French, 2008)고 하였듯이 장애인예술은 정책에 의해 확대될 수 있기에 우리나라 실정에 맞는 장애인예술 정책 개발이 요구된다.

장애인예술에 대한 사회적 평가를 비장애인 관람객이나 평론가가 아닌 연구 참여자 당사자의 기술로 탐색하여 정확한 사회적 평가로 판단하기 어렵기 때문에 장애예술인 작품에 대한 객관적인 평가를 위한 연구가 필요하다. 〈tip5〉

## 장애인미술의 사회적 평가에 대한 인식조사 분석 결과

-일시: 2014. 5. 26~29

-대상: 총 76명

국어국문학과 학생(34명)

사회복지학과 학생(26명)

장애인예술강사 교육생 장애인화가(16명)

-방식: 작가 공개, 비공개

비슷한 화풍을 가진 장애인화가와 비장애인화가의 그림을 하나의 사례로 묶어서 7개 사례에 대한 선호도 측정과 3개의 감상평으로 18개 문항으로 구성

-내용: 인물화에서 구필화가의 작품과 아주 유명한 여류화가의 작품을 놓고 어떤 작품을 선물받고 싶으냐는 질문에 3개 집단에서 모두 구필화가 작품을 선택하였고 호감도도 최고 77%나 되었다. 선택한 작품이 장애인화가 작품이라면 그 선택에 어떤 생각을 하겠느냐는 질문에 3개 집단 모두 상관이 없다는 응답이 가장 많았고 후회를 한다는 응답은 장애인화가는 12%였고 사회복지과 학생은 0%를 기록해서 장애인화가들이 장애인 작품에 대한 선호도가 더 낮고 사회복지 전공자는 장애인에 대해 긍정적인 인식을 갖고 있는 것으로 드러났다.

화풍이 비슷한 두 개의 작품 가운데 어느 작품이 장애인화가의 작품인가를 묻는 질문에 대해 3개 집단에서 똑같이 맞춘 경우, 맞추지 못한 경우 그리고 50 대 50의 경우가 동일하게 나타나 장애인화가 작품이라고 특별한 특징을 갖고 있는 것이 아니어서 장애인화가의 작품이라는 구분이 얼마나 어리석은 구분짓기인가를 잘 말해 주고 있다.

산수화에서 족필화가 작품과 중국 작가의 작품의 선호도에서 족필화가 작품이 3그룹에서 똑같이 우수하다고 하였다. 화가를 비공개로 한 경우가 공개한 경우보다 훨씬 선호도가 높아(95%, 63%) 작가의 장애를 밝히면 평가가 낮아진다는 것을 알 수 있었다. 그런데 작가의 장애를 공개했다고 무조건 호감을 갖는 것도 아니었다. 소묘에서는 비장애인화가의 작품이 더 우수하다고 했고, 풍경화에서는 장애인작가의 작품이 더 우수하다고 하여 화풍에 따라 선호도가 달라질 뿐 선호도에 장애가 영향을 주지 않는 것으로 나타났다.

화가의 장애를 공개한 경우와 화가의 장애를 비공개한 경우 모두 장애인화가 작품과 비장애인화가의 작품선택이 3대 1로 나타나 화가의 장애에 대한 공개와 비공개가 의미가 없었다.

특히 풍경화의 경우는 지적장애화가 작품이라고 공개를 하였지만 응답자들은 지적장애화가 작품이 더 마음이 간다고 하였고(53%), 선호도에서도 유의미한 차이를 보이지는 않았다(50%, 47%)

감상평을 묻는 설문에서 구족화가의 작품 활동에 대해 사회복지학과 학생들은 참으로 대단하다가 69%, 국어국문학을 전공하는 학생들은 59%, 장애인화가들은 입으로 그리던 발로 그리던 그것은 중요하지 않다는 응답이 88%로 장애인, 비장애인이 장애인화가의 활동을 받아들이는 입장에 시각의 차이가 있었다.

구족화가의 작품성에 대해 사회복지학과 학생들은 작품성을 떠나 감동을 준다는 것이 69%로 가장 높았고, 국어국문학과 학생들은 손으로 그린 것과 차이가 없다는 응답이 가장 많은 47%로 나타나 사회복지 전공자들이 장애인에 대해 더 감정적인 태도를 갖고 있었다.

자신이 더 우수하다고 선택한 작품이 지적장애화가 작품이라면 어떻게 하겠느냐는 질문에 사회복지학과 학생들은 그래도 같은 평가를 할 것이다가 96%로 압도적이었고, 다시 생각해 본다는 응답이 없는 반면 장애인화가들은 6%가 다시 생각해 본다고 응답하여 장애인화가들은 지적장애화가에 대해 조금은 낮은 평가를 하고 있었다.

장애를 공개한 국어국문과 학생들은 지적장애화가 작품에 대해 76%가 전혀 손색이 없다고 응답하였고 아무래도 작품성이 낮다는 응답도 6%가 되어 작품 평가에 지적장애가 작용할 수 있음을 시사하였다.

그리고 장애인예술을 설명하는데 문화적 모델이 가장 적합하다는 공감대가 형성될 수 있는 후속 연구가 있어야 한다. 장애인의 다양한 능력을 인정하고 장애인에게 잠재하는 창조적 요소를 드러내는 것을 목표로 하는 문화적 모델을 장애인복지에서 받아들인다면 장애인예술에 대한 가치를 인정받는 이론적 근거가 될 것이다.

장애인예술의 이론을 바탕으로 장애예술인의 창작 활동을 지지하는 환경을 제공해 주는 장애인예술 정책이 마련되면 장애예술인이 창작 활동을 통해 자신의 삶을 영위하며 사회적 가치를 부여받는 문화복지 환경이 형성될 것이다.

## 3. 장애인예술 정책 제안

본 연구의 궁극적인 목적은 장애인예술 발전을 위한 정책적 함의를 찾아내는 것인데 2012장애문화예술인실태조사에서 장애예술인의 활동에 어떤 지원이 필요하냐는 질문에 1순위는 제작비 지원(43.93%)이고, 2순위는 창작공간 지원

(32.65%)이었듯이 본 연구에서도 같은 내용이 탐색되어 다음과 같은 정책 제언을 하고자 한다.

첫째, 경제적인 문제를 해결하기 위한 지원 정책이 마련되어야 한다.

연구 참여자들은 창작의 어려움으로 작품에 대한 경제적인 보상을 들었다. 자신의 예술 활동이 직업이 되지 못하고 있어 경제생활의 곤란으로 삶의 질이 현저하게 떨어지는 것은 물론이고 예술 활동을 지속하는데 지장을 주기 때문에 장애인 일자리 창출에 예술 분야도 포함이 되어야 하고 장애인 체육선수들이 장애인 올림픽 등 국제경기대회에 출전해서 메달을 획득하면 순위에 따라 경기력향상연구연금이란 명칭의 체육연금을 비장애인 선수들과 똑같은 수준으로 받듯이(국민체육진흥법 제14조 4항) 일정 수준의 자격을 갖춘 장애예술인에게 창작 지원금을 지원하는 정책이 요구된다.

둘째, 공간적 문제를 해결하기 위한 장애인예술회관 건립이 필요하다.

연구 참여자들이 표출한 모든 욕구를 해소하기 위해서는 공간이 있어야 한다. 교육을 받으려면 교육장이 있어야 하고, 창작 활동을 하려면 작업실이 있어야 하고, 음악인이나 공연예술인에게는 연습을 할 수 있는 연습실이 있어야 한다. 창작한 작품을 공개하기 위한 전시장과 공연장도 필요하고 장애예술인의 작품을 판매하는 상설 판매장, 장애인문학을 한자리에서 만날 수 있는 도서관, 장애예술인들이 자유롭게 만날 수 있는 휴식 공간 등 예술 공간은 장애인예술의 구심점이 되어 장애인예술의 허브 역할을 할 수 있어서 장애인예술회관 건립이 정책화되어야 한다.

셋째, 장애예술인의 수월성 확보를 위해 전문 예술교육이 실시되어야 한다.

연구 참여자들은 예술교육을 받기 위해 사설기관을 찾기도 하고 이동의 불편으로 개인교습을 원하지만 장애에 대한 이해 부족으로 교육을 받는데 어려움이 많았다. 2012장애문화예술인실태조사(문화체육관광부, 2012)에서 창작 역량 강화를 위한 교육프로그램의 필요성에 대해 88.40%가 긍정적으로 응답해 장애예술인에 대한 전문 예술교육 서비스의 필요성이 드러났다.

넷째, 장애예술인이 창작 활동을 예술 시장과 매개해 주는 장애인예술 마케팅 서비스가 제공되어야 한다.

장애예술인이 예술 작품을 생산해도 그것을 상품으로 만들지 않으면 그 예술 작품은 사장되고 만다. 문학작품은 출판을 해야 하고, 미술은 전시회를 열어야 하고, 음악과 공연예술은 무대가 마련되어야 하는데 이런 대중화 과정이 장애예술인 개인의 힘으로는 불가능하기에 장애인예술을 예술 시장에 진출시켜 경쟁력을 갖출 수 있도록 해 주는 마케팅 서비스가 필요하다.

1) 장애예술인지원법률

민주당 손봉숙 의원은 2006년 10월 〈장애문화예술인 문화복지정책의 현실과 대안〉이란 정책보고서를 낸 바 있다. 그 보고서에서 장애예술인들의 창작 활동 보장을 위한 법적, 제도적 근거가 마련돼야 한다고 제안했다. 그래서 장애인문화예술 활동 지원을 위해 문화예술진흥법이 개정되었다. 문화예술진흥법 제15조의 2는 장애인문화예술 활동 지원을 위하여 다음과 같은 규정을 두고 있다.

제15조2(장애인문화예술 활동의 지원) ①국가 및 지방자치단체는 장애인의 문화예술교육의 기회를 확대하고 장애인의 문화예술 활동을 장려, 지원하기 위하여 관련 시설을 설치하는 등 필요한 시책을 강구해야 한다.

② 국가 및 지방자치단체는 장애인의 문화적 권리를 증진하기 위하여 장애인의 문화예술 사업과 장애인문화예술단체에 대하여 경비를 보조하는 등 필요한 지원을 할 수 있다.

이렇듯 지원할 수 있다는 선언적인 규정으로는 장애예술인의 창작권을 보장받을 수 없다. 이런 문제점을 해결하기 위해 〈한국장애인예술정책연구〉(2012, 한국장애인문화진흥원)에서 장애예술인지원법률(가칭)을 내놓았고, 그 후 나경원 의원실에서 2016년 11월 28일에 장애예술인지원법률(안)을 대표발의하여 2017년 11월 23일 국회교육문화체육관광위원회 주최로 '장애예술인 지원에 관한 법률안'에 대한 공청회가 있었지만 법률 제정까지의 과정은 험난하기만 하다. 장애예술인지원법률 주요 내용은 다음과 같다.

**장애예술인 창작지원금 제도**

장애예술인은 취업을 하지 못하기 때문에 생활이 열악할 수밖에 없기에 창작지원금으로 생활의 안정을 통해 창작 의욕을 고취시켜 줘야 한다. 장애인 선수들은 현재 300여 명이 경기력 향상 연구연금을 받고 있는데 연금 액수는 최고 100만 원인 것을 감안해 그에 준하는 장애예술인에게 창작지원금이 책정되기를 간절히 바라고 있다.

**장애인예술 공공쿼터 제도**

장애인 취업을 위해 장애인을 일정 비율 고용해야 하는 장애인 의무고용 제도가 실시되고 있고, 중증장애인이 생산한 제품을 우선적으로 구매해야 하는 중증장애인 생산품 우선구매 제도가 있듯이 방송, 영화, 출판, 전시회, 공연 등 모든 문화예술 활동에 장애예술인의 참여를 일정 비율 의무화하는 장애인예술 공공쿼터 제도가 필요하다.

**장애예술인 후원고용 제도**

「장애인 고용촉진 및 직업재활법」에 따라 의무고용률을 지키지 않으면 고용부담금이 부과되는데 그 고용부담금을 내지 않고 의무고용률을 지키는 방법으로 장애예술인을 지원하는 것이다. 장애예술인의 창작 활동을 후원하는 것을 장애인 고용으로 인정해 주면 기업과 장애예술인 모두를 만족시킬 수 있다.

장애예술인들이 법률 제정을 요구하는 것은 장애예술인이 예술 활동을 직업으로 갖고 안정적인 경제생활을 통해 삶의 질과 자존감을 높이기 위해서이다.〈tip6〉

## 장애예술인 일자리 창출

**- A⁺잡으로 장애인 포용 사회 만들기 -**

(사)한국장애예술인협회에서는 장애예술인 일자리 마련을 위한 노력 다음과 같은 노력을 하였다.

---

-일자리위원회에 장애예술인 일자리 건의(2017. 05. 30.)
⇨ 2017년 6월 14일 소관 부처에 전달하였다는 이메일 회신만 받았음.

☆ **일자리위원회 입니다.** | 관련편지검색
⊞ 보낸사람 : 일자리위원회 17.06.14 13:57 | 주소추가 | 수신차단

일자리위원회에 관심을 가져주셔서 감사드립니다.

귀하께서 제안해 주신 내용은 우리 위원회에서 검토하여
소관부처인 문화체육관광부로 2017년 6월 14일 전달하였으며,

소관부처에서 내용을 심도 있게 검토한 후, 최대한 빠른 시일내에 회신드릴 예정입니다.
(참고로, 문화체육관광부 대표전화는 044-203-2161입니다.)

우리 위원회에서도 논의가 필요할 경우 소관부처와 긴밀하게 협의하여 정책에 반영될 수 있도록 노력하겠습니다.

앞으로도 우리 위원회에 많은 관심을 가져주실 것을 부탁드리며, 국민여러분과 원활히 소통하는 위원회가 되도록 하겠습니다.

감사합니다.

-대통령 직속 정책기획위원회 공문 발송(2018. 09. 10.)
수 신: 대통령 직속 정책기획위원회 위원장
참 조: 포용사회분과
제 목: 장애예술인 일자리 관련 장애인문화예술정책 제안 건

⇨ 공문에 대한 답변을 받지 못하였음.

-제2회 대한민국 일자리 아이디어 공모(2018. 11. 20.)
⇨ 낙방

## Ⅰ. 장애예술인 일자리(A⁺잡) 개요

• 정부/ 장애인예술 공공쿼터 제도

방송, 영화, 출판, 전시회, 공연 등 모든 문화예술 활동에 장애예술인의 참여를 일정 비율(2%) 의무화하는 장애인예술 공공쿼터 제도가 필요하다. 장애예술인은 장애로 인하여 주류 예술계 진입이 어려워서 발표의 기회를 갖지 못하고 있기 때문에 장애예술인의 참여를 의무화하는 것이다.

이 제도의 시범 사업으로 '장애예술인 뉴딜 프로젝트'를 제안한다. 장애인 일자리 지원사업 예산의 일정 비율(5%)을 장애예술인의 문학이나 미술 작품을 구매하여 공공기관에 비치하거나 장식하게 하고, 의무화된 장애인 인식개선 교육에 장애인 공연을 포함시키면 장애인예술 뉴딜 프로젝트는 아주 손쉽게 큰 효과를 얻을 수 있다.

• 민간/ 장애예술인 후원고용 제도

2017년 민간기업의 장애인 고용률은 2.64%로 민간기업 의무고용률 2.9%를 채우지 못하고 있는 상황에서 2019년에는 3.1%로 상향 조정되는데 현실적으로 그 의무고용률을 달성하기 어려운 실정이다. 기업은 장애인 의무고용률을 지키지 못하면 고용부담을 납부해야 하는데 그 고용부담금을 장애예술인의 창작지원금으로 후원을 할 경우 장애인을 고용한 것으로 간주해 준다면 일자리가 창출되는 것이다.

장애예술인들은 자신의 창작 활동을 근로로 환산하기 위하여 작품 활동을 증명하기 위한 북콘서트나 전시회 그리고 공연 등을 1년에 1~2회 실시하는 제도인데, 이는 기업으로서도 장애인을 고용하지 않아서 벌금을 낸다는 사회적 지탄에서 벗어날 수 있고, 장애예술인은 창작 활동으로 경제적 안정을 찾을 수 있으며, 장애인예술을 통해 장애인 인식개선 효과를 얻을 수 있어서 일석삼조의 제도이다.

## Ⅱ. 장애예술인 일자리(A⁺잡) 소개

### 1. 일자리 창출에 관한 정책 아이디어

**〈정의〉**

• 장애인예술: 장애인의 예술 활동
• 장애예술인: 예술 활동을 하고 있는 장애인
• A⁺: 앞의 A는 able, access, ace, 뒤의 A는 Art로 장애인예술

〈제목〉

• 정부/ 장애인예술 공공쿼터 제도–장애인예술 향유하기
• 민간/ 장애예술인 후원고용 제도–장애예술인에게 일자리를

〈제안 배경〉

• 장애예술인 인구

사람의 2%가 예술적 재능을 가지고 있다고 한다(박영정, 2006). 보건복지부가 발표한 2017년 장애인실태조사에 의하면 장애인 수는 267만여 명인데, 장애인의 2%가 예술적 재능을 가지고 있다면 53,400여 명이 예술적 재능을 가지고 있다고 볼 수 있다. 예술 활동을 하고 있거나 원하는 장애예술인은 약 5만 명이 넘는 것으로 추산할 수 있으며, 좀 더 좁혀서 예술 활동을 하고 있는 장애예술인 인구를 추정하면 한국고용정보원(2009)이 발표한 산업·직업별 고용구조 조사에 나타난 예술 인수 18만여 명과 장애인 출연율(2017년 장애인실태조사) 5.36%로 계산하여 장애예술인 인구를 약 1만 명인 것으로 추정할 수 있는데, 이는 예술적 재능을 가진 장애인 수 5만여 명보다는 예술 활동을 하고 있는 장애인 수 1만여 명을 장애예술인 인구로 보는 것이 보다 더 합리적인 추산이다.

• 장애예술인 실태

2007년 한국장애인개발원에서 실시한 장애문화예술인활동실태조사에 의하면 장애예술인은 90.1%가 발표할 기회가 부족하다고 답변하였고, 69.3%가 예술 활동으로 얻은 수입이 전혀 없다고 응답하여 장애예술인들이 경제적으로 큰 어려움에 처해 있음이 드러났다.

가장 최근 조사인 2012장애문화예술인실태조사(문화체육관광부)에 의하면 장애예술인의 82.18%가 발표의 기회를 갖지 못하고 있다고 조사되어 5년 전과 큰 차이가 없음을 알 수 있고, 같은 조사에서 장애예술인의 활동에 어떤 지원이 필요하냐는 질문에 창작비용 지원이 43.9%로 1순위를 차지하여 창작지원금에 대한 욕구가 가장 큰 것으로 나타났다.

〈제안 내용〉

• 정부/ 장애인예술 공공쿼터 제도–장애인예술 향유하기

방송, 영화, 출판, 전시회, 공연 등 모든 문화예술 활동에 장애예술인의 참여를 일정 비율(2%) 의무화하는 장애인예술 공공쿼터 제도가 필요하다. 장애예술인은 장애로 인하여 주류 예술계 진입이 어려워서 발표의 기회를 갖지 못하고 있기 때문에 장애예술인의 참여를 의무화하는 것이다.

이 제도의 시범 사업으로 '장애예술인 뉴딜 프로젝트'를 제안한다. 장애인을 행정도우미, 경로당 파견 순회 안마 서비스, 요양병원 요양보호사 보조 등에 재정 지원을 하는 장애인 일자리 지원사업 예산의 일정 비율(5%)을 장애예술인의 문학이나 미술 작품을 구매하여 공공기관에 비치하거나 장식하게 하고, 의무화된 장애인 인식개선교육에 장애인 공연을 포함시킨다면 장애인예술 뉴딜 프로젝트는 아주 손쉽게 큰 효과를 얻을 수 있다.

• 민간/ 장애예술인 후원고용 제도-장애예술인에게 일자리를

2017년 민간기업의 장애인 고용률은 2.64%로 민간기업 의무고용률 2.9%를 채우지 못하고 있는 상황에서 2019년에는 3.1%로 상향 조정되는데 현실적으로 그 의무고용률을 달성하기 어려운 실정이다. 기업은 장애인 의무고용률을 지키지 못하면 고용부담을 납부해야 한다. 그 고용부담금을 장애예술인의 창작지원금으로 후원을 할 경우 장애인을 고용한 것으로 간주를 해 준다면 일자리가 창출되는 것이다.

장애예술인은 출근을 각자 작업실로 하고, 자신의 창작을 근로로 환산하기 위하여 작품 활동을 증명하기 위한 북콘서트나 전시회 그리고 공연 등을 1년에 1~2회 실시하는 제도인데, 이는 기업은 장애인을 고용하지 않아서 벌금을 낸다는 사회적 지탄에서 벗어날 수 있고, 장애예술인은 창작 활동으로 경제적 안정을 찾을 수 있을 것이다.

2019년부터 장애인 고용부담금이 최저임금의 60% 이상이기에 104만 8천만 원으로 11% 증가하였다. 따라서 장애인 고용부담금이 4,532억 원 이상 될 것으로 예상되는데 이 어마어마한 벌금도 내면서 장애인을 고용하지 않은 기업이라는 오명을 쓰는 것보다는 장애예술인 후원고용 제도로 장애예술인을 고용하는 것이 장애인 고용률을 높이면서 장애인예술을 발전시킨 문화공헌 기업이 될 수 있다.

2. 제도 개선 방안

• 정부/ 장애인예술 공공쿼터 제도

「중증장애인 생산품 우선구매 특별법률」 일부를 다음과 같이 개정한다.

제9조 (중증장애인 생산품 생산시설의 지정)

①항에 "중증장애인 생산품에 장애예술인 개인이 생산한 예술품이 포함된다."를 추가한다.

• 민간/ 장애예술인 후원고용 제도

「장애인 고용촉진 및 직업재활 법률」 일부를 다음과 같이 개정한다.

제5조 (사업주의 책임)

①항에 "사업주는 장애예술인을 고용하여 사업체 업무 대신 창작 활동을 할 수 있도록 지원할 수 있으며 국가와 지방자치단체는 그것을 장애인 고용으로 간주한다."를 추가한다.

3. 구체적 시행방안 및 기대효과

• 정부/ 장애인예술 공공쿼터 제도

방송, 영화, 출판, 전시회, 공연 등 모든 예술 활동에 장애예술인의 참여를 일정 비율로 정해 의무화하는 제도를 말하며, 유사한 제도로 스크린 쿼터제, 애니메이션 쿼터제 등이 있으며, 장애인복지를 위해 2008년부터 시행하고 있는「중증장애인 생산품우선구매 제도」는 국가 및 지방자치단체 등의 공공기관은 매년 구매액(재화, 용역)의 총 1% 이상을 중증장애인 생산품으로 우선구매토록 하고 있는 일종의 쿼터 제도이다.

장애예술인 공공쿼터 제도의 구체적인 시행 방안을 예술 장르별로 정리하면 다음과 같다.

| 문학 | |
|---|---|
| 출판 | 1년에 50종 이내의 신간을 출간하는 출판사는 출간 2%를 장애문인 작품을 출간해야 한다. |
| 도서구입 | 국가와 지방자치단체 도서 구입의 2%를 장애인 작품 도서로 구입해야 한다. |

| 미술 | |
|---|---|
| 전시회 | 공공 전시시설은 1년 전시회의 2%를 장애미술인 전시회로 할당한다. |
| 미술품 구입 | 국가와 지방자치단체 미술품 구입의 2%를 장애인 미술품으로 구입해야 한다. |

| 음악 | |
|---|---|
| 음악회 | 공공 음악시설은 1년 음악회의 2%를 장애음악인 음악회로 할당한다. |
| 음반 구입 | 국가와 지방자치단체 음반 구입의 2%를 장애인음악 음반으로 구입해야 한다. |

| 대중예술 | |
|---|---|
| 공연 | 뮤지컬, 연극, 무용 등 모든 공연예술 부문에서 장애인 공연을 2% 할당한다. |
| 티켓팅 | 국가와 지방자치단체의 공연 티켓 구입의 2%를 장애인 공연 티켓으로 구입해야 한다. |

| 방송 및 영화 |
|---|
| 방송사에서 제작하는 프로그램의 2%에는 장애인이 출연해야 한다. |
| 제작사에서 제작하는 영화의 2%에는 장애인배우가 등장해야 한다. |

장애인예술 공공쿼터 제도가 가져올 기대는 다음과 같다.

첫째, 장애예술인 창작 활동의 기회가 확대된다.

둘째, 장애인예술의 수월성이 향상된다.

셋째, 장애예술인이 주류 예술계에 편입된다.

• 민간/ 장애예술인 후원고용 제도

일반적으로 비장애인과 비교하여 취업이 힘든 장애인의 고용을 촉진하기 위해 일정 규모 이상의 근로자가 있는 기업은 일정 비율 이상의 장애인을 고용하도록 의무를 부과하고 이를 이행하지 않으면 부담금을 내도록 규정한 장애인 의무고용 제도가 「장애인 고용촉진 및 직업재활법」에 의하여 실시되고 있다.

현재는 상시 50명 이상의 근로자를 고용하는 기업은 장애인 의무고용 제도가 적용되는데, 2017년 민간기업의 장애인 고용률은 2.64%로 민간기업 의무고용률 2.9%를 채우지 못하고 있는 상황에서, 2019년에는 3.1%로 상향 조정되는데 현실적으로 그 의무고용률을 달성하기 어려운 실정이다.

2017년 장애인 고용률은 49.2%로 직업을 갖지 못한 장애인이 더 많을 뿐만 아니라, 2017년 장애인 임금근로자 중 비정규직의 비율은 59.4%로 고용 상태 또한 불안정하다. 이 가운데 장애예술인의 취업률은 조사되지 않았지만 장애예술인의 대부분은 직업을 갖고 있지 않을 것으로 추산된다.

2007년 한국장애인개발원에서 실시한 장애문화예술인활동실태조사에 의하면 장애예술인은 90.1%가 발표할 기회가 부족하다고 답변하였다. 장애예술인은 창작 활동의 기회 부족으로 96.5%가 경제적 보상을 받지 못하고 있고, 69.3%가 수입이 전혀 없다고 응답하여 장애예술인들이 경제적으로 큰 어려움에 처해 있음이 드러났다.

가장 최근 조사인 2012장애문화예술인실태조사(문화체육관광부)에 의하면 장애예술인의 82.18%가 발표의 기회를 갖지 못하고 있다고 조사되어 5년 전과 큰 차이가 없음을 알 수 있고, 같은 조사에서 장애예술인의 활동에 어떤 지원이 필요하냐는 질문에 창작비용 지원이 43.9%로 1순위를 차지하여 창작지원금에 대한 욕구가 가장 큰 것으로 나타났다.

이것으로 1만여 명의 장애예술인들은 창작 활동을 열심히 하고 있으면서도 경제활동을 하지 못하는 실직 상태에 놓여 있다. 이러한 장애예술인에게 일자리를 마련해 주는 가장 합리적인 방안은 민간기업에서 장애예술인을 후원하면 장애인을 고용한 것으로 간주하는 장애예술인 후원고용 제도를 실시하는 것이다. 후원의 규모는 장애인을 고용하지 않아서 납부하는 고용부담금으로 하되, 기업에 따라 후원 규모를 조정하도록 한다.

이 제도의 시행 방안은 기업에서 장애예술인을 고용하는 형태이지만 출근은 예술인 본인의 작업실로 하여 창작 활동을 하고, 장애예술인의 창작을 근로로 환산하기 위하여 작품 활동을 증명하기 위한 북콘서트나 전시회 그리고 공연 등을 1년에 1~2회 실시한다. 장애체육인들은 기업에서 채용하여 실업팀을 만들어서 체육 활동에 전념하고 있는 사례도 있고, 기업 메세나 활동으로 음악인을 후원하여 세계적인 예술인으로 키워낸 사례도 있듯이, 기업에서 장애예술인을 후원하는 것은 누구나 공감할 수 있는 사업이다.

장애예술인 후원고용 제도가 가져올 기대는 다음과 같다.

첫째, 기업은 장애인을 고용하지 않아서 벌금을 낸다는 사회적 지탄에서 벗어날 수 있다.

둘째, 장애예술인 취업 상태를 유지할 수 있다.

셋째, 장애인에 대한 인식개선으로 장애포용(inclusive) 사회가 형성된다.

끝으로 정부가 법 개정 없이 바로 시행할 수 있는 장애예술인 일자리 창출로 '장애예술인 뉴딜 프로젝트'를 제안한다.

• 장애예술인 뉴딜 프로젝트-장애인 일자리 지원 사업에 포함

| 장애예술인 뉴딜 프로젝트 | |
|---|---|
| 목적 | 미취업 장애인에게 공공의 일자리를 제공하여 장애인의 사회참여 및 소득보전 도모 |
| 사업 내용 | 행정도우미, 경로당 파견 순회 안마 서비스, 요양병원 요양보호사 보조, 장애예술인 창작 등 재정 지원으로 장애인 일자리 제공 |
| 2019년 예산 | 1,208억 원(전년도에 비해 26.2% 증액) |

사업 내용이 아주 단순한 업무여서 사업 내용이 확대되어야 보다 다양한 능력을 가진 장애인들이 서비스를 받을 수 있기에 우선 장애예술인의 창작 지원을 포함시켜서 사업의 질을 향상시킬 필요가 있다.

뉴딜정책은 미국 대통령 루즈벨트가 대공황을 극복하기 위하여 실시했던 일자리 창출 정책으로 루즈벨트는 노동 현장에서 일할 수 없는 예술인들을 위하여 문인에게는 미국 역사를 기록하게 하였고, 화가에게는 건물을 장식할 그림을 그리게 하였으며, 음악인들에게는 근로자들을 위한 위문 공연을 하도록 하여 예술인에게 맞는 일자리를 주었다.

장애예술인 뉴딜 프로젝트는 행정도우미, 경로당 파견 순회 안마 서비스, 요양병원 요양보호사 보조 등에 재정 지원을 하는 장애인 일자리 지원 사업 예산의 일정 비율(5%)을 장애예술인의 문학이나 미술 작품을 구매하여 공공기관에 선물하여 비치하거나 장식하게 하고, 의무화된 장애인 인식개선 교육에 장애인 공연을 포함시켜서 장애인예술의 공적인 판로를 마련해 준다면 장애예술인들이 안정적으로 창작 활동을 할 수 있을 것이다.

### 2) 장애인문화예술센터

**장애인문화예술센터 설립 과정**

고(故) 노무현 대통령(2003~2008) 업적인 이룸센터(장애인종합복지센터)는 2002년 노무현 대통령 후보자 공약으로 발표되었고, 2003년 국가인수위원회 사회분과 회의 재확인하며 건립에 박차가 가해졌다. 서울시 여의도에 위치한 14층(지상 10층, 지하 4층) 건물을 매입하여 2008년에 개관하였다. 그 후 이룸센터는 장애인복지의 상징성 확보하고, 장애인 교류의 장이 마련되면서 장애인복지의 허브 역할을 하고 있다. 이 이룸센터를 모델로 장애인문화예술센터 건립이 다음과 같이 추진되었다.

- 문화체육관광부 2007년 〈장애인 문화 복지증진 기본계획을 위한 기초연구〉를 통해 장애인문화예술종합센터의 필요성 제시
- 문화체육관광부 2012년 〈장애인문화예술센터 연구용역〉 사업으로 장애인예술회관 필요성에 대한 증거기반 확보(회관 건립이 장애인예술 발전과 장애예술인 위상 강화에 긍정적인 영향을 끼칠 것이라는 응답이 77.19%)
- 박근혜 정부의 시·도별 장애인예술창작지원센터 설립 계획 수립(~'17)으로 장애인문화예술센터가 국정과제에 포함
- 2013년 박근혜정부 출범과 함께 장애인문화예술 업무가 체육국에서 예술국으로 이관이 되어 현재는 예술정책과에서 장애인문화예술 업무를 진행하며 장애인문화예술센터 설립을 적극적으로 추진
- 2014년도 예산에 장애인문화예술센터 건립을 위한 리모델링 비용 53억 원 확보

**장애인문화예술센터 운영 방안**

이룸센터는 장애인단체 사무공간으로 활용하고 있지만 장애인문화예술센터는 공간 활용은 물론 장애인문화예술 프로그램 운영으로 장애인문화예술의 발전소 역할을 할 것으로 예상하며 다음과 같은 조건을 갖춘 건물을 찾기로 하

였다.

- 인문지리적 상징성: 센터가 필요하다고 해서 아무 곳에나 세워져도 좋은 것은 아니다. 문화예술센터인만큼 예술적 상징성이 있는 장소이어야 한다.
- 편의성 및 접근성: 장애인이 이용해야 하는 공간이니만큼 장애인의 이동성과 접근성이 확보되어야 한다.
- 예술성 높은 공간 디자인: 장애인 시설은 편의시설 마련에만 집중하고 디자인의 아름다움이나 세련미에는 큰 관심을 두지 않지만 문화예술센터인만큼 예술성이 높은 디자인이 필요하다.

그 결과 서울시 동숭동에 있는 (구)예총회관 부지 1,132.8㎡(343,3평), 건물 2,101.34㎡(636.8평)/지상 5층, 지하 1층을 매입하여 리모델링하기로 하였다. 장애인문화예술센터는 장애인문화예술의 상징성과 접근성 확보하고, 장애인문화예술의 허브 역할을 할 것으로 기대하며 명칭 공모를 통해 건물명을 이음센터로 정하고 운영 주체를 위해 (사)한국장애인문화예술단체총연합회 단체장을 이사로 구성하여 2015년 2월 (재)한국장애인문화예술원을 설립하고, 초대 이사장을 베데스다4중주단에서 비올라를 맡았던 장애예술인 신종호 씨를 선임하여 2015년 11월 13일에 정식으로 개관하였다. 〈tip7〉

〈장애인문화예술센터 운영방안에 관한 연구〉(한국장애예술인협회, 2013)에 장애인문화예술센터에 들어서야 할 필요 시설로 다음 〈표19〉와 같이 제시하였다.

그러나 공간이 좁아서 지하 1층 연습실, 1층 카페, 2층 갤러리, 3층 커뮤니티룸, 4층 사무실, 5층 아트홀로 구성되어 있다. 아트홀은 연극이나 뮤지컬 등 공연을 하기에 적합하지 않고, 방송시설이 없어서 장애음악인들은 편의시설을 갖춘 녹음실을 찾지 못해 아직도 고생을 하고 있으며, 주차시설이 없어서 많은 불편을 겪고 있다.

### 국내 최초의 장애인문화예술센터 건립 과정

장애인문화예술센터 예산이 확보된 것은 2014년도로 문화체육관광부는 그해 6월에 장애인문화예술센터 건립 기본계획을 수립하고, 8월에 명칭 공모를 통해 센터명칭을 '이음'으로 정하고, 10월에 리모델링 공사를 착수하여, 2015년 5월에 준공하였다. 그 후 약 3개월간의 내부설비 설치와 운영조직 구성 등을 완료하고 2015년 9월 21일부터 10월 24일까지 시범운영 기간을 거쳐, 11월 13일 최초의 장애인문화예술 전용 시설인 이음센터 개관식을 가졌다.

한편 센터 운영 주체를 마련하기 위하여 (재)한국장애인문화예술원 설립을 준비했는데 당시 (사)한국장애인문화예술단체총연합회 회원단체 대표 7명이 갹출한 돈 70만원을 자산의 총액으로 하여 서울지방법원 중부등기소에서 설립인허가 연월일 2015년 2월 24일로 3월 10일 등기를 마치게 된다. 당시 대표권은 이사 7명 가운데 가장 연장자인 최공열 국제장애인문화교류협회 이사장으로 하였다. 같은 해 11월 2일 장애인문화예술계의 기대와는 달리 전혀 의외의 인물이 이사장에 선임되어 장애인문화예술계와 화합을 이루지 못하였다.

이음센터는 모두에게 열린 공간으로 활용될 수 있도록 대관 공모로 운영되며, 장애인 당사자에게 우선권이 부여된다. 이용료는 인근 공공 문화시설의 대관료를 기준으로 책정하였으며, 개인 창작자가 대관할 경우 기준 대관료의 50%가 할인된다.

〈표19〉 장애인문화예술센터 필요시설

| 시 설 | 내 용 |
|---|---|
| 창작 시설 | 연습실, 공방, 개인창작스튜디오 |
| 이용 시설 | 도서관, 자료관, 기념관, 창고 |
| 관람 시설 | 공연장, 소극장, 전시장, 오감체험관 |
| 사무 시설 | 협회 사무실, 공동 회의실, 미팅실 |
| 판매 시설 | 판매장, 서점 |
| 휴게 시설 | 카페, 식당, 레지던스, 하늘공원, 건강실(물리치료, 약국) |
| 방송 시설 | 녹음, 녹화, 편집 |
| 교육 시설 | 교육실, 세미나실 |
| 부대 시설 | 기술실, 관리실, 편의시설지원실, 주차장 |

위 연구에서 운영주최기관 사업을 다음과 같이 제시하였다.

—장애예술인 창작지원 사업

—장애인예술 진흥 사업

—홍보와 정보 제공을 위한 방송 사업
—각종 조사·연구 및 정책개발 사업
—장애예술인상 사업
—국제협력 사업
—장애인문화예술센터의 관리 및 운영
—국가와 지방자치단체 등에서 위탁하는 사업
—장애인문화예술 발전을 위한 기금조성 사업

그러나 2015년도에 설립된 (재)한국장애인문화예술원 정관에는 다음과 같이 규정되어 있다.

> 제3조(목적) 법인은 '장애인문화예술센터'의 공정한 운영과 장애인의 문화예술 활동 활성화를 위한 종합적이고 체계적인 지원 활동으로 장애인문화예술 분야 발전에 기여함을 목적으로 한다.
>
> 제4조(사업) ① 법인은 제3조의 목적을 달성하기 위하여 다음 각 호의 사업을 한다.
> 1. '장애인문화예술센터'의 수탁운영 및 관리
> 2. 장애인문화예술 진흥을 위한 창작·교육·교류 협력 사업
> 3. 장애인문화예술 관련 국가 및 지방자치단체 위탁하는 사업
> 4. 기타 법인의 설립 목적 달성을 위한 부대 사업
>
> ② 법인은 제1항의 목적사업의 경비를 충당하기 위하여 필요한 때에는 제3조의 설립목적에 반하지 아니하는 범위 내에서 수익사업을 수행할 수 있다. ③ 법인은 제2항의 규정에 의한 수익사업을 하고자 할 경우에는 사전에 문화체육관광부장관의 승인을 받아야 하며, 이를 변경하고자 하는 때에도 또한 같다.

위 연구에서 장애인문화예술센터가 해야 할 일을 목표, 비전, 기능, 효과로 기본 전략을 〈그림6〉과 같이 세웠다.

| | |
|---|---|
| 목표<br>(1C) | Co-living Cultural Ecosystem<br>장애인문화예술 창작 생태계 조성 |
| 비전<br>(2C) | Cultural Equality 문화 격차 해소<br>Creative Contents 창의적 문화콘텐츠 생산 |
| 기능<br>(3C) | Creative Planning & Act 창작 기획 및 실행<br>Career Development 전문 문화예술 개발<br>Communication 문화예술을 통한 사회적 소통 |
| 효과<br>(4C) | 장애인문화예술의 대중화 (Cutural Popularization)<br>장애예술인 창작의 전문화 (Creative Specialization)<br>장애인문화예술의 공간화 (Creative Space)<br>장애인예술의 직업화 (Cutural Jobs) |

그림6 **장애인문화예술센터 기본 전략**

### 3) 소통하는 예술

장애인의 예술 활동을 무조건 아마추어로 보는 경향이 있다. 이런 시각 때문에 사람들은 관람료를 내고 공연을 보러 갈 생각을 하지 않는다. 관객들은 무대 위에서 열연하는 장애예술인들의 작품을 감상하는 것이 아니라 장애를 먼저 본다. 그래서 장애에도 불구하고 예술 활동을 한 것에 대한 감동을 할 뿐 예술 그 자체에 대해서는 낮게 평가한다. 장애인예술이 아마추어 활동이 아니라 전문 예술인의 창작으로 인식해야 한다. 이를 위해 사회적공연(Social Entertainment) 개념이 도입돼야 한다.

사회적공연은 문화예술의 순수한 사회공헌과 상업예술로서의 경제적 독립성을 동시에 추구하는 공연이다. 자원봉사와 정부지원을 토대로 하는 자선공연이나 문화예술 분야의 사회적 일자리 창출과는 개념을 달리한다. 사회적공연을 규정하는 6가지 기준이 있다.

첫째, 공연에서 유급 일자리를 창출하는가

둘째, 공연의 경제적 자립성을 유지할 수 있는가

셋째, 사회서비스로서의 문화예술적 가치 제공을 하는가
넷째, 취약 계층이 지닌 문화 생산자로서의 어려움을 극복했는가
다섯째, 의사결정이 외부 이해 관계자의 소유권에 기반하지 않은가
여섯째, 명시적으로 사회적 편익을 갖고 있는가

결론적으로 사회적공연은 사회서비스 기능과 예술인들의 직업 활동이 동시에 이뤄져야 한다. 이런 사회적공연이 활성화되면 예술인과 지역사회가 서로 지지하는 사이가 되는 관계예술(Relational Art)로 사회화되는 사회예술(Social Art)로 장애인과 비장애인이 소통하는 예술(Interactive Art)이 될 것이다.

예술의 소통은 장애예술인과 비장애예술인 사이에도 필요하다. 주류 예술에 포용되기 위해서는 이미 주류 예술계에서 활동하고 있는 예술인들이 장애예술인들과 함께 창작 활동을 하며 협업하는 예술 생태계를 만들어야 한다. 〈tip8〉

### 쇼팽을 키워 준 리스트

1800년대 중반 독일에서 활동한 헝가리 출신의 프란츠 리스트와 폴란드 출신의 프레드릭 쇼팽에 관한 일화이다. 리스트 피아노 연주회가 어둠 속에서 진행되고 있었다. 연주회가 절정에 이르렀을 때 촛불을 켰는데 놀랍게도 연주를 한 피아니스트는 리스트가 아니라 쇼팽이었다. 당시 리스트는 사람들의 사랑을 듬뿍 받는 유명한 피아니스트였지만 쇼팽은 연주회 기회조차 갖지 못했던 무명의 피아니스트였다. 그래서 리스트가 친구인 쇼팽을 위해 자기 연주회에 쇼팽을 초대해서 쇼팽의 연주 실력을 관객들에게 보여 주었던 것이다.

리스트는 관객들을 향해 "신사 숙녀 여러분, 깜짝 놀라셨죠. 처음엔 연주를 한 사람이 제가 아니여서 놀라셨을 것이고, 나중에는 저보다 훨씬 감미로운 연주에 놀라셨을 겁니다."라며 쇼팽을 칭찬하였다. 이 일로 리스트는 미담의 주인공이 되었고, 무명의 쇼팽은 돌풍을 일으켰다. 쇼팽은 야상곡으로 피아노 음악의 새로운 경지를 이루며 오늘의 우리들은 리스트보다 쇼팽을 더 많이 기억하고 있다.

만약 리스트가 쇼팽을 지지해 주지 않았다면 쇼팽의 성공은 쉽지 않았을 것이다. 리스트처럼 무명의 예술인을 지원해 주는 것이 유명 예술인이 할 수 있는 특권이자 의무가 되었으면 한다.

### 4) 장애인예술 정책

장애인복지의 주무 부처가 보건복지부이고 장애인을 복지의 대상으로 보는 일반적인 시각으로 새 정부의 장애인복지 정책이 보건복지부 사업 위주로 기획되다 보니 장애인의 개인적 취향이나 개별적 욕구를 담아내지 못하여 장애인문화예술 정책이 국정 과제에 빠져 있다.

문화체육관광부는 〈문화비전2030 사람이 있는 문화〉에 장애인예술 전용극장 설립과 장애인문화예술학교 확대가 있고, 〈새예술 정책(2018~2022) 예술이 있는 삶〉에 장애인문화예술 지원 확대 내용이 발표되었으며 장애인예술 전용극장 설립은 보건복지부 주관 42번 국정과제(국민의 기본생활을 보장하는 맞춤형 사회보장)의 협업 과제로 42-6번 국정과제(장애인 문화여가 접근성 강화)의 실천 과제에 포함되어 현재 전문가 의견수렴을 하고 있는 등 장애인문화예술에 대한 관심이 그 어느 때보다 높아지고 있기에 장애인예술 발전을 위한 향후 과제를 제안하고자 한다.

#### 장애인예술 예산 확대

2019년도 장애인체육 예산은 1,040억인데 반하여 장애인예술 예산은 138억 원으로 장애인체육 예산의 13% 수준에 머물고 있다. 장애인체육은 선수 육성은 물론 생활체육을 활성화시키기 위하여 전국에 장애인체육센터 건립을 추진하기 위한 예산이 확보되어 있지만 장애인예술은 적은 예산을 법인 단체와 풀뿌리단체에 사업비를 배분하고 있어서 장애인예술의 청사진을 그리지도 못하고 있다.

#### 장애인문화예술과 신설

장애인체육은 문화체육관광부 체육국에 장애인체육과가 있지만 장애인예술은 예술국 예술정책과에서 사무관 1명과 주무관 1명이 장애인예술 업무를 관장하고 있어서 전문성을 갖고 원활한 업무 처리를 하기 어렵다.

(재)한국장애인문화예술원 공공기관 승격

장애인체육은 (재)대한장애인체육회라는 공공기관이 있지만 장애인예술은 2015년 11월에 설립된 (재)한국장애인문화예술원이 아직 공공기관이 되지 못한 상태이다.

지금까지의 연구를 바탕으로 장애예술인이 창작 활동을 가로막고 있는 것은 경제적인 문제와 인식의 문제라고 탐색할 수 있는데 먼저 경제적인 문제는 장애예술인이 예술 활동으로 소득이 보장될 수 있는 방안을 마련하여야 한다. 2012장애문화예술인실태조사(문화체육관광부)에서 장애예술인의 82.18%가 발표의 기회를 갖지 못하고 있다고 응답한 것으로 장애예술인이 경제적으로 얼마나 어려움을 갖고 있는지 충분히 짐작할 수 있다.

또한 인식의 문제는 장애인예술이 비장애인 예술과 다르지 않다는 인식의 전환이 필요하다. 〈장애예술인수첩〉(2018, 한국장애예술인협회) 분석을 통해 알 수 있는 것은 장애예술인의 창작 활동이 매우 전문적이라는 사실이다. 일반적으로 장애인예술을 취미나 치료적 수단으로 보고 있지만 장애예술인들은 정상적인 등용문인 공모에 입상하여 데뷔한 경우가 62%나 되었고, 대학 졸업 학력이 50.4%, 대학원 이상의 학력도 45%일 정도로 학력이 높았다. 이는 2015년 예술인실태조사에서 나타난 대졸 58.0%과 대학원 이상 26.8%와 비교했을 때 대학 졸업 학력은 큰 차이가 나지 않았고, 대학원 이상 학력은 오히려 장애예술인이 훨씬 앞지르고 있어서 장애예술인이 비장애예술인에 비하여 전문성이 부족할 것이라는 생각이 잘못된 편견이었음이 드러났다.

연구 결과 장애예술인은 이미 창작 활동을 할 수 있는 만반의 준비가 되어 있다는 것을 탐색해 낼 수 있다.

장애예술인이 안정적인 환경 속에서 창작 활동을 하며, 장애인예술을 발전시키기 위한 법적 장치가 반드시 마련되어야 하며, 이런 제도를 통해 예술인복지법[24]에서 예술인을 예술 활동을 업(業)으로 하는 사람으로 규정하였듯이, 장애예술인도 예술 활동이 직업이 되어야 장애인예술이 발전할 수 있다.

당장 해결해야 할 과제는 〈장애예술인수첩〉에 기재된 343명의 장애예술인을 (재)한국예술인복지재단에서 실시하고 있는 예술 활동 증명제도에 등록시켜서 예술인으로서의 위치를 확보하고 문화체육관광부에서 실시하는 예술인복지 서비스의 대상자가 되도록 하는 것[25]이란 제안에 따라 (재)한국예술인복지재단에서 2018년 11월 13일부터 15일까지 대학로 이음센터에서 예술 활동 증명 현장 접수를 받아 장애예술인 200여 명이 예술 활동 증명제도에 등록되어 제도권 안에서 각종 서비스를 받게 되었다.

또한 대학교 교양과목으로 「장애인예술의 이해」가 2018년도 2학기에 개설된 것을 계기로 〈tip9〉 장애인예술을 학문으로 발전시키기 위한 움직임이 형성되고 있어서 장애인예술 이론이 활발히 생산되면 필요한 장애인예술 정책이 마련될 것이다.

---

24) 예술인복지법 제2조(정의) "예술인"이란 예술 활동을 업(業)으로 하여 국가를 문화적, 사회적, 경제적, 정치적으로 풍요롭게 만드는 데 공헌하는 사람으로서 문화예술 분야에서 대통령령으로 정하는 바에 따라 창작, 실연(實演), 기술지원 등의 활동을 증명할 수 있는 사람을 말한다.

25) 현재 예술 활동 증명제도에 등록된 예술인은 4만 7천여 명으로 장애예술인수첩에 기재된 341명은 0.7%에 지나지 않는다.

### 대학 첫 개설 〈장애인예술의 이해〉로 포용사회의 중요성 인식

삼육대학교 스미스교양대학(김용성 학장) 2018년 2학기 교양과목으로 개설된 〈장애인예술의 이해〉는 대학에서 최초로 장애인예술을 강의하게 되어 화제가 되었다. 강의를 맡은 방귀희 교수는 수강생에게 매주 장애인예술 관련 스크랩을 하여 발표하도록 하였고, 학기말 시험에 스크랩을 통해 느낀 점을 서술하라는 문제를 출제하여 분석한 결과 아주 의미 있는 결과를 얻었다고 밝혔다.

학생들은 '장애인예술 행사가 다양하고 그 수도 많아서 놀랐지만 주로 주민센터나 아파트 단지 내에서 전시회나 공연을 하는 것이 안타까운 현실이고, 대기업은 장애인예술을 후원하지 않는 것이 납득이 되지 않았다.'고 하며 장애예술인은 열심히 창작활동을 하는데 정부의 장애인예술 정책은 미미하고, 찾아보지 않으면 알 수 없을 정도로 홍보가 부족한 것도 큰 문제라고 꼬집었다.

〈장애인예술의 이해〉 과목을 수강하면서 장애인은 사회적 약자가 아니라 다양한 재능을 가진 사람이라 여겨지게 되었고, 관심이 생기자 대학로에 가면 예전에는 눈에 보이지 않던 '이음센터'가 가장 먼저 보인다고 하였다. 아트디자인학과 학생은 졸업 후 디자이너로 일하게 되면 장애인예술을 꼭 소개하고 싶다고 하였으며, 장애인예술을 통해 장애인을 이해하게 되었고 포용사회의 중요성을 인식하게 되었다고 하였다.

수강생 40명은 경영학과를 비롯해서 17개 학과 학생들이 각자 다른 전공 체계에서 장애인예술을 공부하며 새로운 경험을 통해 그동안 무관심 속에 방치되었던 장애인예술을 각 전공 분야에서 재해석하고 협업할 수 있는 방법을 배운 것이 학생들의 미래에 도움이 될 것이라고 방귀희 교수는 설명하며, 앞으로 장애인예술은 대학에서 교양과목뿐만 아니라 예술과 사회복지 전공과목으로 확대되어야 한다는 바람을 제안하였다. (한국강사신문. 2018. 12. 15)

# 참고자료


## 1. 국내 문헌

단행본

권선진, 2008, 「장애인복지론」, 청목

곽영순, 2009, 「질적연구-철학과 예술 그리고 교육」, 교육과학사

김도현, 2009, 「장애학 함께 읽기」, 그린비

_____, 2011, 「우리가 아는 장애는 없다」, 그린비

김주호·용호성, 2005, 「예술경영」, 김영사

나운환, 2003, 「재활론」, 홍익제

남상문, 2011, 「문화예술 정책과 복지」, 선인

라이터스 편집부, 2006, 「기업 메세나 활동 블루오션 전략」, 라이터스

로렌스 로젠블룸, 2011, 「오감 프레임」, 21세기북스

박광무, 2011, 「한국문화 정책론」, 김영사

박영정, 2006, 「예술인정책 체계화 방안 연구」, 한국문화관광정책연구원

박태영·박소영·반정호·성준모·은선경·이재령·이화영·조성희, 2009, 「질 적자료 분석론」, 학지사

방귀희·김헌식, 2011, 「영화와 예술로 보는 장애인복지」, 양서원

_____, 2014, 「장애인문화예술의 이해」, 도서출판 솟대

_____, 2015, 「세계장애인물사」, 도서출판 솟대

신경림, 2002, 「체험연구」, 현문사

_____, 공병혜, 2001, 「현상학적 연구」, 현문사

_____, 2003, 「현상학과의 대화」, 서광사

양혜원·김혜인, 2012, 「2013문화예술트렌드분석 및 전망」, 한국문화관광연구원

원승룡, 2007, 「현상학으로서의 예술」, 범한철학

유동철, 2013, 「인권 관점에서 보는 장애인복지」, 학지사

유태균, 2005, 「사회복지 질적연구 방법론」, 나남

윤삼호, 2007, 「장애학개론」, 대구DPI

_____·양원태, 2012, 「장애문화 정체성」, 한국장애인재단

이남인, 2004, 「현상학과 해석학」, 서울대학교 출판부

이효선, 2005, 「사회복지 실천을 위한 질적연구」, 학현사

임안수, 2010, 「한국시각장애인의 역사」, 한국시각장애인연합회

전지혜, 2009, 「우리 없이 우리에 대한 것은 없다」, 울력

정무성·황정은, 2011, 「사회복지마케팅」, 신정

정무성·양희택·노승현, 2006, 「장애인복지개론」, 학현사
정일교·김만호, 2007, 「장애인복지」, 양서원
정창교, 2012, 「공정사회를 위한 문화복지」, 이화
정창권, 2011, 「역사 속의 장애인은 어떻게 살았을까」, 글항아리
_____, 윤종선, 방귀희, 김언지, 2014, 「한국장애인사」, 솟대
조원일, 2009, 「장애학에의 초대」, 청목
조흥식·정선욱·김진숙, 권지성, 2010, 「질적연구 방법론」, 학지사
필립 코틀러. 낸시리, 남문희, 2006, 「착한 기업이 성공한다」, Philip Kotler·Nancy Lee, 2004, Corporate Social Responsibility, 리더스북

학술지 등

강영심, 김경, 2011, "특수학교 예술강사지원사업 실태와 교사의 인식", 『발달장 애연구』, 15(3)
고재욱, 2011, "예술을 위한 소수자 복지 관점에서의 예술인복지법 제정 검토 및 정책 제안", 『스포츠와 법』, 28: 262~276
김경미·김미옥, 2006, "한국장애인복지학 연구동향에 관한 분석과 고찰-장애인 복지학의 이론적 패러다임을 중심으로", 『한국사회복지학』, 58(3): 274~278
김도현, 2012, "문화적 장애 모델의 생성", 『솟대문학』, 88호: 48~55
_____, 2012, "영국의 장애예술인 지원제도", 『한국장애인예술정책연구』, 한국장애인문화진흥회, 98~109
김동준, 2010, "문화예술지원 활동이 기업 이미지 형성에 미치는 영향에 관한 연구: 메세나 요구정도 인식의 조절효과를 중심으로", 경원대학교 박사 학위논문
김미옥·김희성·이민영, 2005, "장애인의 임파워먼트 과정에 관한 연구", 『한국사회복지학』, 57(1): 53~54
김세훈, 2007, "장애인문화예술의 법적 근거", 한국문화관광연구원
_____, 2010, "문화·예술 활동과 장애인-정책 과제를 중심으로", 장애인문화 정책비전 2010장애인문화·체육·관광정책을 말한다, 문화체육관광부, 11~12
김소영·곽영식, 2002, "기업 이미지와 문화예술 분야 적합도 모델을 이용한 기업메세나 지원전략연구", 「문화와 기업 심포지엄 자료집」: 21~48, 한국기업메세나협의회·한국문화경제학회
김언지·차희정, 2015, "한국장애인메세나운동 모형개발연구", 한국장애예술인협회
김연희, 2012, "예술과정으로 본 창의성의 기원", 『미학』, 70: 57~61
김인설, 2015, "미국의 장애인문화예술교육", 『arte 365』, 한국문화예술교육진흥원
김인철, 2007, "시각장애인을 위한 전시 공간의 스마트기술 적용에 관한 연구: 시각 장애인의 행태분석을 통한 체험공간 구현을 중심으로", 국민대학교 석사 학위논문

김종인, 김원경, 고정욱, 오이표, 2009, "장애아동 청소년의 삶의 질 향상을 위한 지 원방안연구: 문화예술체육활동 지원현황분석", 한국청소년정책연구원

김주현, 2003, "맥락주의와 예술로서의 정체성 확인", 『미학』, 34: 86~90

김주호·윤성준·이은정, 2011, "소비자의 기업 메세나 인지로 인한 메세나 효과가 광고평가에 미치는 영향", 『광고연구』, 9: 277~312

김정숙, 2012, "장애인을 위한 문화적 역량 요인 개발 및 특성 연구", 『지체중복건강장애연구』, 55(3): 2~10

김정애, 2010, "장애인문화예술 활동에 관한 연구", 경남대학교 석사 학위논문

김호연, 2011, "시각장애인 인지방법설문조사", KBS-3라디오

김홍렬, 1991, "장애인문학의 위상과 발전 방향", 『솟대문학』, no 1: pp29~30

김휘정, 2008, "기업과 비영리 문화예술계-유대의 변천과 전략적 포트폴리오 개발", 『문화 정책 논총』, 19: 225~261

______, 2011, "예술인 복지 지원의 쟁점과 입법 및 정책 과제", 『문화 정책총 론』, 25(2): 103~107

남찬섭, 2009, "사회적 모델의 실현을 위한 장애정의 고찰", 『한국사회복지학』, 61(2): 163~165

박민생, 2009, "기업 메세나 활동의 동기와 효과에 관한 고찰", 『經營情報硏究』, 28(3): pp.117~137

박영정, 2006, "예술인정책 체계화 방안 연구", 한국문화관광정책연구원

박인철, 2009, "숭고의 현상학과 현상학적 예술론", 『철학연구』, 85: 169~170

박준원, 2003, "예술의 본성과 실존의 문제", 『인문논총』, 50: 189~191

박중휘, 1994, "시각장애아의 색채 선호도와 연상 언어에 대한 연구", 특수교육총연합회

박현주, 2009, "문화예술 활동의 참여에 의한 여성장애인의 자아존중감 변화에 관한 연구", 서울시립대학교 석사 학위논문

박혜신, 2010, "장애인예술가에 대한 인식", 이화여자대학교 석사 학위논문

방귀희, 1993, "장애인문학의 현실과 발전 방향", 『솟대문학』, no 9: p29

______, 2009, "장애문화예술인의 창작 활동보장 실현 방안", 한국장애인문화진흥회

______, 2011, "장애인예술 마케팅의 지향점", 2011 풀뿌리장애인문화예술 활동 활성화 워크숍: 18~19, 한국장애인복지관협회

______, 2012, "장애예술인으로 산다는 것은", 『장애인복지연구』, 3(1): 69~70

______·김언지, 2012, "한일장애인예술 발전 과정에 관한 고찰", 『장애인복지연 구』, 3(2): 67~70

______, 2013, "장애예술인의 창작 활동 경험에 관한 연구", 숭실대학교 일반대학원 박사 학위논문

______, 2015, "장애인메세나 활동 실태와 전망", 『솟대문학』, 98: 20~21

______, 2015, "내가 어둠이라면 당신은 별입니다.", 에이블 뉴스 연재 '너의 꽃 으로 남고 싶다', 연재 1

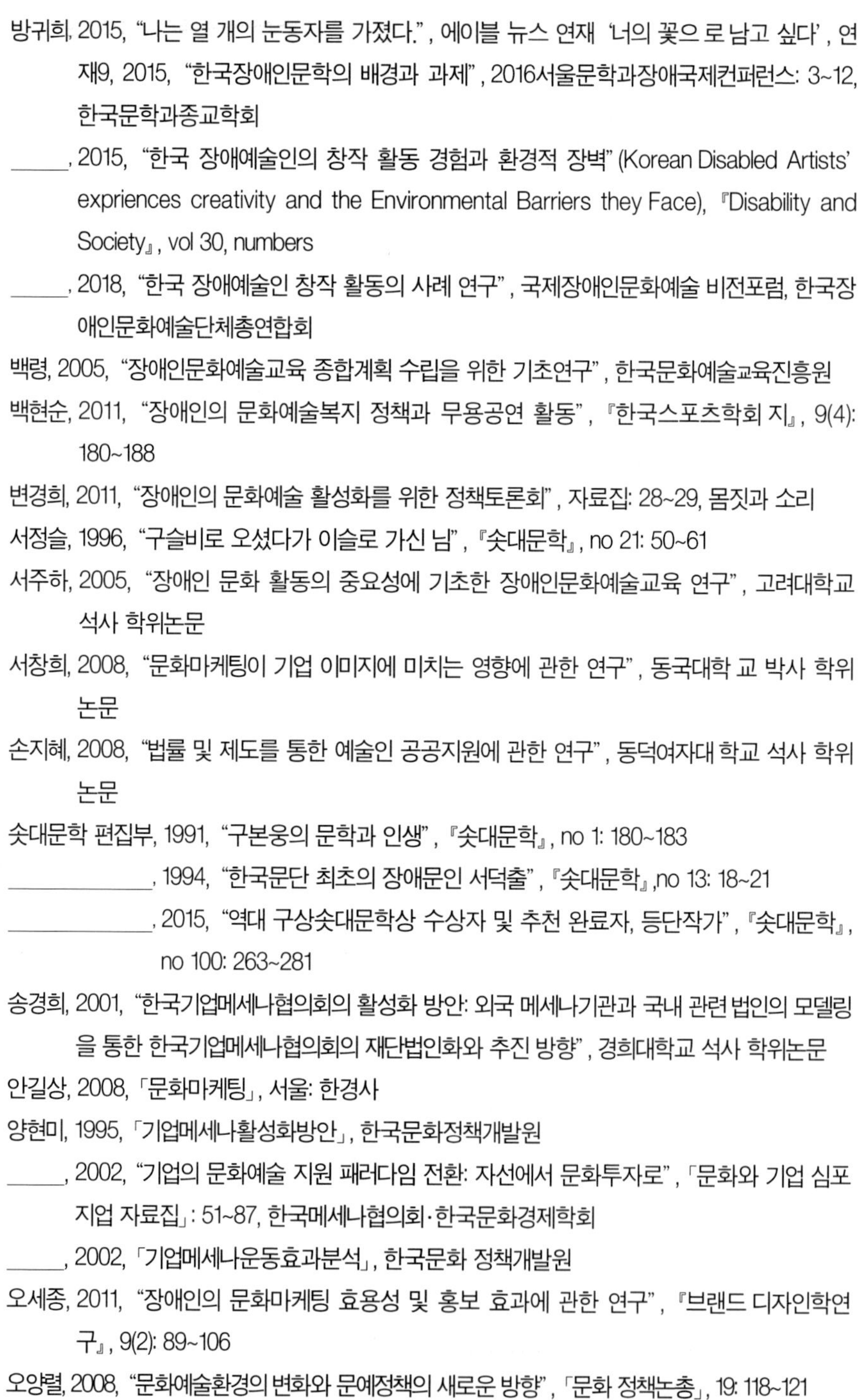


방귀희, 2015, "나는 열 개의 눈동자를 가졌다.", 에이블 뉴스 연재 '너의 꽃으 로 남고 싶다', 연재9, 2015, "한국장애인문학의 배경과 과제", 2016서울문학과장애국제컨퍼런스: 3~12, 한국문학과종교학회

______, 2015, "한국 장애예술인의 창작 활동 경험과 환경적 장벽"(Korean Disabled Artists' expriences creativity and the Environmental Barriers they Face), 『Disability and Society』, vol 30, numbers

______, 2018, "한국 장애예술인 창작 활동의 사례 연구", 국제장애인문화예술 비전포럼, 한국장애인문화예술단체총연합회

백령, 2005, "장애인문화예술교육 종합계획 수립을 위한 기초연구", 한국문화예술교육진흥원

백현순, 2011, "장애인의 문화예술복지 정책과 무용공연 활동", 『한국스포츠학회 지』, 9(4): 180~188

변경희, 2011, "장애인의 문화예술 활성화를 위한 정책토론회", 자료집: 28~29, 몸짓과 소리

서정슬, 1996, "구슬비로 오셨다가 이슬로 가신 님", 『솟대문학』, no 21: 50~61

서주하, 2005, "장애인 문화 활동의 중요성에 기초한 장애인문화예술교육 연구", 고려대학교 석사 학위논문

서창희, 2008, "문화마케팅이 기업 이미지에 미치는 영향에 관한 연구", 동국대학 교 박사 학위논문

손지혜, 2008, "법률 및 제도를 통한 예술인 공공지원에 관한 연구", 동덕여자대 학교 석사 학위논문

솟대문학 편집부, 1991, "구본웅의 문학과 인생", 『솟대문학』, no 1: 180~183

____________, 1994, "한국문단 최초의 장애문인 서덕출", 『솟대문학』,no 13: 18~21

____________, 2015, "역대 구상솟대문학상 수상자 및 추천 완료자, 등단작가", 『솟대문학』, no 100: 263~281

송경희, 2001, "한국기업메세나협의회의 활성화 방안: 외국 메세나기관과 국내 관련 법인의 모델링을 통한 한국기업메세나협의회의 재단법인화와 추진 방향", 경희대학교 석사 학위논문

안길상, 2008, 「문화마케팅」, 서울: 한경사

양현미, 1995, 「기업메세나활성화방안」, 한국문화정책개발원

______, 2002, "기업의 문화예술 지원 패러다임 전환: 자선에서 문화투자로", 「문화와 기업 심포지엄 자료집」: 51~87, 한국메세나협의회·한국문화경제학회

______, 2002, 「기업메세나운동효과분석」, 한국문화 정책개발원

오세종, 2011, "장애인의 문화마케팅 효용성 및 홍보 효과에 관한 연구", 『브랜드 디자인학연구』, 9(2): 89~106

오양렬, 2008, "문화예술환경의 변화와 문예정책의 새로운 방향", 「문화 정책논총」, 19: 118~121

오유민, 2007, “기업의 메세나 활동이 브랜드 자산 형성에 미치는 영향에 관한 연구”, 홍익대학교 석사 학위논문

오혜경·백은령, 2003, “장애인의 주관적 삶의 질에 영향을 미치는 요인 연구”, 『직업재활연구』, 3(2): 165~170

양회성, 1989, “맹인의 꿈에 관한 연구”, 단국대학교 석사 학위논문

염형국, 2009, “한국장애인차별금지법의 제정 경과와 의의”, 경희대학교 NGO대학원 석사 학위논문

유동철, 2011, “장애인의 사회적 배제와 참여”, 『한국사회복지학』, 63(1): 219

유소영, 2014, “기업의 메세나 활동이 기업 이미지 제고에 미치는 영향-국내 기업의 현장 사례를 중심으로”, 동국대학교 석사 학위논문

유재봉, 2009, “차별없는 장애인문화예술 정책에 관한 몇 가지”, 세계장애인문화예술운동의 의미, 형태와 전망: 173~174, 세계장애인문화예술축제조직위원회

_____, 2010, “장애인문화예술이 풀어야 할 과제”, 한국지체장애인협회, 216~218

_____, 2011, “장애인문화예술의 수월성에 대하여”, 한국장애인문화진흥회

윤길준, 2003, “문화, 예술 지원 기업 메세나 운동에 관한 고찰”, 『문화연구』, 8: 55~67

윤성준·한희은, 2011, “메세나 활동과 광고효과간의 관계에 대한 실증적 접근”, 『 문화산업연구』, 11(1): 47~67

윤삼호, 2012, “장애예술의 형성과 그 실제”, 『솟대문학』, 88: 95~97

윤여각, 2003, “문화, 예술교육에 대한 재검토”, 『교육원리 연구』, 8(1): 143~163

이수완, 2013, “기업의 문화예술지원에 관한 연구: 사회공헌을 중심으로”, 『사회과학연구』, 24(3): 403~424

이인구, 2013, “기업의 사회적 책임활동의 커뮤니케이션 도구로서 기업 메세나 활동의 역할-금호아시아나문화재단의 사례”, 『문화산업연구』, 13(3): 115~120

이필상, 2010, “장애학생을 위한 문화예술교육의 필요성에 관한 소고”, 『한국청 각/언어장애 교육연구』, 12(1)

이현준, 1991, “장애인문학은 장애문학이 아니다.”, 『솟대문학』, no 1: 15~16

임상오·신철오, 2006, “예술의 가치 평가 분석”, 「서울대학교경영론집」, 40(1,2): 266~267

장미진, 2011, “지적장애아동을 위한 문화예술교육의 문제점 및 개선방안”, 『모 드니 예술』, 4

전국경제인연합회, 2014, “2014 주요기업·기업재단 사회공헌백서”, 전국경제인연합회

전병태, 2007, “장애인예술 활동 지원 방안”, 한국문화관광연구원

_____, 2010, “장애예술인 창작 활동 현황 및 활성화 방안” 자료집: 11~15, 한국문화관광연구원

전영옥, 2005, “기업메세나 활동의 현황과 과제”, 삼성경제연구소

정지은, 2014, “기업메세나의 현황과 개선 방안에 관한 질적 연구-심층면담을 중심으로”, 『디자인융복합연구』, 13(4): 23~37
전혜선, 2009, “장애인 공연 예술단체의 재원 조성 방안”, 중앙대학교석사 학위 논문
정광열, 2010, “예술 정책의 성과와 과제” 자료집: 32~33, 한국문화관광연구원
정문식, 2012, “독일의 장애예술인 지원제도”, 「한국장애인예술정책연구」: 81~87, 한국장애인문화진흥회
정필주·최샛별, 2008, “예술가의 정체성 갈등과 대응 전략”, 『사회과학연구논총』, 19: 206~209
정진옥·정무성, 2012, “지적장애인의 문화예술 활동 참여에 관한 질적 연구”, 『경성통일논총』, 29(1)
조원일, 2012, “장애학에서 바라보는 일본의 장애인예술”, 『숏대문학』 88: 68~70
조윤주, 2010, “시각장애학생을 위한 미술교육 연구: 촉각을 중심으로”, 건국대학교 석사 학위논문
주성돈·김정인, 2015, “문화복지 활성화 방안 연구: 한국과 일본의 메세나 활동 비교를 중심으로”, 『한국행정논문』, 27(1): 115~142
주윤정, 2009, “한국의 에이블아트”, 제10회 아시아태평양장애인예술제 컨퍼런스
_____, 2011, “장애인문화예술 정책 중장기계획연구”, 58~60, 한국사회사학회,. 2012, “장애인문화예술 정책의 현황과 미래”, 문화체육관광부, 14~15
최옥채, 2007, “사회복지실천에서 문화복지의 개념화”, 한국사회복지학회 세계학술대회: 304~308
하리마 야스오, 2009, “에이블아트 운동이 추구해 온 것”, 제10회 아시아태평양장애인예술제 콘퍼런스

자료집

국립특수교육원, 2013, “장애학생 문화예술교육 실태 및 지원방안 연구”
국회의원 손봉숙, 2006, “장애문화예술인 문화복지정책의 현실과 대안”
_____________, 2007, “장애문화 문화복지정책의 현실과 대안”
국회의원 이정현, 2009, “장애문화예술 정책 지원방안”
국회입법조사처, 2012, ‘장애인문화 관련 법과 제도’
____________, 2012, ‘문화복지의 동향과 문화복지사업의 개선 방안
대통령문화특별보좌관실, 2012, “한국장애인예술백서”
문화관광부, 2007, “장애인문화복지증진 기본계획을 위한 기초연구”
문화체육관광부, 2010, “문화예술 정책백서”
_____________, 2011, “2010장애인문화예술향수지원사업결과보고서”
_____________, 2012, “2012장애문화예술인실태조사”
_____________, 2012, “2012문화예술인실태조사”
_____________,2015, “2012년예술인실태조사”
_____________,2017, “2018 예산·기금운용계획 개요”

문화체육관광부, 2018, “문화비전2030 사람이 있는 문화”

______________, 2018, “새예술 정책(2018~2022) 예술이 있는 삶”

보건복지부(2017), “2017년 장애인실태조사”

양극화민생대책위원회, 2007, “장애인차별실태 분석 및 유형화에 관한 연구”

한국고용정보원, 2010, “산업·직업별 고용구조 조사”

한국메세나협회, 2007, “중소기업 예술지원 인식조사 보고서: 중소기업 기초예술 매칭펀드 수용도 평가”, 한국메세나협회

______________, 2015, “한국메세나협회 2014년도 연차보고서”, 한국메세나협회

한국보건사회연구원, 2011, “2011장애인실태조사”

______________, 2017, “2017장애인실태조사”

한국문학평론가협회, 2006, 「문학비평용어사전」, 한국학자료원

한국시각장애인예술협회, 2006, 「에이블아트」, 사회평론

한국장애인개발원, 2007, “장애인문화예술 활동실태조사”

한국장애인복지관협회, 2011, “전국장애인복지관 문화예술교육 활동프로그램 실태 및 욕구조사”

한국장애인문화진흥회, 2011, “한국장애예술인총람”

______________, 2012, “한국장애인문학도서총람”

한국장애예술인협회, 2013, “장애인문화예술센터 운영 방안에 관한 연구”

______________, 2015, “한국장애인메세나운동 모형 개발 연구”

______________, 2018, “장애예술인수첩”

한국현상학회, 2001, 「예술과 현상학」, 철학과현실사

## 잡지

E美지 편집부, 2016, ‘세계 무대도 두렵지 않다, 피아니스트 김예지’, 『E美지』, no 2

______________, 2017, ‘낭만 화가 탁용준’, 『E美지』, no 3

______________, 2017, ‘노래하는 멋진 남자, 황영택’, 『E美지』, no 3

______________, 2017, ‘작가 금강에서 200억 매출의 문피아 대표로 이야기산업의 성공신화를 쓴 김환철’, 『E美지』, no 4

______________, 2017, ‘피아니스 김경민이 특별한 이유’, 『E美지』, no 4

______________, 2017, ‘휠체어무용의 전설 김용우’, 『E美지』, no 5

______________, 2017, ‘수묵크로키로 세계인의 눈을 사로 잡은 의수화가 석창우’, 『E美지』, no 6

______________, 2018, ‘침묵 속의 발레리나 고아라’, 『E美지』, no 7

______________, 2018, ‘한국의 전통을 잇는 한국자수박물관 이정희 관장’, 『E美지』, no 7

______________, 2018, ‘세계적인 성악가로 음대 학장이 된 최승원’, 『E美지』, no 9

인터넷 검색

동아일보, '소아마비 작가 고정욱, 장애는 나의 힘… 죽는 날까지 동화책 500권 쓸 것', 2012년 11월 7일

에이블뉴스, '내년 장애인 고용부담금 부담기초액 인상', 2018년 12월 17일

중부일보, '세상을 향해 울려퍼지는 감동 선율이 지친 이들에 희망을 전하다', 2012년 11월 7일

헤럴드경제, '발레리나 강수진, 나는 내일을 믿지 않는다', 2013년 2월 21일

SBS-TV 〈순간 포착, 세상에 이런 일이〉, '혀로 시를 쓰는 남자, 노차돌', 2009년 5월 21일

KBS-1TV 〈강연100도C〉, '나의 한계는 내가 정한다', 2012년 11월 9일

KBS-3라디오, 'KBS 라디오 시각장애인 프로젝트-소리로 보는 세상 3부작', 2011년 11월 14일~16일

영화, 2009, 〈구르믈 버서난 달처럼〉

___, 2011, 〈블라인드〉

법률

문화예술진흥법률

예술인복지법률

장애인 고용촉진 및 직업재활법

장애인복지법

장애인차별금지 및 권리구제에 관한 법률

중증장애인 생산품 우선구매 특별법률

2. 외국문헌

Arts Council England, "Disability Equality Scheme(2007~2010)", 2006

________________, "Disability Equality Scheme(2010~2013)", 2009

Basas, Carrie G., 2009, "Indulgent Employment? Careers in the Arts for People with Disabilities.", University of Tulsa College of Law, Unpublished Papers

Barnes, C., 2003, "Effecting Change: Disabitity, Culture and Art?", Journal of Disability Policy, 28(31): 9~13

________, 2008, "Generating Change: Disability, Culture and Art", Journal for Disability and International Development, 19: 4~12

________, and Mercer, G., 2001, "Disability Culture: Assimilation or Inclusion", Handbook of Disability Studies: Chapter22, CA: Sage

Barnartt, S. N., 1996, "Disability Culture or Disability Consciousness?", Journal of Disability Policy Studies, 7(2): 2~8

Corbett, J., 1999, Chapter9: "Disability Art Developing Survival Strategies", Adults with Disabilities, NY: Routledge: 171~181

Creswell, J. W., 1998, "Qualitative Inquiry and Research Design", CA: Sage

Dan Goodley, 2011, "Disability Studies: An Interdisciplinary Introduction", CA: Sage

Davis, L. J., 2001, "Identity Politics, Disability and Culture", Handbook of Disability Studies: Chapter23, CA: Sage

Epstein, M. and Crutchifield, S., 2000, "Points of Contact: Disability, Art and Culture", MI: The University of Michigan Press

Finkelstein, V., and Morrison, E., 1993, "Broken Arts and Cultural Repair: The Role of Culture in the Empowerment of Disabled People", Independent Living Institute, Internet Publication

Giorgi, A., 1992. "An Exploratory Phenomenological Psychological Approach to the Experience of the Moral Sense", Journal of Phenomenological Psychology, 23(1): 50~86

_______, 1997, "The Theory, Practice and Evaluation of the Phenom -enological Method as a Qualitative Research Procedure", Journal of Phenomenological Psychology, 28(2): 235~260

Gjaerum, R. G. and Rasmussen, B., "The Achievements of Disability Art: A study of Inclusive Theatre, Inclusive Research and Extraordinary, Actors", 2010, Youth Theatre Journal, 24: 99~103

John Swain and Sally French, 2008, "Disabilities on Terms", LA: Sage

Katz Florence L., 1990, "Art and Disabilities: Establishing the Creative Art Center for People with Disabilities", Cambridge: Brookline Books

Klein, B. S., 2000, "The Art of Disability: Some Ideas About Creativity Health and Rehabilitation", John F. McCreary Lecture, 2~4

Lincoln, Y. S. and Guba, E., 1985, "Naturalistic Inquiry", Newbury Park, CA: Sage

Linda Ware, 2008, "Worlds Remade: Inclusion Through Engagement with Disability Art", International Journal of Inclusive Education, 12: 563~568

Miles, M. B. and Huberman, A. M., 1994, "Qualitative Data Analysis", Thousand Oaks, CA: Sage

Patrick J. Devlieger(2005), 'Generating a cultural model of disability', Congress of the European Federation of Associations of Teachers of the Deaf (FEAPDA), pp1~25

Patton, M. Q., 2003, "Qualitative Research and Evaluation Method", Thousand Oaks, CA: Sage

Devlieger, Patrick, J., 2005, "Generating a Cultural Model of Disability", Congress of the European Federation of Associations of Teachers of the Deaf(FEAPDA), 9~12

Sally French and John Swain, 2011, "Working with Disabled People in Policy and Practice", NY: Palgrave Macmillan

Schwandt, T. A., 1997, "Qualitative inquiry" Thousand Oaks, CA: Sage

Sharon, L. Snyder and David, T. Mitchell, 2005, "Cultural Location of Disability", Chicago, CA: The University of Chicago Press

Stone, John H., 2005, "Culture and Disability: Providing Culturally Competent Services", Thousand Oaks, CA: Sage

Sulewski, J. S. and Boeltzig, H. and Hasnain, R, 2012, "Art and Disability: Intersecting Identities among Young Artists with Disabilities", Disability Studies Quarterly, 32(1): 3~4

Sutherland, A., 1997, "Disability Arts, Disability Politics", Journal of Psychology in Africa, 15(1): 111~112

Solvang, P. K., 2012, "From Identity Politics to Dismodernism? Changes in the Social Meaning of Disability Art" European Journal of Disability Research, 6: 178~187

Van Manen, M., 1990, "Researching Lived Experience-Human Science for an Action Sensitive Pedagogy", NY: The State University of New York

Wexler, Alice J., 2011, "Art and Disability: The social and Political Struggles Facing Education", NY: Palgrave Macmillan

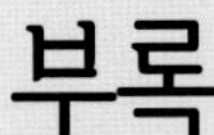

# 부록

# 장애예술인 지원에 관한 법률안

(나경원 의원 대표발의)

| 의안 번호 | 3909 |
|---|---|

발의연월일: 2016. 11. 28.

발 의 자: 나경원·조배숙·정갑윤·황주홍·김학용·김성태·심재철·염동열·이종명·정병국 의원(10인)

## 제안 이유

우리나라 예술인의 삶은 일반 직장인의 삶에 비해 현저히 열악함에 따라 예술인에 대한 복지가 필요하다는 것에 대해 사회적인 공감이 형성되어 2011년 「예술인복지법」이 제정되었음.

예술인 가운데서도 장애예술인은 더 열악한 상황에서 예술 활동을 하고 있으므로 이들에 대한 복지가 더 필요함에도 불구하고 「예술인복지법」은 장애예술인에 대하여 별도의 지원 등을 마련하고 있지 않음.

그동안 장애예술인에 대한 실태조사에서 장애예술인은 예술작품의 창작 및 발표 기회의 부족, 예술 활동에 따른 적절한 경제적 보상 미비 등으로 재능을 발휘할 기회의 부족과 경제적 어려움으로 이중고를 겪고 있는 것으로 나타남.

따라서 「예술인복지법」, 「문화예술진흥법」으로는 장애예술인의 열악한 처지를 개선하는데 한계가 있으므로, 현실의 문제점을 개선하기 위해서는 특별히 장애예술인을 지원할 수 있는 방안을 마련할 필요성이 있음.

이에 장애예술인에게 창작 활동에 참여할 기회를 보장하고 재정적 지원방안을 규정하는 법률을 제정함으로써 장애예술인의 창작의 권리를 보장하고 경제적 안정을 도모하여 장애예술인의 삶의 질 향상에 이바지하려는 것임.

## 주요 내용

가. 이 법은 장애예술인의 지원에 필요한 사항을 정함으로써 장애예술인의 창

작 활동 지원 및 권리의 보장과 장애인의 문화예술 분야의 삶의 질 향상에 이바지함(안 제1조).

나. 국가와 지방자치단체는 장애예술인이 창작 활동에 전념할 수 있도록 행정적·재정적 지원방안에 관한 종합적인 시책을 수립·시행하도록 함(안 제5조).

다. 문화체육관광부장관은 3년마다 장애예술인을 지원하기 위한 기본계획을 수립하고, 문화체육관광부장관과 지방자치단체의 장은 기본계획에 따라 매년 연도별 시행계획을 수립·시행하도록 함(안 제6조).

라. 국가와 지방자치단체는 장애예술인을 보호·육성하고, 장애예술인에게 창작에 필요한 장려금이나 생활 보조금을 지급하도록 함(안 제9조).

마. 국가 등은 방송, 영화 등 예술 활동에 일정 비율 이상의 장애예술인을 참여시키고, 예술품 구매 시 장애예술인의 작품을 구매금액의 일정 비율 이상으로 구매하여야 하며, 장애예술인이 참여하는 공연을 매년 1회 이상 개최하도록 함(안 제10조).

바. 국가 등은 장애예술인의 고용촉진을 위하여 사업주 및 일반 국민을 대상으로 교육·홍보 및 장애인 인식개선 운동을 지속적으로 추진하고, 장애예술인 관련 단체의 안정적 운영을 위하여 운영비와 사업비를 지원할 수 있도록 함(안 제11조 및 제12조).

사. 장애예술인의 예술 활동 진흥을 위한 사업이나 활동을 지원하기 위하여 장애예술인진흥기금을 설치함(안 제13조부터 제15조까지).

참고 사항

이 법률안은 나경원 의원이 대표발의한 「국가재정법 일부개정법률안」(의안번호 제3915호)의 의결을 전제로 하는 것이므로 같은 법률안이 의결되지 아니하거나 수정의결되는 경우에는 이에 맞추어 조정되어야 할 것임.

법률제 호

# 장애예술인 지원에 관한 법률안

**제1조(목적)** 이 법은 장애예술인의 지원에 필요한 사항을 정함으로써 장애예술인의 창작 활동 지원 및 권리의 보장과 장애인의 문화예술 분야 삶의 질 향상에 이바지하는 것을 목적으로 한다.

**제2조(기본이념)** ① 장애예술인은 문화국가 실현과 국민의 삶의 질 향상에 공헌하므로 충분히 존중받아야 한다.

② 장애예술인은 그 능력과 의사에 따라 예술 활동에 종사하고 참여할 기회를 보장받아야 한다.

**제3조(정의)** 이 법에서 "장애예술인"이란 「예술인복지법」 제2조제2호에 따른 예술인 중 다음 각 호의 어느 하나에 해당하는 사람을 말한다.

1. 「장애인복지법」 제32조에 따라 장애인 등록증을 발급받은 사람
2. 「국가유공자 등 예우 및 지원에 관한 법률」 제6조의4에 따른 상이등급 중 어느 하나에 해당한다는 판정을 받은 사람

**제4조(다른 법률과의 관계)** 장애예술인의 지원에 관하여는 다른 법률에 특별한 규정이 있는 경우를 제외하고는 이 법에서 정하는 바에 따른다.

제5조(국가와 지방자치단체의 시책) ① 국가와 지방자치단체는 장애예술인이 창작 활동에 전념할 수 있도록 행정적·재정적 지원방안에 관한 종합적인 시책을 수립·시행하여야 한다.

② 국가와 지방자치단체는 장애예술인이 예술 활동에 적극 참여할 수 있도록 지원방안을 마련하여야 한다.

③ 국가와 지방자치단체는 장애예술인의 지원에 관한 시책의 추진 및 예산 편성에 필요한 조치를 하여야 한다.

④ 국가는 제1항에 따른 시책을 효율적으로 추진하기 위하여 관계 중앙행정기관, 지방자치단체 상호간의 협력체계를 구축하여야 한다.

**제6조(기본계획의 수립 등)** ① 문화체육관광부장관은 3년마다 장애예술인을 지원하기 위한 기본계획(이하 "기본계획"이라 한다)을 제7조에 따른 장애예술인지원위원회의 심의를 거쳐 수립·시행하여야 한다.

② 기본계획에는 다음 각 호의 사항이 포함되어야 한다.

1. 장애예술인 지원 촉진을 위한 기본목표 및 추진방향
2. 장애예술인 창작·전시·공연 활동을 지원하기 위한 사항
3. 장애예술인에 대한 교육 지원에 관한 사항
4. 장애예술인을 위한 교육과정 및 교육 내용의 연구·개발·보급에 관한 사항
5. 장애예술인에 대한 국민의 인식 제고에 관한 사항
6. 장애예술인 협력망의 구축·운영에 관한 사항
7. 장애예술인 육성방안 연구에 관한 사항
8. 그 밖에 장애예술인 지원을 촉진하기 위하여 필요한 사항

③ 문화체육관광부장관과 지방자치단체의 장은 기본계획에 따라 매년 연도별 시행계획(이하 "시행계획"이라 한다)을 수립·시행하여야 한다.

④ 문화체육관광부장관과 지방자치단체의 장은 기본계획 및 시행계획을 수립하기 위하여 필요하다고 인정하는 경우에는 관계 행정기관·지방자치단체와 장애예술인 지원과 관련된 기관 또는 단체에 필요한 자료나 의견 등의 제출을 요청할 수 있다. 이 경우 요청을 받은 관계 행정기관 등은 특별한 사정이 없으면 요청에 따라야 한다.

⑤ 그 밖에 기본계획의 수립절차 및 시행계획의 수립·시행 등에 필요한 사항은 대통령령으로 정한다.

**제7조(장애예술인지원위원회의 설치)** ① 기본계획, 문화체육관광부장관이 수립하는 시행계획 및 장애예술인 지원에 관한 주요 사항을 심의하기 위하여 문화체육관광부장관 소속으로 장애예술인지원위원회(이하 "위원회"라 한다)를 둔다.

② 제1항에 따른 주요 사항과 위원회의 조직·운영 등에 필요한 사항은 대통령령으로 정한다.

**제8조(실태조사)** ① 문화체육관광부장관은 3년마다 장애예술인에 대한 실태조사를 실시하여 그 결과를 발표하고, 이를 장애예술인 지원을 위한 정책수립의 기초자료로 활용하여야 한다.

② 문화체육관광부장관은 제1항에 따른 실태조사를 위하여 필요한 때에는 관계 중앙행정기관의 장, 지방자치단체의 장 또는 「공공기관의 운영에 관한 법률」에 따른 공공기관(이하 "공공기관"이라 한다)의 장에게 관련 자료를 요청할 수 있다. 이 경우 자료를 요청받은 관계 중앙행정기관의 장 등은 특별한 사정이 없으면 요청에 따라야 한다.

③ 문화체육관광부장관은 제1항에 따른 실태조사를 하기 위하여 필요한 경우에는 장애예술인 등에 대하여 자료의 제출이나 의견의 진술을 요구할 수 있다.

**제9조(장애예술인의 보호·육성)** ① 국가와 지방자치단체는 장애예술인을 보호·육성하여야 한다.

② 국가와 지방자치단체는 우수 장애예술인 육성을 위하여 필요한 표창제도를 마련하여야 한다.

③ 국가와 지방자치단체는 대통령령으로 정하는 바에 따라 장애예술인에게 창작에 필요한 장려금이나 생활 보조금을 지급하여야 한다.

**제10조(장애예술인의 참여 확대 등)** ① 국가와 지방자치단체는 방송, 영화, 출판, 전시, 공연 등 예술 활동에 대통령령으로 정하는 일정 비율 이상의 장애예술인을 참여시켜야 한다.

② 문화예술 사업자는 제1항에 따른 예술 활동에 일정 비율 이상의 장애예술인을 참여시키도록 노력하여야 한다. 이 경우 국가와 지방자치단체는 장애예술인을 참여시킨 문화예술 사업자에게 행정적·재정적 지원을 할 수 있다.

③ 국가, 지방자치단체 및 공공기관은 예술품 구매 시 장애예술인의 작품을 구매금액의 일정 비율 이상으로 구매하여야 한다.

④ 국가와 지방자치단체는 장애인 인식개선을 위하여 일정 비율 이상의 장애예술인이 참여하는 공연을 매년 1회 이상 개최하여야 한다.

⑤ 제1항부터 제4항까지에 따른 일정 비율의 범위 등에 관한 사항은 대통령령으로 정한다.

**제11조(고용지원)** ① 국가와 지방자치단체는 장애예술인의 고용촉진을 위하여 사업주 및 국민 일반을 대상으로 교육·홍보 및 장애인 인식개선 운동을 지속적으로 추진하여야 한다.

② 사업주는 장애예술인을 고용하여 창작 활동을 할 수 있도록 지원할 수 있다. 이 경우 국가와 지방자치단체는 지원에 필요한 비용을 지원할 수 있다.

**제12조(장애예술인 관련 단체의 지원)** 국가와 지방자치단체는 장애예술인 관련 단체의 안정적인 운영을 위하여 단체 조직과 활동에 필요한 운영비와 사업비를 지원할 수 있다.

**제13조(장애예술인진흥기금의 설치 등)** ① 장애예술인의 예술 활동 진흥을 위한 사업이나 활동을 지원하기 위하여 장애예술인진흥기금을 설치한다.

② 장애예술인진흥기금은 위원회가 운용·관리하되, 독립된 회계로 따로 관리하여야 한다.

③ 장애예술인진흥기금의 운용·관리에 필요한 사항은 대통령령으로 정한다.

**제14조(기금의 조성)** ① 장애예술인진흥기금은 다음 각 호의 재원으로 조성한다.

1. 정부의 출연금
2. 개인 또는 법인의 기부금품
3. 장애예술인진흥기금의 운용으로 생기는 수익금
4. 「문화예술진흥법」 제9조제2항에 따른 건축주의 출연금
5. 그 밖에 대통령령으로 정하는 수입금

② 위원회는 제1항제2호에 따른 기부금품을 받을 수 있다. 이 경우 대통령령으로 정하는 바에 따라 수령한 기부금품의 가액 및 품명을 문화체육부장관에게

보고하여야 한다.

③ 제1항제2호에 따라 기부하는 자는 특정 단체 또는 개인에 대한 지원 등 그 대상과 용도를 정하여 기부할 수 있다.

**제15조(기금의 용도)** 장애예술인진흥기금은 다음 각 호의 사업 및 활동의 지원에 사용한다.

1. 장애예술인의 사회보장 확대 지원
2. 장애예술인의 직업안정·고용창출 및 직업전환 지원
3. 원로 장애예술인의 생활안정 지원
4. 장애예술인의 복지 증진 지원
5. 장애예술인의 복지실태 및 근로실태의 조사·연구
6. 장애예술인 복지금고의 관리·운영
7. 장애예술인 공제사업의 관리·운영
8. 불공정행위로 인한 장애예술인의 피해 상담 및 법률적 지원
9. 장애예술인의 권익보호를 위한 교육 프로그램 운영
10. 그 밖에 장애예술인의 복지 증진을 위하여 대통령령으로 정하는 사업

**제16조(권한의 위임·위탁)** ① 문화체육관광부장관은 이 법에 따른 권한의 일부를 대통령령으로 정하는 바에 따라 지방자치단체의 장에게 위임할 수 있다.

② 국가와 지방자치단체는 이 법에 따른 업무의 일부를 대통령령으로 정하는 바에 따라 관련 기관·법인·단체에 위탁할 수 있다.

## 부칙

제1조(시행일) 이 법은 공포 후 6개월이 경과한 날부터 시행한다.

제2조(다른 법률의 개정) 문화예술진흥법 일부를 다음과 같이 개정한다.

제9조제2항 중 "문화예술진흥기금에"를 "문화예술진흥기금 및 「장애예술인 지원에 관한 법률」 제13조에 따른 장애예술인진흥기금에"로 한다.

# 「장애예술인 지원에 관한 법률안」에 대한 공청회

| 일시 | 2017. 11. 23. 오전 10시~12시 |
| --- | --- |
| 장소 | 국회의사당 본청 506호 |
| 주최 | 국회교육문화체육관광위원회 |

**유성엽 위원장(국민의당) 개의로 의사일정 제1항 상정**

진술1 방귀희(사/한국장애예술인협회 회장, 방송작가)

**장애예술인 인구**

장애예술인지원법률 제정을 주장하면서 가장 많이 들은 얘기는 '도대체 어떤 사람을 장애예술인으로 볼 것이냐' 또 '장애예술인들이 몇 명이나 되느냐' 였습니다.

법률 제정의 기초는 그 법을 필요로 하는 인구이기에 장애예술인 인구부터 말씀드리겠습니다. 한 연구에 의하면 사람의 2%가 예술적 재능을 가지고 있다고 합니다(박영정, 2006). 2014년 장애인실태조사에 의하면 장애인 수는 273만여 명인데, 장애인의 경우도 2%가 예술적 재능을 가지고 있다면 약 5만 5천여 명 정도가 예술적 재능을 가지고 있다고 볼 수 있습니다. 현재 활동하고 장애예술인 인구는 1만 명으로 추산됩니다.

이제 어떤 사람을 장애예술인으로 볼 것이냐에 대한 설명을 드리겠습니다.

예술인복지법 제2조에 예술인에 대한 정의를 이렇게 규정하고 있습니다. "예술인" 이란 예술 활동을 업(業)으로 하여 국가를 문화적, 사회적, 경제적, 정치적으로 풍요롭게 만드는 데 공헌하는 사람으로서 문화예술 분야에서 대통령령으로 정하는 바에 따라 창작, 실연(實演), 기술지원 등의 활동을 증명할 수 있는 사람을 말한다.

장애인의 정의는 이미 장애인 등록제가 실시되고 있기 때문에 말씀드리지 않겠습니다.

이 정의에 따라 장애예술인은 예술 활동을 업으로 하는 장애인을 뜻합니다. 그런데 그 업이 작동이 되고 있지 않기 때문에 예술 활동으로 경제적인 안정을 찾을 수 있도록 규정하는 법률이 필요한 것입니다.

**장애예술인 실태**

그런데 장애예술인이 얼마나 어렵게 생활하고 있는지 아십니까?

2012장애문화예술인실태조사(문화체육관광부)에 의하면 장애예술인의 82.18%가 발표의 기회를 갖지 못하고 있다고 하였고, 장애예술인의 활동에 어떤 지원이 필요하냐는 질문에 창작비용 지원이 43.9%로 1순위를 차지하여 창작지원금에 대한 욕구가 가장 큰 것으로 나타났습니다. 장애예술인은 예술 활동으로 도저히 생활을 영위하지 못하고 있는 실정입니다.

**장애인체육과 비교**

장애인예술은 예술 분야에서는 전문 예술로 봐주지 않아서 밀리고, 복지 분야에서는 예술은 배부른 소리라고 후순위로 밀려서 설 자리가 없습니다. 심지어 장애인체육에서도 밀려나 있습니다.

장애인선수들은 장애인올림픽에 출전해서 메달을 획득하면 일반 선수들과 똑같은 액수의 연금을 받습니다. 그리고 전국대회, 세계대회, 종목별대회 등 출전 기회도 많습니다.

예산 규모에서도 장애인문화예술 예산은 장애인체육 예산의 10%에 지나지 않습니다.

**장애인예술 지원 방안**

이런 열악한 상황에 놓인 장애예술인을 지원하는 방안을 적극적으로 모색해봐야 할 때입니다. 딱 세 가지만 제안하겠습니다.

첫째, 장애예술인창작지원금제도

둘째, 장애인예술 공공쿼터 제도

셋째, 장애예술인 후원고용 제도

**예산 마련 방안**

법을 집행하려면 예산이 필요합니다. 지금 나라 경제가 힘든데 신규 예산을 마련하는 것이 쉽지 않다는 것, 잘 압니다.

장애예술인의 예술 활동과 장애인문화예술 진흥을 목적으로 설치하는 장애인예술진흥기금을 마련하는 방안에 대해서도 생각해 봤습니다.

이 기금은 새로 만들지 않고 한국예술인복지재단에서 운영하는 예술인지원금의 일부와 복권 기금의 일부 그리고 국고로 환수될 미르재단 기금 등 활용할 기금은 얼마든지 있을 것입니다.

**해외 사례**

여기서 잠깐 해외 사례를 소개하고자 합니다.

영국은 잉글랜드예술위원회에서 장애인예술을 위해 장애평등계획을 수립해서 일반 예술과 동등하게 지원을 하고 있으며, 스웨덴에서는 장애예술인을 스톡홀롬예술재단에서 적극적으로 관리하고 있습니다.

아시아도 장애인예술에 관심이 높습니다. 일본은 이미 에이블아트라는 이름으로 장애인예술 분야를 구축하였고, 중국은 정부 차원에서 중국장애인예술단을 운영하고 있습니다. 그리고 러시아는 러시아국립장애인예술대학을 통해 교육부터 예술 활동까지 연계해서 지원할 정도로 장애인예술에 대한 관심이 높습니다.

**호소**

이제 대한민국도 장애인문화예술에 관심을 기울여야 합니다.

장애예술인들의 현실을 알게 된 한 문화재단에서 올해부터 장애예술인 60명에게 월 30만 원씩 지원하고 있는데 이를 통해 장애예술인들의 자존감이 높아지고 예술 활동에 자신감을 갖게 되었습니다. 하지만 이 지원은 언제 중단될지 모릅니다(공청회 10일 후인 12월 초에 중단 통보를 받았음).

하여 법적인 장치가 절실히 필요합니다.

장애예술인지원에 관한 법률의 지원 대상은 300명으로 예상하며 예산 규모는 장애인체육연금과 같은 액수인 월 100만 원을 지원하는 것으로 연 36억 원입니다.

요즘 장애인복지계에서는 개인예산제도 도입을 주장하고 있습니다. 장애예술인지원법은 장애를 갖고 예술 활동을 하는 예술인의 창작권을 보장해 주는 가장 이상적인 법률입니다.

지금 이곳에 이른 아침부터 달려와 장애예술인들이 지켜보고 있지 않는데 장애예술인지원에 관한 법률로 장애예술인들에게 문화적, 사회적 안전망을 설치해 주십시오.

### 진술2 최영묵(사/빛소리친구들 회장)

유엔 192개국 회원국이 만장일치로 통과시킨 국제장애인권리협약 이후 문화예술 분야에 장애인들의 평등한 참여를 보장하고 적극적으로 장려하고 있는 것이 세계적인 추세이다.

우리나라는 장애인예술진흥법 제15조의 2(장애인문화예술 활동의 지원)의 선언적인 명시 조항을 토대로 장애인문화예술 활동을 지원하고 있는 형편이다. 그 후 제18조(문화예술진흥기금의 용도) 8호에 장애인 등 소외계층의 문화예술창작과 보급이 보완되었다.

장애인 인구 대비 장애인문화예술 발전을 위해 지원할 수 있는 체계적이고 실현 가능한 독립 법률안 '장애인문화예술진흥법' 이 필요한 시기이다.

장애인문화예술 발전을 위한 법률이 시급한 때에 장애예술인지원법이 발의된 것에 감사를 표하면서 총체적인 장애인문화예술 발전을 위하여 몇 가지 근거를 들어서 반대의 변론을 한다.

첫째, 장애인문화예술 분야는 아직도 걸음마 단계에 있는 장르들이 많다. 초보적인 교육과정과 중장기적인 교육과정을 통해서 향유자와 전문적인 예술인으로 성장해 가는 활동 기회가 우선되어야 한다.

두 번째, 장애예술인 규정에 있어서 한계점

비전통적인 표현 수단을 사용해 장애를 새로운 영역의 예술로 만드는 장애예술인들의 활동이 많아졌지만 이런 작업을 하는 장애인들에게 지금의 정의를 가지고 장애예술인이라고 인정해 줄 수 있는가?

현재 공식적인 실태조사를 통해서 파악된 장애예술인의 수는 얼마인가?

셋째, 장애예술인지원법이 몇 사람의 이익을 위한 법이라는 오해의 소지

지금은 장애인문화예술 생태계 조성을 위한 장애인문화예술진흥기금이 필요한 때이다. 장애예술인의 열악한 상황은 이들이 예술 활동을 할 수 있는 기회와 횟수를 더 많이 보장함으로서 일부분은 해결될 수 있다.

넷째, 장애예술인지원법이 추구하는 목적 중에서 장애예술인의 창작 활동 지원이 선언적으로 끝날 것이라고 생각한다.

장애예술인은 공무원인가?

어떻게 장애예술인진흥기금을 만들 수 있을까?

건강한 장애인문화예술 생태계를 조성하고 장애인문화예술 활성화를 위한 독립적인 법 장애인문화예술진흥법이 시급하다. 이 법안의 각 조항 속에서 장애예술인에 대한 권리 및 지속적인 활동 방안 그리고 사회적 보장제도 등등의 내용이 다루어졌으면 한다.

진술3 정승재(장안대학교 행정법률학과 교수)

선진국이란 사회적 약자에 대한 배려가 얼마만큼 보장되어 있느냐 학문과 예술의 자유가 얼마만큼 보장되어 있느냐에 달려 있습니다.

장애인예술의 현실은 어떠할까요?

문화예술진흥법에 장애인의 문화예술 활동지원 규정(15조의2)은 장애인의 문화예술 감상에 주안점을 두고 있기 때문에 창작 활동을 하는 장애예술인에 대한 지원에는 극히 제한적으로 해석될 수밖에 없는 규정입니다.

1995년 제정된 문화예술진흥법이지만 장애인문화예술 활동 지원을 규정한 조항은 2008년에 추가되었습니다.

우리나라 국민의 5% 이상을 구성하고 있는 장애인의 문화 활동도 중요하지만, 1~5만여 명으로 추산되는 장애예술인의 창작 활동은 반드시 활성화되어야 합니다. 장애예술인의 창작 활동을 지원하기 위해서는 금전적 지원이 필요합니다.

2015년 문화체육관광부 자료에 의하면 예술인의 70%는 연봉이 2천만 원 미만입니다. 이처럼 예술인의 삶이 일반 직장인들에 비해 현저히 열악함을 인식하여 2011년 예술인복지법이 제정되었습니다.

그런데 이 예술인복지법에는 장애예술인에 대한 아무런 규정도 없습니다.

일반 예술인은 육체 노동을 하든, 지적 근로를 하든 경제활동과 창작 활동을 겸할 수 있지만 장애예술인은 예술 이외의 분야에서는 경제활동을 할 수 없습니다. 일반 예술인은 발표할 기회가 많지만 장애예술인에게는 기회 자체가 하늘의 별따기입니다.

장애예술인의 80% 이상이 수입이 없고 월 수입 100만 원 이상인 사람은 1%도 안 됩니다. 장애예술인은 원천적으로 경제활동이 위축되어 있는 상황에서 창작 활동을 하고 있습니다.

이들이 창작 활동을 계속하기 위해서는 국가의 지원이 절실히 필요합니다.

헌법 제34조1에 의하면 모든 국민은 인간다운 생활을 할 권리를 가진다고 하였고, 동조5에 장애인 및 질병·노령 기타 사유로 생활 능력이 없는 국민은 법률이 정하는 바에 의하여 국가의 보호를 받는다고 되어 있습니다.

장애예술인은 장애로 인해 생활 능력이 없는 사람이 대부분입니다. 이들은 수입이 거의 없어서 국민연금 지역 가입도 어려운 상태입니다. 장애예술인의 삶은 젊어서도 빈곤이요. 늙어서는 더욱 빈곤할 수밖에 없습니다.

장애예술인들도 헌법에 보장된 인간다운 삶을 영위할 수 있는 권리가 있습니다.

이후 염동열 위원장대리(자유한국당) 진행

**이은재 자유한국당 의원**

질의 장애예술인지원금은 장애인복지법 상 지원되는 장애수당과 중복.

방귀희 장애예술인 지원금은 생계 보장이 아니라 창작 활동 지원.

질의 공공쿼터 제도로 장르의 구분도 없이 의무적으로 참여하도록 해달라는 것은 일반 예술이 제한을 받거나 위축.

방귀희 돈을 달라는 것이 아니라 전시장, 공연장 등의 기회를 요구하는 것.

질의 예산 마련이 어렵다. 이미 문예기금은 용도가 다 정해져 있고, 기업도 기부를 하지 않는다.

방귀희 예술인복지재단의 창작지원금과 복권기금 그리고 국고로 환수될 미르재단 기금 등 기존의 기금 활용.

질의 형평성 문제로 반대하는 거냐.

최영묵 그렇다. 일반 예술인들과 경쟁을 해야 한다.

**강길부 자유한국당 의원**

질의 이 법률은 뜻깊은 거다. 이 법률의 효과는 무엇인가.

방귀희 안정 속에서 창작 활동을 하며 장애인의 예술권 확보된다.

질의 장애인에게 더 예술적 능력이 있다. 그런데 관리가 중요하다.
2012년 실태조사에 의하면 제작비 지원이 43%로 가장 많았다.

방귀희 창작지원금 내용 속에 제작비 등이 포함되어 있다.

질의 특수학교에 예술교육이 필요하지 않은가.

방귀희 맞다. 기성 장애예술인들이 법률을 통해 보호를 받으며 활동을 하는 것을 보며 예의 꿈을 키우게 될 것이다.

질의 장애예술인의 발굴과 컨설팅이 필요하지 않은가.

방귀희 그렇다. 교육부터 엔터테인먼트까지 촘촘한 관리가 필요하다.

정승재 장애예술인은 발표의 기회가 없다. 대박 집이 있으면 쪽박집도 있다. 많이 가진 사람이 양보해야 한다.

질의 교사, 부모의 노력이 요구된다. 용기를 갖도록 해 주는 것이 필요하지 않은가.

정승재 예술인으로 인정을 해 주면 더 열심히 할 것이다. 나도 해야겠다는 의지가 생길 것.

**조승래 더불어민주당 의원**

질의 현재의 시스템으로도 가능하다고 본다.

방귀희 그렇지 않다. 전문 예술인으로 인정을 해 주지 않아서 진입을 못하고 있다.

질의 왜 역할을 못하고 있는가.

김정배(문화부) 전체 지원금도 충분치 않다. 하여 장애인은 더 적을 수밖에 없다.

질의 지원 계획은.

김정배 2015년에 장애인문화예술원을 거점으로 지원이 충분히 이루어질 수 있도록 노력하고 있다.

질의 법과 상관 없이 실효적인 지원이 이루어져야 한다.

김정배 장애 때문에 차별받지 않도록 해야 하지만 특별하게 더 큰 지원이 이루어지는 것도 고려해야 할 점이다. 부족한 것을 채워 나가는 쪽으로 노력.

질의 법은 형식이고 내용을 채우는 것이 중요한데 문화부는 아무런 작업을 하지 않았다.

김정배 실태조사를 하고 있다.

**장정숙 국민의당 의원**

질의 훌륭하다. 현행법으로 지원이 가능하다고 본다. 제정의 필요성을 한마디로 요약해 보라.

방귀희 정말 꼭 제정되어야 한다. 그 이유는 장애예술인들에게 기회가 평등하게 이루어지지 않고 있기 때문이다. 한 가지 예로 문화부에 장애인체육과가 있지만, 장애인예술은 담당 부서가 없다. 장애인문화예술과 설치가 필요하다.

질의 비율을 맞추기 위해 전문성이 없는데도 채우는 쿼터 제도의 부작용도 있을 것 같다.

정승재 전문성이 있느냐 없느냐의 판단을 비장애인들이 하는 것이 문제다. 장애인이 어떤 일을 하고 있느냐에 관심이 없어서 장애예술인 실태조사가 이루어지지 않은 것이다.

김정배 2014년 긴급지원에서 장애예술인 4.6%를 차지하고 있다.

질의 2015년 장애인문화예술원이 설립되었는데 기초자료가 아직도 없느냐. 장애예술인은 갈급한 심정을 갖고 있고, 법을 제정하느냐 마느냐 하는 중요한 자리인데 문화부 국장의 태도는 너무 성의 없다.

**박경미 더불어민주당 의원**

질의 예술인복지법 제4조 장애와 차별없이 문화예술진흥법 15조 장애인문화예술 활동의 지원 18조 문화예술진흥기금의 용도에 장애인이 명시되어 있다. 이 조항을 활용하는 방안이 있다고 본다.

방귀희 권고 조항이라서 의무조항이어야.

정승재 하여야 한다는 의무조항이긴 하지만 여기서 말하는 문화예술 활동은 향유이다. 조문 삽입은 효과가 없고 장애인예술 기본법 성격의 독립 법안이 필요하다. 그래야 장애예술인의 지위를 구축시켜줄 것이다.

**신동근 더불어민주당 의원**

질의 최 진술인이 반대하는 이유는 넓은 차원에서 범위가 적다는 뜻이죠?

최영묵 그렇다.

질의 방 진술인이 300명을 지원 규모로 보는 이유는 무엇인가.

방귀희 장애인체육연금의 규모와 형평성을 맞추기 위해서이다.

질의 그건 말이 안 된다. 체육은 포인트 제도가 있다.

방귀희 협회 회원이 1천여 명인데 그 가운데 300명은 활발히 활동하고 있다.

질의 문화부 담당자에게 묻는다. 이 법이 제정되면 문화예술진흥법 18조 개정되어야 하는 거 아니냐. 향유사업은 어떻게 되느냐.

김정배 일반기금과 체육기금이 통합되어야 할 것이다. 일단 실태조사부터 할 것이다.

정승재 부칙에 1년 후 시행하면 된다. 실태조사를 하지 않아서 제정을 미루자는 것은 직무유기이다.

**이동섭 국민의당 의원**

질의 적절한 시기에 발의한 것 같다, 공공쿼터 제도를 사기업이나 민간까지 확대할 수 있겠는가.

방귀희 공공기관부터.

질의 생태계를 조성한다는 것은 무슨 의미냐.

최영묵 교육도 필요하고, 지금까지 풀뿌리단체들이 움직여 왔다. 지원 대상은 장애인이다. 진흥법 각론에 넣어서 운영하면 된다.

질의 예술은 정신적인 작업이어서 장애인이 하는 것이 더 필요하다고 본다.

정승재 그렇다. 법률 명칭은 중요하지 않다. 기본법 역할을 하는 법률이 필요하다.

질의 문화부에 독립과가 있는가.

김정배 없다.

질의 문제가 있다. 잘못하고 있는 거다. 전문성을 가진 사람이 업무를 맡아서 지속성을 갖고 사업을 실시해야 한다.

**김민기 더불어민주당 의원**

질의 숙원사업이 맞는가.

방귀희 그렇다.

질의　2012년에 문화특보였는데 왜 제정을 못했는가.

방귀희　의원님들이 관심이 없었다.

질의　19대 국회 때 김정록 의원실에서 간담회도 했던 것으로 아는데 그때 왜 발의조차 안 했는지.

방귀희　김정록 의원님은 보사위라서 발의가 어려우셨던 것으로 안다.

질의　다른 문제가 있어서 발의가 안 됐던 것은 아니냐.

방귀희　전혀 문제 없었다.

질의　이 법을 제정하는데 정부 의지가 가장 중요하다. 문화부는 명확한 반대냐.

김정배　입장을 정한 바는 없고 지금 경청을 하는 과정이다.

질의　행안부와 기재부 하고 논의를 했는가.

김정배　아직 하지 않았다. 앞으로 논의해 나가겠다.

질의　2012년 실태조사에 의하면 장애예술인 수를 1,100명에서 9,200명으로 추산을 해 놓았던데 이런 추정은 필요 없다. 문화부는 실태 파악을 아직 안 하고 있었던 거다. 이 법률을 반대할 가능성도 있다. 내용이 후퇴해서 앙꼬 없는 찐빵이 될 수도 있는데 그래도 만들어야 하는가?

방귀희　앙꼬를 많이 넣어 달라. 하지만 그것이 어렵다면 빵은 꼭 필요하다. 법적 틀이 반드시 필요하다.

질의　장관께서 창작준비금 액수도 올리고 대상도 확대하라는 지시를 했는데 대상이 예술인과 원로예술인으로 되어 있다. 급한 대로 여기에 장애인을 넣는 방안은 어떠냐?

방귀희　대찬성이다.
그렇지 않아도 예술인복지법이 제정되었을 때 이제 드디어 우리에게도 기회가 오는구나 싶었다. 그래서 기대를 하고 장애예술인에 대한 포션을 만들어 달라고 예술인복지재단에 공문을 보냈다. 하지만 답이 없었다.

질의　그 이유가 뭔가?

방귀희　우리를 예술인으로 인정해 주지 않았다. 학벌, 소속단체 등 이미 그들만의 성역이 구축되어 있었다.

질의 이 법이 기득권에 대한 제약이나 피해로 생각할 수도 있다.
방귀희 아마 대놓고 피해를 보니 싫다고 하지는 못할 것이다.

**대표발의 나경원 자유한국당 의원**

이 법은 장애예술인을 양성하는 법률이다.

장애예술인 수에 대한 논란이 있었지만 어쩌면 장애예술인은 단 한 명도 없을지도 모른다. 예술인이라는 것이 예술 활동을 업으로 해야 하는데 지금 예술 활동을 업으로 하고 있는 장애인이 얼마나 되겠는가.

이 법으로 장애예술인이 늘어가는 계기가 될 것이다.

장애인은 늘 단순 노동만 할 수는 없지 않은가. 예술도 할 수 있어야 한다.

**장정숙 의원 의사발언**

지금 굉장히 중요한 결정을 하기 위한 공청회인데 준비도 하지 않고 와서, 중간에 자리를 비우는 문화부의 자세는 아주 잘못되었다.

# 인명찾기

〈개인〉

국내



해외

## 〈단체〉